디포의 세계

18세기 영국 경제사

피터 얼(Peter Earle) 지음
양동휴 옮김

The World of Defoe

해남

디포의 세계

18세기 영국 경제사

초판1쇄 인쇄 2022년 8월 1일
초판1쇄 발행 2022년 8월 5일

지은이 피터 얼
옮긴이 양동휴
발행인 노현철
발행처 도서출판 해남

출판등록 1995. 5. 10 제 1-1885호
주 소 서울특별시 마포구 마포대로8길 9 영명빌딩 405호
전 화 739-4822 **팩스** 720-4823
이 메 일 haenamin30@naver.com
홈페이지 www.hpub.co.kr

ISBN 978-89-6238-168-9 93320

초판은 Weidenfeld and Nicolson에서 출간되었다.
이 책은 1977년 Readers Union Group of Book Club에서 제작된 판본을 바탕으로 번역되었다.

옮긴이의 말

이 책은 제목 『디포의 세계 – 18세기 영국 경제사』가 말해 주듯이 대니얼 디포가 살았던 시기, 즉 17세기 말~18세기 초 영국 사회경제, 혹은 영국을 비롯한 유럽의 역사를 돌아보는 책이다. 아주 오래전 이 책을 처음 읽었을 때, 나는 이런 책은 우리말로 번역할 필요가 있다고 생각하였다. 이후 나의 1987년 2학기 대학원 서양경제사 수업에서도 다룬 적이 있다. 이제라도 우리말 번역을 낼 수 있어 다행이다.

왜 이 책을 번역하게 되었는가. 첫째, 18세기는 유럽 경제사에서 중요한 시기임에도 심층적인 연구 저작은 상대적으로 드물다. 르네상스, 종교개혁, 전쟁 등은 물론이고 한때 유행하였던 16세기 세계체계론, 17세기 위기론, 산업 혁명의 새로운 해석 연구 등은 모두 이 기간을 건너뛴다. 나의 책 『유럽의 발흥』에서 16~18세기의 동서양 경제를 비교하면서 18세기 유럽에 대해 나름대로 조망하였으나, 이 번역서를 통해 18세기 유럽에 좀 더 많은 관심을 기울일 필요가 있음을 강조하고자 한다. 둘째, 아마 거의 모든 사학자나 인문학자가 인정하듯이, 문학 작품은 훌륭한 사료이다. 물론 이를 어떻게 다룰 것인가는 논란이 되겠지만 좌우간 부정할 수 없는 사실이다. 경제사도 따라간다. 찰스 디킨스의 작품은 영국 산업 혁명 연구에, 조지 오웰의 작품은 영국의 대공황 시대를 이해하는 데 도움이 된다. 디포는 이 시기의 '근대 소설의 원조'라는 평까지 듣는 작가이다. 그런 의미에서 바로 내 관심을 끌었다. 소설가일 뿐 아니라 언론인, 정치가, 기업가였던 디포의 인생 편력이 이 책에 자세히 나와 있다. 내가 디포에 심취하였던 시절, 그의 묘지를 찾아갔다. 알고 보니 디포의 묘비는 누군가가 자기 집 돌담을 쌓는 데 이용한 것을 또 다른 누군가가 발견하여 지역 도서관에 옮겨 놓았다고 한다. 그래서 그 묘비는 런던 북쪽 근교인 스토크 뉴잉턴 공공 도서관의 로비 공간에 전시되어 있다.

피터 얼(Peter Earle) 교수의 책을 접한 것은 하늘에서 내린 단비였다. 그 자신이 머리말에서 표현하듯이 그는 "디포 저작 거의 모두를 기초로 하여" 18세기 초 영국 사회경제사를 내놓았다. 얼은 18세기 경제사의 대가로서, 이 책을 쓰면서 디포의 저작을 모조리 읽고 종합하고 인용하고 평가하여 놀랄 만한 성과를 이루었다. 거의 디포만 인용하겠다는 약속을 어기고 다른 18세기 경제사학자들인 Slicher van Bath, Goubert, Everseley, Coleman, Cipolla, Parry 등을 비롯하여 최근 연구까지 반영하여 여태껏 경시되던 시대의 역사를 훌륭하게 재생하였다. 1937년생인 피터 얼은 17~18세기 영국사를 중심으로 광범위한 해양사, 해상교역사를 독특한 필체로 저술하였고, 런던정경대학(LSE) 경제사학과 교수직을 마지막으로 현직에서 은퇴하여 노년임에도 저술에 전념하고 있다. 그의 유명한 저작 *The Making of the English Middle Class*(1989) 외에도, *The Pirate Wars*(2003) 등 20여 권의 저서가 있으며, 최근에도 *The Earles of Liverpool*(2015)을 펴내는 등 존경을 자아내고 있다.

18세기 초에 그렇게 알려지지 않은 부분에 대하여 간단히 설명하여 보

자. 얼 교수의 의도가 주로 디포 저작에 의존한 그 시기의 재구성이었으므로, 이 책만으로 18세기 초의 큰 그림을 그리기는 힘들다. 우선 이 시기의 영국과 유럽의 전반적 경제 상황은 비교적 장기간 불황기의 끝 무렵이다. 그러나 당시 살았던 사람들의 느낌은 그 전 세대에 비하여 그보다 못한 시기라는 생각은 들지 않았을 것 같다. 디포는 물론 자기가 살던 시기였으므로 더 그랬을 것이다.

명예혁명 이후 윌리엄 3세 때 정착을 둘러싼 여러 정치적 흐름, 9년간의 대동맹 전쟁, 앤 여왕 시기 전후 정치 판도의 변화와, 앤 여왕 재임 중 스페인 왕위 계승 전쟁 등으로 이 시기는 프랑스와 전쟁 중이었다. 국내에서도 정파 갈등, 스코틀랜드 합병 등으로 큰 변화가 있었다. 경제사에서는 이 시기를 과학 혁명이 산업 혁명에 연결되는 계몽주의 시대로, 또한 산업 혁명으로 이어지는 프로토 공업화 시기로 특징짓는다.

프로토 공업화를 요약하자면, 상인들이 기계와 원자재를 독립 노동자군에 대여하던 "선대제"가 16세기 이후 도시에서 농촌으로 이전된 형태인 농촌 수공업을 말한다. 이것이 공업화의 첫 단계이며, 이로부터 그 두 번째 단계인 산업 혁명으로 자연스럽게 이행되었다고들 한다. 상인이 농민의 유휴 노동력을 이용하여 원격지 시장을 상대로 제조업 제품을 생산하는 이 방식은 자본이 노동 조건에 신축적으로 적응하는 과정이었다. 이 결과로 농촌의 봉건 질서가 해체되고 농업 지역별로 생산이 특화되었으며, 농촌 인구가 증가하고 가족 내 분업 관계가 근본적으로 변화하였다는 것이다.[1]

18세기 서유럽의 지적 운동인 계몽주의(Enlightenment)는 축적되기 시작한 과학적 지식을 생산 과정에 효율적으로 적용하여 경제를 급성장시키는 데 큰 역할을 하였다. 예를 들면, 지식의 전달 방식과 속도의 개선이라든가, "아는 자"와 "만드는 자" 간에 서로 접근하는 비용을 감소시키려는 노력 같은 것이 계몽주의 시대에 진전되었다. 이 시대는 왕립 협회, 루나 소사이어티, 여러 소규모 살롱, 클럽 등이 활발해지면서 과학적 문화 확산에 크게 기여하였다. 계몽주의는 또한 정부와 기득권층도 사회 전체를 위해 일하여야 한다는 사상을 가져왔는데, 18세기 영국은 발명 자체보다 이의 개선과 응용 면에서 특히 두드러졌다.[2] 영국 종교의 진보성을 강조할 수도 있다. 더 나아가 경제 성장을 위한 문화의 발달 자체를 강조하는 연구들도 돋보인다. 낙관주의와 진보의 관념, 진보의 문화가 "정적"인 세계관을 타파한 "새로운 과학"을 확산시켰다. 기술과 제도 변화도 마찬가지 과정을 겪으면서 산업 혁명으로 연결된다.[3]

이 시기에 일어난 큰 사건 가운데 경제사로서는 1721년에 영국에서는 남해 버블이, 프랑스에서는 미시시피 버블이 눈에 띄는데, 이 책에는 언급이 많지 않다. 당시로서는 그런 사건이 별로 중요하지 않다고 여겨서였을지 모르겠으나 요즈음에는 그에 관한 연구가 많다.[4] 남해 버블에서는 영국 왕실, 남해 회사, 잉글랜드 은행 등이 담합해 거의 공개적으로 주식 시장에 개입하였고, 결국 유령 회사를 설립하여 왕실 부채를 일거에 해결하는 소위 "차환"이 일어난다. 정치가, 언론인이던 디포는 기업인이기도 하였으나, 금융에 대해서는 주로 소비자 복지와 공정성의 입장에서, 증권업은 도덕성 측면에서 바라보는 데 그쳤다. 남해 회사의 이사들에 대하여 반감을 표시하기도 하였고, 소설에서도 대의정치의 이상을 해치는 부패에 대하여 여러 번 언급한다.[5] 남해 버블 사건에서 왕실이 숨을 돌렸다면 분명히 적어도 남해 회사 주식을 늦게까지 보유하였던 이들은 손실이 막대하였을 것이다. 이 금융 공황 때문에 주식회사 발달이 100년 가까이 늦었다고 알려진다. 하지만 디포에게는 본문에 나오듯이 다른 문제로 정치적 형벌을 겨우 피하여 집필에만 신경을 쓰던 시기였다.

같은 시기의 프랑스는 대조적이다. 프랑스도 똑같이 왕실의 부채를 차환하기 위해 유령 회사를 만들었다. 남해 회사와 비슷한 미시시피 회사가 그것이다. 둘 다 실체는 없었다. 영국이 약속한 남해 회사에는 정착지가 하나도 없고, 프랑스가 약속한 미시시피 회사는 그나마 나았다. 그 당시 아메리카 대륙(지금의 루이지애나 쪽)의 지배권은 프랑스가 가지고 있었는데, 그 지역 사정이 어떤지 아직 모르는 형편에, 엄청난 기대와 함께 투자 붐이 일었다가 일거에 붕괴하는 사태가 벌어졌다. 이 사건은 세간에 미시시피 버블이 붕괴한 희대의 사기극으로만 알려져 있으나 실은 관리 통화제의 효시를 세운 존 로가 실사를 위해 자기 동생을 아메리카로 보내는 과정에 얽혀 일어난 사건이었다. 둘 다 유령 회사인데, 하나는 실사를 하였다. 이뿐만 아니라 존 로는 더욱 혁신적 조치를 고안하였다.

존 로는 천재적인 금융가였다. 근대적 화폐 경제학자라면 불환 지폐 발행, 중앙은행의 독립, 국가 재정 근대화의 선구자로 존 로를 꼽는 데 주저하지 않을 것이다. 그는 원래 스코틀랜드 출신이었으나 우여곡절 끝에 프랑스 재정을 총책임 지는 역할을 맡아 엄청난 개혁을 추진하였다. 당시 프랑스는 영국과 마찬가지로, 아니 당시 유럽 여느 궁정과 마찬가지로 만성 적자에 시달리고 있었다. 존 로는 미시시피 회사를 만들어 그 주식을 팔면서 주식 구입 비용을 빌려주는 은행을 만들었다. 회사 이름이 여러 번 바뀌는데 나중에는 방크 르와얄(banque royale)에서 미시시피 회사 주식 구입 비용을 대주었다. 루이지애나에 간 존 로의 동생은 '천국 같은 넓은 옥토'는커녕, 배를 댈 수도 없는 갯벌과 악의적인 토착민만 만나고 오는데 그 사이에 정보가 더 빨라 주식 값이 급락하였다. 다행히 프랑스 왕정의 부채는 그럭저럭 차환되었고 그동안 주식 구입에 신경 쓴 하층민, 중산층이 엄청난 부자가 되었다는 기록이 있다. 여하튼 주식은 폭락하고 은행도 파산하였다. 미시시피 버블 사건은 왕정 부채 차환에는 성공하였고, 주식 거래로 사회의 수직적 이동성을 촉진하였다는 긍정적인 평가를 받는다. 또한 불환 지폐라는 근대적 화폐 개념을 실제로 실행하였던 존 로의 시스템은 후세에 계승되었다. 다만, 비슷한 버블이고 비슷한 왕실 부채 차환인데 영국은 두루뭉실 지나가고 프랑스는 큰 일이 났다는 사실은, 디포가 이 책에서 드러낸 관찰과 약간 비견할 점이 있을 수 있다. 프랑스는 실제로 당시 은행 위기 때문에 금융 발달이 영국보다 더 오랜 기간 지체되었을 뿐 아니라 은행 파산에 어찌나 데었던지, 이후에 프랑스 은행들의 이름에는, 중앙은행을 빼고는 방크라는 단어조차 붙이지 않는 관례가 생겼다. 까쓰, 크레디, 소시에테 등등만 쓴다. 전반적 금융 발달 정도를 비교하는 사람들도 있으나 이와 관련하여 디포의 이야기에는 증권 거래인들의 사회적 책무와 부도덕성에만 치우쳐 있다.

그동안 디포는 여러 가지 어려움 때문에 제대로 평가되기까지 오랜 시간이 걸렸다. 뒤늦게나마 언론인, 정치평론가, 정치인, 기업가로서의 디포의 삶과 특히 문학 작품들을 통해 폭넓게 주목받기 시작하였으며 이 책에서 그의 그런 면모가 선명하게 확인된다.

책 원문 가운데는 17, 18세기 영어들이 등장하는 부분들이 있어서 요즘 우리말로 풀어쓰고자 노력하였다. 그러면서도 디포의 언어를 그대로 전달하려고 나름 애를 써보았다. 그런 경우, 또 18세기 영국의 특징적인 모습, 인물 등에 대해 역주를 달았다. 요컨대, 고전 번역의 자세로 임하고자 노력하였다. 지은이의 머리말에서 명백하듯이, 이 책은 디포라는 인물, 그의 내면 세계, 그가 생각하던 외국에 대한 이야기, 영국에 대한 중점적 논의, 다음으로는 사회 속의 개인 등의 순서로, 즉 내용별로 구분하여 서술되어 있다. 훌륭한 구성이다. 그러나 연대기적인 이해를 위하여 다음과 같이 디포에 관한 연표를 붙인다.

끝으로, 항상 그렇듯이 표현을 읽기 쉽게 바꾸는 데 도움을 준 김영완 박사, 그리고 책의 모양새에 특별히 신경을 쓴 해남출판사 노현철 사장과 편집진에 감사한다.

[연표]

1643~1715	프랑스 루이 14세
1660	런던 출생
1660~1685	찰스 2세
1665	흑사병으로 근교로 피난
1666	런던 대규모 화재
1668	디포가 하위치와 입스위치 방문
1670	바트 방문
1670	도킹의 제임스 피셔 학교에 입학
1674~1679	모턴의 스토크 뉴잉턴 비국교도(디센팅) 아카데미 학생
1682	목사 되기를 포기, 그러나 선교사가 된다.
1683	굿힐의 양말장수가 되어 상인 직업 시작
1684	메리 터플리와 결혼
1685~1688	제임스 2세
1685	몬머스 공작 군대에서 싸움. 세지무어 전투에서 패함.
1688	명예혁명, 윌리엄 3세 런던 입성에 기병 장교로 활약
1688~1697	아우구스부르크 동맹 전쟁(윌리엄 왕 전쟁, 라이스윅 평화 조약)
1689~1702	윌리엄 3세
1690	왕과 함께 체스터로 감. 리버풀로 가서 영업
1692	처음 파산, 1,700만 파운드 해운보험 때문
1694	에섹스주 틸버리에 벽돌 및 타일 공장 설립
1695	유리 관세 관련 공무원
1695	왕립 복권 사업 경영 책임자
1696	왕립 복권 관리자
1698	왕을 대신해 스코틀랜드 방문
1701~1714	스페인 왕위 계승 전쟁, 위트레히트 평화 조약
1701	『진정한 영국인』, 로버트 할리와 친해짐.
1702~1714	앤 여왕
1702	『비국교도를 다루는 지름길』, 디포 도망자가 됨.

1703	체포되어 반역죄로 기소. 도망 중 다시 잡혀 형틀형
1704	『리뷰』 신문 시작, 1713년까지 계속. 할리 나중에는 고돌핀의 참모, 지속적 여행 시작
1706	벽돌회사 때문에 다시 파산
1706	고돌핀을 위해 스코틀랜드 체류
1707	스코틀랜드, 잉글랜드와 합병하여 연합 왕국 성립
1710	할리 등 때문에 계속 여행
1713	정치적 이유로 두 번 이상 체포된 후 감옥에 있었으나 풀려남.
1714~1727	조지 1세
1717	『미스트』 주간지 시작, 곧 끝남.
1719	『로빈슨 크루소』 초판
1720	『카발리어』, 『캡틴 싱글톤』
1721	남해 버블, 미시시피 버블
1722	『몰 플란더스』, 『전염병의 해』, 『커널 잭』
1724	『록사나』, 『해적의 역사』, 『여행기』
1731. 4. 24	타계

주

1. P. Kriedte, H. Medick, and J. Schlumbohm, *Industrialization before Industrialization*, 영역본(Cambridge University Press, 1987).
2. Joel Mokyr, *The Enlightened Economy: An Economic History of Britain 1700-1850*(Yale University Press, 2009).
3. Joel Mokyr, *A Culture of Growth: The Origins of the Modern Economy*(Princeton University Press, 2017), chs. 13~15.
4. 송병건, 「남해회사 거품(South Sea Bubble)을 위한 변명」, 『영국 연구』, 29, 2013. 미시시피 버블에 대해서는 존 로의 전기를 추천한다. Claude Cueni 지음, 두행숙 옮김, 『거대한 도박』(추수밭, 2008).
5. Maximillian E. Novak, *Daniel Defoe: Master of Fictions*(Oxford University Press, 2001), chs. 24~25.

머리말

원래 이 책은 런던정경대학(LSE)에서 17세기 말~18세기 초의 영국 사회경제사 강의 초청을 수락한 후 그 준비 작업으로 내 자신이 무엇인가 찾아내고자 하여 쓰게 되었다. 이 시기를 다룬 사회경제사가들의 연구와 저작은 놀랄만큼 드물다. 그러나 내가 관련 저작의 독서를 시작한 후 한 가지가 나를 사로잡았다. 이 시기에 관해 쓴 역사가들 대부분이 디포를 중점적으로 인용하였다는 점이다. 그러다 보니 디포라는 굉장한 인물의 저작 전체를 기반으로 더 큰 규모의 18세기 초 영국 사회경제사를 쓰는 건 어떨까라는 생각을 하게 되었다. 이와 같은 야심찬 저술 계획을 위덴펠드-니콜슨 출판사에 내비치자 출판사는 무조건 나를 믿고 지원해 주었다. 그 결과가 이 책『디포의 세계』이다.

계약서에 서명한 다음에야 내가 방금 내 자신을 어떤 곤경에 빠트렸는지 깨달았다. 아마 조금 더 신중하였어야 하지 않았을까? 한 사람이『로빈슨 크루소』(*Robinson Crusoe*)나『몰 플란더스』(*Moll Flanders*) 같은 잘 알려지고 사랑받는 책의 저자이자, 동시에 전문적인 사학자들이 자주 인용하는 경제 관계 글까지 많이 남긴 사람이라는 사실은 내가 예사롭지 않은 작가를 다루고 있었다는 점을 나에게 경고했어야 하였다. 연구를 진척하다 보니 학자들이 인용하는 문구나 책들은 엄청나게 큰 빙산의 일각일 뿐이었다. 알고 보니 놀랍게도 디포는 아마도 영어권에서 가장 방대한 저작을 남겼다. 더욱이 그는 천사부터 연금제도, 간통부터 농업에 이르기까지, 생각해 볼 수 있는 모든 주제를 다루었다. 그러나 물러나기에는 너무 늦었다. 전화위복이랄까 디포를 연구하는 일은 곱절의 보상이 되었다. 이 낯설고 기가 막힌 사람을 존경하게 되었다. 그는 60대에 죽었는데, 죽기 전 마지막 10년 동안에 전체 저작 대부분을 썼다. 그리고 내가 근거로 삼은 정보가 부족하기는 하였지만, 애초의 내 가정은 옳았다. 오로지 대니얼 디포의 저작만을 토대로 하여 18세기 초 영국 사회를 연구하는 일이 가능하다.

디포가 정확히 얼마나 많이 썼는지 말하기는 불가능하다. 그의 저작이 대부분 익명으로 되어 있기 때문이다. 어느 것이 디포의 작품이고 어느 것은 아닌지를 분간하는 데 수많은 편집자와 서지가가 헌신적으로 노력하고 재능을 쏟았다.[1] 그들의 방식은 내적, 외적 증거에 관해 조금만 아는 단순한 역사가의 연구 범주를 벗어난다. 그러나 판별하기 위해 책상 위에 놓은 책을 두고 어떤 서지학자는 자신의 본능적이며 거의 초능력적인 확신으로 그것이 디포의 저작이라고 하고, 다른 평가자는 전임자의 판별을 완전히 경시한다. 존경스럽기도 하고 약간 어리둥절하기도 하다. 저작들이 문체, 어휘, 사상, 때로는 단순히 주제 때문에 디포 작품으로 분류된다. 시간이 지나면서 어떤 작품은 이 분류에서 제외되기도 하고, 새로 들기도 한다. 하지만 디포 저작으로 분류되는 목록은 길어지고 있다. 디포에게 가장 헌신적인 서지학자 무어 교수(Professor Moore)는 자신의 『대니얼 디포 저작 일람표』(*Checklist of the Writings of*

Daniel Defoe)[2]의 대영도서관(British Library)본에 이따금씩 몇 가지 항목을 추가한다. 이 가장 권위 있는 디포 서지 목록에서 디포의 저작은 오래전에 500 항목을 넘었다. 그 내용은 『리뷰』(*Review*)지에 기고한 몇 쪽짜리 팸플릿에서부터 『리뷰』지에 이르기까지 다양하다. 디포는 9년 동안 『리뷰』지를 발간하였다. 이때 총 5,610쪽에 달하는 『리뷰』지 원고 거의 모두를 디포가 썼다.[3] 900쪽이 넘는 『완전한 영국 상인』(*Complete English Tradesman*)[4] 또는 『해양 지도책』(*Atlas Maritimus*)[5]의 본문은 어떤가. 이를 모두 합하면 50만 단어가 훨씬 넘는다. 그리고 이 모든 것을 요즈음 같은 타자기, 구술 녹음, 전기 조명의 도움 없이, 그저 펜과 촛불 그리고 그 많은 양의 잉크로 썼다는 사실을 기억해야 한다.

디포 시대의 원고료는 대개 종잇장 수에 따라 지불되었다. 그래서 내용이 빈약하거나 작가들이 쪽수를 늘리기 위해 일부러 글자를 크게 하고 자간도 넓게 하였다.[6] 일화를 삽입하거나, 반복하거나, 대량 자기 인용하는 등, 모든 것이 이 언어의 달인에게는 돈벌이감이었다. 그러나 이런 부풀리기가 독자에게 그렇게 큰 손해만은 아니다. 당시의 모습에 대한 디포의 최고 수준의 언급은 그가 쓴 글의 주요 주제와는 거의 상관없는 일화에서 나오고는 하였다. 그러나 일부 디포 책의 마지막 100쪽 정도는 틀림없이 디포 자신에게도, 요즘 독자들에게도 지루한 만큼 형편없다고 인정해야 한다. 당시에는 400쪽이 보통이었다. 디포는 자신의 노력에 합당한 400쪽어치의 현금을 확실히 받았다. 후세의 편집자에 따르면, 확실히 디포에게는 자기 마음대로 책을 쓰라고 하고 장당 원고료를 지불한 다음, "나중에 과장된 부분을 잘라 내거나, 축약하도록 그 절반 액수를 추가 지불할" 필요가 있었다.[7] 디포 자신이 지적하듯이 그래도 작가는 먹고 살아야 하고, 무슨 일을 하고 돈을 받는 일이 꼭 사람을 용병으로 만드는 것은 아니다. 걸인은 돈을 구걸하고, 판사는 돈 벌려고 판결을 내리며, 작가는 돈을 받고 글을 쓴다. 그러나 작가는 적어도 세상이 보상하는 변변찮은 생활에 대한 보답으로 세상에 약간의 선행을 시도하는데, 판사나 거지는 그렇지 않다고 디포는 주장하였다.[8]

디포는 인기 있는 토리 주간지 『미스트의 저널』(*Mist's Journal*) 역주: 영국의 언론인이자 출판인인 Nathaniel Mist(~1737)가 1716~1737년 동안 발행한 주간지에 기고하였는데, 이때 디포의 훌륭한 논평에서 사용한 언어를 디포의 저작에 그대로 인용해도 됨직하다 – "마음에 드는 다양한 주제, 모든 사람이 그 안에서 스스로 즐길 수 있는 주제를 뽑을 것이다."[9] 이 모든 고통스러운 보물찾기 작업이 반드시 흥미로운 것만은 아니었다. 나는 디포의 사회와 그 사회에서 산 사람들의 전반적인 모습을 알고 싶었다. 그래서 특수한 역사적 사건이나 특별한 인물은 논의에서 대체로 피하였다. 디포의 엄청난 저작이 논쟁적으로 그들을 언급하는 것으로 구성되어 있을 때도 그랬다. 주로 책의 부피를 적절하게 유지하기 위해 지나치게 사실적으로 묘사된 부분에 빠져드는 유혹도 이겨 냈다. 디포는 극도로 좋은 눈을 가지고 세밀하게 묘사하여 상황을 재현해 놓았지만, 나는 주로 디포 세계의 기록자라기보다는 분석자로서 디포를 논의하였다.

이 책의 제목을 『디포의 세계』로 한 것은 아마 약간 야심적이다. 누구도, 심지어 디포도 자신이 살았던 세계를 절대 몇백 쪽에 담을 수 없을 것이다. 책이 시도하는 것은 디포의 세계관과, 그 세계에서 살았던 사람들의 상호 관계에 대한 견해, 또 그 세계 자체와 그들을 창조한 신에 대해 요약하려는 것이다. 이것은 분명히 어려운 일이다. 어떤 작가가 말하기를 디포 전체를 일반화하는 작업은 부질없는 일이라고 하였다.[10] 나는 더 나아가 어떤 것에 대한 일반화도 다 부질없는 일이라고 확장하고 싶다. 그래도 디포는 자신의 세계에 대한 정신적 영상을 뚜렷이 인식하였고 그것이 작동하는 메커니즘을 이해하였다. 이 영상은 그렇게 많이 저술한 사람에게서 놀라울 만큼 일관적이었다. 한 작가로서 내가 극히 다작이면서 250년 전에 이름을 날렸던 다재다능한 다른 작가를 분석적 질서에 묶어 넣는 일은 불공정할지도 모른다. 디포가 존재하지 않으리라 생각하였던 질서를 강요하는 죄를 짓는 것일까. 그러나 나에게는 디포 자신보다 유리한 하나의 이점이 있다. 나는 그의 작품 대부분을 1년 내에 읽었고, 그는 그러지 못하였음을 확신한다. 내가 읽는 동안, 당연히 내가 쓰는 책에 의미가 있어 보이는 것은 선택하고 그렇지 않은 부분은 무시하거나 가볍게 지나갔다. 이런 방식이 위험한 작업일 수 있지만, 속도의 이점은 있다. 내가 원고를 끝냈을 때, 나는 디포의 저작과 그의 모든 세계를 볼 수 있었고, 그 사실이 내게 그의 생각을 개괄할 수 있게 하였다. 나의 개괄이 완전히 진실은 아닐지라도, 완전히 틀렸을 것 같지는 않다.

디포가 마음에 둔 세계가 그의 동시대인 누구의 세계와도 똑같을 필요는 없다. 실제로 종종 매우 다르다. 디포는 독창적 생각이 많지 않았다. 그는 대부분 이미 존재하는 매우 거대한 생각의 바다에 의존하였다. 그러나 그가 창조하여 기존의 거대한 생각에 약간 절충한 혼합은 그 자신의 것이다. 나는 디포 저작의 원자료 출처를 밝히려고 하지는 않았지만, 그의 세계의 문제를 분석한 다른 저술들과, 또 그 시기에 관한 역사적 연구와 비교 참조하였다.

디포의 세계 역시 취사선택된 것이다. 디포만큼 많은 주제를 다룬 사람도 없지만, 디포라 할지라도 모든 것에 대해 철저히 쓸 수는 없다. 이 책은 디포가 강조한 주제를 주시한다. 예를 들어, 몇몇 역사가들이 앤 여왕 시기의 영국에서 유독 중요한 것으로 여기는 해학과 커피 하우스의 세계에 대해서는, 이들이 오용되었다는 사실을 지적하는 것 말고는 여기에서 거론되지 않는다. 독자들은 또한 당시의 영웅들에 대한 설명도 못 얻을 것이다. 디포가 스위프트(Jonathan Swift), 포프(Alexander Pope), 헨델, 바하와 동시대인이라는 사실이 그의 세계관에 거의 영향을 주지 않았다. 디포는 다독이었고 음악을 좋아하였으며, 류트(역주: 만돌린과 비슷한 모양의 현악기)를 켜기도 하였다. 그러나 예술에 대해 별로 관심이 없었다. 유명 작가나 작곡가를 뺀 영국 사회의 나머지 부분 내에서조차 많은 공백이 있다. 디포는 농촌 생활에 큰 관심이 없었다. 그의 관심은 런던 중간 계급의 생활에 있고, 이 책의 상당 부분은 그 생활 상태의 분석이다. 그러나 디포의 세계는 그보다 훨씬 넓었다. 그리고 내 책이 그의 넓은 주제를 감당하리라 희망한다. 많지 않지만 중국과 파타고니아, 매우 부유한 자와 매우 가난한 자, 천국과 지옥에 관한 이야기도 있다. 신성 모독, 해적, 구빈법, 성매매에 대한 부분도 있다. 이들은 길지 않고 어떤 항목은 몇 문장 또는 한 문단밖에 안 된다. 이러한 다양한 주제 때문에 만족할 만한 구조를 구상하기 힘들었으나, 그들 모두를 일관되고 용인할 만한 전체 안에 녹여 넣으려고 최선을 다하였다.

『디포의 세계』는 네 부분으로 나뉜다. 제1부는 디포의 전기에 대한 논의이다. 이에 관해 나는 이전의 전기 작가들에 크게 의존하였고, 디포의 성장 배경과 경험이 생각과 저술에 어떤 방식으로 영향을 주었을지 시사하려고 하였다. 이것은 쉽지 않은데, 디포에 관해 알려진 것이 매우 적고, 전기 작가들이나 나도 그의 저작을 통해 그의 전기를 유추하는 거의 순환론에 빠지는 불만족스러운 상황으로 몰리기 때문이다. 제2부는 디포 세계의 기본 배경이다. 제2장 "내부 세계"는 그의 종교적, 도덕적, 철학적 세계관과 자연관을 논의한다. 제3장 "더 넓은 세계"에서는 유럽을 벗어난 더 넓은 세계의 지리와 탐험에 관한 그의 생각, 그곳에 사는 사람들의 인종적, 사회적, 경제적 특이성에 대한 그의 견해를 고찰한다. 제2부는 "상속자들"이라고 불리는 제4장으로 끝나는데, 이 장은 유럽뿐 아니라 디포의 세계 전체를 지배하려고 위협하는 두 나라인 프랑스와 영국에 존재하는 매우 다른 사회와의 비교로 주로 구성된다.

책의 제3부는 영국에 집중한다. 제5장은 디포 생전에 세계적 권력이 된 이 신흥 국가의 경제를, 제6장은 사회 구조를 설명한다. 마지막으로 제4부는 영국 사회 내에서의 개인 삶의 순환, 그 사회에서 개인의 역할, 그의 야망, 그가 다양한 다른 방식으로 행동함에 따라 거칠 실패와 성공 등을 논의한다.

내가 가장 고마워해야 할 사람은 물론 디포이다. 이 책을 끝낸 다음에도 한 인간으로서의 디포에 대해서는 잘 알지 못하는 것 같다. 그는 자신의 전기보다 저작에서 훨씬 더 자기 모습을 명확히 드러낸다. 그러나 나는 그가 존재해 주어서 감사한다. 디포라는 인간 자체에 대해서는 아직 잘 모르지만, 그가 살았던 세계에 대해서는 이제 훨씬 많이 알게 된 느낌이다. 감사드릴 다음 차례는 디포에 관해 쓴 작가들이다. 내가 그들의 영역을 침범하고 그 생각을 도용한 데 대해 그들은 나를 용서하리라 믿는다. 그리고 내가 주석에 적절한 출처를 밝혔기 바란다. 마지막으로 원고를 읽고 좋은 지적을 해 준 잭 피셔(Jack Fisher), 더들리 베인스(Dudley Baines), 말콤 폴커스(Malcom Falkus)와 같은 동료들, 정확하고 빠르게 타자를 쳐준 조앤 라이너스(Joan Lynas)에게 고마움을 표한다.

주

1. 디포의 작품인지 판별에 관련한 문제의 예로서 다음을 참조. William Lee, *Daniel Defoe: his life, and recently discovered writings*(1869), vol. 1; J. R. Moore, "The Canon of Defoe's Writing," *The Library*, 5th ser. xi(1956); Rodney M. Baine, *Daniel Defoe and Supernatural*(Athens Ga., 1968), esp. pt. 2, "the spurious: the illusory Defoe."
2. Indiana University Press(1960): BL 판본은 편집자가 1966년 11월까지 수정하였다.
3. 1704~1713.
4. 1727.
5. 1728.
6. 18세기 초 작가의 경제적 측면에 대한 논의로 Ian Watt, *The Rise of the Novel*(1957), pp. 40~59 참조.
7. 이것은 『완전한 영국 상인』 1738년판의 익명 편집자의 주장이다. 앞의 책 Watt, p. 57에서 인용.
8. *AJ*, 5.6. 1725(Lee iii, 390~393).
9. *MJ*, 26.4.1718(Lee ii, 36~37).
10. Bonamy Dobrée, *English Literature in the Early Eighteenth Century, 1710~1740*(Oxford, 1959), p. 421.

주에 사용된 약어

1. 데포우의 저작. 초판 연도를 괄호 안에, 인용한 판본이 다를 경우 두 번째 괄호 안에 표시하였다.

AHJ *An Appleal to Honour and Justice, tho' it be of his worst enemies* (1715)

AJ *Applebee's Journal*

Alexander Ramkins *The Memoirs of Majr Alexander Ramkins* (1719)

AM *Atlas Maritimus and Commercialis; or, a General View of the World, so far as relates to Trade and Navigation* (1728)

AT *Augusta Triumphans: or, the Way to make London the most flourishing City in the Universe* (1728)

BCD *A Brief Case of the Distillers and of the Distilling Trade in England* (1726)

BD *A Brief Deduction of the Original, Progress, and Immense Greatness of the British Woollen Manufacture* (1727)

Brief State (1730) *A Brief State of the Inland or Home Trade of England* (1730)

CEG *The Compleat English Gentleman* (ed. Karl D. Bülbring, 1890)

CET *The Complete English Tradesman* 2 vols. (1726~1727)

CJ *The History and Remarkable Life of the Truly Honourable Col. Jacque* (1722) (OUP, 1970)

CL *Conjugal Lewdness; or, Matrimonial Whoredom – a Treatise concerning the Use and Abuse of the Marriage Bed* (1727) (facsimile edition, Gainsville, Flo. 1967)

Considerations (1713) *Considerations upon the Eighth and Ninth Articles of the Treaty of Commerce and Navigation* (1713)

Consolidator *The Consolidator: or, Memoirs of Sundry Transactions from the World in the Moon* (1705)

Crusoe *The Life and Strange Surprising Adventures of Robinson Crusoe of York, Mariner* (1719) (Everyman, 1972)

CS *The Life, Adventures and Piracies of the Famous Captain Singleton* (1720) (Everyman, 1969)

Double Welcome *The Double Welcome. A Poem to the Duke of Marlbro'* (1705)

DPP *Due Preparations for the Plague, as well for Soul as Body* (1722)

EBNB *Every-Body's Business is No-Body's Business; or, Private Abuses, Publick Grievances* (1725)

Englishman's Choice *The Englishman's Choice and True Interest in a Vigorous Prosecution of the War against France* (1694)

E upon P *An Essays upon Projects* (1697) (Scolar reprint, 1969)

FARC *The Farther Adventures of Robinson Crusoe* (1719) (Everyman, 1972)

FI *The Family Instructor* (1715)

FI *The Family Instructor* (1718)

GANC *Giving Alms no Charity, and Employing the Poor a Grievance to the Nation* (1704)

GHDI *A General History of Discoveries and Improvements in useful Arts* (1725~1727)

GHP *A General History of the ... Pyrates* (1724)

GLS *The Great Law of Subordination consider'd; or, the Insolence and Unsufferable Behaviour of Servants in England duly enquir'd into* (1724)

HA *An Essaay on the History and Reality of Apparitions* (1727)

Healey, Letters G. H. Healey, *The Letters of Daniel Defoe* (Oxford, 1955)

HP *An Humble Proposal to the People of England, for the Encrease of their Trade, and Encouragement of their Manufactures* (1729)

JPY *A Journal of the Plague Year* (1722) (OUP, 1972)

KP *The King of Pirates: being an Account of the Famous Enterprises of Captain Avery* (1720)

Lee William Lee, *Daniel Defoe: his life, and recently discovered writings* 3 vols (1869)

MF *The Fortunes and Misfortunes of the Famous Moll Flanders* (1722) (Everyman, 1972)

MJ *Mist's Journal*

MOC *Memoirs of a Cavalier* (1720) (OUP, 1972)

MM *Moderation Maintain'd, in Defence of a Compassionate Enquiry into the Causes of the Civil War* (1704)

NFI *The New Family Instructor* (1727)

NVRW *A New Voyage round the World by a Course never sailed before* (1725)

PA *An Impartial History of the Life and Actions of Peter Alexowitz, the present Czar of Muscovy* (1723)

PEC *A Plan of the English Commerce* (1728)

PHD *The Political History of the Devil* (1726)

PM *The Protestant Monastery: or, a complaint against the brutality of the present age, particularly the pertness and insolence of youth to aged persons* (1727)

PMP *The Poor Man's Plea, in relation to all the Preclamations, Declarations ... for a Reformation of Manners* (1698)

PT *Parochial Tyranny: or, the House-keeper's Complaint against the insupportable exactions, and partial assessments of select vestries* (1727)

RC *Religious Courtship: being Historical Discourses, on the Necessity of Marrying Religious Husbands and Wives only* (1722)

Reasons why (1711) *Reasons why this Nation ought to put a speedy end to this expensive war* (1711)

Review *A Weekly Review of the Affairs of France and various similar titles,* 9 vols (1704~1713) (facsimile edition, 1938)

Roxana *Roxana, the Fortunate Mistress* (1724) (OUP, 1969)

Short View *A Short view of the Present State of the Protestant Religion in Britain* (Edinburgh, 1707)

SM *A System of Magick* (1727)

Some Considerations (1728) *Some Considerations on the reasonableness and necessity of encreasing and encouraging the seamen* (1728)

Some Reflections (1697) *Some Reflections on a Pamphlet lately Publish'd Entituled, an Argument showing that a Standing Army is inconsistent with a Free Government* (1697)

SRRC *Serious Reflections during the Life and Surprising Adventures of Robinson Crusoe* (1720)

SWWD *The Shortest-Way with the Dissenters or Proposals for the Establishment of the Church* (1702)

TBE *The True-Born Englishman. A Satyr* (1701)

Tour *A Tour through the Whole Island of Great Britain* (1724~1726) (Everyman, 1962)

True Collection (1703) *A True Collection of the Writings of the Author of the True Born Englishman* (1703)

VAW *A Vision of the Angelick World* (1720), *bound with SRRC*

2. 다른 참고 간행물 약어

AgHR *Agricultural History Review*

EcHR *Economic History Review*

HLQ *Huntingdon Library Quarterly*

HMC *Historical Manuscripts Commission*

JEGP *Journal of English and Germanic Philology*

JEH *Journal of Economic History*

JHI *Journal of the History of Ideas*

JMH *Journal of Modern History*

JPE *Journal of Political Economy*

MP *Modern Philology*

NCMH *New Cambridge Modern History*

N & Q *Notes and Queries*

PMLA *Publications of the Modern Language Association of America*

P & P *Past and Present*

PQ *Philological Quarterly*

QJE *Quarterly Journal of Economics*

RES *Review of English Studies*

SP *Studies in Philology*

TRHS *Transactions of the Royal Historical Society*

차 례

제3부 영국

제4부 사회 속의 개인

제1부

관찰자

제1장 대니얼 디포

제1장 대니얼 디포

대니얼 디포는 어떤 부류의 사람인가? 그가 실존 인물이기는 한 것일까? 요즘 전기 작가들이나 비평가들은 그가 어떤 입장을 지지하였는가에 더 신경을 쓸 뿐 실제로 그가 누구였는지에 대해서는 관심이 없다. 수십만 쪽에 달하는 저작에서 디포의 사상을 분석해 보면, 그는 소설의 아버지, 근대 언론의 창시자, 중간 계층의 사도, 모든 분야에서 승리를 거두는 부르주아로서 보기 드문 사람이었다. 꾸준히 연구한 결과, 디포가 찰스 2세의 왕정복고가 이루어진 1660년에 태어났다는 사실을 밝혀냄으로써 그가 지닌 상징적 역할의 근거를 획득하였다. 그는 새로운 세계의 전조였으며, 근대성, 개인주의, 부르주아 정신의 상징으로 여겨졌다.

사상 뒤에는 물론 사람이 있었다. 누군가는 부르주아의 펜을 휘둘렀다. 누군가는 멈추지 않는 그 오용의 흐름을 부추겼고 그 작업에 환호하였다. 때로는 디포가 피곤한 하루를 지내고 진흙탕 길을 따라 말을 타고 달리거나 북부 잉글랜드의 독하고 맛있는 맥주를 즐기는 모습을 우리가 볼 수 있다는 생각마저 든다. 그러나 항상 뒤로는 의심한다. 우리가 디포를 보는가, 아니면 디포 모습으로 실체 없이 조용히 있는 어떤 허구를 보는가? 우리는 절대로 우리가 스위프트를 보듯이 디포를 볼 수 없다. 스위프트는 잠옷을 입고 모자를 쓴 채 침대에 앉아 있거나, 스텔라에게 편지로 석탄과 양초 값이 올랐다고 불평하는 모습을 우리에게 보여 준다. 우리가 디포를 볼 때는 매우 별난 배경이 따라붙는 경향이 있다. 우리는 그가 뉴게이트 감옥에서 석방을 기대하며 자신을 낮추는 편지를 쓰는 모습을 본다. 우리는 그가 채권자를 피해 크리플게이트(Cripplegate) 역주: 런던 성벽에 있던 문으로, 문 바깥 지역의 이름. 제2차 세계대전 당시 폭격으로 지역 전체가 사라짐. 요즘은 Barbican Center의 자리 에서 홀로 죽어 가는 장면을 본다. 우리는 그가 무엇보다도 저 멀리 길 위에서 형틀을 쓴 채 덫에 걸려 가발도 없이 영혼이 이탈된 머리로 기묘하고 다소 불안하게 쳐다보고 있는 모습을 본다. 바로 앞에는 썩은 계란이 아니라 꽃을 던지려고 애쓰는 군중을 제어하는 군인들이 있다.[1] 이 사람은 도대체 어떤 사람인가?

디포를 다룬 전기 작가들은 각자 최선을 다해 우리에게 디포를 알리는 작업을 하였다. 그렇게 말하는 것이 공정하다. 그러나 그들의 과업은 어려운 일이다. 작가에 대한 진실을 작가가 쏟아낸 말의 홍수 속에서 읽고 걸러 내어 설득력 있는 전기를 쓴다는 일은 항상 어렵다. 디포에 관해 좋은 증빙 자료가 없다는 사실이 이런 작업을 특별히 어렵게 한다. 디포에 관한 이야기는 그의 일생을 통해 이곳저곳에 나타나지만 확실히 그렇게 실존 인물의 모습으로 설득력 있게 종합되지 않는다. 가장 잘된 초상화는 『쥬레 디비노』(*Jure Divino*)[2] 역주: 디포의 정치 풍자 서사 시집, 12권으로 구성, 1706 의 권두화이다. 얼굴은 기억에 남고, 인상적이다. 그러나 그 초상에 생기를 불어넣기는 매우 어렵다. 조그만 가발로 감싼 이마가 툭 튀어나온 큰 머리, 매부리코, 두툼한 턱, 그리고 사려 깊고 사람을 사로잡는 눈. 사람들은 로빈슨 크루소를 훨씬 더 잘 알고 있다고 느낀다. 그렇지만 그러고 나면 동시대의 최고로 좋은 로빈슨 크루소의 전기가 있다.

디포 전기를 쓸 만한 자료는 제한적이다. 있는 자료들 가운데에서도 매우 다양한 디포들이 대중 앞에 등장하였음을 뜻하는 해석의 문제들이 현존한다. 디포 자신이 자기 저작 전반에 걸쳐 일련의 자전적인 힌트를 남겨 놓았다. 그러나 전기 작가들이 이런 힌트를 결코 믿으려 하지 않았다. 결국 디포 자신이 디포의 사실주의와 다른 사람의 생각을 읽는 그의 능력 때문에 모든 비평가들이 찬탄해 마지않는 창조적 예술가였다. 그는 카멜레온이었다. 그는 손쉽게 퀘이커교도, 고교회파(High-Churchmen), 난파선 선원이 될 수 있었다. 그가 자신에 대해 진실을 말해야 할 이유가 무엇인가? 그의 가장 일관된 자서전도 정치적 적으로부터 자신을 방어할 목적으로 쓴 것인데,[3] 정치적 방어용 글이란 역사적으로 진실을 말하는 장르가 아니다. 따라서 전기 작가는 취사선택을 해야 한다. 그는 어떤 것은 믿고 어떤 것은 무시하는 결정을 한다. 그러나 무엇을 그 기준으로 한다는 말인가? 너무도 빈번하게, 전기 작가는 디포가 쓴 것으로 알려진 책들을 읽고 디포에 대한 선입견을 형성한다. 실제로 이런 책들이 저자의 생애에 관한 사실을 얻기 위해 발굴된다. 물론 많은 부분이 자전적일 것이다. 아무도 그런 것을 그렇게 많이 만들어 낼 수 없다. 디포의 저작이 자신의 삶을 묘사한 것이 전혀 아니라면 전기는 매우 짧게 끝날 것이다. 그러나 전기 작가는 무엇을 선택하는가? 디포는 로빈슨 크루소를 닮았나, 완벽한 영국 상인인가, 몰 플란더스 같은가, 『가족 교범』(*The Family Instructor*) 제1권의 후회하는 아버지 같은가? 그는 탐험가였나, 합리적 경제인이었나, 성이나 구원에 집착하였을까; 그 전부였을까, 그 아무도 아니었을까? 범위가 넓다.

전기 작가는 디포가 쓴 저작을 모조리 읽은 후 다른 증거의 맥, 즉 동시대인의 논평들에 눈을 돌릴 수 있다. 그런데 아마도 이는 더욱 해석하기 힘들다. 이 가운데 그렇게 많은 것이 디포가 저지른 실수에 대한 적대감이었거나, 아니면 동시대 동료들의 무지였음이 사실일까? 디포가 생각한 것은 물론 후자였다. 그는 항상 자신을 합리적이고 절제하는 사람으로 보았다. 또한 자신을 자기 성격, 사상, 정치적 정직함에 대해 끊임없이 불공정하게 가해지는 공격의 희생자로 보았다. 하지만 그렇게 많은 사람들이 틀렸을 수 있을까? 근대의 비평가들은 동시대인들보다 훨씬 더 관대하다. 결국 동시대인은 디포가 『로빈슨 크루소』를 쓰게 될 줄 몰랐고, 그가 그 책을 쓴 다음에는 그 때문에 트집을 잡았다. 근대의 작가들은 디포가 『로빈슨 크루소』를 쓴 것은 좋은 일이라는 선입견으로 시작한다. 비록 그 책이 무슨 뜻이고 어떤 부류의 사람이 썼는지에 대해서는 통일된 견해가 없을지라도 말이다. 일단 누군가가 어떤 사람을, 즉 사실이 아닌 것을 지어내는 사람으로서 높은 평가를 하게 되면 그 소설가가 실제 삶에서 저지른 다른 형태의 허구에 대해서도 더 호의적인 견해를 가질 법하다.

전기 작가들이 그들의 주제에 대해 모호하고 상충되는 증거가 많이 보여지면, 비록 디포의 저서 가운데 한 권의 출판 날짜에 불과한 것일지라도 사실로 여겨지는 것을 찾으면 당연히 안도감을 느낀다. 그것이 그 사람을 식별하는 데 약간 도움이 된다. 이런 종류의 사실을 알아내기 위해 많은 노력이 경주되었다. 유언, 혼인증명서, 또는 국립기록관(Public Record Office) 소장 법원 문서고(Chancery archive)에서 찾은 문서 등, 제대로 된 객관적 증거에 대해 역사가들은 행복해 한다. 연구자들이 자기가 흥미를 가진 사람이 실제로 존재하였음을 확신하게 하는 데 소송 문서만한 것은 없다. 그러나 이 방면에서조차 디포는 파악하기 어렵다. 1688년에서 1694년 사이에 디포가 최소한 여덟 번의 소송에서 피고였다는 사실이 발견되었다. 이것은 이전에는 그에 관해 공식적으로 거의 알려지지 않은 삶의 시기를 밝히는 데 분명히 큰 도움이 되었다. 그러나 증거는 완전하지 않고, 디포보다는 피고 디포를 고소한 원고의 견해에 관해 더 많은 정보를 준다.[4] 다른 법률 문서도 발견되었다. 이 문서들은 디포의 친척들에 대해 그때까지 알려지지 않았던 소소한 사실을 제공한다는 것을 드러냈다. 그러나 디포 자신에 대해서는 별 언급이 없다. 우리는 디포가 언제 태어났는지조차 명확하게 알지 못한다. 그의 두 여자 형제의 출생 기록은 찾았으나 대니얼의 출생이나 세례 기록은 없다.[5]

상대적으로 비천하게 출발하여 유명해진 많은 위인들이 그렇듯이, 디포의 젊은 시절은 가장 덜 알려져 있다. 그가 40세가 될 때까지의 기간에 확실하게 확인된 사실적 증거는 정말로 거의 없다. 증거가 없기 때문에 많은 전기 작가들이 조금밖에 알려지지 않은 조각들을 짜맞추고 실제 또는 추측한 사건들을 골라 디포의 복잡한 심리를 분석하는 기초로 삼았다. 피츠제럴드(Brian Fitzgerald)는 대부분 소설 같지만 매혹적이고 흥미롭게 쓴 디포 전기에서 그를 여러 모습 가운데 성에 집착한 급진주의자로 그렸다. 젊은 디포가 자신의 청교도 집안에서 나와 방랑하다가 여섯 필이 끄는 마차를 타고 지나가는 대공작을 본다. 그 신사는 혼자가 아니다. "그 옆에는 숙녀가, 곱슬머리와 빨간 입술, 뾰족한 작은 가슴을 가진 어여쁜 소녀가 앉았다."[6] 여기서는 생략하지만 디포는 소녀에 대한 생각에 집착한다. 피츠제럴드의 책장을 40쪽이나 더 넘길 때까지도 디포는 아직 "곱슬머리에 밝은 눈의 예쁜 소녀"를 찾고 있다.[7] 젊은 디포를 분장하는 데, 성 위에 1685년의 몬머스 반란(Monmouth's rebellion) 역주: 1685년 찰스 2세 사후 등극한 제임스 2세를 퇴위시키려고 몬머스 공작 James Scott이 일으킴. 세지무어 전투에서 완전히 진압당함. 을 참고하여 급진성이 덧칠된다. 30년 후에 디포 자신이 "몬머스 공작 아래서 싸웠다"고 주장하였다.[8] 디포가 실제로 무엇을 하였는지 모른다고 한 피츠제럴드의 지적은 옳다. 그렇지만 디포가 거기 있었다고 가정하여 세지무어 전투(battle of Sedgemoor)를 극적으로 묘사한다는 느낌을 금하기 어렵다. 피츠제럴드는 충동적인 문장으로 설명을 시작한다: "틀림없이 디포는 폭도들과 같이 말을 달렸다. 그는 수평파(Levellers) 역주: 청교도 혁명 때 의회파의 급진 지류, 소부르주아의 이익을 주창 의 꿈을 실현하기 위해 싸웠을 것이 분명하다."[9] 글쎄, 아마 그랬을지도.

디포를 다룬 모든 전기 작가들이 강조한다. 디포가 비국교도적인(Dissenting) 집안에서 어린 시절을 보낸 것이 그의 심리 발전에 중요한 요소였다는 것이다. 그런 가정에서는 어떤 아이가 자라는가? 지역 지배자였다가 그렇게 짧은 시간에 박해와 멸시를 당하는 소수민으로 전락한 말기 청교도들은 어떤 부류인가? 디포의 아버지는 수지 양초를 취급하는 상인이었다. 그는 아마도 엘리자베스 시대 플레미시 이민의 후손으로 1662년 획일법(Act of Uniformity) 역주: 모든 성직자에게 국교를 강요하여, 청교도들이 이에 반발함. 이 통과되자, 목사인 아네슬리 박사(Dr. Samuel Annesley. 청교도, 비국교도 목사, 1620~1696)를 따라 지하의 비국교도 세계로 옮아갔을 것이다. 디포 가족이 특별히 엄격하였다는 증거는 없다. 그러나 그들이 양심의 문제에서 타협하지 않으려는 성향이었을 것임은 분명하다. 일반적으로 박해가 골수 청교도들을 그 이전보다 더욱 열성적이며 독실하게 만들었다는 것은 일반적으로 진실이었을 것으로 간주된다.

청교도적 양심은 디포가 자기 생애 내내 견지하였던 정신적인 짐의 일부였지만, 어느 전기 작가도 디포가 그 짐만을 가지고 집을 떠나도록 허락할 준비가 되어 있지 않았다. 디포처럼 열정이 넘치고 탐구적인 젊은이가 항상 착한 소년이었을 리 없다. 그러나 그가 소년이었을 때, 무엇에 연루되었는지 알아내기 위해서는 다시 한번 추측에 의존할 필요가 있다. 그렇게 하는 데 많은 문제가 있는 것은 아니다. 거의 모든 디포 전기 작가들이 디포가 쓴 『커널 잭』(*Colonel Jack*)의 적어도 앞부분 약간은 자전적일 것이라고 간주한다. 그래서 젊은 디포는 도시를 떠돌다가 늙은 군인과 수병들과 이야기를 나누며 50년 후에 유용하게 써먹을 정보를 축적한 것으로 묘사된다. 도틴(Paul Dottin)은 디포가 로즈마리 길(Rosemary Lane)의 유리 공장을 방문하여 젊은 부랑자들이 밤에 잠자는 "구석에 쌓인 따뜻한 석탄 잿더미를 신기한 듯" 바라보게 한다.[10] 피츠제럴드는 한술 더 떠 그를 그곳에서 자는 것으로 그리는데, 이는 존경할 만한 수지 양초 상인의 아들에게는 어울리지 않는 행동이다.[11] 디포가 왕정복고 후 런던의 자극적인 풍경을 아쉬운 듯이 관찰하는 모습은 거의 모든 전기 작가가 제시하였다. 비국교도 사제가 되기 위한 교육을 받는 소년의 마음속에서 소년의 세속적 야망이 청교도 양심의 가책과 충돌하고 이것의 극복 과정 모습을 드러낸다.[12] 이렇게 갈등하다가 디포는 부모가 디포를 위해 선택한 직업인 사제직을 거부하는 중요한 결정을 내린다. 디포 소설은 여러 교훈적 저작에 도덕, 악덕, 부의 추구 간의 충돌이 압도적으로 많다. 이것은 적절한 심리적 분포로 보인다. 디포 자신이 찰스 2세 재위 기간(역주: 1660~1685)을 악덕과 국부 양자 모두 엄청나게 증가한 시기로 강조하고 있어 더욱 그러하다. 상상력이 풍부하고 야망이 있는 아이가 이러한 풍조에 쉽게 영향을 받았을 것이다.

디포의 저작에서 중요한 역할을 한 또 다른 주제는 결혼이다. 당연히 디포의 전기 작가나 비평가들은 디포의 결혼에 관심을 가졌다. 어찌되었든 결혼은 누구에게나 심리 형성에 중요성을 갖는 사건이다. 행복한 결합이었을까? 너그러운 무어(J. R. Moore)는 근대인은 사랑에 기반을 둔 근대적 결혼을 해야 한다고 생각한다. "디포의 결혼은 분명히 사랑의 만남이었다"고 자신 있게 선언하면서 무어는 우리를 위해 기억날 만큼 가장 추웠던 어느 겨울에 운 좋게도 햇볕에 탄 활기찬 젊은 신랑의 모습을 말로 그려 덧붙이고 있다.[13] 사랑의 만남은 행복한 결혼으로 이어졌다: "거의 50년 동안 대니얼과 메리는 트집만 난무하던 시대에 공공연한 염문이나 (우리가 아는 한) 사적인 맞고소 없이 함께 잘 살았다."[14] 그러나 도틴은 디포처럼 합리적인 사람은 사랑 때문에 결혼하지는 않았을 것이라고 결론을 내린다: "그는 그토록 위험하고 비실용적인 열정을 무시하고 대신 냉철한 이성, 성숙한 성찰, 건전한 판단의 지시에 지배되었다."[15] 신중하고 디포의 개인적 생활에 대해 별 관심이 없었던 서덜랜드(James Sutherland)는 냉담하게 논평한다. "그의 결혼이 17세기의 더욱 낭만적인 결합 가운데 하나가 아니었다고 생각할 몇 가지 이유가 있다."[16] 마지막으로 디포의 성에 대한 집착에 매달렸던 피츠제럴드는 디포가 메리와 첫 키스 후 결혼하였으나 그녀가 그의 꿈속의 예쁜 소녀와 합당하지 않자 실망하였을 가능성을 들고 나온다: "그들은 거의 50년간 결혼 생활을 하고 8명의 자녀를 두었다. 그러나 그 자녀들 상당수가 서로 다른 집에 살았다. 같이 살 때도 대화 없이 지내는 때가 잦았다. … 엉망진창의 결혼 – 그것이 전부였다."[17] 누가 옳을까. 진실은 이들 견해를 뒷받침할 증거가 전혀 없다는 것이다. 우리가 아는 것은 메리 디포가 8명의 자녀를 낳았고, 그중 6명이 성인이 될 때까지 생존하였고, 남편이 오랫동안 집에 들어오지 않아도, 감옥에 갇혀도, 디포가 그녀의 지참금을 오용하고 낭비해도 그의 부인이 꾹 참아 냈다는 사실[18]과, 남편이 가장 힘든 시간에 그 부인이 옆에 같이 있었다는 사실이다. 어느 남자도 더 많은 일을 바라지 못할 것이다.

디포의 결혼에 사랑이 얼마나 차지하였는지는 전기 작가들 간에 이견이 있었다. 그렇지만 양초 상인의 아들이 부유한 비국교도 상인의 딸과 결혼하면서 지참금 3,700파운드를 얻었다는 사실은 디포의 전도양양함을 나타낸 징표라고 모두들 인정하였다. 이 지참금은 정말 매우 큰 금액이었다. 디포가 1683년에 이에 걸맞게 얼마나 많은 돈을 가지고 있었는지는 알 수 없다. 우리가 아는 것은 디포가 결혼 후 불과 8년 만에 1만 7,000파운드의 빚을 지고 파산하였다는 사실이다. 그것은 작은 규모의 재산이었다. 그러나 디포가 어떻게 해서 그토록 빚을 질 처지에 있었는가에 대해 우리는 또다시 실마리 정도만 가지고 있다. 우선 사람이 그만큼의 신용을 얻기 위해서는 좋은 사업적 평판을 쌓았어야 하였다. 증거에 의하면 디포는 1680년대 내내 상인으로 일하여 먹고 살았는데 다른 여러 사람들처럼 그는 윌리엄 왕 전쟁(King William's War) (역주: 1689~1697. 윌리엄 3세의 즉위는 제임스 2세를 지지하는 가톨릭 프랑스와 대립을 격화시켜 전쟁으로 확대. 주로 북아메리카 식민지에서 싸웠으며 7년 전쟁(1754~1763)까지 약 1세기간 식민지 전쟁이 계속된다.) 초기에 과잉 투자를 하여 고스란히 날렸다. 경제사가들은 1680년대에 대해 거의 아는 바가 없다. 빈약하나마 우리가 가지고 있는 증거로 볼 때 이 10년간은 1620년부터 1700년 기간에 나타난 상업적 팽창 국면에 해당한 듯 보인다. 영국의 해외 상업은 17세기 대부분 기간에 한 어려움이 또 다른 난관을 불러옴으로써 계속 어려움을 겪었다. 1670년대와 1680년대에만 특히 스페인과 신대륙의 무역으로 새로운 성취 수준에 이르는 돌파구가 마련되었다.[19] 디포는 이 무역에서 한몫 잡으려 하였던 것으로 보인다. 그의 교역 사업은 승승장구하다가 이 무역로가 1692년 프랑스 사략선단의 공격에 쉽게 노출되면서 침몰되었다. 디포는 종합무역상사의 상인으로 활동한 것 같다. 주로 스페인에 내의를 팔고 와인과 브랜디를 수입, 신대륙 플랜테이션에 제조업품을 수출하고 담배를 들여오는 일을 맡았다. 디포가 영국 전역을 처음 여행하고, 또한 유럽 대륙에 대한 대부분의 직접 경험을 얻은 일이 초기 사업을 하는 동안에 이루어졌다. 디포의 모든 저작에는 기업 활동에 관한 광범한 지식이 분명히 드러난다. 그러면서도 디포가 1680년대에 얻은 경영 지식을 1720년대의 매우 달라진 조건을 해석하는 데 사용하고 있다는 인상을 주는 면은 있다.

분명한 것은 쥐꼬리만한 봉급을 받는 비국교도 사제직을 거절한 젊은이가 부를 축적하는 데 서둘렀다는 점이다. 그리고 그는 그러기 위해 그다지 정직하지 않은 방식을 취할 준비도 되어 있었던 것 같다.[20] 왜 서둘렀는지에 대해 다시 한번 비평가들의 의견이 일치하지 않는다. 서덜랜드는 디포의 탐험에 대한 정력과 애정을 그의 가장 특이한 성격이라고 내세운다. "그를 그렇게도 예사롭지 않은 이력을 따라가게 내몬 추진력은 흥미진진함을 구제불능일 정도로 밝히는 성향보다는 부를 추구하는 욕망이었다."[21] 다른 작가들은 수단보다 목표를 강조한다. 디포가 부자가 되는 것 자체가 그렇게 즐거워서가 아니라 부의 혜택을 누리기 위해 부자가 되고 싶어 하였다는 것이다. 쉬너겔(Michael Schinagel)은 디포에 대한 자신의 그런 가설을 책 한 권 분량에 달할 정도로 확장하였다. 디포는 젠틀맨(역주: 문장을 쓸 수 있는 높은 지위의 가문)이 되기 위해 부자가 되기를 원하였으며, 이것이 디포의 모든 삶을 이끄는 원동력이었다는 것이다.[22]

디포가 사회적 신분 상승을 위해 꾸미고 말솜씨를 다듬고 상류 사회에 어울리는 노력을 하였다는 등, 쉬너겔이 설득력 없는 정황 증거로 젠틀맨 추구 가설을 지나치게 치장한 면이 없지 않다. 그렇지만 이것은 디포의 심리 형성에 중요한 추세였음에 틀림없다. 젠틀맨이 되려는, 혹은 적어도 사회적 신분 상승에 대한 강한 충동은 사회를 바라보는 디포의 전반적인 견해 가운데 중대한 요소였다.[23] 그 역시 이 충동을 공유하였다는 점은 쉬너겔이 자신의 책에 수록한 많은 자료에서 명백하다. 그러나 디포는 그것을 이루지 못하였다. 직접 일하지 않는 지대 수취자 가운데 젠틀맨의 지위가 으뜸일 것이다. 그런 생활을 허용할 금전적 지위에 디포가 도달하고 나면 1692년의 파산처럼 항상 그때마다 뭔가가 틀어졌다. 디포는 1711년에 다음과 같이 썼다:[24]

> 누구도 나만큼 운이 뒤바뀌는 것을 맛보지 못하였으리
> 나는 열세 번이나 부자와 가난뱅이를 오갔다.

디포가 젠틀맨의 지위에 가장 근접하였던 때는 아마도 1720년대 초였다. 그때 그는 스톡 뉴잉턴(Stoke Newington) 역주: 런던 북부 교외 땅 4에이커에 마긋간, 마차, 말들과, 적어도 '중간 계급 젠틀맨'이 가질 만한 기타 여러 가지를 곁들인 큰 집에 사는 성공적인 작가로서, 젠틀맨처럼 사는 것이 정당한 것처럼 보였을 것이다. 실제로 그렇게 하였다. 그러나 어떤 진정한 젠틀맨도 디포가 쓴 책들을 쓰지는 않았을 것이다. 그리고 어떤 진정한 젠틀맨도 디포의 일생을 살지는 않았을 것이다. 17세기 말 쯤이면 젠틀맨이 교역에 종사하는 일이 허용되었다. 그러나 두 번 파산하고 여섯 번이나 감옥에 가고, 형틀이 채워지거나, 성인이 된 후 삶의 절반을 적대적 언론인들과 실랑이하며, 중간 계급에게 경도된 충고를 하면서 산 젠틀맨은 없었다.

18세기 초에 젠틀맨으로 인정받을 좋은 삶이 중요한 관심사였다면 정치 세계에서 좋게 받아들여지는 것도 똑같이 중요하였다. 당시처럼 편이 갈라져 있는 사회에서는 누구나 다른 사람이 어느 편에 있는지 알고 싶어 하였다. 중도란 권력, 후원, 정치적 이권을 놓고 싸우는 열성가들, 즉 고토리(High Tory) 종교인들과 제임스 2세파(Jacobite) 같은 우파, 휘그와 비국교도 같은 좌파, 양쪽 모두에게 떳떳치 않은 단어였다. 디포는 당파가 없는 중도로 자처하였으나 그러면서도 스스로를 1688년 명예혁명의 원칙을 신봉하는 휘그의 정치적 이상을 가진 중도파로 생각하기를 좋아하였다. 이들은 정당 정치 초기 시대의 정파들이었다. 디포뿐 아니라 많은 사람들이 어느 쪽이든 공공의 이해보다 자기네 사적 이득을 추구하는 듯이 보이는 당파들을 불신하고 혐오하였다.[25] 그럼에도 그는 공공의 이익은 휘그가 대변한다고 믿어, 1710년 『리뷰』지에 당시 복잡한 정치적 현실을 다소간 단순화하는 말로 그가 휘그와 토리 간의 차이로 여기는 것을 다음과 같이 요약하였다:[26]

> 토리는 조국의 약탈자, 종교의 박해자, 불법 유혈 파괴자, 자유의 배반자이며, 복종과 무저항을 구실삼아 조국을 가톨릭이나 자의적 권력에 넘기려는 자들이다. 휘그는 마음 깊이 신을 찬양하고 의회의 계승을 위해 가톨릭을 배격하는 법적 조치를 지지한다. 또한 명예혁명 기간에 가톨릭과 자의적 권력에 맹렬하게 저항하였다.

이와 같이 강력하게 부정적으로 비판해 놓고서 이 글을 출판한 이후 디포는 토리주의에 물든다.[27] 앤 여왕 타계 후 토리가 몰락하자 디포는 정치적 위험을 직감하고서 그의 순수한 이상을 증명할 필요를 느껴 스스로 휘그적 자서전을 집필하였다.[28] 그러기 위해 그는 거짓말을 그다지 많이 하지 않아도 되었다. 우리가 알 수 있는 한, 디포는 1703년까지 나무랄 데 없는 급진적 비국교도 휘그파 쪽 정치 활동을 지속하였다. 그의 부모도 고결한 장로교파로서 좀처럼 흠잡을 데가 없었으며 국왕 처형에의 연루 같은 영국 내란의 더욱 나쁜 평판에 물들어 있지도 않았다. 젊은 시절 디포는 찰스 2세의 치세 때 고토리 쪽에게서 정말로 상당한 종교적 고난을 겪었다. 위기가 도래하였을 때 그는 자신의 역할을 할 준비가 되어 있었다. 그는 모세 5경(Pentateuch) 역주: 구약성서 맨 앞의 5권, 창세기, 출애굽기, 레위기, 민수기, 신명기 을 속기로 복사하여 교황 음모설(Popish Plot) 역주: 가톨릭이 찰스 2세에 대해 기도하였다고 날조된 사건, 1678 날 때 성경책이 금지되지 않도록 하였다.[29] 그 일이 드러난 후 민감한 시기에는 가톨릭을 몰아내기 위한 무리들에 가담하였다. 30년 이상 지난 후에 그는 당시 "청교도 채찍"의 효과를 회상하였다. "교황주의자를 위한 이 회초리로 무장하여 나는 아무것도 무서운 것이 없었던 것으로 기억한다."[30] 그리고 최악의 상황이 벌어져 가톨릭 왕자가 잉글랜드의 왕이 되자 그는 몬머스 반란에서 모든 위험을 무릅쓸 준비가 되어 있었다. 이미 우리가 본 대로, 비록 이때 디포가 체포되어 제프리 판사(Judge Jeffery)의 피비린내 나는 재판에 회부될 만큼 어리석지는 않았을지라도 말이다.[31] 몬머스는 정말로 목숨 걸고 추종할 인물은 아니었다.[32] 그렇지만, 특히 일단 윌리엄이 미움 받던 제임스 2세를 축출하는 데 성공한 사람으로 여겨졌다면 오렌지 공 윌리엄을 추종하는 일은 전혀 다른 문제였다. 거기에서 누가 그를 환영하였는가. 1689년 런던 시장(London Mayor)의 열병식에 참여하여 자원 기병의 왕립 연대에서 "화려한 마구와 함께 늠름하게 말 위에 오른" 사람은 다름 아닌 "대니얼 디포,

당시 자유시장(Freeman's Yard)의 양품업자이자 나중에 형틀에 씌워진 바로 그 사람이다."[33]

1690년대 윌리엄 왕의 세계에서 디포는 자신의 좋은 이력에 대한 보상을 받았다. 유리세(Glass Duty) 징수관의 회계원으로, 왕립 복권의 관리자 겸 신탁인으로, 생애에 단 한번 공적 지위를 얻었다. 그의 비공식적인 수입도 엄청났다. 파산의 비운에서 벗어나 에섹스군 틸버리의 잘되는 벽돌과 타일 공장에 투자할 만큼 충분한 자산을 모았다. 그는 정말로 1692년과 1703년 사이에 금전적으로 엄청난 성과를 거둔 것으로 보인다. 빚을 1년에 1,000~2,000파운드씩 갚는 동시에 매우 풍족하고 멋진 생활을 누렸다.[34] 그가 중앙 공직에 가장 근접한 일도 이 시기 쯤에 있었다. 디포는 국왕의 장관들 자문에 응하였을 뿐 아니라, 그를 믿는다면, 국왕의 참모 겸 비밀 요원으로 활동하였다. 그러나 여기에도 증거 문제가 있다. 디포는 항상 자신의 영웅 윌리엄 왕과 가까운 관계임을, 그야말로 윌리엄 왕과의 친밀한 우정을, 윌리엄 재위 시 자신이 하였던 역할을 강조하였다. 그러나 이 점에 대해서는 다시 한번 주로 디포 자신의 증빙되지 않은 진술에 의존할 수밖에 없다. 전기 작가들은 디포의 허풍 대부분을 액면 그대로 받아들여 디포 자신이 나중에 강조할 행운의 반전을 적절히 극적으로 그렸다. 『리뷰』지 8권의 머리말에서 디포는 "나는 세상의 평온한 면뿐 아니라 격렬한 면도 보았다. 불과 반년 만에 왕의 사실(私室)부터 뉴게이트 지하 감옥까지의 맛을 보았다"고 쓴다.

윌리엄 왕 재위 기간(역주: 1689~1702) 동안에 디포가 쓴 글을 보면 우리는 좀더 확신하게 된다. 이 시기에 팸플릿 집필자와 작가로서 디포의 명성이 확고하게 자리를 잡았다. 초기 저작들에서 세 가지 주요 가닥이 두드러진다. 첫째, 명예혁명의 정착을 옹호하고 해석하며 1697년 라이스윅 평화 조약(Peace of Ryswick) 역주: 윌리엄 왕 전쟁의 종식 이후 윌리엄 왕의 외교 정책을 지지하면서 휘그와 윌리엄 왕 추종자들의 이해를 대변하는 매우 탁월한 팸플릿을 여러 편 썼다.[35] 1697년에는 『공공사업론』(*An Essay upon Projects*)을 저술하였다. 이로써 그는 약간 늦게나마 1690년대 중엽 경제, 금융 위기에 초점을 맞춘 경제 문헌의 홍수에 합류하였다. 첫 번째로 낸 두툼한 이 책에서 디포는 여러 가지 경제 사회적 개혁을 주장하였다. 책의 많은 부분은 내전 기간과 국왕 궐위 기간에 나온 엄청난 양의 팸플릿 문헌에 등장한 새로운 사상의 흐름에서 끌어낸 것이었다. 그럼에도 『공공사업론』은 인상적인 책이다. 디포는 사소한 일에까지 애정을 보이면서, 힘없는 정신장애자, 여성, 빈민 등에게 좀더 나은 환경 조성을 할 것을 옹호하고 있다.

그러나 이 시기에 나온 그의 가장 흥미 있는 저작은 극도로 급진적 성격을 띤 연작이다. 여기에서 디포는 특권의 오용을 공격하고, 정치 권력의 성격과 책임에 관한 당시의 가정들 대부분을 의심하였다. 한 작가가 디포를 기려서 붙인 "냉철한 머리의 호민관"이란 별명을 그가 실제로 얻은 것은 1698년에서 1703년까지의 기간이다.[36] 부유층의 이중 잣대, 위선, 악덕에 대한 신랄한 공격인 『빈자의 변』(*Poor Man's Plea*)[37]에서 시작하여 같은 주제를 『진정한 영국인』(*The True-born Englishman*)[38]과 『예절의 개혁』(*Reformation of Manners*)[39]으로 이어 갔다. 이 책들은 모두 충격적인 고발 내용을 담고 있다. 즉, 혈통이 좋고 부유한 집단뿐 아니라 약어로 가려진(이름 앞에 높은 신분을 드러내는 타이틀이 붙는) 개인들의 행동이 사회가 그들에게 부여한 특권에 걸맞지 않다는 것이다. 1701년 2월 선거에서 토리 후보 당선이 늘자, 디포는 휘그 측의 이해관계를 옹호하기 위해 급진적인 정치 팸플릿을 연이어 냄으로써 계속 기득권을 공격하였다. 여기서 디포는 의회에 출석하는 인민의 대표자들보다 궁극적으로 인민의 권력이 우월함을 강조한다. 당연히 유명한 『다수의 청원』(*Legion's Memorial*)에서 청중들에게 경고한다: "당신들을 의원으로 뽑아 준 사람들이 당신들을 예전과 같은 계급으로 다시 떨어뜨릴 수 있습니다. 인민들은 당신들이 좋아하지 않을, 그들이 남용하는 호의의 맛을 당신들에게 보여 줄 수 있습니다."[40] 디포는 이 청원을 의기양양하게 토리 하원 의장에게 몸소 전달하였다. 동시에 이 청원서는 그가 정치에 관여하고 있으며 어떻게 보아도 그의 휘그적 성향의 정점을 찍고 있음을 보인다.

디포가 이처럼 급진적이었고 성가신 존재였기 때문에, 1702년 윌리엄 왕이 사망하고 다시 부활한 토리주의가 앤 여왕 재위(역주: 1702~1714) 초기 몇 년 동안 희생양을 찾을 때 디포는 그 표적이 되었다. 토리 측에서 다시 비국교도에 대한 탄압을 시작하자, 디포는 그답게 이를 공격하는 내용을 담아 『비국교도를 다루는 지름길』(*The Shortest-Way with Dissenters*)[41]을 출판하였다. 그는 그의 목을 매려는 줄에 스스로 머리를 들이민 것이다. 디포는 비밀 집회소에 모인 비국교도들을 추방하라, 설교자들을 교수형에 처하라, 당신네들이 싫어하는 비국교도를 단번에 제거하라며 영국 국교와 여왕에게 반어법적으로 드잡이하였다. 그렇게 하면 나머지는 모두 영국 국교로 복귀할텐데 그에 불참하는 자를 소액의 벌금으로 다스려 보아야 탄압의 뜻을 절대 이룰 수 없다면서 말이다.

이 팸플릿은 오늘날 읽으면 별 문제가 없어 보인다. 그러나 불행히도, 고토리도 비국교도들도 이를 심각하게 받아들였다. 누가 이것을 썼는지 알아내자 그들은 격노하였다. 전에도 여러 번 그런 글을 냈지만 이제야 비로소 디포는 양쪽에서 공격당하였다. 그는 상처투성이인 채 중간에서 어정쩡한 자세를 취해야 하였다. 1713년 『리뷰』지의 마지막 호들 가운데 하나에서 그는 비국교도와 국교도 양쪽에서 공격당한 불행에 대해 회상하였다. "나는 두 결투자를 말리려고 양쪽으로 뛰어다니는 사람처럼, 그들이 생명을 잃지 않게 예방하고자 내 생명을 잃는 꼴이 되었다. 분노한 검투사들은 말리는 사람에게 칼을 찌르고, 싸움을 말린 자는 자신의 열정의 희생이 된다."[42] 1702년 디포의 열의는 그의 생명이 아닌, 정치적 자유의 상실로 끝난다. 토리의 국무장관 노팅엄 백작은 체포영장을 발부하였다. 디포는 오랫동안 도망다니다 1703년 7월 반정부 선동 비방죄로 재판을 받았다. 디포는 현명하지 못하게[43] 유죄를 인정하고 사면을 기대하였는데, 거액의 벌금형, 공공 장소에서의 형틀형 세 차례, 여왕이 원하는 기간만큼의 징역형 선고가 내려졌다. 판결은 잔인하였다. 지난 5년간 토리가 근간을 이루는 가장 핵심적인 제도를 공격한 자에게 내뿜는 증오가 반영된 판결이었다.

디포는 복수심을 품게 되었다. 감옥에 있는 동안 도전적인 「형틀의 찬송」(*Hymn to the Pillory*)을 휘갈겼다. 이러한 형벌이 정직한 사람을 해치지 못하며 자기가 아니라 진짜 재판정에 서야 할 인물들의 목록을 길게 나열하는 시였다. 그리고 우려하던 시간이 왔을 때 그의 형틀형은 승리로 끝났다. 군중은 그의 시를 앞다투어 구입하였고 그를 대단한 영웅으로 대접하였다. 그러나 디포가 용감한 사람이기는 해도 감옥살이는 일생 내내 그에게 영향을 미쳤다. 그는 일생을 통해 상류 계급의 행동을 공격하였고, 명예혁명의 정착을 지지하였으며 최종적으로 주권은 인민에게 있다는 믿음에서 절대 벗어나지 않았다. 그럼에도 불구하고 또 감옥살이를 하게 되거나 이에 덧붙여진 형틀형에 대한 공포 때문에 그 이후로 그의 거침없는 언행은 다소 수그러들었다. 그는 이제 더 이상 호민관이 아니었다. 실제로 1720년대에는 디포가 징역형 이전에 쓴 팸플릿에서 부유층의 행위를 공격하였던 만큼의 강경한 어조로 빈민의 행동을 공격할 준비가 되어 있었다.

디포가 뉴게이트에서 풀려난 것은 할리(Robert Harley) 덕분이었다. 예전에 디포는 자신의 『다수의 청원』을 하원 의장 할리에게 직접 전달한 적이 있다. 온건파 토리로서 승승장구하던 할리는 1704년에 노팅엄 백작의 후임으로 국무장관에 취임하였다.[44] 디포는 체포 전에 그에게 도와달라고 청원하였다.[45] 할리는 이와 같이 재능이 있는 작가를 도와줌으로써 얻을 이득을 곧 알아보았다. 디포의 상황은 가련하였다. 그는 감옥에 얼마나 갇혀 있어야 할지 몰랐고 변덕스러운 폭도 외의 모든 사람들에게서 멸시받았다. 또다시 무일푼이 되었으며 환란 중에 타일 사업을 등한시하는 바람에 두 번째 파산을 맞았다. 할리는 이런 사람의 충성을 확보할 수 있었다. 정말로 디포에게 감사하는 마음은 모든 미덕 가운데 가장 컸다. 할리는 서두를 필요가 없었다. 디포는 공포스러웠고 그런 디포가 석방되도록 영향을 준 사람에게 디포가 감사하는 마음을 갖게 되는 것은 디포의 복역 기간이 길어질수록 더 커질 것이었다. 디포는 11월에야 풀려났고 1704년 7월이 되어서야 공식 사면을 받았다. 할리의 전술은 좋은 결과를 가져왔다. 1708~1710년에 할리는 공직에서 물러나 옥스퍼드 백작이 되었다. 디포는 그의 후임인 재무장관 고돌핀(Godolphin)을 모실 때를 제외하고, 할리가 앤 여왕 말년에 퇴직할 때까지, 그에게 고분고분하지는 않았지만 충성을 바쳤다. 여왕이 서거한 후, 휘그당은 할리를 숙청하려 하였다. 그러자 디포는 여왕 재위 마지막 몇 년간에 보였던 할리의 행동을 옹호하는 글을 써서, 익명으로 『결백한 참모의 비사』(*The Secret History of the White-Staff*)를 출간하였다.[46] 왜냐하면 그가 자서전 『명예와 공정함에 호소』(*Appeal to Honour and Justice*)에 썼듯이, "감사와 신의는 정직한 사람과 떼어놓을 수 없기" 때문이었다.[47]

디포의 인생에서 가장 잘 알려진 시기가 할리와 함께 하였던 기간이다. 1704년부터 1713년까지 『리뷰』지의 간행은 디포를 대중에게 확실히 인지시켰다. 이 신문의 주된 기능은 할리의 국외, 국내 정책 추진을 지지하는 것이었다. 그러나 디포는 이것을 생각이 미칠 모든 주제를 다루는 토론장으로도 활용하였다. 또한 이 신문은 몇몇 흥미 있는 개인적 세부 사항을 포함해 사회에 대한 그의 사상을 알 수 있는 필수 자료를 제공하였다.[48] 할리는 문서 수집 습관이 있었다. 이 사실은 전기 작가에게 매우 유용하였다. 남아 있는 디포의 서한 중 4분의 3 이상이 1703년부터 1714년까지 그가 할리에게 보낸 편지와 보고서이다.[49]

둘의 관계는 매우 독특하였다. 두 사람 모두 비밀 유지와 가명 사용을[50] 하였다. 할리의 정치적 구상에 디포가 무슨 역할을 하였는지는 알 길이 없으나, 서로 대중에게 감추는 매우 필요한 과업을 수행한다는 생각에 거의 병적인 쾌감을 느꼈다. 할리는 디포의 공적을 한 번도 인정한 적이 없다. 또한 디포가 그에게 끊임없이 더 많은 돈을 요청한 사실을 우리가 믿을 수 있다면, 할리는 디포의 중요한 공작 활동을 적절히 보상한 적이 없었다. 그 요청이 국가 업무 관련 사항일 때조차 많은 경우에 할리는 디포에게 충분한 돈을 제공하지 않았다. 그러나 디포가 할리를 지속적으로 일깨웠다는 것, 자기 가족의 비참한 형편에 대한 묘사 등은 아마 약간 에누리해서 받아들여야 할 것이다. 특히, 1706년 신(新)파산법에 따라 디포가 자신의 채권자들과 화의를 맺은 다음에는 더욱 그러하다.[51] 디포는 할리를 위해 일하는 동안에도 돈 받고 글을 썼을 뿐만 아니라 사업도 하였다.[52] 1709년 무렵에 충분히 현금을 모아 스토크 뉴잉턴의 대규모 부동산을 비싼 값으로 임대하였다.[53] 1710년부터 1714년까지 토리가 우세한 시기에 그는 분명히 언론인으로도 정치 요원으로도 매우 높은 수준의 급여를 받고 이름을 날렸다.[54] 디포의 주된 금전적 걱정은 채권자들과의 화의에도 불구하고 그의 과거의 금전 형편을 의심하는 유령들이 계속해서 그를 괴롭힌다는 사실이었다. 정적들은 항상 디포의 오래된 빚을 사들여서 공개하거나 단순히 부정한 빚을 들춰내 그처럼 골칫거리 반대자를 난처하게 하고, 가능하다면, 무력하게 만들 수 있었다.

디포를 돈 문제로 시달리게 묶어 놓는 일은 물론 할리의 전술 가운데 일부였다. 자신의 요원이 자기에게 충성을 지속하도록 붙잡아 두려는 것이다. 디포가 할리에 대해 지닌 교섭력 정도의 관점에서 더 심각한 것은 할리가 편지쓰기를 게을리하였으며 디포가 무슨 일을 해야 하는지에 대한 정확한 지시를, 때로는 아무 지시도 주지 않았다는 사실이다. 디포는 자기 주인을 위해 여행 준비를 마치고 지시 사항을 달라고 계속 다그쳤다. 그러나 우리가 예상할 수 있듯이 그는 할리에게서 아무런 답이 없어도 스스로 독자적인 판단에 따라 보고서를 보내 주인의 승낙을 청하였다. 할리에게 보내는 편지에서 실제로 그는 점점 별다른 격식을 갖추지 않은 일대일 대화체 언어를 구사하기 시작하였다. 할리에게 다소 굽신거리고 감사 표시를 과도하게 늘어놓던 초기 편지 때의 어투는 사라졌다. 그렇다고 하인이 상전에게 말할 때 쓰는 격식의 언어를 버리지는 않았지만 할리에게 충고할 때 종종 매우 직설적이었다.

디포와 할리가 교류를 시작하던 초기에 디포의 주된 역할은 정치 정보를 수집하는 것, 그리고 전국을 돌아다니며 개인에게 할리의 정책이 훌륭함을 확신시키는 것 등이었다. 스파이와 정치 요원으로서 디포가 한 역할이 직접적인 효력을 발하였다는 견해가 있다. 1690년대에 그가 윌리엄 왕을 위해 유사한 일을 하였다고 주장하였다. 디포는 1704년 여름에 긴 편지를 썼다. 여기에서 그는 할리가 지방에서 인기와 강력한 정치력을 동시에 획득할 수 있는 방안을 제시하였다.[55] 이 계획에서 디포는 정보 부서 설립의 역할을 맡는다는 것이었다. 디포는 영국이 이 방면에서 절대 왕정 체제의 프랑스보다 매우 뒤진다며 다음과 같은 사항들을 지적하였다. 할리는 누가 누군지 알기 위해 영국의 모든 젠트리층과 가족들의 목록을 구비할 필요가 있고, 여기에는 그들의 주소, 성향, 해당 군(county)에서의 정치적 이해관계 등까지 포함한다; 이와 비슷한 목록을 사제와 촌락(borough)의 지도자에까지 확산시켜 작성한다. 이러한 정보는 나라 전체에 요원망을 두어 정보망에 따라 정기적으로 정보를 수집한다 등등이었다.

1704년과 1705년에 디포는 두 차례 여행을 떠난다. 여행 목적은 할리를 위해 정치 정보를 수집하고 앞 편지에서 제시한 종류의 정보망을 구축하려는 것이었다. 처음은 동부의 군들로, 두 번째는 서부 지방과 북부로 갔다. 그는 가는 곳마다 젠트리와 다른 유명 인사의 정치적 성향에 관해 보고하였으며 정보망을 조직하였다. 이는 주로 비국교도 사제들, 상인, 포목상, 서적상들로 구성되었다. 이들은 정부에 유리한 팸플릿을 배포하는 조직으로도 활용되었다. 1706년에 디포는 자기가 모시는 할리에게 전국에 걸쳐 심어 둔 64

명의 명단을 보내고, 이들에게는 말버러(Marlborough) 역주: 말버러 공작, 몬머스 반란 진압에 활약, 1650~1722년 추밀원 의원, 영국 네덜란드 연합군 총사령관 와 할리를 옹호하는 팸플릿을 보냈다.[56]

여행 중에 디포는 가끔 지방의 유력자와 분란을 빚었다. 이들이 디포를 모종의 모반자나 밀정으로 여겼기 때문이다. 그가 어느 마을에 가든지 그곳에서 처음 찾는 사람이 대개 비국교도 사제여서 특히 그랬다. 데번(Devon)에서는 디포에게 체포 영장이 발부되어, 디포는 할리로부터 어렵게 얻어 낸 통행증을 제시해야 하였는데, 할리는 물론 디포의 행위가 공적인 것임을 인정하기를 주저하였다.

이런 여행은 자연히 디포가 나라에 대한 지식을 축적하는 데 도움이 되었다. 1680년대와 1690년대에 여행한 이후에 세상이 얼마나 변하였는지도 실감할 수 있었다. 이 정보는 종종 『리뷰』지에 실었다. 또한 훗날 그가 방대한 『브리튼섬 여행기』(*A Tour through the Whole Island of Great Britain*, 이하 『여행기』(*Tour*)) 와 1720년대에 두툼한 경제학 저작을 간행할 때까지도 그의 기억에 남아 있었다. 물론 디포가 말을 타고 잉글랜드를 누비면서도 팸플릿, 시, 두꺼운 책 등을 연이어 써냈을 뿐만 아니라 『리뷰』지를 1주일에 세 번씩[57] 냈다는 사실도 잊으면 안 된다.

할리를 위한 디포의 다음 여행은 잉글랜드와의 합병 추진 문제를 위해 스코틀랜드로 향한 것이다. 이번에도 그는 아무 지시도 받지 않았다. 1706년 9월 13일자 편지에서 디포는 자신이 해야 할 일이 무엇일지를 요약하였다. 그는 누가 합병을 반대하는지 알아내고 "그들을 막는 데 전념하고자" 하였다.[58] 그는 그날 출발하였는데 여행 중 거의 끊임없이 비가 내렸다. 뉴캐슬에 도착하였을 즈음 말이 탈진하자 새 말을 사기 위해 할리의 대리인인 벨(Mr. Bell)에게서 돈을 인출하였다. "너무 많이 알려져 실명으로 여행하는 것은 신중하지 못하다"는 알렉산더 골드스미스라는 신사에 대해 벨은 처음에는 약간 수상쩍어 하였다. 그러나 같이 술 한 병 마시고 며칠간 이야기를 나눈 후, 벨은 디포가 "매우 총명하고 그가 하고 있다고 추측되는 일에 적합한 인물"[59]이라고 판단하였다. 이것은 타당한 평가인 듯 보인다.

스코틀랜드에서 디포의 위치는 한마디로 모호하였다. 두 나라 관계가 민감한 이 시점에 그는 잉글랜드 사람이라는 것만으로도 혐의를 받았다. 디포는 채권자를 피해 도망쳐 왔으며 스코틀랜드에서 불운을 바꿔보고 싶다고 그럴싸하게 둘러댔다. 그렇게 해서 스코틀랜드인들의 당연한 의혹을 가라앉힐 수 있었다. 실제로 그는 스코틀랜드에서 사업을 벌였다. 이 일은 그가 비교적 안전하게 돌아다닐 수 있게 해주었다. 그가 할리의 스파이라는 것이 알려졌다면 의심 많은 스코틀랜드인에게 몰매를 맞았을지도 모른다. 여러 차례 기회가 있을 때마다 디포는 1672년에 네덜란드 폭도들에게 갈기갈기 찢김을 당한 더빗(Jan de Witt)역주: 네덜란드의 정치가, 1625~1672 을 언급한다. "내가 아무 두려움이 없었다거나 더빗 씨 생각이 나에게서 완전히 벗어나 있다고 말할 수 없다. 특히, 일부 폭도가 바로 내 창 아래서 폭도들이 싫어하는 이야기를 할 정도로 분별이 없는 신사를 맞닥뜨렸을 때는."[60] 그러나 디포는 결코 할리의 요원으로 밝혀지지 않았던 것 같다. 그는 특히 공동 시장의 초기 선구자 조성을 위해 필요한 관세와 물품세 거래소의 복잡한 문제를 염두에 두고, 이에 도움이 되도록 로비하고 토론하고 논쟁하느라 시간을 보냈다.

그것은 잉글랜드와의 합병에 대한 아주 심한 반대가 스코틀랜드에서 있었기 때문이다. 재코바이트들(Jacobites)역주: 제임스 2세 추종자, 명예혁명 반대자 은 합병할 경우 무엇보다도 자기네가 받아들인 적이 없었던 문제, 즉 하노버 왕조의 계승에 동조하는 결과가 될까봐 반대하였다. 디포는 고지대 사람들(Highlanders) 역주: 고산 지대 스코틀랜드인 다수가 에든버러 시가지에 나타나는 것을 우려하였다. 비록 그가 고지대 신사들을 다음과 같이 묘사하여 주인을 즐겁게 하는 일을 막지는 못하였을지라도 말이다; "산골 습관에 따라 넓은 창검, 작은 방패, 허리띠에 찬 두 개의 권총, 단도와 몽둥이를 가지고 귀족인 듯 꼿꼿하고 오만하게 거리를 내려오는 사람 – 그리고 소를 몰고."[61] 스코틀랜드인 외에 커크(Kirk) 역주: 스코틀랜드 교회 교도도 합병에 반대하였다. 이들은 스코틀랜드에서 자기네가 어렵사리 얻은 기존 지위가 합병으로 위협받을 것을 우려하였다. 한쪽은 공인된 장로교이고 다른 한쪽은 영국 국교인 두 나라의 합병이 어떻게 가능할지 많은 사람들이 정말로 이해하기 힘들어하였다. 따라서 디포는 사제들과 토론하는 데 많은 시간을 들였다. 디포는 합병 이후 잉글랜드가 스코틀랜드 교회에 보기 싫은 주교들을 재임명하지 않을 것이라고 그들을 설득하였다. 실제로는 스코틀랜드인들의 의심이 맞았다. 1710년 이후 고토리가 잉글랜드 정치를 압도하면서 커크의 기존 지위를 많이 잠식하였다. 디포의 혀와 펜은 더 바빠졌다. 합병의 경제적 이득을 의심하는 학자들이 정치적, 종교적 반대자들 쪽에 가세하였다. 역설적이게도 이들은 글래스고와 서부 전역에서 가장 강력하였다. 장기적으로 볼 때 이 지역은 잉글랜드가 아메리카 제국 내에서 새로 얻은 교역의 자유를 기반으로 큰 이득을 얻었다.[62] 이러한 모든 이해관계는 거침없이 폭도들을 자극하였다. "스코틀랜드 폭도는 폭도들 가운데 최악이다."[63] 그러나 사실은 신은 합병 쪽 편인 것처럼 보였다. 1706~1707년 겨울 날씨가 너무 나빠서 합병 반대자들이 모임을 조직하기가 매우 어려웠다고 한다. 물리적인 반대는 수그러들었다. 대신 스코틀랜드 의회에서 많은 수정안을 내놓고 이를 고수하려는 시도가 일었다. 잉글랜드에서는 수정된 합병안을 받아들일 수 없었다. 이 모든 일 때문에 디포는 겨우내 오랜 작업을 해야 하였다. 그는 합병이 최종적으로 결정된 5월 1일까지 오랜 시간을 에든버러에서 보냈다. 할리와 고돌핀 두 사람의 부하로서 디포의 향후 작업은 북부 브리튼의 사건들에 집중되었다. 잉글랜드인들은 합병법의 정신과 법구절을 위반한 죄가 있고 스코틀랜드에서 반대파는 여전히 강력하였다. 1715년 재코바이트 반란 이후에야 저지대인(Low-Landers)들은 잉글랜드와의 파트너십에 대한 대안의 의미가 무엇인지 실감하였다. 이제 합병은 안전하였다.

합병을 추진한 할리의 정책과 디포 자신의 성향이 일치하였으므로 그가 스코틀랜드에서 한 활동은 성공적이었다. 디포 자신이 합병은 양쪽 나라에 중요함을 철저히 믿었다. 합병의 경제적, 정치적 이득에 대한 그의 논의는 매우 설득력이 있다.[64] 할리와 디포 간에는 전반적으로 진정하게 공통된 이해가 있었다고 말할 수 있다. 많은 면에서 이들은 비슷하였다. 둘은 나이도 거의 비슷하고 비국교도 집안에서 자랐다. 물론 나중에 할리는 영국 국교에 합류하였다. 그는 매우 온건하였으며 재임 중에 행정부를 양쪽 당파 사람들로 채우고 앤 여왕 재임 시 특색인 정치적 내분을 잠재우고자 노력하여 이에 성공하였다. 디포는 할리의 사람으로서 당연히 그의 정책을 지지하였으나 그러느라 그가 양심의 가책을 느낄 필요는 없었다고 말할 수 있다. 여러 면에서 할리는 디포의 영웅인 윌리엄 왕의 정책을 지속하려는 윌리엄 옹호자였다. 그런 사람의 통치를 지지하는 건 큰 긴장을 야기할 일이 전혀 아니었다. 비정치적인 주제에 대해 디포는 완전히 자유로웠던 것 같다.

그러나 이런 분석은 과장일 수도 있다. 1710년에 할리는 승리감에 넘치고 보복 성향이 강한 토리주의 지도자로서의 모습을 드러냈다. 할리가 아무리 지지자들의 극단적 요구를 무마하기 위해 최선을 다하는 지도자였다 하더라도, 이때부터 디포는 종종 자신의 신념에 반하는 글을 써야 하였다. 그는 상황이 변하여 정책을 바꿀 수밖에 없었다든가, 자기 정책을 바꾼 적이 전혀 없다든가 하면서[65] 변절자라는 비난에 자신을 방어하려고 힘썼다. 그는 또한 양심을 지키기 위해 자신이 진실로 믿는 바를 익명의 논문으로 썼다. 혹은 반(半)공적인 『리뷰』지와 『머케이터』지[66]에 게재하였던 자기 글을 공격하기도 하였다. 디포가 극도로 심한 조치를 옹호하는 글을 강요당하여 쓴 적은 없었다. 디포가 모시는 할리와 달리, 디포는 하노버 왕조 계승 때문에 동요하지도 않았다. 『리뷰』지의 마지막 두 권의 많은 부분이 재코바이트들과 고위층 사제들을 공격하는 내용이다. 나중에 『1715년의 영광과 공정에 호소함』(*Appeal to Honour and Justice of 1715*)에서 디포는 자기가 일관성이 없어 보이는 것에 아랑곳하지 않고 매우 현명하게 이 나쁜 일을 훌륭히 수행하였다고 주장하였다. 고함을 친다고 의회의 토리 다수를 제거할 수는 없었으나 토리 정책을 약화시킬 수는 있었다. 휘그에게 매우 인기 없던 위트레히트 평화 조약(Peace of Utrecht) 역주: 스페인 왕위 계승 전쟁 종식 조약, 1713~1715 을 언급하면서 그는 다음과 같이 썼다: "조약이 체결되고 대안이 없었을 때 나는 그 책임자를 끊임없이 규탄하기보다는 이를 최대한 잘 이용하여 어떤 개선을 해야 할지 알아보는 것이 우리가 할 일이라고 생각하였다."[67]

그러나 그의 행동에 대한 이러한 사후적 정당화는 별로 설득력이 없다. 또한 그것이 전부 진실인 것도 아니다. 디포가 자신이 강요당한 모호한 위치에 대해 점점 더 경각심을 느끼고 있었다는 것은 사실이다. 1712년 8월에 디포는 할리에게 이상한 편지를 썼다. 편지에서 디포는 자신은 항상 자유로운 정치 요원이었음을 스스로 확신하고자 노력하고 있었던 것 같다. "주군께서는 항상 단지 상징적인 하사금과 함께 기본적으로 선의로 저를 대해 주심으로써, 제가 이렇게 혹은 저렇게 행동해야 된다는 기대를 전혀 하지 않으신다는 점을 암시하셨습니다. 제 스스로 이성과 원칙을 추구할 온전한 자유를 저에게 남기셨지요; 무엇보다도 뇌물 수수라는 사악한 혐의에 대해 제가 무죄임을 선언할 수 있게 하셨습니다."[68] 이 점에 관해 디포는 이 터무니없는 소리가 진실이라고 스스로를 설득하고자 필사적으로 노력한 게 분명하다. 불과 3개월 전인 5월 비국교도 아카데미(Dissenting Academies)을 폐쇄한 분리법(Schism Act)이 통과된 이후 그는 자기 편 사람들을 배반해야 하였다. 디포 자신이 이와 같은 기관에서 교육을 받았고, 이 점을 자랑스러워하였다. 그러나 지금 그가 할 수 있는 최선은 비국교도들에게 정치가 그들을 그처럼 홀대한 그 시점에서 그들의 종교를 고수하라고 완곡하게 충고하는 것밖에 없었다. 정치에서 멀어져 종교에 더 몰두하는 것이 그들을 더 좋은 사람으로 만들리라는 것이다.[69] 같은 5월에 그는 할리에게 편지를 썼다. 영국 장군이 플란더스에서 전투를 중단하라는 명령을 받았다는 소문이 마을에 떠도는 것에 놀랐다는 것이다. 이것이 진실일 수 있을까? 그렇다면 물론 그는 이를 정당화하기 위한 글을 썼을 것이다.[70] 그것은 진실이었다.[71] 전쟁 초기에 군인들이 싸우지 않는다고 자주 호되게 비난하던 사람이 의무감에 넘쳐 영국 육군에게 싸우지 말라는 명령을 내리는 일을 옹호하였다. 평화가 도달하였는데 젊은이들이 "운동을 좀 하려고 죽어서야" 되겠는가?[72] 왜, 정말로?

1702년에 그랬듯이 또 다시 디포는 모든 당파에게서 반감을 샀다. 그는 토리를 만족시킬 만큼 충분히 토리적 성향이 아니었다. 휘그를 만족시키기에는 지나치게 토리적이었다. 또 다시 그는 적들 앞에 자신을 드러냈다. 예전의 일에서 그는 전혀 교훈을 얻지 못하였다. 1713년에 그는 세 개의 팸플릿을 출간하였다. 한 팸플릿에서 그는 독자들에게 여왕이 서거할 가능성과 왕위계승에 관하여 그들이 무엇을 할지 결정할 필요가 있음을 직설적으로 경고하였다.[73] 나머지 둘에서는, 절대주의적 재코바이트 성향의 왕이 앞으로 갖게 될 이점을 천명하였다. 이는 누가 보아도 역설적이었다.[74] 디포를 재코바이트 지지자라고 생각하는 것은 터무니없었다. 디포 자신도 이를 지적할 참이었다.[75] 그러나 그는 사실상 절대주의의 이점을 상당히 높이 평가하였다.[76] 그의 반어법적 표현에도 불구하고 아둔한 하노버 왕가 지지자들에게 이러한 이점들 가운데 일부는 너무 약삭빠르게 묘사된 듯이 보일 수도 있다. 그는 상대방에게 자신의 충정에 대해 너무 많은 생각이 들게 하였을 수 있다. 어찌되었든 휘그는 배반자에게 복수할 기회를 잡았다. 디포는 선동적이고 사악하고 반란적인 비방을 출판한 죄로 스토크 뉴잉턴에 있는 그의 자택에서 체포되었다. 이때는 이제 옥스퍼드 백작이 된 그의 강력한 후원자 할리가 그를 구해 주었다. 그러나 더 험난한 고난이 그를 기다리고 있었다.

언론인으로서, 그리고 팸플릿 제작자로서 디포의 경력에는 역설적인 대칭성이 있다. 1703년에 디포를 감옥에서 풀어 줌으로써 할리는 정치 활동 기간 내내 디포가 자신을 지지하는 글을 쓰게 하였다. 1714년에는 거의 정확하게 이와 대칭되는 사건이 벌어진 것 같다. 이 경우는 디포의 그 이후의 놀랄만한 삶을 꽤 기이하게 예견하게 한다. 할리 내각에 가장 신랄하게 반대하는 자들은 휘그 신문『플라잉 포스트』의 기고자들이었다. 스위프트는 스텔라에게 편지를 쓰면서 그들을 "악마 같은 그럽가의(Grubstreet) 역주: 런던의 Milton Street의 옛 이름. 삼류 문인들이 많이 거주하였다. 악당들"이라고 불렀다.[77] 디포는 한동안 이 선동적인 신문에서 "신랄함을 벗겨 내려고 애썼다."[78] 신문 경영진의 내부 갈등 때문에 디포는 이 신문에 글을 쓸 기회가 생겼다. 몇 주 동안 그는 휘그 신문에 해외 뉴스를 아마도 분명히 손질하여 공급하면서도 계속 토리 내각을 위해 일하는 모호한 위치에 있었다.

그러나 1714년 8월 1일, 모든 사람이 기다렸으나 감히 언급하지 못한 사건이 일어났다. 앤 여왕이 서거한 것이다. 오랫동안 준비해 온 휘그 조직의 메커니즘이 신속히 움직였으며 이는 효율적으로 행동에 옮겨졌다. 하노버 왕가의 조지가 잉글랜드의 왕으로 공표되었다. 1708년 법[79] 절차에 따라 새 정부는 새 왕이 미리 선택한 섭정들에게 위임되었다. 그럴 경우, 섭정 가운데 하나인 앵글시 백작이 재코바이트라고 제보하는 편지가『플라잉 포스트』의 편집실에 도착하였다면, 이는 분명 약간 당혹스러운 일이었을 것이다.[80] 발행인은 이 편지를 인쇄하기로 결정하고, 그 전에 디포에게 글을 "부드럽게" 고치라고 부탁하였다. 디포는 "정말로, 비방적인 내용의 많은 부분을 삭제하였으나 아무 것도 추가하지 않고 돌려보냈다"[81]고 주장하였다. 그러나 '부드러워'진 편지도 무시할 수 없었고 원문은 디포가 가지고 있었다. 이제 휘그가 권력을 잡았다. 드디어 지난 4년간 토리 정책에 우호적으로 집필하는 것으로 휘그를 배신한 자를 처치할 수 있게 된 것이다.

디포는 체포되었으나 보석으로 풀려났다. 이상한 유예 기간이 이어졌다. 거의 1년이 다 되어 1715년 7월에 그는 비방죄 재판을 받는다. 유죄 판결이 났으나 형을 선고하는 일은 유예되었다. 선고는 내려지지 않았다. 그 이유는 역사가들이 약 3년 후에 디포가 쓴 편지에서 밝혀냈다. 그는 휘그와 평화 협정을 맺었다. 디포가 죽을 때까지 휘그가 권력을 쥐고 있었으니 그 일은 현명한 행동이었다. 그는 다음과 같이 썼다. "내가 제일 먼저 인정한 몇몇 실수에도 불구하고, 나는 현 정부의 이해관계에 충심으로 연결되어 있다. 이를 출판계에서 믿어 주어 매우 행복하였다." 그의 과거의 잘못은 용서되었다. 그 대가는? "톤젠드 경(Lord Townshend, 휘그 국무장관)은 내가 이전처럼 정부의 반대편에 선 것처럼 보여야 한다고 제안하였다; 휘그에서 분리되어 있어야 한다." "공개적으로보다는 위장한 채로 있으면서 더욱 가치 있는 일을 할 수 있다."[82] 실제로 디포에게는 분명히 그가 잘할 수 있는 임무가 부과되었다. 그는 토리 언론에 계속 기고하되 침을 빼고, "해로운 부분을 예방하는 것이었다." 다른 말로 하자면 예전에 그가 휘그의 『플라잉 포스트』지를 위해 하였듯이 "부드럽게" 고치는 것이었다.[83] 디포는 또 다시 1703년 이래로 다소간 멈추어 있던 자신의 착실한 휘그적인 삶의 가닥으로 되돌아왔다.

디포가 1715년부터 1737년에 죽을 때까지 그의 마지막 16년간의 삶은 아직도 채권 채무의 과거라는 또 하나의 유령을 피해 다니는 것이었는데[84] 그의 전기 작가들 평은 이 시기의 저작들에 집중된다. 이제 그의 책에 대한 비판적 연구에서 그의 젊은 시절의 심리적 직관이 동원될 참이다. 특히, 디포 자신의 서고 목록을 참조하여 그가 죽기 전까지 50년간의 문헌을 검색함으로써 그가 그 모든 것을 어디서 얻었는지 알아낼 시점이다.[85] 그가 이 시기에 쓴 편지는 거의 남아 있지 않다.[86] 그리고 그의 생전에도, 특히 1719년 『로빈슨 크루소』를 출간한 후, 매우 잘 알려졌을 텐데 그런 사람에 관한 관련 정보가 놀랄 만큼 거의 없다. 우리가 아는 대부분은 그의 생애의 첫 40년처럼 그가 쓴 저작에 나온 단서와 암시에서 나온다. 여기에서 선택할 것은 많다. 디포는 1715년부터 1731년 타계할 때까지 분명히 거의 쉬지 않고 저술 활동을 하였다. 긴 저작 대부분을 이 시기, 즉 55세에서 70세 사이에 썼다. 소설, 여행기, 결혼과 가족에 관한 책, 신비 사상에 관한 책, 역사와 경제학 관련 책, 대부분이 이 짧은 기간에 집필되었다. 실은, 거의 모두를 그보다 더 짧은 기간, 즉 1719년부터 1728년까지 썼다. 그는 정말로 믿을 수 없을 만큼 열심히 일하는 사람이었다. 서재에서 통풍과 신장 결석, 노인들에 항상 있기 마련인 고뇌, 가족들의 불효 행위로 인한 고통을 안고 집필에 몰두하는 노인을 우리는 상상해 볼 수 있다. 그러나 비록 우리가 "스토크 뉴잉턴의 은둔자"[87]를 그가 아주 아끼는 정원에 가끔 방문하게 허락한다 하더라도 그의 모습을 생생하게 살려내기는 여전히 어려울 것이다. 그리고 그는 책만 쓴 것이 아니다. 이 기간 내내 당시 정치적, 경제적 주제에 관해 엄청난 양의 팸플릿을 계속 썼다. 그리고 1720년대 중반까지 그는 토리 언론을 내부에서 검열하는 자기 업무를 수행하였다.

적절한 표현인지 모르지만 그가 "협조"한 가장 유명한 매체는 미스트(Nathaniel Mist)가 소유한 주간지 『토요신문』(*Weekly Journal, or Saturday's Post*)이었다. 디포는 미스트의 토리주의를 부드럽게 하는 일을 하였으나 크게 성공하지는 못하였다. 미스트는 몇 번 체포되었고, 감옥에 갔으며, 벌금형과 공공장소에서 당하는 형틀형에 처해졌다. 다른 한편, 이 주간지와 『애플비』(*Applebee's Original Weekly Journal*)에 1720년부터 1726년까지 디포가 쓴 글은 디포 저널리즘의 가장 매력적인 부분으로 볼 수 있다. 디포와 미스트의 동업은 매우 효과적이었다. 그들의 주간지는 잉글랜드에서 가장 인기가 높았고 한 주에 약 1만 부가 팔렸다.[88] 미스트가 디포의 공적 역할을 몰랐을 리는 없었을 것 같다. 그가 그 점을 그다지 신경 쓰지 않았다는 서덜랜드 교수의 암시는 맞을 것이다.[89] 휘그 요원으로서 디포는 미스트에게 자유를 누릴 수 있는 모종의 보호막을 지속적으로 제공하였다. 디포는 작가로서 미스트의 신문 판매 부수를 올려 주었다.

작가로서의 디포. 그것이 우리가 아는 사람이다. 나머지는 적어도 우리가 본 바와 같이 약간의 실체가 없지는 않지만 모두 불분명하다. 그러나 이러한 사람의 저작에서 무엇을 읽어 내야 하는가? 정치 팸플릿 작가로서, 언론인으로서 디포의 다채로운 삶은 여러 작가들로 하여금 그를 신뢰할 수 있는 인물인지 의심하도록 하였다. 디포처럼 그렇게 거짓말하고 속일 수 있는 사람은 믿을 수 없다는 것이다. 그러나 이것은 너무 일찍 포기하는 길이다. 사실 역사적 증거에 관한 이런 태도는 아무 역사도 쓸 수 없다는 결과를 낳는다. 물론 디포에 대해 좀 신중할 필요가 있다. 그러나 우리는 그의 생애의 폭풍 같은 부분에 대해 충분히 알고 있다. 그러므로 무엇을 믿고 무엇을 의심해야 할지 합리적으로 추정할 수 있다. 예를 들어, 토리 정권의 마지막 3년, 디포가 1712~1714년에 낸 정치적 언론을 토대로 그의 사상을 일반화한다면 분별없는 일일 것이다.[90] 그러나 그럴 필요 없다. 그는 다른 글도 많이 썼다. 내가 이 책에서 앞으로 보이려고 하는 것처럼 실제로 디포는 그렇게 엄청나게 많은 글을 썼는데도 놀랄 만큼 일관성이 있었다. 그는 사실과 연대표를 가끔 혼동하고 숫자를 이야기할 때는 대체로 과장하였다. 그러나 생각을 일반화하는 수준에서는 거의 항상 일관되어 있었다. 그의 주요 골칫거리는 한 분야의 일반화가 다른 분야의 일반화와 상충하는 데 있다. 이것은 실제 그의 사상이 이중성을 보이는 것으로 귀착된다. 이 점이 종종 혼란과 부조리를 부른다. 그러나 이 이중성 자체가 일관성이 있다. 다른 말로 하면, 그의 저작에서 사상의 충돌이 계속 나온다. 천상의 구원에 좋은 것이 좀처럼 지상의 성공과는 맞지 않는다; 개인에게 좋은 것이 사회에 좋지 않을 수도 있다 등등. 그러나 이런 중요한 유보 조항을 둔 채로 디포는 일관적이다. 그가 솔직하게 저술을 시작할 때쯤이면 그의 마음속에는 엄청난 생각이 거의 전부 완전하게 형성되어 있다. 그의 생애에 걸쳐 강조점이 약간 변할 수는 있다. 30대에는 더 낙관적이었고 60대에는 더 비관적이었다. 이런 강조점의 변화는 흔히 볼 수 있듯이 늙어 갈수록 권위에 기대하기 쉽고 온정주의 쪽으로 편향되는 모습뿐만 아니라 그가 묘사하는 사회 자체의 변화도 반영한다.

디포는 1690년대가 진보의 가능성이 무한한 용감한 신세계라는 점을 본능적으로 간파하였다. 1720년대는 아주 달랐다. 그것은 1688년 혁명이 매우 안정적으로 정착된 세계였으나, 디포가 가장 큰 영광으로 본 이상이 정치 현실에 의해 오염되는 세계이기도 하였다. 그것은 경제적 침체의 세계이자 지속적인 경제 발전에 대한 디포의 열망이 시간이 갈수록 줄어드는 세계였다.[91] 그것은 또한 잉글랜드 사회가 사회 개혁의 바람직함을, 정말로 바로 그 가능성을 부정한 것처럼 보이는 세계였다. 엄청나게 다양한 사회적 진보 사상들이 혼란스러운 영국 내전과 국왕 궐위기에 쏟아져 나왔고, 그런 다음 비국교도들이 그런 생각들을 왕정복고 잉글랜드에 진척시켰다. 디포는 집과 학교 모두에서 그런 사상들의 영향을 받았다. 1688년 혁명으로 스튜어트 절대주의가 일단 제거되면 이런 사상이 실현될 것으로 디포 같은 젊은 남자들은 희망하였다. 그들은 실망하게 되었다. 이런 면에서 역사의 기간 중 18세기 전반처럼 불모적인 시기는 찾기 힘들었다. 이것은 적어도 부분적으로는 당시 사람들이 사회의 개선보다 개인의 향상에 집중하였기 때문이었다. 개인이 도덕적으로 개혁하면 사회가 개혁될 것이었다.[92] 이런 견해에 디포는 동의하였다. 그러나 도덕주의자들의 안락한 세계에 살기에 운이 충분히 따르지 않는 자들이 있는 법이어서 그런 사람들에게는 삶이 해롭게 굴러간다는 것도 그는 알 수 있었다. 그리고 그는 이들의 경제적, 법적 존재 조건을 향상시키기 위해 무엇인가 하려고 일생 동안 노력하였다. 그가 이룬 성취는 매우 제한적이었다. 그러나 후세의 우리는 운이 좋다. 디포의 용감한 시도가 우리가 두고 온, 우리가 언젠가 도달할 세계를 가장 잘 묘사하고 있기 때문이다.

주

1. 크로(Eyre Crowe)의 그림 "Defor in the Pillory at Temple Bar"를 본으로 한 동판에서. J. R. Moore, *Daniel Defoe: Citizen of the Modern World*(1958), p. 97 앞면(옮긴이: 이 책의 Readers Union판 표지 도안이다).
2. 1706.
3. *AHJ*(1715).
4. James Sutherland, "Some early troubles of Daniel Defoe," *RES* ix(1933): 같은 사람, *Defoe*(1937), pp. 35~42.
5. *N & Q*, clxxv(1938), p. 44.
6. Brian Fitzgerald, *Daniel Defoe: a study in conflict*(1954), p. 34.
7. p. 78; 그리고 pp. 41, 46, 52, 55, 84 등도 참조.
8. *AHJ*, p. 28.
9. Fitzgerald, pp. 58~61.
10. Paul Dottin, *The Life and Strange and Surprising Adventures of Daniel Defoe* trans. Louise Regan(1928), p. 14, 그리고 *CJ*, pp. 9~10 참조.
11. Fitzgerald, p. 32.
12. 뉴잉턴 그린 아카데미(Newington Green Academy)에서 디포가 받은 훌륭하고 아주 근대적인 교육에 관해서는 pp. 358~360 참조.
13. Moore, *Defoe*, pp. 44~45. 디포는 메리 터플리(Mary Tuffley)와 1683~1684년 1월 1일에 결혼한다.
14. p. 49.
15. Dottin, p. 40.
16. Sutherland, *Defoe*, p. 30.
17. Fitzgerald, p. 54.
18. Sutherland, *Defoe*, p. 45.
19. 1660년과 1700년 사이 영국 상업의 팽창을 보여 주는 것으로 Ralph Davis, "English Foreign Trade, 1660-1700," *EcHR*, 2nd. Ser. vi(1954). 이 팽창의 대부분이 1674년 이후에 일어났을 가능성은 W. R. Scott, *The Constitution and Finance of English, Scottish and Irish Join-Stock Companies*(1921), I, 292 참조. 디포 자신이 가끔 1680년대를 대팽창의 시기로 강조하였다.

20. 디포의 초기 사업 경험에 대한 자세한 증거는 Sutherland, *Defoe*, pp. 35~42 참조.

21. 같은 책, p. 46.

22. Michael Scinagel, *Daniel Defoe and Middle-Class Gentility*(Harvard, 1968).

23. 8장 참조.

24. *Review*, 8권, 머리말.

25. *Review*, 7권, 머리말. "내 쪽에서는, 나는 항상 이 나라를 행복하게 만들 단 하나 진실한 정치의 근본 원리는 이것 – 정부는 아무 정당에도 속하지 않아야 한다는 것이라고 생각하였다."

26. *Review*, 7권, 297~298. 당시 정치를 분석한 것으로 Geoffrey Holmes, *English Politics in the Age of Anne*(1967) 참조.

27. pp. 19~22.

28. *AHJ*.

29. *Review*, 2권, 498.

30. *Review*, 8권, 614.

31. *AHJ*, p. 28.

32. "사실상 개인적 장점은 그다지 크지 않다"는 몬머스 공작의 디포 언급에 대해 Healey, *Letters*, p. 41 참조.

33. John Oldmixon, *The History of England, during the Reign of King William and Queen Mary* ...(1735), p. 37. 디포는 1695년까지 단순히 적군이었다. 다수의 작가들이 프랑스 오점이 더해진 모습을 디포가 젠틀맨이 되기 위한 욕망의 표시 정도로 받아들인다.

34. 디포의 금전 관리는 미궁으로 남아 있다. 그는 나중에 그의 타일 사업은 빈민 100가족을 고용하였고 연간 600파운드의 이윤을 남겼다고 주장한다(*Review*, 2권, 33~34). 또한 1692년 부채 17,000파운드의 많은 부분이 해외 자산 또는 해상 운송 중 자산과 상쇄된다고 가정할 수도 있다. 그러나 1690년대 말에 그의 소득과, 그가 채권자를 만족시키면서도 꾸려간 생활 양식과는 큰 차이가 있는 것처럼 보인다. 그가 왕실에서 상당한 급여를 받았다고 가정할 수밖에 없다.

35. 예를 들어, *The Englishman's Choice and True Interest* ...(1694); *Some Reflections on a Pamphlet Lately Published*(1697); *The Two Great Questions Considered*(1700).

36. A. R. Humphreys, *The Augustan World*(1954), pp. 20~21.

37. 1698.

38. 1701.

39. 1702.

40. *Legion's Memorial*(1701), p. 2. 또한 *The Original Power of the Collective Body of the People of*

England(1701) 참조. 디포의 정치사상 논의는 A. E. Levett, "Daniel Defoe" in F. J. C. Hearnshaw(ed.), *The Social and Political Ideas of some English Thinkers of the Augustan Age* (1928) 참조.

41. 1702.
42. 9권, 210.
43. 그가 유죄를 인정하지 않았다면 비방죄를 증명하는 데 매우 힘들었을 것이다. Sutherland, *Defoe*, pp. 92~94.
44. 할리에 대해서는 최근의 훌륭한 전기 Angus McInnes, *Robert Harley Puritan Politician*(1970) 참조.
45. 패터슨(William Paterson)을 통함. Healey, *Letters*, pp. 4~7 참조.
46. 3부작 1714~1715.
47. *AHJ*, p. 13.
48. 『리뷰』지에 대한 좋은 일반적 논의는 1938 팩시밀리판에 대한 세코드(A. W. Secord)의 머리말을 참조.
49. Healey, *Letters*.
50. 디포의 가명은 Alexander Goldsmith였고, 1710년부터는 Claude Guilot였다. 할리는 디포의 편지에 그리스 문자로 된 별명으로 이서하였는데 누구를 속이려고 하였는지는 분명하지 않다.
51. Healey, *Letters*, pp. 124~125.
52. 특히 스코틀랜드에서 그랬다. Moore, *Defoe*, p. 187 참조. 디포의 사업 관련 정보는 *Review*, 8권, 495~496 참조.
53. Arther W. Secord, "Defoe in Stoke Newington," *PMLA*, lxiv(1951). 1715년에 그는 더욱 비싼 집을 구입하였다.
54. 예를 들어, 1717년 6월의 Abel Boyer, *Political State* ...는 디포가 스토크 뉴잉턴에의 그의 저택, "그의 정치와 염문의 산실"을 수리하기 위해 옥스퍼드 자작에게서 얻은 돈을 언급한다. Secord, 앞의 책, p. 211에서 인용.
55. Healey, *Letters*, pp. 29~50.
56. Healey, *Letters*, pp. 115~118. 주소는 플리머스에서 뉴캐슬, 캔터베리에서 체스터, 그리고 저 멀리 더블린까지 다양하다.
57. 디포는 그가 여행 중일 때 가끔 원고를 인쇄소에 미리 보내곤 하였다. 이것은 물론 당황함으로 이어지는데, 라밀리(Ramillies) 전투(역주: 스페인 왕위 계승 전쟁 중 벨기에에서의 1706년 유명한 전투) 소식이 런던에 닿은 바로 그날 발간된 『리뷰』지에서 1706년 전투에 더 이상 싸움은

없다고 예견하는 유명한 사례가 그러하다. *Review*, 3권, 237~239. 『리뷰』지가 저작되는 방도에 대하여 Secord, 팩시밀리판 서문(1938) 참조.

58. Healey, *Letters*, p. 126.

59. H. M. C. Portland, iv, 333~336. Healey, *Letters*, p. 130, n. 2 그리고 p. 131, n. 2에서 인용.

60. Healey, *Letters*, p. 135; p. 185도 참조.

61. Healey, *Letters*, p. 147.

62. Christopher Smout, *Scottish Trade on the Eve of Union*(1963); Smout, "The Anglo-Scottish Union on 1707. I. The Economic Background"와 R. H. Campbell, "The Anglo-Scottish Union of 1707. II. The Economic Consequences," *EcHR*, 2nd. Ser. xvi(1964) 참조.

63. Healey, *Letters*, p. 13.

64. 이들은 여러 군데 나온다. 그러나 특히 『리뷰』지, 3권, 4권과 그의 연작 *Essays at Removing National Prejudices against a Union with Scotland*(1706~1707) 참조.

65. 예를 들어, 1711년 황제의 서거는 스페인의 전쟁에 대한 『리뷰』지의 정책을 변화시킬 충분한 이유로 볼 수 있다. p. 166 참조. 그리고 디포는 프랑스와 무역 자유화를 위한 그의 일관적 태도를 옳게 강조하였다. 그러나 토리는 그가 가지고 싶어 하는 입장보다 훨씬 더욱 자유롭도록 강요하였다. pp. 225~227 참조.

66. 예를 들어, *A Short Narrative of the Life and Actions of His Grace John, Duke of Marlborough by an Old Officer in the Army*(1711); *The Secret History of the October Club ... by a member* (1711); *Considerations upon the English and Ninth Articles of the Treaty of Commerce and Navigation*(1713). 물론 1710~1714년간 정치는 매우 혼란스러워서 디포가 이런 팸플릿도 할리의 주문에 따라 썼을 수 있다.

67. *AHJ*, p. 24.

68. Healey, *Letters*, p. 379.

69. *Review*, 8권, 693~696.

70. Healey, *Letters*, pp. 375~376.

71. "전투 자제 명령"은 오르몽드 공작에게 비밀리에 내려졌다. 그는 말버러 퇴임 이후 플란더스의 지휘 장군이었다.

72. *Review*, 8권, 747~748. 군사 지연 작전에 대한 디포의 견해는 pp. 97~98 참조.

73. *An Answer to a Question that no body thinks of, viz. But What if the Queen should die?*

74. *And what if the Pretender should come? and Reasons against the Succession of the House of Hanover.*

75. *AHJ*, pp. 26~29.

76. 이것에 대해서 pp. 154~156 참조.

77. *Journal to Stella*, ii, 568~569.

78. Healey, *Letters*, pp. 395, 446.

79. 6 Anne c. 7.

80. 앙게슬리는 상원 토리에서 "하노버 지지자"의 주도자였다.

81. Healey, *Letters*, p. 446.

82. Healey, *Letters*, pp. 450~451. 편지의 목적은 신임 북부 관할 국무장관 스탠호프 경(Lord Stanhope)을 위한 그의 역할을 설명하는 것이고, 그의 부장관 페이(Charles de la Faye)에게 보냈다.

83. Healey, *Letters*, p. 453.

84. 자세한 것은 Sutherland, *Defoe*, pp. 269~274 참조.

85. 디포의 도서관이 필립스 페어웰(Phillips Farewell)의 도서관과 공동으로 매각되고 따로따로 개방되지 않은 사실에 의해 소위 "출처 사냥꾼"들이 약간 주춤하였다. *The Libraries of Daniel Defoe and Phillips, Farewell: Oliver Payne's Sales Catalogue*(1731), ed. H. Heiderich(Berlin, 1970).

86. 페이에게 보낸 전술한 편지 이외에, 1714~1728년간 남아 있는 편지는 하나밖에 없다. 특히, 그 기간에는 장래 사위가 될 베이커(Henry Baker)에게 쓴 편지가 여럿 남아 있기 때문이다.

87. Dottin, 앞의 책의 한 장 제목이다.

88. Sutherland, *Defoe*, p. 221. 그 주간지가 정규적인 "독서 대중"의 상당히 높은 비중에 도달하였음을 뜻한다. James Sutherland, "The Circulation of newspapers and literary periodicals, 1700-1730," *Library*, 4th ser. xv(1934)와 Ian Watt, *The Rise of the Novel*(1957), pp. 36~37.

89. Sutherland, *Defoe*, p. 221.

90. *Mercator*, 139에 보인, 디포의 경제관에 대한 논평 참조.

91. 같은 글, pp. 142~143.

92. Jacob Viner, "Satire and economics in the Augustan age of satire," in Henry Knight Miller(ed.), *The Augustan Milieu*(Oxford, 1970), pp. 90~91.

제2부

디포의 세계

제2장 내부 세계

디포가 서술한 세계는 사실상 그 자신의 마음속에만 존재한 세계였다. 이것은 그가 단순히 그 세계를 발명하였다는 말이 아니다. 그가 보고 듣고 읽은 것을 사물이 존재하는 방식에 관한 그 자신의 선입견과 일치하도록 자기 머릿속에서 끼워 맞추었다는 뜻이다. 그의 세계는 학교에서 지리 선생이 가르치는 통계와 수많은 사실로 지지된 객관적 근대 세계가 아니다. 그것은 개인적인 세계이다. 그 세계가 너무 개인적인 나머지, 세계 그 자체의 모습은 거의 없다. 또한 현대 연구의 견해와는 말할 것도 없고 그의 동시대인 대대수의 견해와 정확히 일치하는 세계에 사는 사람들 간 관계의 모습도 거의 없다.

디포의 세계가 개인적이라는 사실이 그 세계를 덜 흥미롭게 하는 것은 결코 아니다. 그러나 그 점은 그의 선입관이 정확히 무엇이었는지를 우리가 이해하려고 노력할 필요가 있게 만든다. 아니면 길을 잃을 수 있다. 버지니아 울프가 『로빈슨 크루소』에 관한 논문에서 지적하듯이, 한 작가를 평가하려면 이러한 이해가 반드시 필요하다.[1] "소설가가 숙명적으로 응시하게 되는 크고 많은 사물들을 어떤 순서로 배열하는지, 그것을 이해할 때까지 우리도 각자 그의 어깨 위에 올라가 사람과 사람들, 그들 뒤의 자연, 그들 위에 있는,

편의상 줄여서 우리가 신이라고 불러도 좋을 초자연적인 힘을 그 소설가의 눈을 통해 이해해야 한다." 이러한 주제에 관한 디포의 선입관은 버지니아 울프의 선입관과 다르다. 또한 오늘날의 견해와는 더욱 다르다. 이것은 전혀 놀랄 일이 아니다. 그와 그의 동시대인이 당연한 것으로 여겼을 많은 가정들은 우리를 18세기 초에서 분리하는 오랜 세월 동안 사라졌거나 심각하게 훼손되었다. 이것을 기억하는 것이 중요하다. 바로 이 시기에 많은 근대적 관점이 전면에 튀어올랐기 때문이다. 신의 존재 자체를 부인하기에 이르는 종교에 대한 의심, 과학이 모든 문제를 해결할 수 있다는 믿음, 물질적 세계의 확대를 향한 끝없는 촉구, 이 모든 태도가 디포가 살던 시기에 처음 생긴 것은 아니었으나 그 시기에 훨씬 더 흔해졌다. 디포는 그 시대에 매우 총명하였고 교육을 잘 받았으므로 이런 근대적 사상의 충격에 분명히 영향을 받았다. 그러나 이는 전체 줄거리의 일부일 뿐이다. 디포는 곧잘 매우 근대적인 인물의 모습을 보였다. 그에 대한 많은 비판과 평가는 그의 근대성을 강조하는 분석에 의존한다. 그러나 이러한 분석은 디포의 한쪽 측면만을 보여 준다. 그가 어떤 면에서는 분명히 근대적이지만 다른 면에서는 전통적 사상을 고집하였다. 때에 따라서는 일부러 구태의연한 척하였다. 그가 이처럼 구식과 신식을 동시에 지니고 있어서 때때로 그를 이해하기가 어렵다. 디포가 모든 문제를 저울질하여 합리적이고 온건한 방도를 택할 수 있는 중립자로 자처하고 싶어 하였기 때문에 특히 그러하다. 디포는 『리뷰』지에 다음과 같이 썼다.[2] "세상에 존재하는 모든 혼란, 모든 억압, 박해, 국가적 해악들은 이 온건이라는, 치유적이고 경건한 성향이 부족한 데서 시작된다." 정치나 경제 또는 도덕, 무엇을 이야기하든, 그가 인류에 제시하는 교훈을 한마디로 해야 한다면 "중용"일 것이다. 그러나 중립자의 철학은 기만일 수 있다. 통계를 찬미하는 시대에 살고 있는 우리는 평균적인 사람을 말하기 좋아한다. 이것은 때때로 사리에 맞지만 종종 무의미하다. 두 극단의 평균은 양쪽의 어느 특성도 지니지 않는다. 디포는 근대적인 동시에 전통적이었으며, 합리적인가 하면 비합리적이었고, 인류의 미래에 대해 낙관하기도 하고 비관하기도 하였다. 그러나 사회에 대한 그의 생각이 이러한 양극단의 중간에 위치하였다고 해서 디포가 평균적인 사람은 분명 아니었다.

디포가 지닌 이중성의 가장 흥미로운 측면 가운데 하나는 신과 세계와의 관계에 대한 그의 견해이다. 아주 간단히 말해, 그는 매우 세속적인 동시에 매우 종교적이었다. 그는 이 두 극단 간에 타협을 하려 들지 않았다. 이러한 태도는 많은 문제를 야기하였다. 대체로 디포가 도덕주의자로 행세하였을 때 특히 그랬다. 도덕주의자는 디포가 자기 저작 인생 내내 견지하였고 그가 좋아하는 역할이었다. 도덕주의는 분명히 그의 저널리즘 활동과 소설의 많은 부분에 동기를 제공하였을 뿐만 아니라, 그로 하여금 경건한 도덕적 교시가 담긴 장편 서적 몇 권을 쓰게 하였다.

18세기 초에 교화란 주제는 거의 모든 작가들이 선호하였다. 그러나 그들의 노력이 재미있기는 하지만 곧잘 너무 빗나갔다고 디포는 느꼈다. 그는 직언을 하고 그 시대의 악덕에 직설적으로 공격을 퍼부은 자신의 행동에 대해 자부심을 가졌다. 『태틀러』지와 『스펙테이터』지에 실린 도덕적 논설들이 "눈에 거슬리는 여선생 같은 자비심 냄새가 풍긴다"고 현대의 한 비평가가 꼬집은 것은 적절하였다.[3] 그러나 디포는 그렇게 생각하지 않았다. 당시 거의 모든 동료들처럼 디포도 매우 성공한 이 두 혁신적인 언론을 가리켜 시대의 행복한 즐거움이라며 반겼다. 그러나 디포는 자기 글의 애독자에게는 애디슨(Addison)과 스틸(Steele)이 내놓는 것보다 더 엄격한 작품이 필요하다고 생각하였다. 그는 『리뷰』지에 "우리는 우리의 실수로 웃음거리가 될 것인가? 우리는 우리의 잔인함으로 인해 야유를 받을 것인가? 우리의 악덕은 손으로 가볍게 뽑아내기에는 너무 깊이 박혔다."[4]고 썼다. 디포의 손은 종종 거침이 없었고, 강론은 지극히 평범하였으나 그는 독자들의 실수를 보고 웃음을 참을 수 없었다. 그의 도덕적 교훈은 거의 항상 매혹적인 세속성 꾸러미 속에 포장되어 있었다. 그는 경건한 책이라고 해서, 교훈이 훼손되지 않는 한, 오락적이어서는 안 될 이유가 없다고 보았다. 디포 책의 애독자들도 분명히 같은 생각이었다. 18세기 초와 그 이후의 시기에 신실하고 돈독한 사람들이 경건한 책을 읽어야 하였다면, 다른 작가들이 쓴 것보다 디포를 읽는 것이 얼마나 더 재미있었을까? 판매 기록을 보면 분명히 그랬다.[5] 디포는 이런 책을 쓰는 매력적 기법을 고안하였다. 이는 나중에 그가 소설이나 모험담을 문학적 형태로 할 것임을 예시한다. 설득력 있는 현실 생활이 배경으로 설정되고 주인공들이 각자의 특정한 도덕적 쟁점을 대화 형식으로 대중 앞에 제시하는 방식을 취하였다. 교훈 자체는 종종 근대적 성향을 벗어나지만 방법은 매우 효과적이다. 이런 기법을 쓸 때 생기는 유일한 문제는, 디포 이전과 이후의 사람들이 그랬듯이, 디포에게서도 쓸 만한 모든 대사를 악마가 독차지하는 경향이 있다는 것이다. 『가족 교범』 첫 권에서 안식일 준수를 거부하고 부모의 권위를 부인하는 남매의 대화는 근대인이 보면 책에서 제일 흥미로운 부분이다. 신앙심이 없는 도제의 푸념이 그에 근접하는 두 번째라면, 종교적 감정을 전달하려는 디포의 시도는 아무래도 가장 덜 끌리는 장면이다.

이것은 디포의 모든 저작에 해당되는 문제였다. 그가 생각하기에 작가는 독자에게 재미를 주면서 교화하는 이중의 의무를 가졌다. 그러나 그 둘 가운데 교훈을 주는 요소가 더 중요하였다. 1704년에 그는 작가와 사제의 책임을 비교하였다. "설교는 극소수 사람에게 하는 것이다: 책 출간은 전 세계를 상대로 한다."[6] 디포는 가끔 자신을 글로써 설교하는 사람으로 생각하였다. 많은 비평가들이 지적한바, 그의 저작 대다수는 설교조이자, 소리 내어 읽게끔 쓰여 있다. 설교자는 설교할 때 작가처럼 청중을 교화하고 도덕을 확실히 전달하기 위해 청중을 사로잡아야 하며 재미있게 들을 수 있게 해야 한다. 디포는 독자에게 도덕을 전달하는 것보다 독자가 재미를 느끼게 하는 데 더 재능이 있었다는 점이 문제였다. 그가 악덕을 비난하고자 예시를 하곤 하였는데, 이런 기법은 어느덧 비난 자체가 되어 버렸다. 그래서 1720년대쯤이면 악덕이 우리의 주의를 끌고, 반면에 도덕은 그의 중간 계급 독자의 경건한 기대에 부응한 입에 발린 말에 불과하였다.

사회적 관계를 묘사한 디포의 마지막 소설 『록사나』에서 이러한 진전이 그 정점에 도달하였다고 많은 비평가들은 본다.[7] "『록사나』의 경우에 [도덕주의적 옷]은 베일, 더구나 구제할 길 없는 죄인에게 씌워져 있어야 하는데 거기서 미끄러져 내려와 발이나 겨우 덮을 정도의 베일에 불과하였다"고 스탐(Rudolf G. Stamm)은 썼다.[8] 『록사나』 출간 이후 디포는 더 이상 자기 상상력을 완전히 통제할 수 없다고 느꼈다. 그래서 더 이상 가상의 인물에 대해 쓰지 않기로 결심하였다는 설을 쉬너겔(Michael Shnagel)은 제시하였다.[9] 이것이 디포가, 결코 죄를 부추길 셈은 아니었지만, 무엇인가 오락을 제공하려는 방편으로 악덕을 끼워 넣는 상상력을 발휘하는 작업을 멈추게 하지는 않았다. 디포는 결혼에 관해 도덕성을 강조하는 흥미로운 작품『부부 간 음란』을 썼는데, 머리말에서 그는 외설 시비의 가능성에 대비하느라 고심한다. 누구도 악덕을 언급하지 않고서 악덕에 대해 쓸 수 없다. 이러한 작품이 악에 대한 상상력을 부추긴다면 그것은 도덕가나 개혁가의 잘못이 아니라는 것이다.[10] 이 말은 나름 설득력이 있어 보인다. 비록 그 책의 부제가 경건함과는 너무나 거리가 멀게도, "첫 순간의 이용과 오용"이라고 붙은 것을 디포 시대 독자들이 보며 그의 진정성을 의심하였을 수는 있었겠지만 말이다. 이러한 의혹은 오래 지속되었을 수 있다. 왜냐하면 책의 끝부분에서 디포는 자신의 오랜 함정에 여러 번 빠졌기 때문이다. 책에서 오락은 갈수록 도덕을 밀어내는 쪽으로 향하고 있다. 도덕 자체가『몰 플란더스』나『록사나』보다도 훨씬 더 압도하는 책이었는데도 불구하고 그랬다.

디포의 종교적 저작을 위에서 말한 바의 책이 잘 팔린다는 것을 잘 아는 유령 작가의 작품으로 치부하고 싶어 하는 시각도 있다.[11] 그런 작가들처럼 디포는 종교적으로 비국교도의 배경을 가졌으므로 독자들이 기대하는 종류의 도덕에 익숙해 있었겠지만 디포 자신은 자신의 세속성 때문에 종교적 경험이 도대체 무엇이 문제인지에 대해 진정으로 이해하고 있지 못하였다.[12] 또한 사람의 종교적 성실성을 판단하는 일은 항상 어려운 법이다. 그러나 이러한 비판은 디포에게 불공정하다. 그는 분명히 세속적이었다. 동시에 독실한 종교적 태도를 갖춘 인물임을 의심할 이유도 거의 없었다. 이것은 이해하기 어려운 입장으로 보일 수도 있다. 그러나 이는 아마도 단지 디포가 살았던 사회에서 우리가 너무 멀리 떨어져 있기 때문일 것이다. 글쎄, 신과 세속에 대한 디포의 이중적 태도는 현대 사회에서 쉽게 찾아볼 수 있는 부유한 사회주의자에게서 아마도 가장 잘 유추해 볼 수 있다. 부유한 사회주의자는 혁명을 위해 일하고, 혁명의 목표 가운데 하나가 부자들의 상속권을 박탈하는 것이다. 그런데 동시에 그는 자신의 부에서 나오는 세속적인 편익을 향유한다. 그도 디포처럼 유행의 물결을 탈 작정으로 사회주의를 표방하는 위선자로 불릴 가능성이 크다. 그러나 이런 비판은 불가피할지라도 종종 공정하지는 않다.

디포가 독실한 종교인이 아니었다면 왜 그가 비국교도로 머물러 있어야 하였는지 이해하기 힘들다. 17세기 말과 18세기에 영국 국교의 교리를 부정하는 결단은 시민권의 많은 부분을 박탈당하고 종교적 관용에서 벗어나 있어야 한다는 것을 의미하였다. 그것은 디포와 같은 종교적 배경을 가진 사람이면 누구나 겪게 될 결정이었다.[13] 몇몇 착한 사람은 타협하려고 하였다. 그러나 놀라운 것은 비국교도에 관련된 세속적 문제에도 불구하고 원리에 충실한 사람들의 수가 많았다는 사실이다. 디포는 이 적지 않은 소수파 잉글랜드인에 속하였던 것 같다. 물론 그런 결정은 관성의 산물이었다고 주장할 수 있다. 그는 비국교도 집안에서 자랐고 잉글랜드에서 가장 좋은 비국교도파 아카데미에서 건전한 종교 교육을 받았다.[14] 그래서 종교에 대한 견해를 바꾸기에는 너무 늦었을까? 디포의 시대에도 우리 시대처럼 종교 교육이 종교적 삶을 보장하지 않는 것이 분명하다. 이 말은 어느 정도 진실하다. 최근의 한 전기 작가에 따르면, 볼링브로크(Bolingbroke)도 비슷한 교육을 받았지만 전혀 청교도적이 아니었다. 18세기 초가 도덕성이 느슨해진 시기였는데도 그는 방탕아와 무신론자로 악명 높았다.[15] 어떤 사람들은 사회적 이유로 국교에 반대하였을 수도 있다. 오늘날과 마찬가지로, 엄격한 교리를 내세우는 종교적 소수파에 속한 사람들은 가족과 친구들을 같은 종교 집단에서 찾고 이를 떠나면 사회적 축출을 자초할 법하였다. 그렇지만 자기 책에서 비국교도 동료들을 그렇게 자주 짜증나게 하는 디포 같은 사람이 친구 관계를 유지할 생각에서 비국교도로 남았을 것 같지는 않다. 디포 판단에 분명히 비국교도가 국교도보다 종교적 구원을 받을 가능성이 높고, 그래서 그는 구원받고자 자기 양심에 따라 비국교도가 되었을 것이라는 게 가장 수긍이 가는 설명이다.

이 비국교도가 성경을 읽고 자기 양심을 추구할 때 "기존의 예배 방식에서 자신이 성서에서 본 원칙과 맞지 않아 보이는" 몇 가지가 있음을 깨달았다.[16] 그러나 단지 "몇 가지"만 맞지 않을 뿐이었다. 디포는 두 입장이 가깝다는 것을 자주 강조하였다. 영국 국교를 믿는 사람은 구원받지 못한다는 태도는 취하지 않았다.[17] 영국 국교도는 다만 구원받을 기회가 약간 적을 뿐이었다. 사실 디포는 종교 문제에서 매우 관용적이었다. 가장 중요한 구분은 신을 믿는 자와 신을 부인하는 자 사이에 있다는 것이 그의 견해였다.[18] 그는 심지어 가톨릭까지 포용하였다. 『로빈슨 크루소』에서 디포는 프랑스 사제를 등장시킨다. "그는 엄숙하고, 진지하고, 경건하고, 가장 종교적인 사람이며; 삶이 정확하고, 베푸는 데 후하고, 그가 하는 거의 모든 일에서 모범적이라고" 썼다.[19] 크루소와 사제는 다음과 같은 것을 알아낸다. 즉, "우리 둘이 동의하는 어떤 일반적인 원칙이 있다. 즉, 첫째 신이 존재한다. 그리고 이 신은 예배와 복종에 관해 몇 가지 정해진 일반적인 규칙을 우리에게 부여하였다. 우리는 알면서도 자진해서 그에게 죄를 져서는 안 된다."[20] 이것은 대단히 관용적인 입장이어서 디포가 이 때문에 공격당하는 것이 놀랄 일이 아닐 정도다.[21]

그러나 디포 스스로 인정하였지만, 그는 젊은 시절에는 가톨릭을 규탄하는 자였는데,[22] 대부분의 사람들이 가톨릭이 무엇인지 실제로는 잘 모른다는 것을 깨달았다:

> 보모들이 세상에 떠도는 허수아비, 도깨비, 유령 이야기로 아이들을 겁주고, 나이든 여자들의 심심함을 달래 주곤 하다가, 그게 보통 사람들이 그런 공포 이야기에 사로잡히게 하는 수단이 된다. 내 생각에 가톨릭에 맞서는 골수 추종자가 10만 명은 된다. 그들은 가톨릭이 사람인지 말인지도 모른 채, 마지막 한 방울 피까지 바치려 한다.[23]

1720년대쯤이면 종교적 무관심(indifference)은 가톨릭 교회보다 훨씬 더 위험한 적이 된 것 같다.

이러한 무관심은 디포의 생애에 일어나고 있던 지적 혁명의 산물이었다. 도처에서 전통적 권위가 공격받았다.[24] 경험주의의 승리가 쇄도하고, 이성의 힘으로 모든 의문을 풀 수 있다는, 이성에 대한 자신감은 아리스토텔레스 물리학을 무너뜨리고 과학 혁명을 이끌었다. 그런 만큼 사람들은 오랫동안 의심 없이 받아들여 왔었으나 이제 세상에 드러난 종교 교리에 도전하기에 바빴다. 아무것도 신성하지 않았다. 사람들은 모든 것에 의심을 품기 시작하였다. 과거에는 그냥 믿어 오던 것을 이제 경험적으로 증명되지 않으면 받아들이지 않기로 결심한 회의론자들의 탐구 방식에서 아무것도 안전하지 않았다. 과학자들은 자기들의 발견이 신의 창조가 무한히 지혜로운 것임을 증명하는 일이라 여겼다. 그럼으로써 신의 영광이 더욱 위대하게 된다고 믿었다.

그러나 자기네 방법이 신의 명성을 강화하는 만큼이나 신을 왜소하게 만들 수도 있다는 것을 곧 깨달았다. 신을 완전히 부정하는 사람은 드물었다. 인간이 합리적으로 생각하게 되어 이 아름다운 세상이 만들어진 비밀을 점차 이해할 수 있게 되었으니, 인간은 신이 창조한 가장 경이로운 존재이며, 따라서 분명히 최초의 사명을 띤 절대자가 존재할 수밖에 없다는 점을 받아들인 것이다. 그러나 많은 사람들이 신은 우주를 창조하는 것으로 할 일을 다 하였고, 세계의 운행에 더 이상 개입할 필요를 받아들이기를 거부하였다고 느꼈다. 신은 자연을 창조하였다; 그러나 지금은 자연이 창조자로부터 벗어났고 신 스스로가 그 자신의 창조물인 자연의 법칙에 따라야만 하게 되었다. 계시, 성서, 기적, 천사와 악마, 기타 초자연적인 잡동사니가 단순한 사람들의 마음에 축적되었는데, 이런 모든 것에 대해 어떤 증거가 거기에 존재하였는가? 근대인은 신이 창조한 법칙인 자연의 법칙과 정면으로 위배되는 기적을 어떻게 믿을 수 있는가? 근대의 비판적 검증에 그렇게 완전히 실패한 성경 구절을 어떻게 받아들일 수 있는가? 계시 종교는 물론 수호자들이 있었다. 그러나 이를 지키려고 나선 많은 사람들이 질문을 제기하였고 바로 이 질문들이 자기네가 무신론자와 회의론자로부터 용감하게 애써 지키려던 보루를 무너뜨리기에 이르렀다. 성서를 보호하기 위해 얼른 구실을 찾아야만 하게 되었다. 구약성서의 연대기를 중국이나 이집트의 역사 연구에서 발견된 훨씬 오랜 역사와 맞추기 위해 새로운 숫자 체계를 고안하는 데 천재적인 시도가 이루어졌다. 기적은 실제 사건의 사실 묘사가 아니고 비유임이 선언되었다. 악마와 악령은 그저 단순한 사람들에 맞게 맞춘 비유로써 분장한 사악한 사람들일 뿐이다. 애초에 성경이 단순한 사람들을 위해 그런 비유법을 사용하였다.

이런 논란에 대한 디포의 입장은 또다시 이중적이다. 그는 성경에 쓰인 글자 그대로의 진실을 확고히 옹호하는 동시에 이를 이성의 힘을 믿는 매우 근대적인 태도와 결합시켰다. "세계의 첫 왕국 … 인류의 전승적 지도자 … 전능한 대리인이자 인간의 영혼에 거주하는 이."[25] 때로는 그의 논리가 비국교도나 혹은 정말로 어떤 기독교 종파의 교리와도 좀체로 들어맞지 않는 의심스러운 도덕적 위치로 그를 몰아갔다. 이것은 인간의 본성에 대한 디포의 견해를 연구함으로써 가장 잘 이해할 수 있다. 인간의 본성은 당시 대부분 사상가들에게 커다란 흥미를 끄는 주제였다.[26]

디포가 보기에 인간은 본성적으로 두 개의 주된 특성을 가졌다. 인간은 사악하였으며, 구속받지 않는 자기애에 따라 행동하였다. 디포가 살던 시대의 사람들이 인간이란 선하고 자애롭다는 확신을 점점 더 많이 하게 되었을지라도, 인간의 본성이 사악하다는 것은 모든 정통 신학에 속하였다.[27] 대부분의 작가들 역시 자기네가 다루는 인물의 본성에 일정 수준의 자기애를 인정하였을 것이다. 그러나 디포처럼 자기애를 인간 행동을 움직이는 압도적인 힘으로 만들 정도까지 강조하는 작가는 드물었다. 디포가 『쥬레 디비노』에 썼듯이, 자기애는 "우리가 하는 모든 일의 근거"였다.[28] 인간의 헤아릴 수 없이 거대한 자기애란 인간이 살아남기 위해 무엇이든 하리라는 의미였다. 누구도 도덕법을 따르는 행동이 그 자신의 죽음을 초래한다면 그런 법규를 지키려 하지 않을 것이다. 자신을 지키는 이 자연권은 『쥬레 디비노』에 정언적으로 명시되어 있다. 이것은 디포가 생각하는 인간 심리 개념의 근본적 부분이다.[29] 실제로 그것은 물에 빠진 사람처럼 직접적인 죽음의 위협에 처한 사람의 행동뿐만이 아니라,[30] 미래의 불특정한 시점에 그러한 위협을 당할 수 있는 사람의 행위까지 용서하게끔 확장된다. 기고한 글과 소설에서 디포는 반복적으로 빈민의 죄를 용서한다. 그들은 단지 가난해서 굶어 죽을 수도 있어 죄를 짓기 때문이다.

궁핍해서 저지른 죄도 죄라는 것을 디포가 부인하지는 않는다. 그러나 가난 때문에 저질러진 죄는 사회에서 포용하고 용서할 충분한 근거가 된다고 주장한다. 종종 이보다 더 나아가 그는 가난해서 죄를 짓게 된 것은 일차적으로 사회의 책임이라고 본다. 그래서 빈자의 죄는 부자의 죄로 설명된다. 빈자가 가난한 상태에서 벗어나도록 사회경제적 개혁을 추진하지 않은 죄, 빈자가 죄를 지을 유혹과 도구를 제공한 의미에서 부자의 죄. 누가 가장 죄인인가 – 몰 플란더스 또는 그의 고객, 커널 잭 또는 주머니에 지갑을 뻔히 보이게 넣어 둔 사람? 디포의 답은 의심의 여지가 없다. 정말 그는 몇몇 종교적 저작에서 범죄에 대한 이러한 사회학적 견해를 한 단계 더 끌어올린다. 빈자가 그들의 죄에 대한 변명의 여지가 있고 부자는 없으므로, 부자는 구원을 받을 수 있는가? 이것이 함축하는 바는 분명히 그들은 그것을 열심히 할 것 같다는 점이다. 『종교적 청혼』(*Religious Courtship*)에서 가난한 노동자가 비종교적인 지주를 개종시키는 데 성공하는데, 이때 성경에서 다음과 같은 구절을 인용한다. "부자와 귀족은 많이 부름받지 못한다. 선택되는 쪽은 신앙 면에서 부자인 현세의 빈자들이다."[31]

자기애가 인간의 심리를 이끄는 본능이었다면, 자조(self-help)는 인간이 세상에서 살아가는 방식이었다. 인간 자신이 자기 운명의 설계자였다. 디포가 가끔 엄정한 예정설에 입발린 소리를 하였지만[32] 대부분의 동시대인과 마찬가지로 그에게 이 개념은 인간의 자유 의지를 부정하는 것과 위험할 정도로 가까웠다. 예정설은 거의 모든 사람에게 운명이라는 동양적 사상과 별로 다를 바 없어 보였다. 『전염병 연대기』(*Journal of the Plague Year*)에서 마구상의 동생은 역병이 돌 때 다음과 같이 말하는 터키인을 경멸한다. "그들은 운명이 정해져 있다고 믿는다. 사람마다 죽는 일도 정해져 있고 사전에 그것을 변경할 수 없다고 생각한다. 그래서 그들은 전염병이 창궐하는 지역에 들어가 그런 환자들과 교류하는 걸 거리낌없이 받아들였다. 그로 인해 한 주에 만 명 혹은 만오천 명씩 죽었다." 기독교 상인들은 스스로를 돌보았고 살아남았다.[33]

자조는 성공한 사람들에게 매력적인 철학이었다. 성공은 자신의 노력의 산물이라는 것이 그 전제였기 때문이다. 디포는 이 견해에 어느 정도 동의하였으나 그 당시의 많은 사람들처럼 그 의미를 곧이곧대로 가져가지는 않았다. 게으르고 가난한 자는 자업자득이었다. 그러나 빈곤 자체는 많은 사람들이 믿듯이 반드시 나태의 산물만은 아닐 수도 있었다. 1707년의 『리뷰』지에서 그는 두 종류의 빈곤을 구분하였다. 불운이나 경영 실수 또는 양자 모두에 기인한 재앙의 빈곤과, 물려받은 가난에서 온 빈곤이다.[34] 개인이 자신의 비참한 상황에서 벗어나려고 스스로 노력하는 한, 어떤 종류의 빈곤도 아무런 도덕적 불명예를 수반하지 않는다. 절망에 빠져 뒹구는 사람만이 비난받았다.

지금까지 우리는 지극히 합리적이고 인본주의적 견해의 지지자로서의 디포를 보았다. 세상에서 행한 그의 역할도 관찰하였다. 그러나 여기에서 멈춘다면 그에게 완전히 틀린 인상이 부여될 것이다. 이러한 관점은 인간의 다양한 운명과 신의 역할에 관해 디포가 한 설명의 가장 중요한 부분을 무시하기 때문이다. 디포 생각에 신의 역할은 천지 창조에서 끝난 것이 아니었다. 가장 단순히 말해 신은 스스로 돕는 자를 도울 것이라고 디포는 생각하였다. 하지만 신의 역할은 그 정도보다 훨씬 컸다. 디포는 신이 인간사에 끊임없이 개입한다고 믿었다. 비록 이성에 대한 책 한 권을 헌정해 놓고 매우 행복해 하였지만,[35] 디포는 그와 같은 정도로 전통적 기독교 교리의 옹호자이기도 하였다. 이 교리들이 이성의 시대라는 사상에 정면으로 역행하는 일이었을지라도 말이다. 디포의 많은 동시대 작가들이 인간의 선한 본성에 대한 확신을 가졌음에도, 디포가 원죄의 개념에 집착하였던 모습을 우리는 이미 보았다. 그는 신의 섭리라는 개념을 받아들이고 옹호함으로써, 그리고 전반적으로 초자연적 요소를 믿음으로써 자신의 전통주의를 더욱 분명히 드러낸다.

전통적인 청교도 신학은 신의 섭리 개념에 큰 의미를 두었다. 가장 극단적인 입장에서는 신의 직접 개입 없이는 전혀 아무것도 일어나지 않는다고 주장하였다:

> 신의 섭리가 세계를 지배한다. 그리고 지구상의 모든 시간, 장소, 개인에 강림한다; 모든 사건에 간섭하고 모든 일에서 최고봉을 차지함으로써 아무런 구실의 그 어느 것도 신의 관할에서 격리되거나 면제되지 않는다.[36]

일어난 모든 일이 세상을 위한 신의 목적과 계획의 일부이며, 일어난 모든 일이 좋건 나쁘건 이유가 있으며 이를 알아내려 노력하는 것이 개인의 의무였다. 그러나 17세기가 지나가면서 물리적 현상의 자연적 원인이 더 많이 발견되자 이런 믿음은 점차 사라져 갔다. 디포의 시대쯤이면 지식인은 대부분 거의 모든 일이 자연적 원인으로 설명될 수 있으며, 그래서 비록 창조주 하느님의 업적이긴 하지만 특별한 의미를 갖지는 않는다는 사실을 받아들였다. 기독교인들은 여전히 신이 가끔 인간사에 개입한다고 믿었다. 만일 그렇지 않았다면 기도에 별 의미가 없었을 것이다. 그러나 그들은 매일 일어나는 모든 소소한 사건에서 신의 손을 직접 볼 필요를 더 이상 느끼지 않았고, 신의 전능함이 좀 더 두드러지게 발현된 전염병이나 지진 같은 것에 그들의 관심을 한정시키는 경향을 띠었다. 이들 천재지변은 "우리는 인간에 불과하고 세계를 제어하는 고삐는 우리 손에 있지 않다는 사실을"[37] 때때로 일깨워 주었다. 심지어 이러한 재난도 자연적 원인이 있으며, 신이 직접 개입하더라도 대개는, 항상 꼭 그래야 해서는 아니었을지라도, 신의 뜻을 관철하고자 자연을 이용한다고 받아들여졌다. 그러는 동안 의심자들은 이에서 더욱 나아가 기적이나 자연의 운행에 신의 섭리가 개입할 가능성을 완전히 부인하였다.[38] 거의 모든 사람이 아직도 인간이 겪는 대참사는 신이 노여워한 직접적인 증거라고 여겼다. 그러나 희의론자들은 다음과 같이 설명한다. 총명하지만 죄를 짓는 인간에게 주기적으로 충격을 주도록 예정해 놓기 위해, 신이 일련의 재난을 당신의 창조물에 짜맞추어 놓았다는 것이다.[39]

디포는 인간의 일상사에서 초자연적 요소의 존재와 중요성을 계속 믿었다. 그래서 이런 의심의 물결과 더욱 필사적으로 힘들여 싸우는 보루 가운데 한 사람이었다.[40] 그는 군사적 승리나 역병부터 매일 일어나는 가장 평범한 일까지에서 섭리라는 "보이지 않는 손"[41]을 보았다.[42] 섭리는 보상할 수도 징벌할 수도 있었다; 그것은 나라 전체나 한 개인에게 작용할 수 있었다; 그러나 디포가 깨달기로는, 신은 타락한 자를 회개와 구원으로 이끌기 위해 채찍과 당근을 제시한다. 그런 방식으로 신은 인간사에 가장 빈번하게 개입한다. 신이 개입하여 죄인을 복종시키려는 경고로써 공포를 통과하게 할 수 있었다. 로빈슨 크루소의 첫 항해에서 폭풍우가 그를 급습하였을 때처럼 말이다. 또는 크루소가 “의심의 여지없이 하느님을 따라” 서랍을 열자 열병을 치료할 담배와 영혼을 구할 성경을 발견하였을 때처럼,[43] 위험에서 구원받을 도구를 제공함으로써 감사하도록 개입한다. 징벌도 다양한 방식으로 작동할 수 있었다. 인간은 앞으로 더 나은 행동을 하라는 뜻으로 신의 징벌을 받을 수 있다. 그러나 항상 기회가 주어지는 것은 아니었다. 『가족 교범』의 한 등장인물은 “많은 아버지들이 섭리에 따라, 죽거나 재난을 당해 가족에게서 떨어져 나감으로써 자녀들이 더 나은 보살핌을 받을 수도 있다”[44]고 생각하였다. 자녀의 구원을 책임지기 위한 신의 개입 치고 이것은 좀 가혹한 듯 보이지만, 그러나 적어도 아버지는 자식의 종교 교육을 게을리한 죄를 지었다. 그러나 종종 섭리가 대규모로 작동할 때는 착한 사람과 악한 사람을 분리할 수 없었다. 예를 들어, 전염병이 돌 때는 양자 모두 고난에 처할 수밖에 없었다. 겉보기에는 무작위적으로 죽음에 내던져지는 듯 보이는 상황을 두고 신을 믿는 자가 신의 존재를 의심하는 자를 합리적인 자라고 확신하기는 다소 어려워졌다.[45] 길든(Charles Gildon)은 『로빈슨 크루소』를 공격하면서 다음과 같이 썼다.

> 나는 그가 섭리를 꾸며 내는 데 침묵할 수 없다; 즉, 섭리가 그저 그가 바다로 가는 것을 무섭게 하기 위해서 폭풍을 일으키고, 선박들을 날

> 려 보내고, 더 많은 배를 파손시켰다고 하는데 … 폭풍은 하고 많은 이유 중에 왜 그가 바다로 가는 것을 막기 위해 보내졌다고 상상해야 하고 더욱 괴로워하는가?

만일 선원의 천직을 저지하려고 폭풍우를 신의 섭리로 보낸다면 세계 무역은 곧 중단될 것이다.[46]

물론 디포는 이 문제를 알고 있었다. 이는 대개 신이 모든 것을 제일 잘 안다는 점을 지적하는 것으로써 해결되곤 하였다.[47] 『크루소 후기』(*Farther Adventures of Robinson Crusoe*)에서 크루소는 가진 것을 다 내놓으라고 요구한 동료 선원들 가운데 하나를 죽였다는 이유로 마다가스카르의 원주민들을 대거 학살해 버린 자기 선원들을 비난한다. 나중에 선원 가운데 다섯 명이 페르시아만에서 아랍인들에게 포위되어 살해되거나 노예로 잡혔다. 크루소는 그것은 하늘이 내린 마땅한 천벌이었다고 주장한다. 갑판장이 그를 질책하며 그에게 누가복음(St. Luke)을 인용하였다. "예수 가라사대 실로암에서 망대가 무너져 치어 죽은 사람들이 모든 갈릴리 사람보다 죄가 더 있지 않다."[48] 독서를 많이 한 갑판장이 좋은 지적을 한 것으로 드러났다. 실제로 그 다섯 명은 마다가스카르에 상륙한 적이 없었다. 신은 신비스러운 방식으로 움직인다. 인간은 그의 섭리를 이해하려고 노력할 수만 있을 뿐이다.

섭리는 어떻게 작동하였는가? 신이 자신의 의지를 세상에 부과한 기법은 무엇이었나? 대개 그는 오로지 자연적 인과관계를 거쳐 처리하였다. 어떤 것은 합리적으로 설명될 수 있게 일어났다. 그러나 특별한 경우에는 신 자신이 생각한 어떤 좋은 이유 때문에 신이 그 일을 일어나게 하였다. 이런 설명은 정말로 받아들여질 수 있었다. 비록 때때로 그것이 신의 대리인인 인간에게 경의를 표하는 데 인색하였을지라도 말이다. 1706년의 어느 『리뷰』지에서 디포는 독자들에게 다음과 같이 털어놓았다. 그는 잉글랜드가 군사적으로 성공한 것을 섭리가 직접 개입한 덕으로 돌렸고, 그래서 장군과 군인들에게는 마지못해 경의를 표하였으며 그 때문에 비판받았다는 것이다. 물론 우리 승리를 특별히 영광스럽게 만든 것은 "그들의 용감성이 섭리가 구상한 바와 맞아떨어진 것"이었다.[49]

섭리는 항상 자연의 인과관계를 거치는 것은 아니었다. 신은 기적을 일으키는 일이 정말로 가능하였지만 그즈음에 들어서는 여간해서 그럴 필요를 느끼지 않았다.[50] 또한 신이 인간에게 숨겨 온 자연 자체의 운행 영역도 존재하였다. 그런 영역에 바람이 있는데, 오랫동안 철학자들은 바람이 부는 원인을 알아내려고 시도하였으나 성공하지 못하였다. 디포는 "자연을 작동시키는 다른 어느 부분보다도" 바람 속에 신이 존재할 가능성이 더 있다고 생각하였다. 이것이 폭풍이 그렇게 자주 신의 섭리에 대한 예증으로 인용되는 경향을 설명해 줄 수도 있다.[51]

신은 이렇게 우회적인 방식으로 인간에게 영향력을 행사할 필요가 없었다. 그가 천사라는 매개를 통해 인간과 직접 접촉할 수 있었기 때문이다. "신은 대리인을 원하지 않는다; 그는 분명히 보좌하는 영혼 군단을 대동하고 있는데, 천사라고 하든 뭐라고 하든 좋을대로 부르시라; 가로되, 신은 모든 사건에서 당신의 명령을 수행하고 당신의 의지를 실행할 준비를 갖추어 이 볼록한, 지구라는 땅에 그들을 배치하였다."[52] 디포는 천사가 봉사하는 일정한 형태의 존재를 평생 믿었다.[53] "사적인 고지, 강한 자극, 영혼의 압력, 무의식적인 기쁨, 슬픔, 우리에게 즉각적이며 실제로 다가오는 것의, 그리고 다가오는 것에 관해, 예견되는 두려움 같은 것 등등, 그리고 우리 삶의 가장 획기적인 순간에 있는 이것, 이 모든 것이 어디에서 오는가."[54] 인간은 이 같은 봉사를 무시하여 비용을 치렀다. 디포는 다음과 같이 말하였다. 나는 "무슨 큰 재앙이나 재난을 당한 적은 없으나 자나깨나 사전에 고지를 받았으며, 이런 고지를 경청하였더라면 악덕을 피할 수 있었을 것이라고 믿는다. …"[55] 디포가 말하는 천사론의 세세한 것은 약간 모호한 경향이 있다. 이성의 시대의 의심자에게 천사의 존재나 소재지를 증명하기가 조금 까다롭기 때문에라도 그랬다. 그는 하늘나라 천사가 직접 하는 봉사는 성경에 그려진 과거에 속한다고 믿는 쪽으로 기울었다. 근대 세계의 사소한 사건에 직접 개입하여 스스로의 품위를 떨어뜨리기에 그들은 너무 고귀한 존재라고 생각하였다.[56] 대신에 그는 허공에 사는 영혼을 설정하였다. 영혼은 하늘의 천사처럼 완벽하지는 않지만 자비롭고, 주된 기능은 인간에게 경고하고 자문하는 일이었다. 이러한 영혼은 신의 심부름꾼일 수도 있었으나 대체로 행동의 자유를 가졌을 것으로 보인다. 영혼과 인간과의 주요 통신 수단은 꿈을 통하는 것이었다.[57]

모든 꿈이 천사가 봉사한 결과는 아니었다. 디포는 인간 마음에 어떤 종류의 환상이나 사소한 일이라도 불러낼 상상력이 있다는 점을 인정하였다. 그러므로 언제 꿈이 천사의 방문으로 초래된 것인지, 언제는 그런 게 아닌지를 결정하는 일은 인간에 달렸다. 그러나 그것으로 문제가 끝난 것은 아니었다. 왜냐하면 악마도 인간의 꿈에 나타나서 그를 유혹하고 악덕으로 이끌 천사의 무리를 가지고 있기 때문이었다. 그리고 물론 악마는 악을 행하기 위해 선을 행하는 척 가장할 만큼 충분히 똑똑하였다.

디포에게 악마는 신만큼이나 실재하는 존재였다. 진정 악마가 존재한다는 증거는 신이 존재한다는 사실 속에 놓여 있다. 하나를 믿었다면 둘 다 믿어야 하였다.[58] 다행스럽게도 인간에게 악마의 힘은 제한적이었다. 악마는 미래를 예측할 수 없었다. 악마는 영리하기 때문에 뭔가를 보면 대부분의 인간보다 더 합리적으로 예견할 수는 있었다. 악마는 또 없애거나 개입할 힘은 없었다. "그는 짖을 수는 있어도, 물 수는 없다."[59] 그렇지 않았다면, 인간은 너무 쉽게 유혹당하기 때문에 이미 오래전에 파멸하였을 것이다. 따라서 악마는 "인류를 유혹하고 기만하여 자기처럼 모반하도록 하는 못된 짓"[60]에만 자신을 국한시킬 수밖에 없었다.

디포는 대체로 타락한 천사인 악마의 위엄을 주장한다. 악마는 천성적으로 전쟁을 일으킨다거나 하는 자기 격에 맞는 일만 맡고, 의자를 무너뜨린다거나 주전자를 엎는 따위의 작은 속임수는 부하에게 시킨다.[61] 디포는 악마가 "자기 군단을 모두 거느리고 대기의 꼭대기에" 위엄 있게 앉아서 세상이 돌아가는 모습을 내려보며 말썽을 일으키기 위해 밀사를 파견하는 그림을 그린다.[62] 이 대리인들은 차례로 지구상에서 악마 대표, 마술사, 마녀, 그리고 "똑똑이와 바보라고 불리는 그의 특별하고 근대적인 참모들"과 연락한다.[63]

합리적이고 근대적인 대니얼 디포는 악마와 천사의 실재를 인정하였듯이 마녀도 실재한다고 생각하였다. 여기에서도 그의 사상은 당시의 교육받은 사람들의 견해에 반한다.[64] 그들은 마녀의 존재를 더욱더 의심하게 되었다. 그러나 디포에게는, 마법은 성경의 증거뿐만 아니라 마녀 자신들의 증언으로도 뒷받침되는 것이었다.

세계에는, 상처를 입히고 속이기 위해, 악마와 터놓고 대화하고, 그와 계약을 맺고, 그로부터 힘을 얻는 그런 사람이 존재해 왔고 지금도 존재한다. 그리고 이들은 모든 시대에 마녀라 불렸으며 우리 법과 신의 법이 마녀로 매도하였다; 그리고 나는 이 문제에 관해 더 이상 논란이 없다고 생각한다.[65]

디포에게 공정하자면, 디포는 모든 꿈이 천사가 봉사한 결과라고 생각하지 않았듯이, 마녀로 추정되는 사람이 실제로 모두 마녀라고도 생각하지 않았다. 이 점에 관해 정말로 그는 바로 옆 사람만큼 회의적이었다. 그는 다음과 같이 언급하였다. 즉, 마녀에 관한 모든 이야기가 진실이라면, "누구라도 어떻게 55세가 넘은 과부와 가까이서 살 수 있었겠는가."[66] 그러나 그는 마녀가 존재한다는 점은 의심하지 않았다. 다만 악마와 같은 장대한 피조물이 체면을 구기면서까지 마녀의 조잡한 속임수와 공모해야 하였는지 가끔 놀래기는 하였다.

디포는 초자연적인 것에 대해 전통적으로 프로테스탄트가 지닌 생각을 계속 옹호하였다. 이것은 당시에 합리적인 추세를 보이는 신앙에 정면으로 반대되는 것이기는 하였다.[67] 인간의 마음속에서 선과 악의 싸움이 벌어졌다. 그것은 단순히 인간 심리의 작용으로가 아니라 선한 천사와 악한 천사가 실제 전장에서 붙는 주도권 쟁탈전으로서였다.[68] 그러나 초자연적 요소가 성서나 프로테스탄트 신학의 제재를 받지 않는 부분에서, 디포는 대개 당시 합리적인 사람의 입장과 훨씬 더 가까웠다. 예를 들어, 요정은 모욕적으로 무시되었다. "그 같은 존재는 늙은 여자들의 텅 빈 머릿속이나 싸구려 이야기책 말고는 아무 데도 없었다."[69] 그러나 귀신(원혼)에 대한 그의 생각은 그가 사는 동안에 바뀌었다. 1720년대의 밀교 관련 저작에서 그는 육체를 떠난 영혼이 다시 나타날 가능성을 부인하였다. 이것은 확실한 프로테스탄트 신학으로서 사람이 죽으면 영혼은 곧장 천국 또는 지옥으로 간다는 입장을 취하였다. 디포는 현세의 문제가 미래의 지고의 상태를 가로막아 훼손한다고 생각하였다. 마찬가지로, 그것은 영속적으로 비참한, 즉 지옥에 간 영혼도 사슬에서 풀려나 사소한 문제로 이리저리 움직이는 그런 상태가 아닐 것이다.[70] 젊었을 때 디포는 그다지 확신이 없었다. 귀신 이야기는 물론 매우 인기 있었는데 그것이 영혼불멸에 대한 가장 좋은 증거였기 때문이다.[71] 1706년에 그는 훗날 "18세기의 가장 유명한 원혼 이야기"가 된 책을 출간하였다.[72] 책에는 얼마전에 타계한 빌 부인(Mrs. Veal)이 그녀의 생전 친구 바그레이브 부인(Mrs. Bargrave)에게 나타나 죽음에 대한 경건한 대화를 나누는 장면이 나온다. 디포의 책은 드렐린코트(Drelincourt)의 『죽음의 공포를 벗어나는 법』(*Book of the Consolations against the Fears of Death*)의 광고를 담고 있는데 그 책은 빌 부인의 원혼이 "그 주제에 대해 지금까지 쓴 것 중 최고"라고 선언하였다.[73] 그래서 사람들은 디포가 순전히 드렐린코트의 책을 판촉하려는 목적으로 저술하였다고 생각하였다. 그리고 18세기 말 사람들은 그 내용 전체를 허구로 받아들였다. 그러나 사실 디포는 그 전체를 완전히 진지하게 받아들였고 그것은 그의 초기 르포르타주(*reportage*) 중 가장 잘된 작품 가운데 하나였다. 하지만 나중에 그는 더 정통적인 입장을 택하게 되었다.

그러나 그가 유령을 부인하게 된 때조차 망령이 실재한다는 점을 부인하지 않았다. 그는 망령들은 애도나 죄의식이 상상에 작용한 결과일 수 있다는 것을 받아들였다. 하지만 몇 망령은 진짜였다. 그럼에도 그것들은 유령이 아니라 정신이 그 자체의 목적을 가지고 육신의 형상을 띤 영혼이었다.[74] 이들은 꿈에 나오는 영혼처럼 악할 수도 선할 수도 있었다. 디포는 이 주제를 여러 이야기로 예시하였는데, 이 이야기들은 먼 미래에 나올 귀신 이야기 모음집의 바탕이 되었다. 가장 잘된 것 가운데 하나를 들어 보자. 한 소녀가 연인을 만나려고 하다가 가는 길에 목사를 만나 그의 설득으로 집으로 돌아갔다. 그 소녀가 나중에 알고 보니 그 시점에 그 사제는 런던에 있었다. 그녀가 실제로 만난 것은 그녀가 간통죄를 짓지 못하도록 작심한 착한 정신의 유령이었음을 그녀는 깨달았다.[75]

디포 세계에 등장하는 인물들은 얼마간 혼란된 상태였음을 알 수 있다. 그들은 한편으로는 세속적이고 합리적인 사람, 자연법 연구자, 어떤 비용을 치르더라도 지금 성공하여 그 시대 세상에 살아남아야 할 사람들이었다. 그러나 그들은 또한 신의 섭리를 따르면서 꿈에, 심지어 도로 위에서, 선하고 악한 영혼을 가진 망령에게 공격당하여 구원을 추구하는 순례자이기도 하였다. 17세기의 유명한 점성술가 릴리(William Lilly)가 천사들이 "목이 깊이 잠긴 아일랜드어"처럼 말하였다고 우리에게 믿을 만한 정보를 알려주었다. 그 이래로 때때로 인간의 삶은 다소 불안해졌다.[76] 디포는 이와 같이 이성과 계시 간의 대대적인 논쟁의 갈림길에 서서, 때로는 초자연적인 것이 인류에 미치는 영향이 아직 받아들여지는 세계를 돌아보고, 그리고 때로는 인간이 인간의 힘만으로는 알 수 없는 무엇인가를 믿을 준비가 되어 있지 않은 세계를 기대한다. 디포의 저작에서, 아니 정말 디포라는 인물 캐릭터 자체에 분명히, 이 두 견해가 끊임없이 충돌하는 것은 놀라운 일이 아니다. 강조점이 때로는 생존과 성공에, 때로는 구원에 있다. 몇몇 작가들이 그래 왔듯이, 이 충돌이 진짜였음을 의심할 이유가 전혀 없다. 디포는 진정한 기독교도였고 구원받기를 원하였다. 그러나 그는 또한 자신뿐 아니라 나라를 위해, 자기 소설에서 자기가 창조한 등장인물을 위해 성공하기를 원하는 세속인이었다. 불행히도 성공은 구원으로 이끌 법한 도덕적 덕목과 항상 양립할 수 있는 것은 아니었다.[77] 그리고 악마의 천사들은 가끔 한 인간으로서, 소설 속에 남자와 여자를 창조하는 작가로서의 디포를 유혹하는 데 성공할 수 있었다.

주

1. "Robinson Crusoe," *The Second Common Reader*(New York, 1932).
2. *Review*, 1권, 291.
3. Bonamy Dobrée, *English Literature in the early eighteenth century, 1700-1740*(Oxford, 1959), p. 76.
4. *Review*, 8권, 246.
5. 『가족 교범』(1715) 1권은 디포 생애에서 열 번의 개정판을 내고 빅토리아 여왕 시절에까지 계속 재판이 나온다.
6. *The Storm*(1704), 서문, 부록 2.
7. 1724년 출간.
8. Rudolf G. Stamm, "Daniel Defoe: an Artist in the Puritan Tradition," *PQ*, xv(1936), pp. 236~237.
9. Michael Shinagel, *Daniel Defoe and Middle-Class Gentility*(Harvard, 1968), p. 194. 여기서 그는 "디포가 더 이상 그의 상상이나 실제를 통제할 수 없고, 착한 청교도인이므로 사악함을 길게 추구하지 않기로 결정하였다. 그는 그의 주인공들과 잘 어울리지만 잘 지내지 못하는 상상적 전기를 그만 썼다."
10. *CL*, pp. 1~19.
11. "여태까지 18세기에 출간된 책 중에, 아니 그 전에라도, 가장 훌륭한 유일한 표본은 모두 종교적 저작입니다." Ian Watt, *The Rise of the Novel*(1957), pp. 49~50.
12. 이러한 것이 Stamm의 견해이다; Hans H. Andersen, "The Paradox of Trade and Morality in Defoe," *MP*, xxxix(1941).
13. 이 결정을 만든 똑똑한 사람의 매우 좋은 예를 보려면 Edmund Calamy, *An Historical Account of my own Life*(1829), I, p. 224 ff.
14. 디포의 교육에 대해서는 pp. 358~360.
15. H. T. Dickinson, *Bolingbroke*(1970), pp. 3~4, 159~160.
16. *Enquiry into the Occasional Conformity Bill*(1702), p. 5.
17. *A Short View*, pp. 24~25.
18. 예를 들어, *FI*(1718), p. 55.
19. *FARC*, p. 300.
20. 같은 책, p. 303.

21. Charles Gildon, *The Life and strange surprizing adventures of Mr. D ... de F ... of London, Hosier*(1719), pp. viii~ix, 41~45.

22. 앞, p. 11.

23. *GLS*, p. 20. 디포가 교황주의자라고 보지 않는다. 동료들과 합세하여 가톨릭을 공격하였다. 그러나 단지 정치적 이유에서 그랬을 수 있다. 특히, 1712~1714년 기간 재코바이트 탄압 시에 그렇다. 청교도 반발의 흐름에도 불구하고 그는 괴짜였다. 당시 대부분 종교계 작가들이 보인 거의 병리적 반교황 논리에 동참하지 않았다.

24. 새로운 생각의 효과에 대한 환상적 일반 논의에 대해, Paul Hazard, *The European Mind, 1680-1715*(영역, 1953).

25. *Jure Divino*, 의미의 헌정(1706).

26. 자연법에 관하나 디포의 견해는 일반적으로 논의되었다. Maximilian E. Novak, *Defoe and the Nature of Man*(Oxford, 1963).

27. Richard Cumberland, *De legibus naturae disquisitio philosophica*(1672). 이 계제에, 좀 다르지만 디포는 홉스를 따르고 있다. Thomas Hobbes, *Leviathan*(1651).

28. *Jure Divino*, 4권, 8.

29. *Jure Divino*, 3권, 10. 디포는 도덕 관념 바깥에 나갈 생각이 없었을까? 외롭게. Novack, 앞의 책, p. 67 참조. 또한 Richard Baxter, *A Christian Directory*(1673), 2권, pp. 109~110에 당시 사람들의 이야기가 있다.

30. *Review*, 8권, 302.

31. (1722), p. 67.

32. 예를 들면, *FI*(1714), pp. 24~25.

33. *JPY*, pp. 11~12.

34. *Review*, 4권, 91.

35. *Jure Divino*.

36. William Shelton, *Divine Providence*(1680), p. 5, J. Paul Hunter, *The Reluctant Pilgrim*(Baltimore, 1966), p. 52에서 인용. 그리고 Keith Thomas, *Religion and the Decline of Magic*(Penguin, 1973), pp. 90~132 참조.

37. Archbishop Tillotson, *Works*, Sermon xxxvi, p. 335; Hunter 위의 책에서 인용, pp. 57~58.

38. Hazard, 앞의 책, pp. 185~212, 'Miracles denied' 장을 봄직하다.

39. Thomas, 앞의 책, pp. 93~106.

40. 이 경호원의 신원에 대해 다음을 참조. Hunter and Thomas, 앞의 책; Rodney M. Baine, *Daniel*

Defoe and the Supernatural(Charlotte N.C., 1968).

41. 흔한 은유; 예를 들어, *History of the Union of Great Britain*(1709), p. 55; 성스러운 "비교의 손," "하늘의 손가락" 등.
42. 디포가 신의 섭리에 대해 생각한 것은 *SRRC*, 5장에 잘 요약되었다. 매우 깔끔하게 지적한다. 개인적 의무를 회피하려고 핑계를 대면 안 된다. "세상살이가 운명에 달렸다는 등, 그리고 그 결과 어리석음을 자초한다는 등, 살아가다 생기는 사소한 사건보다 천국의 특별한 도착지가" 중요하다.
43. *Robinson Crusoe*, pp. 8~9, 69~70. 신의 섭리는 디포 소설 모루에서 중요한 역할을 하지만, 특히 『로빈슨 크루소』에서 그렇다. 주인공이 "섭리의 손으로 산다고"(p. 220); Hunter, 앞의 책 참조.
44. *FI*(1718), pp. 191~192.
45. *JPY*, p. 68에 나온 Saddler의 논평 참조.
46. Gildon, 앞의 글, pp. 8~9.
47. Hunter, 앞의 글, pp. 59~60.
48. *FARC*, p. 355. St. Luke, xiii, 1~5.
49. *Review*, 3권, 357.
50. *Review*, 3권, 32.
51. *The Storm*(1704), p. 1.
52. *HA*, p. 55.
53. 천사에 관한 당시의 찬반론에 대해 Baine, 앞의 책, pp. 12~36 참조. 디포의 천사론은 약간 정통을 벗어난다.
54. *Review*, 8권, 95. 또한 *Review*, 1권, 부록 3호, 6; *MJ* 13.2. 1719/20(Lee, 2권, 195~198); *Robinson Crusoe*, p. 182; *FARC*, p. 258; *HA* 여러 곳.
55. *Review*, 8권, 95.
56. *HA*, p. 34.
57. *HA*, pp. 32~43.
58. *PHD*, pp. 22~25.
59. *PHD*, pp. 52, 97~98.
60. *PHD*, p. 52.
61. *PHD*, pp. 285~286.
62. *PHD*, pp. 354~355.

63. *PHD*, pp. 339~345.

64. Thomas, 앞의 책, pp. 681~698.

65. *Review*, 8권, 363.

66. *PHD*, p. 345; *Spectator*, 117호 애디슨의 마녀론 참조.

67. 많은 청교도들이 천사 이야기 설교 개념에 귀 기울이지 않았고, 그들과 신의 중재 영령을 원하지도 않았다.

68. 디포가 악마의 역사에 관해 상당히 정통적이었음에도, 그는 악마가 인류에 영향을 미치는 방식을 묘사함에서 당시 유행이던 유혹적인 매니카 이교도(Manichaeism)에 위험스럽게도 가까운 글을 쓴다. 좋은 신과 나쁜 신의 뜻을 아는 데 어렵지 않다. *PHD*와 *HA*를 같이 읽으면 된다. 디포가 이 주석을 못 볼 테니까. 당시 매니카주의에 대해서는 D. P. Walker, *The Decline of Hell*(1964), pp. 53~58 참조.

69. *The Little Review*, 14, p. 55. 요정에 관한 의견이 많다. K. M. Briggs, *The Anatomy of Puck* (1959), 3장 참조.

70. *HA*, pp. 95~122. Baine, 앞의 책, pp. 85~86도 보라.

71. *Review*, 1권 부록 3호, 6.

72. *A True Relation of the Apparition of one Mrs Veal ... to one Mrs Bargrave*(1706). 이것의 자세한 논의로 R. M. Baine, "Defoe, Mrs Veal, and Mrs Bargrave," in *Daniel Defoe and the Supernatural*(1968)이 있다.

73. p. 3.

74. *HA*, p. 131.

75. *HA*, pp. 132~152.

76. William Lilly, *History of his Life*(1715), p. 88.

77. 디포의 궤변은 『완전한 영국 상인』에서도 돋보인다. 가게 주인이 닥칠 매우 어려운 상황에 대해 이야기하는데, pp. 236~238을 보라. 이 주제에 대해 디포 시절 아마도 가장 많이 읽힌 책은 Richard Baxter, *Christian Directory*(1673)일 것이다. 그 다음에는 매우 "새로운" 세상살이와 닥칠 전통적 도덕성의 어려움을 이해하기 쉽다. 백스터는 가끔 이와 같은 문제에 "자유주의적" 태도를 취한다. 실제로 그러하였을지 모른다. "중세적" 상행위 윤리의 마지막 보루처럼 보인다. 디포는 도덕가의 모자를 썼을 때 백스터를 닮았지만, 그의 소설에서는 또 다른 데서도, 딴청을 피운다.

제3장 더 넓은 세계

디포의 독자들은 그의 지식이 넓고 깊은 점에 끊임없이 놀란다. 어떻게 나이 든 사람이 그렇게 많은 것을 기억할 수 있었을까? 르네상스 시대의 마술사가 사용하였던 것으로 정평이 난 마법적인 기억법 체계가 떠오른다. 마술사는 그런 방식으로 시간을 초월하고 자연과 인간의 세상 전체를 마음속에 간직할 수 있었다고 한다.[1] 디포 자신이 『애플비』지의 한 기사에서 분명히 그 자신인 어떤 사람을 묘사하면서 이와 같은 이미지를 사용하였다. 그는 "세계 거의 모든 나라의 역사를 머릿속에 간직하였으며" 세계의 지리가 "그의 손가락 끝에 있다."[2] 그 자신의 저작들이 그의 자랑을 입증한다. 그는 분명히 일종의 3차원적 행렬을 머릿속에 지니고 있었다. 그 행렬의 각 굴대는 시간, 공간, 사상이었다. 그는 이 행렬에서 임의로 끄집어내어 무굴 제국에서 무슨 일이 처음에 왜 일어났는지 매우 자세한 시간적, 즉 연대기적 설명과 함께 그 일이 버지니아에 미칠 영향과 즉각 연결시킬 수 있었다. 그가 형편없는 역사가일 수도 있다. 현학자들은 사실 관계에서 그의 오류를 지적하는 것을 좋아한다. 그러나 그는 개혁, 악마, 진(gin) 사업, 무엇이든 간에, 이야기할 때면 항상 역사적인 방식으로 설명하였다. 한편으로는 기본적으로 역사적이고 다른 한편으로는 기본적으로 지리적인, 그의 두 가지 저작 방식을 보면 그의 지적인 범위를 짐작할 수 있다. 『발견과 향상의 일반 역사』(*General History of Discoveries and Improvements*)[3]에서 그는 바벨탑의 건축부터 부싯돌식 소총의 발명까지의 세계 경제사를 저술하는 대담한 노력을 감행하였다. 그 책이 대단한 역사서는 아니지만 독자에게 전달하는 정보의 다양함은 주목할 만하다. 웅대한 『해양과 상업 지도 세계를 보다』(*Atlas Maritimus and Commericialis; or a General View of the World*)[4]는 더욱 놀랍다. 340쪽 분량의 대형 2단 지면이 들어간 방대하고 매우 멋진 이 책은 세계의 해안에 대해 지리적, 상업적으로 그려 놓았다. 디포가 전체를 다 하지 않았을 수는 있지만, 많은 부분이 그의 작업이었고[5] 매우 정교하다. 모든 것이 어떻게 개선될 수 있는가에 관하여 전형적인 디포적 방식의 심사숙고가 유용한 설명과 함께 곁들여졌다.

디포 자신이 젊었을 적에 꽤 여러 곳을 여행하였다. 디포는 『해양과 상업 지도 세계를 보다』에 자기가 그린 "몇몇 나라, 해변, 도시, 항구를 실제로 보았다"고 머리말에 썼다.[6] 그러나 그가 서유럽 너머로 여행하였는지는 의심스럽다. 나머지는 다른 사람들에게서 얻은 정보에 의존하였다. 이들의 많은 부분은 아마도 말로 들었을 것이다. 런던처럼 여행자들을 만나기 쉬운 곳도 없었고, 유능한 언론인이 거의 다 그렇듯이, 디포는 남의 이야기를 듣는 데 매우 탁월한 사람이었다. 아마 디포가 커널 잭이 받은 비공식적인 교육을 묘사할 때 자신을 생각하고 있었을 것이다.

> 나는 사적으로는 물론 공적으로 행해진 일에 대해서도 질문해 가며, 항상 연구하였다. 특히, 나는 선원과 군인들과 이야기하는 것을 좋아

하였다. 전쟁에 대해, 해전에 대해, 해안의 전투에 대해, 그들 중 누가 무엇을 경험하였는지에 대해 …

커널 잭은 한 번 들은 것을 절대 잊지 않기 때문에, 그는 이 수단으로 "일종의 역사가가" 되었으며, "책을 한 권도 안 읽었고, 읽을 책을 한 권도 가진 적이 없었음에도, 무엇이 행해졌는지, 세상에서 무슨 일이 일어나고 있는지에 대해 적절한 설명을 할 수 있었다."[7]

디포 자신은 독서의 부족으로 고생한 적이 없었다. 이와 같은 구술 정보를 역사와 여행에 대한 방대한 문헌을 읽어 보충할 수 있었다. 그가 가장 좋아한 책은 아마도 레일리 경(Sir Walter Raleigh)의 『세계사』(*History of the World*)였을 것이다. 그러나 그의 역사 소설과 그가 쓴 역사책들을 조사해 보면 그는 당시 역사 대부분을 매우 광범위하게 읽었음이 분명하다.[8] 그는 여행서에 대해서도 똑같이 익숙하였다. 여행서는 그 시대에 선호된 문학 장르 혹은 읽을거리였다. 이들 가운데 최고가 두 영국인 세계일주자 댐피어(William Dampier)와 로저스(Woodes Rogers)의 여행기들, 위대한 프랑스 여행가 타베르니에(Jean-Baptiste Tavernier)가 터키, 페르시아, 인도 등에 관해 쓴 훌륭한 해설들 등이다. 그러나 이들 책은 여행과 탐험의 위업을 상술한, 수많은 작품들 중 가장 잘 알려진 것일 뿐이다. 상상이 가미된 여행기가 특히 프랑스에서 인기가 있었는데 이것이 유행하면서 실제 여행 해설서에 덧붙여졌다. 이와 같은 책들은 지리적 사실주의가 두드러졌는데, 종종 신화적인 듯한 요소가 깃든 남방, 또는 오스트레일리아 같은 이상향적 사회와, 영국, 프랑스 등의 퇴폐하고, 사제들이 난무하는 사회를 풍자적으로 비교할 방편으로 사용되었다.[9] 항상 여성 권익을 강력히 옹호한 디포가 포아니(Gabriel Foigny)가 쓴 오스트레일리아 이야기를 읽었는지 궁금하다. 그곳에서는 모든 주민이 남녀추니(hermaphrodite)였으며, 유럽인들을 "시간을 온통 성 문제에 쏟아붓는 일종의 짐승"이라며 무시하였다. 또한 여자가 창조에 가장 중요한 역할을 하였고 아기의 아버지가 누구인지 아무도 확신할 수 없다는 이유로, 남자가 여자에게 행패부리는 유럽인들을 경멸하였다.[10] 『로빈슨 크루소』보다 12년 전에 미쏭(François Misson)이 인도양의 무인도에 정착한 사람들에 대해 쓴 이야기에서 디포가 무언가 얻었을까?[11] 디포의 독서량이 어느 정도였는지는 아마 알 수 없을 것이다. 명백한 것은 그가 생애에 흡수한 정보가 그로 하여금 그의 마음속에서 다른 여행 소설 작가는 흉내 낼 수 없는 방식으로 세계를 떠돌아다닐 수 있게 하였다는 사실이다. 독서는 경험을 보충할 뿐만이 아니었다. 독서자가 지식인이었다면 그는 평범한 사람이 평생의 행동에서 배운 것보다 더 많은 것을 책에서 얻을 수 있었다. 디포는 젠틀맨에게 자기 교육을 장려하고자 써놓고 간행하지는 않은 어떤 글에서 이 점을 강조하였다.

> 그가 젊었을 때 여행을 하지 않았어도, 이탈리아와 프랑스를 두루 돌아다니며 견문을 넓히지 않았더라도, 그는 세계 여행을 책으로 할 수도 있고, 지도와 지리부도, 수학자의 계측을 통해 스스로 세계 지리의 대가가 될 수도 있다. 그는 역사가와 함께 육로 여행을 할 수도 있고, 항해사와 함께 해로 여행을 할 수도 있다. 댐피어와, 로저스와 함께 지구를 일주할 수도 있고, 모든 문맹 선원이 항해하여 터득한 것보다 천 배나 많이 알 수도 있다.[12]

이 논평이 댐피어와 로저스를 겨냥한 것이라면 약간 부당하다. 그들은 훌륭한 관찰자였으며 흥미로운 책들을 썼다.[13] 그러나 그들은 디포의 양에 찰 정도는 아니었다. 세계를 순항하는 일이 지금은 쉽다. "선원이면 누구나 항해할 수 있다." 반면에 세계일주 여행을 쓰는 작가는 항해 교범, 바람, 방위와 수심에 관한 정보를 잔뜩 늘어놓아 독자를 지루하게 할 뿐, 다양한 재미는 제공하지 않았다.[14] 이것은 공정한 논평이다. 진실은 실제로 여행하고 쓴 여행기보다 상상의 여행을 쓴 글이 읽기에 더 재미있었다는 것이다.

디포의 악당들과 모험가들이 바다를 누빌 때 그들은 독자들에게 자기네가 사는 세계에 대해 끊임없이 흐르는 정보를 공급하고 있다. 집중해서 읽으면 시베리아의 강들이 흐르는 방향부터 남대서양에서 펭귄을 절이는 가장 좋은 방법까지, 서아프리카의 금과 놋의 상대 가격부터 노바 젬블라의 여름밤의 길이까지 엄청나게 다채로운 지식을 얻을 수 있다. 디포의 세세한 묘사는 다른 어느 것보다 더 디포의 특성을 잘 나타내며 그의 사실주의 축적에 더 긴요하다. 그것이 소설에서 지어낸 남해 도서의 경도, 위도가 되었건, 해적에 뺏긴 화물선의 선하 증권이든 상관없다. 제공된 정보 대부분은 아주 정확하다. 커널 잭은 서인도 제도의 밀무역을 설명하는데 역사가들이 열심히 한 연구 결과와 매우 잘 맞아떨어진다.[15] 디포는 상업, 해운 사회와 교류가 많은 런던 사람이라서 이런 것들을 알고 있었다. 문제는 그가 실제로 안 것이 얼마만큼이고, 그가 단지 만들어 냈을 뿐인 것이 얼마나 되는지를 우리가 어떻게 아는가이다. 답은 우리가 다른 것들을 읽고 확인해야 하거나 아니면 그냥 편안히 디포와 함께 세계를 누비며 즐겨야 한다는 것이다.

디포가 세상을 바라볼 때 그는 그것을 신이 인간을 위해 설계한 지적 장애물 경기 같은 것으로 보았다. 사람이 사는 지구는 원래 지적인 공백 상태였었다. 창조주는 인간이 그 비밀을 발견하게 놓아두었다.[16] 합리적 인간과 신의 작업 간의 관계에 대해 널리 퍼져 있던 이런 견해는 1691년 자연주의자 레이(John Ray)가 제시한 적이 있다:

> 모든 필요와 편의를 제공하고, 지적이고 능동적인 존재의 지혜와 노력을 고용하고 행사할, 재료들을 우리가 찾아내기 때문에 … 그리고 전지한 창조자는 인간이 그에 적용할 온갖 용도를 다 알 수밖에 없었으므로 … 꼭 그렇다는 것은 아니지만, 이는 그것들이 이러한 용도로 쓰려고 창조되었다는 사실을 증명함에 지나지 않는다.[17]

디포는 이런 점에서 신의 솜씨에 대해 자주 경탄하였다. 예를 들어, 섭리가 물건들을 뜨게 만들어 자연을 교역에 적합하게 한 것은 얼마나 놀라운가. "한 바다에서 떠다니던 배가 다른 바다에서 순식간에 가라앉아 버린다면" 인생은 얼마나 더 고달플 것인가. "말을 탈 수 없고; 소를 끌 수 없고, 소젖을 짤 수도 없다면" 세상이 어떻게 될까?[18]

그러나 신이 이룩해 놓은 모든 성취 중 가장 놀랄 만한 것은 좋은 물건들을 세계 전체에 흩뜨려 놓아 이를 발견할 어려움을 극대화해 놓았다는 점이었다. 이는 사람들이 그런 것을 찾아내려고 열심히 일하게 만들었을 뿐 아니라 발견자에게 큰 보상을 주었다. 물론 이 물건들은 "서로 간에도 가장 먼 거리에" 떨어져 있었지만 그들이 마침내 한데 모여 소비될 시장에서도 멀리 있어 항해를 부추기고 극대화하였다.[19] 디포 시대 사람들은 이 놀랄 만한 섭리에 대해 숙고하기를 즐겼다. 1711년에 애디슨(Addison)은 『스펙테이터』에서 "그저 고급 여성복 한 벌이 종종 백 가지 기후의 산물이라는" 사실을 언급하였다.

> 모피 토시와 부채는 지구의 다른 쪽 끝에서 모였다. 목도리는 건조한 지대에서 왔으며 어깨걸이는 남극 아래에서 보냈다. 무늬를 도드라지게 짠 페티코트는 페루의 광산에서 올라왔고 다이아몬드 목걸이는 인도스탄의 중심부에서 나왔다.[20]

디포는 정직하게 다음과 같이 지적하였다. 신이 세계의 모든 산물이 어느 곳에서나 존재하게 하여 "그 누구도 원하는 무엇이든 구하기 위해 집에서 1마일을 나갈 필요가 없게" 해놓을 수도 있었다:

> 모든 인류에게 모든 물품이 바로 얻을 수 있게 풍부하다면, 서로 탐내고 갈망할 모든 여지나 구실이 당장 없어질 것이며; 모든 빈곤과 비참함, 횡포, 억압, 빈자와 부자의 불평등을 제거하며, 인류가 누리는 편안하고 완전한 즐거움의 수준이 동일하게 평준화할 텐데, 그러나 그것이 지금 우리가 누리는 것보다 더 나은 상태일 수도 있다고 말하지 않겠다.

그러나 이 이상향(utopia)은 고된 노동도 교역도 없는 것을 의미하였을 것이다. 그것은 디포에게 그랬듯이, 전능한 신에게도 매력적이지 않은 상태였을 것이다. 그러므로 신은 타협하였다. 사는 데 누구에게나 필요한 필수품 – 물, 음식, 연료와 건축 자재 – 은 아무 데서나 찾을 수 있었다. 그러나 "의복을 위한 재료, 다양한 먹을거리, 생활의 즐거움과 편의를 위한 무수한 추가품(addenda)들"은 "노동과 근면, 교류 없이는 … 구할 수 없다."[21] 인간이란 본성적으로 쉽게 얻을 수 없는 것을 추구해 왔다. 고래가 섭리에 따라 북해 얼음물에서 노닌다는 것을 발견한 후, 이제 매년 선박 400 또는 500척이 그린란드와 스피츠베르겐 사이의 바다로 출항하였다.[22] 『해양과 상업 지도 세계를 보다』에서 디포는 다음과 같이 묘사한다. 지붕 없는 배를 타고 빙산의 골짜기를 따라 고래를 사냥하는 무서운 작업이야말로, "세상에서 행해지는 교역의 모든 모험 중에, 가장 멋있고, 힘들고, 위험하다." 사람이 이마에 땀을 흘리며 밥벌이를 한 적이 있었다면, 분명히 이들이었을까? 그리고 아직 디포는 트집을 잡을 수 있다. 사냥철이 끝나면 고래 사냥꾼들은 무엇을 하는가? 그들은 스피츠베르겐으로 돌아와 그곳에 널린 사슴을 사냥하고 먹는 데 시간을 보낸다. "이 기분 전환, 그리고 식사의 즐거움이, 항해 일에 전적으로 들여야 할 그 아까운 시간 일부를 그곳에서 보내도록 종종 그들을 유혹한다."[23] 그것은 힘든 세상이었다.

스피츠베르겐 이야기를 하다 보니 천지 창조 당시 인간에게 주어진 애초의 빈칸이 이제 얼마나 채워졌을까 궁금해진다. 여기에 근대인이 고대인을 아주 확실히 추월하였던 무엇인가가 있었다.[24] 디포는, 자신의 근대성에 대한 확신에 차서, 극북(Thule)의 고대인(오크니족, Orkneys)이 "넓은 지구의 마지막 벼랑 끝"이라고 한 언급에 다소 재미를 느낄 수 있었다.[25] 지혜의 정점이라는, 근대 시대까지 전해 내려온 이런 표현은 실제 사용되었다:

모두 공허하고, 바보 같고, 아니 심지어 우스꽝스럽다; 우리 선박은 그들의 극북까지뿐 아니라 그곳을 넘어 그린란드와 노바 젬블라의 얼어붙은 바다로 항해하여 그들이 전혀 아는 바가 없던 진짜로 경이로운 장면을 목격하고, 그들이 그렇게 공포를 느끼게 만든 그 경이로움은 그 안에 내용이 전혀 없다는 것을 알아냈기 때문이다.[26]

디포는 과거에 대해 여간해서 이처럼 통렬하지 않았다. 당시에 선호되던 이미지 가운데 근대인들이 거인의 어깨 위에 서 있는 모습이 있는데, 디포는 근대인이 발견한 것들을 표현하는 데 이를 곧잘 이용하였다: "우리는 3천년간 발견하고 적용하며 쌓아 온 성과의 어깨 위에 서서, 그들이 찾아내고 이어받은 실험의 모든 혜택을 거저 보유한다."[27] 또한 그는 변화가 모조리 진보를 향해 일직선으로 이어져 있다고 생각하지도 않았다. 그는 당시에는 발전되어 있지 않고 빈곤한 지역으로 알려져 있으나 아주 오래전에는 찬란하였던 그리스, 중동, 북아프리카를 독자들에게 일깨우고 싶어 하였다. "예전에는 우유와 꿀이 넘쳐흐르는 가장 유쾌한 나라들이" 지금은 "황폐하고 쓸쓸한 황무지"로 변하였다.[28] 황폐하게 된 것은 물론 사탄이 선호하는 무하마드,[29] 그리고 그의 후예인 포악한 터키인 탓으로 돌릴 수 있었다.[30] 그러나 디포는 역사가였으므로 그들에게 녹이 더 일찍 슬기 시작하였다는 것을 알고 있었다. 고대사는 진보와 쇠퇴, 양쪽 모두를 겪었기 때문이다.

성서 시대의 경제사는 상업적 성향을 가진 디포에게 정말로 흥미로운 주제가 된다. 그 시대에 티루스(Tyre) 역주: 레바논 남부, 고대 페니키아의 항구 도시 가 건설되는데, 티루스는 "교역의 창시자요 상인의 어머니; 상업이 첫아이를 낳고 몇 년 이후에는 세계의 모든 교역의 중심지가 된 곳, 그리고 시대를 거듭하여 계속 그러할 곳” 이었다.[31] 그러나 디포가 티루스를 대단히 예찬하긴 하였으나, 카르타고(Carthage)를 그보다 더 높게 보았다. 디포는 남부의 여왕인 이 카르타고를 로마가 파괴한 사건을 두고 인류의 씻을 수 없는 재앙으로 보았다. 이 때문에 영국인들은 추산할 수 없을 만큼 큰 모포 수출 시장을 잃었다. 뿐만 아니라 북서아프리카의 정주민도 “훙겹고 섬세한” 카르타고인에서 경멸스런 무어인과 짐승 같은 베르베르인으로 교체되었다. 이들은 서유럽 교역을 계속 약탈하여 먹고 산 사람들이다. 반복되는 바버리(Barbary) 역주: 이집트 서부에서 대서양 연안에 이르는 아프리카 북부 지역 해적 문제에 대한 디포의 해결책은 유서 깊은 것이었다. 그는 유럽의 모든 나라가 연합하여 모로코와 바버리 지역을 정복하고 해적들을 내륙으로 몰아내어 약탈하지 않고 일상적인 노동으로 그들 스스로 먹고살게 하자고 제안하였다.[32]

디포는 고대인의 업적을 인정할 만한 것은 마땅히 인정하고자 하였다. 그는 페니키아인이 오빌(Ophir, Sumatra) 역주: 솔로몬이 금, 보석, 백단 향을 얻은 땅, 열왕기 상 10장 11절 로 향하는 항해의 어려움을 극복하는 모습을 상상을 곁들여 묘사하면서, 그들의 항해 능력을 매우 높이 평가하였다. 여기서 진정 그는 성경을 엄격하게 해석하는 작업이 역사가가 갖춰야 할 1차적 요건인 연대기적 감각과 충돌할 필요가 없음을 보여 준다. 즉, 그는 페니키아인들이 방문한 해안들이 “바벨탑이 무너진 후 그렇게 빨리” 거주가 가능한 곳이 아니었을 것이므로, 그들이 먹을 것을 구하는 데 아마 어려움이 있었을 것이라고 논평한다.[33] 세계의 반대쪽에서는 페니키아 뱃사람들이 아메리카 대륙에 최초로 정착하였다고 디포는 믿는다. 이로써 부수적으로, 당시 많은 사람들이 받아들인, 전능한 신이 세계의 저쪽

부분을 위해 제2의 창조라는 성가신 일을 하였다는 이단으로부터 자신을 구한다.[34] 아메리카 정주에 관한 디포의 견해는 상당히 알려져 있었는데 쿠크(Ebenezer Cook)의 풍자시에서 이것이 찬미되었다:[35]

따라서 내가 추론컨대, 옛 페니키아인이
용감하게 배를 타고 나가 이 서쪽 해안을 처음 발견하였네.
여기에 식민지를 건설하고
바다의 필수품 종류들을 가지고서
매년 한두 번씩 돌아오네.
거기에 남은 사람을 달래기 위해;
바람과 폭풍으로 떠밀릴 때까지
그들이 작정한 황금 해안에서 나와
난파하고 익사하고
그렇게 새로 찾아낸 세계를 잃었네.

고대 세계에서 티루스와 카르타고의 성취에 대적할 자는 없었다. 로마인들은『탐험과 항상의 일반 역사』에서 나쁜 평을 얻었다. 로마인은 카르타고를 멸망시켰을 뿐만 아니라 로마에 곡물을 가져오기 위한 용도 이외에는 그들 자신이 상업과 해운을 촉진하지도 않았다. 그러나 자업자득이다. 로마는 교역 추진에 실패하여 빈곤으로 이어졌고, 그 다음에는 야만인들이 제국을 침략하여 성공하기에 이르렀다.[36]

고대인이 이룩한 모든 성취를 충분히 인정한 다음 디포는 만족스럽게 자기 시대의 세계로 눈을 돌릴 수 있었다. 그는 인간이 지난 3세기 동안 엄청나게 진보하였음을 발견하고 계속 놀라고 반가워하였다. 12~14세기를 무시한 것은 "우리 시대의 발뒤꿈치와 그리도 매우 가깝기" 때문이다.[37] 성취의 정도는『해양과 상업 지도 세계를 보다』[38]의 해도를 한 번 보면 가늠할 수 있다. 유럽, 아프리카, 남아메리카와 거의 모든 아시아의 해안선이 이제 알려졌다. 극남에는 뉴홀란드(오스트레일리아)의 북부, 서부, 남부 절반의 해안선이 그려졌고, 반 디멘스랜드(타스마니아)와 뉴질랜드의 해안도 부분적으로 볼 수 있다. 서태평양의 여러 섬도 꽤 많이 표기되어 있다. 조선의 남해안은 그려졌지만 일본의 북서쪽에 무슨 일이 있는지는 아무도 잘 모른다. 그리고 러시아의 북쪽 해안선은 동쪽으로 오브강과 예니세이강 어구까지밖에 가지 않는다. 북서아메리카도 똑같이 모호하다. 캘리포니아는 아직 본토에서 홍해로 갈라진 섬이다. 그리고 허드슨만의 서쪽과 캘리포니아 사이에는 해안선이 그려지지 않았다. 이만큼이라도 세계에 대해 안다는 것은 놀랄 만한 성과였으며 유럽 선원들의 집요함, 탐욕, 항해 능력에 대한 증거였다. 그러나 사실 이것은 최근에 이루어진 것이 아니었다. 디포가 살던 시기는 탐험 속도가 느려진다.[39] 그 무렵에 가장 나중에 이루어진 발견 날짜들이 이 점을 드러낸다. 그 대부분은 1640년대 초에 네덜란드인들이 이룩한 오스트레일리아의 발견 사례들이다. 뉴기니아와 뉴브리튼 사이의 해협을 댐피어가 발견한 사건은(1700) 무소속 해적 탐험자들이 여전히 존재한다는 징표였지만, 그러나 댐피어도 네덜란드인들도 오스트레일리아에서 그들이 본 것에 대해 대수롭게 생각하지 않았다. 그 간격을 메우는 일은 디포가 죽고도 한 세대 지나서 쿠크 선장에게 남겨졌다.[40] 디포는 이런 간격을 알고 있었고, 대륙의 내부에 관해 사람들이 알고 있는 것 가운데는 훨씬 더 큰 공백이 있다는 것도 알았다: "아프리카도 아메리카도 아직 완전히 발견되지 않았다: 뒤져 보아야 할 교역과 농업의 보물이 아직 무한하며, 들춰지지 않은 나라가 헤아릴 수 없이 많다."[41] 아무도 더 탐험하려 하지 않으니, 디포 자신이 해야 하였다. 디포 생전에 이루어진 지리적 발견은 대부분 그 자신이 만든 허구의 인물이 하였다. 이러한 발견들 중 몇몇은 매우 생생해서 디포가 죽은 한참 후까지도 진실처럼 받아들여졌다.

디포가 만든 모험가 중 가장 놀랄 만한 성취는 싱글톤 선장이 달성하였다. 그는 스탠리가 태어나기 한 세기 이상 일찍 모잠비크에서 니제르까지의 아프리카를 횡단하였다.[42] 사실 디포의 시대에 아프리카 내륙에 대한 지식은 당황할 만큼 부족하였다. 조너선 스위프트는 그렇게 넓은 지역을 빈 칸으로 남겨 두기 싫어서 비용을 들인 지도 제작자들을 조롱하였다:

… 지리학자, 아프리카 지도의 빈 곳에
원시인의 모습을 그려 넣고,
거주 불가능한 아래쪽에는
마을이 없어 코끼리를 넣네.[43]

그러나 1770년에 프랑스인 지도 제작자 당비유(D'Anville)는 이 모든 장식적인 세부 사항을 빼버려, 그의 동료들에게 그들이 아는 게 거의 없다는 것을 확인시켜 주었다.[44] 진실은, 아프리카 내륙이 너무 불쾌한 지역이어서 사람들이 탐험하고 싶어 하지 않았다고 생각하였다는 것이다.[45] 디포는 이것을 받아들이려 하지 않았다. 『해양과 상업 지도 세계를 보다』에서 그는 검은 대륙에 대한 찬사를 늘어놓는다. 세계 무역의 중심 위치, 개발되지 않았지만 훌륭한 강들, "비옥한 토양, 온화한 계절, 건강에 좋은 공기, 그리고 근면한 사람들이 경작한다면 모든 것이 개선되기에 적합할 것임"을 강조한다. 매우 더운 지역에서조차 존재하는 인구 밀도가 아프리카의 잠재력을 입증하였다. "가축, 곡물, 시원한 과일, 그늘, 강들 …을 넉넉히 보유한 사람들이 (그들에게는) 매우 기분좋게 건강하게 산다."[46] 상황을 개선하는 데 부족한 것이라고는 교역이었다. 이 점에 대해서조차 그는 최신 기사로 다음과 같이 보도할 수 있었다. 즉, 기니아 해안에서 북쪽으로 400마일 떨어진 광대한 흑인 마을과 지중해 사이에 대규모 상업이 존재하였다는 것을 "그들은 우리에게 일러준다." 주요 교역 품목은 북쪽의 소금과 남쪽의 금이었다. 디포는 별난 교역 수행 방식을 묘사한다:

> 그들은 단지나 항아리에 소금을 놓고 간다; 그러면 사람들이 소금을 가져가고 자기네가 적당하다고 생각하는 만큼의 금을 단지에 넣는다; 무어인이 그것에 동의하면, 그들은 금을 가져간다.[47]

독서량이 많은 디포가 이 교역 방식을 간접 화법으로 설명할 필요를 느꼈다는 것이 상당히 놀랍다. 이런 묘사는 매우 오래된 것이기 때문이다. 디포가 아끼는 카르타고인 헤로도투스가 비슷한 이야기를 하였다. 정확히 디포가 쓴 기사 내용 그대로 아랍 지리학자들이 금과 소금의 교역을 말한다.[48]

북부에 교역이 있었다고 해도 중부에는 없었다. 아프리카에서 무엇인가를 얻을 가능성과 이득을 디포의 독자에게 증명하는 것이 캡틴 싱글톤의 임무 가운데 일부이다. 그의 서사적 여정은 우리가 예상할 수 있는 모든 것을 보여 준다. (좌우간 아프리카에서는) 포로는 정복자의 노예가 된다는 전쟁 법규를 단순히 지키는 것으로 짐꾼이 확보된다. 그들의 충성은 싱글톤이 그중 한 명이 왕자임을 용하게 알아냄으로써 확인된다. 의사에게 왕자의 상처를 보살피게 하여 그는 모두의 신뢰를 얻는다. 운송은 때로는 배로, 때로는 길들인 물소로 한다. 먹을 것은 사냥으로, 혹은 "예술가" 선원 가운데 하나가 만든 소소한 장신구를 가지고서 그런 싸구려의 "실제" 가치를 놀랄 만큼 전혀 모르는 순진한 원주민과 교환하여 확보한다. 산, 호수, 황량한 황무지가 그들의 길을 가로막는다. 사자, 호랑이, 코끼리가 많다. 그러나 실제로 동물들로 인한 문제는 거의 없다. 그저 부득이 진저리나게 아무도 가보지 않은 길을 가다가 벌거벗은 백인을 만나는데, 그는 집에 가는 길을 가르쳐 주며 가는 길에 상아와 금을 모두 부자가 될 만큼 집어가라고 한다.

소설 형태의 탐험 기록이자 아마도 디포가 쓴 가장 훌륭한 여행서인 『캡틴 싱글톤』보다 더 흥미로운 것은 『세계를 다시 돌아보다』(*A New Voyage Round the World*)이다.[49] 여기서 디포는 무역의 증가와 식민 팽창에 대한 자신의 여러 견해를 재미있게 제시한다. 익명의 화자가 세계를 거꾸로, 즉 동쪽 방향으로 일주하자고 주장하며, 그쪽이 더 많은 돈을 벌 수 있다고 증명하려고 애쓴다. 편한 항해와 최대 이득을 위해 고안된 세계일주의 정상 항로는, 영국에서 케이프혼을 돌아 칠레의 해안까지 간 다음 귀금속을 가득 싣고 동인도 제도로 항해하기 전에, 노략질을 하거나 스페인 정주자들과 밀무역을 하는 것이었다. 그러면 영국으로 회항 시 향신료와 중국 물품 같은 화물을 챙겨올 것이다. 디포 책의 화자는 희망봉을 지나 필리핀으로 항해한다. 마닐라 총독이 유럽 상품의 이윤 높은 밀무역을 눈감아 준다. 그런 다음 그는 비단, 보석, 향신료와 일본산 금을 싣고 페루로 향한다. 모든 상품은 스페인 정주자에게 좋은 가격에 팔리고, 영국으로 귀항할 때는 은을 가득 싣고 온다.

선원들은 필리핀에서 동쪽으로 항해하기를 겁낸다. 태평양 한복판에서는 악명 높게 변덕스러운 바람 지대에 갇혀 굶어 죽을 위험이 있기 때문이다. 스페인 사람들은 아카풀코로 귀환할 때 대개 그들을 캘리포니아까지 건네줄 바람을 만날 때까지 북쪽으로 항로를 잡는다.[50] 그러나 디포의 화자는, 아마 댐피어의 항해 경험담에서 얻은 정보에 따라, 남쪽으로 가기로 결정하였다.[51] 그는 북쪽 항로에는 섬이 없을 것이나, 남쪽에서는 "수많은 섬을 만날 것을 확신한다"고 주장하였다.[52] 여기서 그는 철저히 옳았다. 그들은 결국 괌 섬에서 동남동 방향으로 항로를 잡았는데 아직 발견되지 않은 마샬 제도, 길버트 제도, 피닉스 제도를 통하거나 가까이 지나서 타히티섬과 이스터섬을 경유하여, 칠레의 해안에 도착할 것이었다. 긴 항해를 하면서 마주칠 가장 나쁜 질병인 괴혈병으로 고생하지 않기 위해, 그는 라임, 레몬, 오렌지 주스를 물과 섞어 잔뜩 싣는다. 그래서 "우리 선원에게 큰 안심"이 되었다.[53] 이 모든 것은 잘 굴러갔다. 쿠크 선장이 「엔데버」(Endevour)호를 타고 남태평양에 이르는 첫 번째 항해를 하기 거의 반세기 이전이며, 스코틀랜드의 의사 린드(James Lind)가 괴혈병에 관한 유명한 연구를 발표하기 4반세기 이전이다.[54] 당연하게도, 남태평양 횡단 순항은 완전히 성공적이다. 먹을 것과 금, 진주가 넘쳐나는 많은 섬들이 발견된다. 그중 한 섬에서 원주민들은 진지하게 하늘을 바라보며 결국은 개종하리라는 약속을 한다. 일단 개종하면 그들은 벌거벗은 자기 몸을 영국산 모포로 가릴 좋은 기회가 온다.

마닐라에서 출발한 지 8개월 만이다. 드디어 대담무쌍한 항해자들의 시야에 칠레의 신들이 들어오고 이들은 후안 페르난데스섬에 닻을 내린다.[55] 이제 우리는 책의 주요 주제로 돌아와 디포가 끊임없이 떠올리던 공상 가운데 하나를 다시 한번 강조하자. 그것은 안데스산맥을 넘는 통로로 칠레의 교역지와 연결되는 파타고니아 영국 식민지에 대한 구상이었다.[56] 그는 『영국 상업의 계획』(*A Plan of the English Commerce*)에서 남부 아르헨티나에 대해 이야기하며 다음과 같이 쓴다:[57]

> 영국이 일부 영국인을, 즉 가장 가난한 최하층민이지만 근면하고 삶에 의지가 있는 사람들을 이 시점에 정착시킬 수 있다면, 내가 세상의 어느 곳을 제안해야 할까. 상상하자 … 10만 명이 즉시 정주하고 건설하고, 먹을 것을 찾고, 다들 잘 살 수 있는 곳; 북아메리카처럼 토양이 비옥하고, 기후가 온화하고, 공기가 건강에 좋고, 원주민이나 식인종이 득시글거리지 않는 곳; 아프리카처럼 사자나 호랑이, 코끼리와 괴수로 황폐화되지 않은 곳; 유용하고 먹을 수 있는, 길들여지고 무거운 것을 끌 수 있는 가축이 넘치고, 물고기와 조류와 식용 포유류가 많고, 기독교도가 거주하는 것 이외에 아무것도 바랄 게 없으며, 다른 기독교 세계와 상업과 항해로 연결된 곳.

디포가 『세계를 다시 돌아보다』 두 번째 권에서 소설 형태로 담은 것은 이 공상이 실현될 진정한 가능성이다.

화자는 남아메리카 서해안에서 교역하다가 인디언들이 스페인 사람을 싫어하는 것을 알고 그들에 맞서는 어떤 모험에든 가담하려고 한다.[58] 그는 안데스산맥을 넘기에 노새가 적합하고 그곳에 먹을 것을 얻을 마을들이 있다는 것도 알아낸다. 그는 나중에 어떤 스페인인과 함께 육지에 올라 발디비아에 있는 그의 집에 머문다. 독자는 스페인 사람 집이 호사스럽고 격조 높은 데 놀란다. 남아메리카의 여건에서 사는 영국인이 편하게 지속할 수 있으리라고 생각되는 생활 방식이다. 화자는 안데스산맥 건너편에 있는 나라를 내려다볼 수 있도록 스페인 사람에게 산맥 분수령 지대를 안내해 달라고 설득한다. 이 모든 것이 훌륭하게 이루어진다 – 경관, 엄청난 절벽과 화산, 풍부한 사냥감, 인디언들의 호의와 친절한 태도, 그리고 무엇보다도 줍는 수고를 할 필요도 거의 없을 만큼 널려 있는 금. 마지막으로 동쪽을 내려다보니 산 아래 광대하고 관개가 잘 되어 있으며 비옥한 평원이 있다. 화자는 50명의 일꾼을 보내 산을 넘게 하겠다고 결심하고 그 자신은 바닷길로 가서 항구에 방벽을 쌓는다.

디포의 시대에는 남아메리카의 이쪽 부분에 대해 알려진 것이 거의 없었다. 플레이트강에서 투쿠만을 건너 페루로 가는 북동쪽 통로는 잘 알려졌다. 이 길은 포토시 은광으로 갈 때 뒷문을 이용하는 습관이 있는 밀수꾼들이 많이 이용하였다.[59] 멘도사를 통해 부에노스아이레스에서 칠레로 가는 길도 있었다. 로저스에 따르면 이 길은 여름에는 개방된다.[60] 그러나 부에노스아이레스 남쪽은 사막 해안(Costa Deserta)이었다. 남쪽으로 지나는 길이 있을 수도 있었으나 실제로 아무도 몰랐다. 1817년 독립 전쟁에서 칠레 반군을 돕기 위해 군대를 이끌고 안데스산맥을 건넌 상 마르탱 장군(General San Martin)의 업적은 엄청난 일로 알프스산맥을 넘은 한니발과 비교될 정도였다.[61] 그러나 다른 곳에서 디포는 웨일스의 산들을 알프스와 비교하였고, 페나인 알프스 역주: 스위스와 이탈리아의접경 를 넘는 일을 히말라야를 탐험하는 것처럼 들리는 무엇인가로 만들 수 있었다. 그런 디포인지라 그의 소설 속 인물을 미지의 안데스에 보내는 데 아무런 양심의 가책이 없다. 나보러 제독의 파타고니아 데지레항(Port Desire) 묘사를 과장한다. "나는 세상에서 잉글랜드와 그렇게 똑같은 곳을 본 적이 없다."[62] 그리고 스페인 사람들이 칠레에 관해 전한 여러 이야기를 로저스가 정리해 놓았는데 이를 매우 호의적으로 해석한다.[63] 그러면서 디포는 안데스 횡단이 그런대로 쉬울 것이며 『세계를 다시 돌아보다』의 익명 화자는 그가 옳다는 것을 증명하였다고 결론지었다. 그 자신이 파타고니아의 산토 훌리안(st. Julian)항까지 항해하였다. 그는 그 배후지를 "고귀한 최고의 땅, 하나같이 평평한 평원, 솔즈베리 평원처럼 풀로 뒤덮인"[64] 곳으로 묘사하였다. 그는 아마 산토 훌리안항이 춥고 나무도 없고, 깨끗한 물도 부족하고, 세계에서 가장 원시적인 사람들만 소수 있어서 마젤란의 첫 번째 세계일주 때 선원들이 폭동을 일으켰다는 사실을 언급하지 않았다.[65] 디포의 50명의 선원이 발디비아에서 안데스를 넘어가는 도중에 거의 폭동을 일으킨 것은 그들이 사육당하거나 배고파서가 아니고, 단지 주변에 주울 금덩어리가 많이 널려 있는데 자기네가 계속 앞으로 나아가도록 다그침을 받아야 하는 이유를 이해하지 못하였기 때문이었다. 이 모든 것이 좋은 삶을 살기 위한 쉬운 공식처럼 들려서 디포의 독자들이 부와 안락함을 확보하기 위해 파타고니아로 향하는 배표를 앞다투어 차지하려다가 뒤집히는 것을 예상한다.

우리는 로빈슨 크루소를 언급하지 않고서 탐험이란 주제를 마쳐서는 안 된다. 그가 섬을 그냥 발견한 것일 뿐이었을지라도, 크루소는 적어도 디포의 주인공 가운데 가장 먼 곳까지 여행하였다. 크루소는 나이가 들었어도 조금도 달라진 게 없었다. 60대인데도 여행을 떠나기로 결심하는 지겨운 사람이었다.[66] 그의 선원들은 디포의 도덕적 가르침에 길들여졌을텐데도 그를 벵골에 내팽개쳐 버렸다. 이 장면에서 그의 독자들은 선원들에 대한 동정심 말고는 다른 아무것도 느낄 수가 없다.[67] 그러나 아무것도 크루소의 기를 꺾을 수 없다. 따로 떨어져서 그는 간다. 남중국해에서 해적으로 오해받고, 조롱을 받으며 중국을 건넌 다음에 중앙아시아를 가로지르는 머나먼 길을 내려간다. 타르타르족을 물리치며 그들의 목각 신들을 불태운다. 마지막으로 상대적으로 문명화된 표트르 대제의 수용소 군도에 도달한다. 이곳 시베리아에서 행복한 겨울을 지낸다. 추방된 러시아 왕자와 철학을 논하다가 드디어 집으로 돌아간다.

우리가 알 수 있듯이 디포의 영웅들은 세계를 자기네 사이에 두고 있다. 가장 큰 공백이라면 북아메리카 내륙이다. 루이스와 클라크 역주: 1802년 프랑스로부터 루이지애나, 즉 미시시피강 서쪽 전역을 구입한 후 약 2년에 걸쳐 이 넓은 지역을 탐사함. 가 이룬 업적을 예견할 캡틴 싱글톤이 없다. 그의 소설 가운데 많은 비중이 영국 식민지로 설정된 장면들이다. 미시시피강 어구에서 산맥을 넘어 사우스 캐롤라이나에 이르는 서사시적인 여정이 『커널 잭』(*Colonel Jack*)에 등장한다; 여러 인물들이 북동 통로를 찾을 생각을 한다; 그러나 어느 누구도 1세기 후면 아메리카 대사막으로 알려질 곳을 조사하러 나서지 않았다. 그럼에도 불구하고, 확인되고 미확인된 나머지 세계 가운데 거의 어느 부분도 누락되지 않았다. 디포의 작품에는 끊임없는 움직임의 이러한 패턴 내에서 몇몇 이국적인 장소들이 반복하여 등장한다. 칠레 해안에서 좀 떨어진 곳에 염소가 많은 후안 페르난데스섬은, 실제 인물인 셀커크

(Alexander Selkirk)가 고립되었던 곳인데,[68] 파타고니아의 산토 훌리안항처럼 그의 해적들의 상설 집결지였다. 절인 펭귄을 저장해 두기에 적합한 장소이기도 하다. 그리고 여기가 애버리 선장이 "마다가스카르로 가다"[69]란 비명을 새긴 판을 설치한 곳이다. 이 문구는 디포의 모든 세계를 겨울밤에 마룻바닥에 커다란 지도를 펼쳐 놓고 벌이는 육아 게임처럼 들리게 만든다. 그리고 사실 그랬다. 집안에만 있는 심심한 사람들, 디포가 인생의 중간 정거장이라고 불렀으며, 평온함을 얻는 비결을 추구하는, 그런 심심한 사람들이 얼마나 즐거웠을까? 이국적인 내용의 책을 읽고, 뉴캐슬 석탄을 벽난로에 조금 더 넣어 가면서 말이다. 그러는 동안 선원들은 외딴 곳에 고립되거나 바다에서 폭풍에 시달리거나 브라질 해안 밖에서 포르투갈의 46밀리 포함을 제압한다.

항해에서 놀라운 한 가지는 그들이 정말로 얼마나 위험한가이다. 바다들이 디포 시대의 바다만큼 보다 더 파괴적이기도 진정 어려웠을 것이다. 배가 새기도 하고, 식료품 보급이 어렵고 비위생적이어서, 그런 배로 정확하지 않은 지도를 가지고 위험이 산재한 바다를 통과하며 나아갔기 때문에 항해할수록 난파, 굶주림으로 죽게 될 위험이 커졌다.[70] 선원들을 모집하는 일도 종종 어려웠다. 경험이 없는 육지 사람으로 부득이 그 자리가 채워지기도 하였다. 디포는 종종 사람을 강제로 끌고 가는 공포스런 장면을 요란스럽게 떠들곤 하였다. 일해서 가족들을 먹여 살려야 할 남편이자 가장이 "베틀이나 흙손을 놓고 배까지" 끌려가고, 가족은 집에 남아 비참하게 굶주리는 광경이었다. 모든 것이 불공정하였다. "왜 깡패, 뱃사람, 취한 선원이 곤봉을 휘둘러 누가 바다에서 복무하는 일에 적합한지, 그렇지 않은지 판정해야 하는가?"[71] 그것은 비효율적이기도 하였다. 복서 교수의 회고에 따르면, 포르투갈인은 난파선의 대가들이었는데, 이들이 데리고 있던 촌뜨기 선원들이 뱃일을 너무나 몰랐다. 그래서 그들이 좌현과 우현을 구분할 수 있게 선장이 한 쪽에는 마늘, 다른 쪽에는 양파를 묶었다는 것이다.[72] 더 큰 위험은 경도를 정확하게 측정할 방법이 없었다는 점이다.[73] 디포가 죽은 지 4년 후에야 쓸 만한 크로노미터 역주: 바다에서 시간을 측정하는 기술 혁신 를 해리슨이 만들어 냈다. 선장들은 항로를 바꿀 시점을 알기 위해 추측 항법에 의존해야 하였다. 디포가 쓴『세계를 다시 돌아보다』의 주인공처럼, 많은 선장은 최고의 항해사들이었다. 해도에 표시되지 않은 수역을 지나 여덟 달의 항해를 하다가 해도에 불완전하게 표시된 후안 페르난데스섬에 최초로 도착하기도 하였다.[74] 그러나 폭풍을 만나 드러난 돛대와 부서진 배로 며칠 달리느라 측정의(測程儀)를 쓰는 일이 불가능해지면 그런 능력조차 쓸모없게 될 수 있었다. 오스트레일리아 서부는 숱한 네덜란드 배들이 아프리카 해안에서 동쪽으로 오랜 항해 끝에 순다 해협을 향해 북쪽으로 가려다 방향을 틀지 못하여 그들의 무덤이 되고 말았다. 마찬가지로 나탈(Natal)은 그 반대 방향으로 여행하는 포르투갈 배들에게 무덤이었다.[75] 그러나 조난의 위험보다 더 무서운 일이 있다. 사람이다. 항해 서적의 편집자가 월러(Waller)의 대사를 자신의 표지면에 포함시킴으로써 우리에게 이 점을 일깨운다:[76]

> 대양으로 처음 나아간 용감한 사람들이여
> 난파가 최악에 이르렀을 때 그들의 새 돛을 펼치네.
> 바위나 파도나 폭풍보다도
> 더 큰 위험은 알고 보니 이제 오로지 사람이네.

윌러는 거의 틀림없이 옳았다. 그렇게 많은 배가 순전히 다른 배를 포획하거나 파괴할 목적으로 바다에 나온 적이 없었다. 1689년부터 1713년까지 서유럽 주요 해양 국가들은 거의 끊임없이 서로 전쟁 중이었다. 모든 나라가 적국의 해운을 약탈하기 위해 사략선을 갖추었다. 브롬리(Bromley)의 추계에 의하면 스페인 왕위 계승 전쟁이 벌어진 12년 동안 프랑스만 따져서 7천 건의 수확을 올렸다.[77] 사략(privateering)은 합법적인 선원 행위였다. 그러나 세계 역사상 해적 행위가 가장 집중됨으로써 이것이 보강되었다. 지중해에서는 코르소(약탈, corso)라고 알려진 준합법적 행위가 왕성하였다. 바바리와 모로코의 해적선(corsairs), 또는 무슬림과 그리스의 해운에 맞서 똑같이 악랄한 전투를 수행하던 몰타의 해적에게 붙잡히거나 도망치는 사건이 없이 항해가 끝나는 법이 없었다.[78] "상선을 타고 바다에 나가는 뱃사람이 아니어도 모두 숨겨진 마음 깊이 이제나 저제나 터키족에게 붙잡힐 운명이 될 수도 있다는 공포를 느낀다"고 디포는 썼다.[79] 쉬발리에 다르뷔에(Chevalier d'Arvieux)에 관한 책은 당시 가장 읽을 만한 여행기 가운데 하나였다. 이 책을 쓴 작가는 약탈선의 불법 방해가 갖는 억제 효과를 정확히 지적한다. 그는 우리에게 다음과 같은 사실을 일러 준다. "거의 매일 울리는 호각 소리에 여행자들은 갑자기 성질이 난다. 호각 소리가 울리면 배에 탄 사람들은 소총과 탄약대를 휴대하고 선체 중앙부나 상갑판에 집결해야 하였다."[80] 비록 1680년대부터 정주 식민지 행정이 시작되고 동인도 교역이 엄청나게 팽창하자 약탈선 가운데 좀 더 용감한 일부가 인도양 수역에서 새로운 행운을 찾아 나서게 부추기긴 하였으나, 서인도 제도에서 계속 해적(buccaneers)이 번성하였다.[81] 여기에서 그들은 좋은 한패가 되었다. 무시무시한 마라타(Maratha) 해적이 말라바르 해안을 정찰하였다.[82] 더욱 동쪽으로 가면 남중국해의 토착 해적이 세력을 떨쳤는데, 이들은 콘래드(Conrad) 시대까지 온전히 살아남았다.

17세기에 해적이 대거 확산된 일은 그 시기에 합법적 상업이 대규모로 증가하였다는 간접 증거였다. 그렇게 많은 빈민이 그토록 빨리 부유해질 수 있는 기회가 언제 있었던가? 해적의 관점에서 보면, 해적 행위를 하기 좋은 면이 있었다. 세계 해운의 대부분이 정규적이고 계절적이었다. 또한 그 당시는 경도를 측정하는 정확한 방법이 발견되기 전이라서 선박들은 목적지 항구의 위도에 먼저 도달한 다음, 목적지에 도착할 때까지 정(正) 동쪽 또는 정서쪽으로 항해하는 습관이 있었다.[83] 나중에는 이러한 사실이 해군으로서는 보호 작업을 쉽게 해주었으나 이 시기에는 해적이 단순히 연중 적당한 시간에 적당한 위도에서 진을 치고 자기네 먹잇감을 기다리기만 하면 되었다는 것을 의미하였다.

디포는 해적이라는 주제에 매력을 느꼈고, 유명한 해적들을 자기 소설 대부분에 끌어들이고 그들의 전기도 썼다.[84] 이런 전기는 해적이라는 직업을 매력적으로 보이게 하여 쉽사리 신참자들을 유혹하였고 또한 성공하게도 하였다. 풋내기 해적은 영국 항구에서 어선이나 작은 연안 연락선을 몇 차례 포획한 다음, 점차 좀 더 큰 배를 빼앗는다. 결국 쾌속의, 잘 무장되고 숙련된 선원들을 갖춘, 예를 들어 50문의 포를 가진 대해적선의 선장이 된다. 이때부터는 거의 모든 상선이 그 앞에서 속수무책이 되고, 이론상 그는 축재를 할 위치를 확보한다. 그럼에도 디포를 읽다 보면, 해적의 삶이라는 게 굶는 것보다야 낫지만 특별히 행복하였을 것 같아 보이지는 않는다.

그러면 해적에게는 무엇이 문제였는가. 해적 행위는 명백히 불법이었다.

거의 모든 문명국에서 그렇게 간주되었다. 누구든 일단 배를 몇 척 탈취하여 자기 직업으로 선언하였다면, 그가 떠나온 세계의 정상적인 편의를 더 이상 누릴 수 없다는 것을 알았다. 바다에서나 해안에서 붙잡히면 그는 거의 확실하게 교수형에 처해진다. 정말로 많은 해적들이 전투 중에 죽거나 조난, 영양실조의 피해자가 되거나, 그게 아니면 밧줄 끝에서 인생을 마무리한 것으로 보인다. 해적이 꼭 올가미의 위험을 겁냈다는 것은 아니다. 초기 여성 권익 운동가인 해적선장 메리 리드(Mary Reed)는 교수형이 대단한 고초는 아니라고 생각하였다. "교수형이 없었다면 모든 겁쟁이들이 해적이 되어 바다에 득시글대고 용감한 사람들은 굶주릴 수밖에 없을 것이다. … 대양은 육지처럼 사기꾼으로 넘쳐날 것이며, 어떤 상인도 위험을 무릅쓰고 뭔가를 감행하려 하지 않을 것이다; 그래서 곧 교역은 수행할 가치가 없게 될 것이기" 때문이다.[85]

불법 행위에 말려든다는 것이 해적에게는 엄청난 것이었다. 그가 선박을 한 척 탈취하였다면 그 전리품으로 무엇을 하게 되는가? 교역항으로 항해하여 빼앗은 배의 화물을 판매하려다가는 교수형을 불러오게 되었다. 이러한 이유로 디포의 해적은 자기네가 접수한 선박의 화물은 거의 빼앗지 않고, 현금이나 환금성 높은 귀금속, 그리고 자기네가 항해를 계속하는 데 필요한 식량과 장비로 만족한다. 사탕, 의류, 비단, 향신료 등 값비싼 화물이 해적에게는 이무런 득이 되지 않으므로 목적지로 계속 가게 한다. 이러한 사실들이 해적의 정책을 결정하였다. 예를 들어, 화물칸에 물건을 가득 채워 귀환하는 영국 동인도 회사의 선박을 탈취하려는 해적은 없다. 그러나 상품을 구입하기 위한 은을 싣고 동방으로 출발하는 여정이라면 이야기가 매우 달라졌다. 탈취한 선박의 화물뿐 아니라 선원과 승객도 해적에게 가치가 있었을 것 같지 않다. 무선 전신 시대 이전에, 인질을 잡아 몸값을 받아내려는 조직은 협상하는 데 정착된 기지와 많은 시간이 필요하였다. 디포 시절에 돈을 좇는 해적은 분명 정치적 동기를 가진 근대적 비행기 납치범들이 무릅쓰는 위험을 택하였을 것 같지 않다. 인질들을 노예로 팔아넘기는 것도 사실상 불가능하였다. 세계의 거대 노예 시장 대부분을 지배한 사람들이 곧 해적 행위에 적대적인 사람들이었기 때문이다. 따라서 선원 가운데 쓸 만한 의사나 목수는 강제로, 자원자는 자원자대로 자기 해적 팀에 합류시키고, 그 나머지 인질 가운데서 해적이 얻을 수 있는 것은 거의 없었다. 그들이 단지 방해물이었다는 점이 해적의 전설적인 무자비함과 많은 관련이 있을 수 있다.[86]

그렇지만 약탈품을 처분할 때 해적이 이용할 수 있는 허점들이 있었다. 유럽 나라들은 식민지에서 교역 독점을 창출하고자 하였고, 특권을 보유한 유럽 교역 회사들은 세계 각지에서 독점을 창출하고자 하였다. 이런 정책은 본국에 머무는 우두머리들이 독점 이윤을 누리는 동안, 험한 기후 지역에서 쇠약해지는 식민 정착인과 교역 회사의 하층 관리들 모두에게 커다란 유혹을 제공하였다. 그래서 사우스 캐롤라이나 총독이 악명 높은 티치 선장(Captain Teach, 별명 검은 수염(Blackbeard))과 거래하고,[87] 스페인 이주민들은 아무것도 묻지 않고 가끔 비밀 교역에 연루될 준비가 되어 있었다. 세계의 다른 쪽에서는 범위가 더욱 넓었다. 영국과 네덜란드의 동인도 회사 임원들은 자기 계좌를 통해 교역함으로써 정말 빠르게 부자가 되기를 바랄 뿐이었고, 그들 대부분이 해적이 약탈한 재화를 구매할 유혹을 뿌리칠 수 없었다. 예를 들어, 싱글톤 선장(Captain Singleton)과 그의 세심한 조언자 윌리엄(Quaker William)이 자기네 이점을 알아냈듯이 말이다.[88] 그리고는 물론 아시아 상인들이 있었다. 이들은 런던이나 암스테르담의 독점 회사 소속이 아니었다. 모두 한 사람에게 속하여, 개별적으로 행동하는 개인들이었다. 네덜란드의 동인도에서 탈취한 향신료 화물이 대만에 도착할 수 있다면 그곳에서 "비록 이문이 얼마 남지 않더라도" 잘 팔 수 있었다.[89] 페르시아만의 주된 문제는 시장 물색보다 해적 자신이 살해당하고 강도당하게 된다는 것이었다. 그러나 진실로 기업가적인 해적만이 이러한 위험한 바다에 들어올 것이다. 서인도의 조무래기에게는 그런 기회가 일어나지 않았다.

화물 처분이 해적들이 지닌 문제의 끝은 결코 아니었다. 해적은 그의 배를 기울여 청소하고, 수리·정비하고, 식량을 비축하기 위해 항구의 시설을 거의 이용할 수 없었다. 그래서 토르투가와 소(小)바하마군도 같은 무인도가 매력적이었다. 그러나 그런 비밀 장소, 혹은 그다지 비밀스럽지 않은 은신처에서 숙련공을 데리고 선박을 잘 손질하고 심지어 완전히 재건조할 수는 있을지언정, 그런 곳에 배 한 척에 맞는 식량을 공급할 적절한 보급 기지는 갖추지 않았다. 이것은 해적이 매우 제한적이며, 종종 건강에 좋지 않은 음식으로 살았다는 것을 뜻하였다. 그들은 곡물과 술을 구하려면 어디에선가 그것을 약탈할 수 있어야 하였다; 아니면 주로 소금에 절이거나 햇볕에 말린 고기(boucan, 해적 buccaneers의 어원)로 연명하였던 것 같다. 애버리 선장(Captain Avery)과 싱글톤 선장은 몇 달 동안 선원에게 파타고니아에서 확보한 절인 펭귄 말고는 아무것도 먹이지 않았다.

이러한 문제에도 불구하고 해적은 일반적으로 꽤 쉽게 전리품을 획득하였다. 흔히 은화, 보석 그 밖에 가치가 높고 부피가 크지 않은 물품이 약탈 대상으로 가장 중시될 수 있었다. 이를 어떻게 분배하였을까? 해적선 선원처럼, 되는 대로 조성된 집단 내에서 그것이 해결되기에 얼마나 어려웠을지를 이해하기 위해 질문을 제기할 뿐이다. 일단 성공을 좀 거둔 후 선원 간 단합을 유지하는 일도 그와 비슷하게 어려운 문제였다. 애버리 선장이 채택한 정책에 이 두 문제에 대한 해답을 시사하는 바가 있다:[90]

> 여기서(후안 페르난데스) 우리는 우리 노획물을 나눈다. 정말 많구나; 이런 보물을 사람마다 제각각 사적 소유로 유지하면 도박, 싸움, 그리고 아마도 도둑질과 사기행각이 벌어질 수 있다. 그러므로 나는 명령하기를 이 배에 있는 사람 수대로 조그만 서랍을 만들어서 각자의 보물을 서랍에 넣고 봉하며 서랍에 각자 이름을 적고 전원의 명령이 없이는 손대지 못하게 한다; 도박을 막기 위해 나는 그들과 함께 법을 만들거나 합의를 하여 모두 거기에 손을 대고 동의하게 하였다; 그에 따라 그들은 다음과 같은 사실에 합의하였다. 즉, 만일 누구든 자기가 보관한 만큼보다 더 많은 돈을 걸고 내기를 하였다면 패자가 떠안은 빚이 무엇이든 간에 승자에게 지급되어서는 안 된다. 각자의 배당을 넣은 서랍은 모두 그 사람 소유의 것으로 전액 그에게 전달되어야 한다; 위반자는 배를 언제 떠나든지 간에, 만일 그가 나중에 어떤 도박빚이든 갚는다면 그것은 별도의 문제였다. … 이런 방법으로 우리는 또한 선원들의 단합을 확실하게 하였다; 누구든 당장 배를 떠나려면, 그는 약 6천 조각의 에이트(역주: eight, real, 스페인의 화폐 단위)를 두고 가야 하였기 때문이다.

이 배에서 선의의 독재 규칙을 감지한다. 흔히 해적들은 자신들을 자유인의 집합체로 여기며 완전한 민주주의를 실천하거나 최소한 실천하려고 노력하였다. 예를 들어, 로버츠 선장(Captain Roberts)의 해적선에서는 모든 결정이 다수결에 따라 이루어지게 되어 있다.[91] 그러나 불신과 그 사업의 전반적인 성격 때문에 대개 이런 좋은 의도의 생각은 별 결과를 낳지 못하였다.

해적의 마지막 문제이자 아마도 가장 풀기 힘든 문제는 해적 활동으로 성공한 후 약탈품을 가지고 어떻게 집에 돌아가느냐 하는 것이었다. 빈곤, 욕심, 또는 야망이 남자들을 완곡하게 표현하여 해적 행위라 부른 "계산상으로" 몰고 갔다면, 그들은 당연히 언젠가 자기네가 기획한 것에서 얻어 낸 이익을 향유하기를 원하였다. 그러나 귀향은 매우 어려울 수 있었다. 해적의 정상적인 귀가 행로는 상륙하여 항구 도시로 간 다음에 거기에서 집으로 갈 배를 탈 수 있을 때까지 보통 사람들과 어울리는 것이었다. 위험이 불 보듯 뻔하였다. 예전 피해자가 그를 알아볼 수 있었다. 혹은 예전 동료가 자기만 살 궁리로 그에게 불리한 증언을 할 가능성은 더 컸다. 귀향하는 해적은 그렇게 큰 돈을 들고 다니다가 강도를 당할 수도 있고, 돈을 쓰다가 시선을 끌 수도 있었다. 일단 의심받고 조사를 당하면, 해적들은 앞뒤가 맞지 않는 이야기를 늘어놓거나, 따로 취조할 때 서로 모순되는 말을 하거나, 또는 동료가 배신하였다는 말을 듣고는 정말 그런 줄로 알고 자백해버릴 수 있었다.[92] 그래서 보통은 전리품을 조금만 집에 가져가라는 충고를 받았다. 하지만 그것은 평생토록 절인 펭귄만 먹으며 위험을 무릅쓴 생활을 한 대가로는 보잘것없었다. 많은 해적이 위험을 무릅쓸 준비가 결코 되어 있지 않았다. 유독 마다가스카르에는 은퇴 해적들의 정착지가 조성되어 이들은 원주민과 통혼하고, 심지어 왕조나 소국가를 건설하기까지 하였다. 그중 일부는 우리가 약탈품 분배에서 본 바와 같은 민주적 경향을 띠기도 하였다.[93] 진정 해적들은 자기네 모임의 규정을 만드는 데 많은 시간을 들였던 것 같다.

해적이 사면을 받고 적어도 부의 일부라도 온전히 집으로 가지고 돌아가는 경우도 간혹 가능하였다. 1718년에 로저스 선장(Captain Woodes Rogers)에게 투항한 영국 해적들에게 일반 사면이 있었다. 사략선(私掠船) 선장 출신이자 세계일주자인 로저스는 이제 해적의 주 요새인 바하마 총독이 되었다.[94] 장차 안전하게 항해하려면 투항해서 사면받는 게 좋았고 일부 해적들이 그것을 받아들인 것이다. 로저스가 바하마에 도착하여 "거듭난 해적의 2열 종대 사이를 통과할 때 해적들은 그에게 경의를 표하는 총성을 울렸다." 그러나 회개는 너무 미미하였다. 많은 해적들이 금새 다시 바다로 빠져나갔으며 로저스는 바하마 평정 과업을 완수하지 못한 채 1732년에 나쏘에서 죽었다. 다른 곳에서는 해적들이 사면을 돈을 주고 샀다. 17세기 초에 해적 출신 약 20명이 거액의 뇌물을 바치고 투스카니 대공에게서 사면을 얻어 냈다. 멀고 먼 말라바르 해안이나 남아메리카 같은 곳에 돈을 내고 정착하기도 하였다. 그러나 영국인들은 물론 영국으로 돌아오기를 원하였다. (그리고 토지를 구입할 수 있다면 더 바랄 게 없었다.) 1707년 『리뷰』지에 디포는 마다가스카르의 영국 해적이 자유 사면의 대가로 엄청난 액수를 제안하는 보고를 실었다.[95] 디포는 정부가 이를 받아들여야 한다고 주장하였다. 해적을 뿌리 뽑을 수 있다면 가장 좋겠지만 실제로 그들은 너무 강력하였고 박멸 비용이 너무 많이 들 것이다. 해적을 사면함으로써 영국은 인도양에서 해악과 위험을 제거하고 동시에 전쟁 수행에 필요한 자금을 얻을 수 있을 테니 말이다. 이야기 줄거리가 좀 의심스럽기는 하나 문제의 핵심을 잘 보여 준다.[96] 실제로 해적이 부자가 되어 집에 돌아오는 일은 거의 없었다; 가장 성공적인 사례는 모건(Captain Morgan)처럼 사냥터 관리인이 된 정도였다.

해적의 생활이 어려울지도 모른다. 그러나 이것이 사람들이 해적이 되는 일을 막지는 못하였다. 여하튼 뱃사람의 삶은 십중팔구 짧고 힘들었다. 그리고 임금이 낮아 정직한 사람이 되라고 할 수도 없었다. 빼앗은 선박에서 선원들을 이탈시키는 데 그다지 큰 압력이 필요 없었고, 해적 행위는 번성하였다. 상선들은 위험한 수역을 지나 항해하였으며 거의 보호받지 못하였다. 로저스 선장의 노력에도 불구하고, 디포의 시대에 해적에 대한 통제는 극히 제한되었다. 해적을 다스리고자 평화 시기에는 왕립 해군의 군함들을 동원하기도 하였는데 그래봐야 소용이 없었다. 마다가스카르 해적 소탕 작전에 원정대가 여러 번 파견되었으나 성과는 없었다. 결국은 해적이 쇠퇴한다. 영국 정부의 노력 덕분이라기보다는 열대성 질병과 고령화가 그 쇠퇴 원인이라고 해적을 다루는 역사가들은 말한다. 그리고 물론, 인도양의 가장 유명한 해적잡이 키드 선장(Captain Kidd)은 스스로 해적이 되었다.[97] 그렇지만 디포가 죽고 20년 내에 사정은 호전되었다. 미국의 역사가 월튼(Gary Walton)이 제시한 바에 따르면, 18세기 전반에 상인들이 보유한 총포 수가 크게 감소하였다. 그 무렵에 해적을 좀 더 잘 통제할 수 있게 된 결과였다. 그러나 이러한 개선은 거의 모두가 1730년 이후에 이루어졌다.[98]

이러한 해상 폭력을 배경으로 디포의 저작을 보면 그가 항해 묘사에 시적 상상력을 그다지 많이 발휘하지 않았다는 것을 알 수 있다. 현실에서는 사람들이 그렇게 자주 조난을 당하거나 해적에 탈취당한 것이 아니라 이 두 가지 모두 바다에서 상당히 흔한 위험이었다. 뱃사람들이 그런 환경에서 살다 보면 강인한 사람이 되었다. 그리 놀랄 일이 아니다. 그들을 가리켜 디포는 "잃어버린 아이들"(Les Enfans Perdus)이라고 불렀다. "세계의 헛된 희망":

> 그들은 공포에 도전하는 자들이다. 악천후와 끝없이 전쟁을 치른다; 마법 같은 능수능란함으로, 죽음의 벼랑끝 직전에서 교역하며, 언제나 무덤과 한 뼘 거리 이내에 있다고 말해도 좋으리라: 그들은 위험과 친하다 보니 위험을 얕보게 되었다. 맞는 이야기다. 그들이 더 현명하다고 말할 사람은 아무도 없다. 그렇게 말하지 않기를 바란다; 관습이 그들을 더욱 강인하게 해놓아 그들이 가장 험한 삶을 살았구나. 항상 그들의 마지막을 보고서야 그것을 발견한다.[99]

그들은 강인하였으며 고달프게 살았다. 많은 사람이 추구하고 싶어 하는 삶은 결코 아니다. 디포는 절박한 사람만이 생계를 대양에서 또는 대양 너머에서 찾았을 것이라고 생각하였다. 절박함은 물론 성공으로 이어질 수 있었다. 그러나 로빈슨 크루소를 놓고 볼 때, 그는 고향에서 전도유망하였다. 그런데도 바다에 간다는 것은 한마디로 바보 같은 일이었다. 그가 겪은 모든 것은 자업자득이었다.

그렇지만 폭력과 위험은 유럽인의 심성에 적합한 듯 보였다. 유럽인들이 결코 타락을 독점하는 일에 홀린 것은 아니었을지라도, 이미 세계에 폭력적인 지배를 행사하였고 이는 1750년 이후 한 세기 반 안에 정점에 도달하게 되었다. 디포가 느끼기에 유럽의 우위는 당연하였다. 유럽의 경쟁 상대가 되는 유일한 곳이 중국인데, 중국은 『로빈슨 크루소 속편』에서 조롱당한다.[100] 그러나 아시아는 상당히 무장이 잘된 인구가 너무 많이 거주하고 있어서 유럽인이 생각한 문화적 우월성에 걸맞는 방식으로 권력을 휘두를 수 없었다. 그 밖의 다른 곳에서 유럽인은 대체로 하고 싶은 대로 할 수 있었다. 야만스럽고 무지한 미개인을 시시한 물건으로 꾀어 가치 있는 재화와 거래할 수 있었다. 『캡틴 싱글톤』에서처럼 그들을 유용한 노동력이 되게끔 노예로 만들 수도 있었다. 그리고 이 모든 것은 물론 총포의 위력이 유럽인들의 용기와 결합됨으로써 가능하였다. 크루소도 싱글톤도 화약을 안전하고 건조하게 유지하는 데 매우 신경을 썼다는 점을 지적할 필요가 있다. 왜냐하면 그들이 살아남을 수 있었던 것은 오로지 총 덕분이었던 것이다. 자기네 위장을 채우고자 염소를 쏘기 위해서건, 야만인들을 통제하기 어려워질 때 한꺼번에 무기력해지는 경향이 있는 야만인을 가까이 오지 못하게 저지하기 위해서건, 총이 긴요하였다.

원주민에 대한 디포의 태도에는 그가 여러 차례 견해를 낼 때마다 양면성이 반영되어 있다. 존재의 거대한 사슬, 즉 천사에서 인간을 거쳐 짐승에 이르기까지의 위계에서, 원주민은 백인보다 분명히 짐승에 가깝고 천사에서는 멀다. 디포는, 일부 사람들이 그러듯이 흑인이 도대체 인간인지의 여부를 의심할 정도까지는 아니더라도, 흑인을 묘사할 때 꼬박꼬박 형용사 "야만적인"(brutal)이란 표현을 쓴다.[101] 지구의 미개 인종에서조차 위계가 존재하였다. 디포와 디포 시대 사람들은 흑인을 대부분의 미개인보다 낮게 간주하였다. 미개인의 경우, 예컨대 프라이데이라는 인물처럼, 이교도 사회에서 특정한 귀족의 지위를 갖고 있을 법도 하였다. 신은 그런 원주민에게 "그가 우리에게 하사한 것과 똑같은 권력, 이성, 애정, 친절함과 책임감, 정열, 그른 것에 대한 배척, 감사, 성실, 충성 등의 감정, 그리고 선행을 하고 선행을 받을 모든 능력을 내려주었다."[102] 그러면 신은 왜 그들을 신의 이름과 신의 작업을 모르는 미개인으로 남겨 놓는 데 만족하였을까? 한 가지 답밖에 없다. "신은 필연적으로, 그리고 신이라는 존재의 본성으로 인하여 무한히 성스럽고 정의로워서, 그럴 리가 없었다. 그러나 이 피조물들이 모두 신에게서 멀리 떨어져 있으라는 선고를 받았다면, 그것이 성경 말씀대로, 그들에게 법이었던 그 빛에 어긋났기 때문이었다."[103] 그러나 이러한 죄는 과거의 일이다. 그리고 그들은 적절히 행동하는 방법을 몰랐기 때문에 우리는 그들의 현재 행위의 많은 부분을 너그러이 봐줄 수 있었다. 심지어 식인종도 정상을 참작해야 하는데, 그들은 사람을 먹는 행위가 그른 일이라는 것을 모르기 때문이다. 하지만 식인종에게 먹힐 다음 번 희생자가 백인이라는 사실을 알고는 디포의 태도가 강경해진다는 것은 의미심장하다.[104] 왜냐하면 가장 하찮은 유럽인조차 가장 높은 원주민의 적대로부터 보호받아야 하기 때문이다. 그 다음에는 이제 위계질서 간 격차를 좁히고 "우리가 그들 가운데 14명을 확실히 죽이도록 사격 조준을 정확하게 한" 섭리를 찬양할 시간이다.[105]

18세기 말 노예제에 반대하는 작가들의 저작에서 흑인은 프라이데이의 지위를 훨씬 뛰어넘는 귀족의 지위를 얻게 되었다. 그러나 디포의 시대에 이러한 태도는 거의 알려지지 않았다. 길든(Charles Gildon)이 『로빈슨 크루소』를 비판할 때, 크루소의 행위를 노예제 지지자라고 몰아세우는 대목은 약간 놀랍다. 길든은 심지어 이것이 크루소의 진정한 죄였으며 그로 인해 처벌받았어야 하였다고 주장하기까지 한다.[106] 1720년대에 거의 아무도 이와 같은 계몽적 입장을 택하는 것은 꿈도 꾸지 않았다. 노예제에 대한 태도들이 디포 시절에 강경해졌다. 1673년에 백스터(Richard Baxter)역주: 목사, 저술가, 1615~1691 가 자신의 저작 『기독교 교범』에서 아프리카인을 노예화하는 악행을 비난하는 주장은 확고하였다:

> 해적으로 출동하여 여태껏 다른 사람의 목숨이나 자유를 빼앗은 적이 없는 불쌍한 흑인 또는 다른 지역의 인간을 붙잡아 노예로 만들어 파는 일이야말로 세상에서 가장 나쁜 종류의 도둑질 가운데 하나이다; 그리고 이런 사람들은 인류 공동의 적으로 간주되어야 한다; 노예를 구매하고 짐승처럼 부리는 자들, 노예를 단순히 상품으로 여기고 노예의 영혼을 배반하거나 파괴하거나 무시하는 자들은, 기독교도라기보다는 인간의 탈을 쓴 악마라고 불리는 것이 더 마땅하다. 그들이 혹사하는 노예가 기독교도가 아니더라도 그렇다.[107]

그러나 1697년이 되면, 폴렉스펜(Pollexfen)은, 인간을 사고파는 것이 합법이냐는 질문을 받은 성직자들이 노예를 잘 대우해 주는 한 아무런 문제가 없다고 대답하였다고 기록할 수 있었다.[108] 이제 흑인과 노예라는 단어는 사실상 혼용될 수 있었다. 앞에 이야기하였듯이 흑인은 어김없이 "야만"이라고 묘사되었는데, 이는 폭력적이라기보다 짐승에 가깝다는 의미였다. 그러나 흑인이라도 호텐토트족보다는 우위에 있었다. 호텐토트는 "모든 미개인들 중 최악이고 가장 미개하며 … 그들의 이해력은 신이 생각 능력을 갖게 만든 나머지 모든 피조물 가운데 가장 형편없는 계급보다도 천 배나 아래에 있다." [109]

흑인이 노예라는 사실은 백인의 눈으로 호텐토트의 지위를 더욱 강등시켜 급기야 금과 상아처럼, 교역의 대상, 즉 "그 나라의 특산물"밖에 되지 않았다.[110] 내륙의 사막이나 삼림에서 노예를 해안까지 끌고 온 다른 흑인들조차 나을 바 없었다. 그런 흑인들은 그들이 거래한 상품의 "실질" 가치를 못 알아본다는 이유로 무시당하였다.[111] 디포는 "값싼 노리개를 인간의 영혼과 교환하는" 자들을 공격하는 데 자신의 초기 시, 「예절의 개혁」에서 이를 떠올리는 구절을 자주 인용하였다.[112] 원래 이 문구는 분명히 노예제를 비판하는 의미였다. 그런데 디포가 다른 작품에서 다른 맥락으로 인용할 때, 그것은 명확히 아프리카의 노예 교역자들의 사업 감각 부족을 비난하는 뜻이 된다. 물론 내재적 가치란 말은 미묘한 개념이다. 『해양과 상업 지도 세계를 보다』에서 디포는 아프리카인의 어리석음을 개탄한다;[113]

> 불행한 종족! 사물의 내재적 가치나 장점에 무지하여 최고로 값 나가는 천연자원을 자신들에게 작은 가치밖에 없다고 던져버린다. 우리가 보석, 상아, 금에 매기는 것과 같은 가격을 유리조각, 쇠붙이, 낡은 칼, 가위 따위에 부여한다.

그러나 로빈슨 크루소 이야기를 들어보라:[114]

> 내가 이전에 암시하였듯이, 나는 금, 은, 돈 해서 약 36파운드를 가지고 있었다. 저런! 저기에 형편없고 시시하고 쓸모없는 잡동사니가 놓여 있구나: 그것을 쓸 방법이 없다; 그리고 나는 파이프 담배 약간, 혹

> 은 곡식을 빻을 손제분기 하나 얻을 수 있으면 맹세코 돈을 한 움큼 주었으리라; 아니, 6페니어치 영국산 순무와 당근 씨, 또는 콩 한줌, 그리고 잉크 한 병이면 내 돈을 몽땅 주었을 텐데.

좋은 생각이다. 그러나 로빈슨 크루소가 일단 섬에서 벗어나자 자기 돈이 쓰일 여러 사업을 찾았다. 비록 디포는 분명히 무인도에서는 쓸모없는 화폐의 역설을 설명하는 걸 재미있어 한 것이었을지라도, 디포는 로빈슨 크루소가 형편없고 시시하고 쓸모없는 잡동사니를 안전하게 보관한 사실을 결코 독자들이 잊게 하지 않는다. 아프리카인은 그런 것에 관심조차 없었다. 디포를 그토록 격분하게 한 것은 그들이 화폐 없는 처량한 생활에 만족한 듯이 보였다는 사실이었다.

드물기는 하였으나 디포는 자기 나라의 빈곤하고 비참한 사람들에게 곧잘 보이곤 하던 연민을 아프리카인에게도 보일 준비가 되어 있었다. 아프리카인은 "저주받은 인종"이었다.[115] 그러나 신의 저주에 이르러 영원히 그토록 비참한 삶을 살 운명에 처하게 한 죄의 본질은 무엇이었는가? 아프리카인을 노예로 만드는 것을 정당화하기 위해 성직자들이 인용한 문구들은 디포처럼 성서를 글자 그대로 받아들이는 사람들에게조차 매우 모호하였다.[116] 햄(노아의 둘째 아들)이 술 취한 자기 아버지 노아를 조롱하는 모습은 분명히 극도로 불경하였다. 그러나 햄의 아들 가나안에게 노예가 되는 형벌이 주어지는 일은 좀 과해 보였다. 가나안의 자손들로 여겨지는 아프리카 대륙의 모든 주민들이 영속적인 비참함과 셈(노아의 장남)과 야벳(노아의 셋째 아들)의 자손에게 노예로 살게 한 일은 더욱 심하였다. 그러나 신이 가장 잘 알았다. 디포 내면에 있는 경제학자적인 생각으로는 이 저주가, 미국 식민지의 노동 부족의 관점에서는 편리하였다고 생각할 수 있을 뿐이었다.

물론 이것이 요점이었다. 디포의 세계관에서 노예제는 꼭 필요하였다. 우리가 볼 바와 같이 영국의 경제적 진보는 미국 식민지의 발전에 달려 있었다.[117] 그리고 식민지는 값싸고 규율이 엄격한 노동 공급 없이는 발전할 수 없었다. 유럽인의 노동은 싸지만 특별히 잘 훈련되지는 않았다. 어찌되었든 사탕 플랜테이션에서 자발적으로 일하려는 유럽인들은 거의 없었다. 디포는 다음과 같이 지적한다:[118]

> 섬에서 행해지는 노동, 즉 수수를 심고 사탕을 만드는 일은, 밭에서의 일이든, 사탕 작업 과정의 일이든지를 막론하고 노동 강도가 극심하고, 기후는 너무 덥고, 음식은 보잘것없어서 유럽인들은 한 사람도 견뎌내지 못한다 – 적어도 농장주에 이윤이 남으려면 농장주는 극한 기후에 익숙하면서 정부와 극도로 잔인한 주인들의 징벌에 전적으로 지배되는 사람들을 소유해야 하였다; 그들은 말처럼 채찍질당하고, 짐승처럼 쓰레기 같은 음식으로 살며, 더 나은 것을 결코 몰랐다; 황소의 힘을 가졌으나 그 이상의 자유는 몰랐다; 그리고 말이 겪는 모든 일을 겪는다. 그러나 그들이 죽으면 성가신 존재가 된다. 말은 죽으면 6펜스에 말가죽을 벗겨 주는데, 그들도 그렇게 될지.

아프리카 노예 말고 누가 이러한 요건을 충족할 수 있었을까? 백인 죄수나 전쟁 포로가 섬으로 보내질 수 있다. 그러나 이들 가운데 대부분은 단기간만 그리고 가내 하인이나 수공업자로 일하지 플랜테이션 노동자가 되지는 않았다. 종신 노예로 된 흑인들만이 사탕 농장주에게 필요한 작업을 수행할 수 있었다. 그리고 사탕 생산은 성장하는데 노예들이 서인도 환경에서 오래 살지 못하였으므로, 유럽의 사탕 수요를 맞추기 위해 아프리카에서 새로운 노예가 계속 유입되어야 하였다.

대규모 흑인 노예에 대한 생각이 유럽인의 머릿속에 일단 들어왔다면, 노예가 사탕 플랜테이션 노동보다 훨씬 강도가 덜한 노동 문제의 해결책으로 보였을 수 있다. 17세기 말 무렵 메릴랜드와 버지니아의 담배 플랜테이션에서도 노예가 백인 예속 노동(indenture)을 급속히 대체하였다. 가내 하인으로 일하는 흑인 노예는 아메리카와 유럽 전역에 있었다. 어떤 노동 부족이든 간에 노예는 진정 그 해결 답안일 수 있었고, 이러한 태도는 디포의 저작에도 반영되어 있다. 문제가 영국의 도로 개선이든 뉴잉글랜드 삼림 벌목의 증가든 해결책은 항상 같은 경향이 있었다. – 아프리카로 선박을 보내 노예를 좀 더 사라.[119]

노예제의 필요성을 받아들이는 이러한 패턴 안에서, 우리가 기대할 수 있듯이 디포는 가끔씩 자신의 인도주의적 성향을 발휘하였다. 앞서 언급한 그의 시 「예절의 개혁」의 구절은 사실상 당시 영국 문학의 반(反)노예제 감정을 담은 가장 최초의 언급들 가운데 하나이다.[120] 그러나 그것은 거기에서만 분출된 것이었다. 다른 곳에서 디포는 결코 노예 제도를 공격하지 않고 노예를 가혹하게 다루는 일을 공격하는 정도에 자기 비판을 한정시킨다. 언급하기 슬프지만, 이런 비판의 동기는 주로 경제적인 것이었다. 이런 태도는 1712년의 『리뷰』지에서 분명하다.[121]

[노예를] 예속시켜, 열심히 일하게 채찍질하고 바로잡고 하는 자는, 옳은 일을 하는 것이다. 그들의 노동에서 부를 획득하기 때문이다; 그러나 자기 격노와 잔인함에서 그들의 손발을 자르고 불구로 만들고 죽이는 자는 바보다. 그들이 그의 재산이고 축적이고 부이고 번영이니까.

『커널 잭』에 노예를 더 잘 대우해야 함을 주장하는 긴 구절이 나온다. 그런데 가끔 김빠지는 내용이다. 동기는 똑같다. "몰아세우고, 채찍질당하고, 무자비하게 사슬에 묶인 노예보다, 자비와 인자함으로 다스린 흑인들이" 일을 더 많이 할 것이다.[122]

운송당하는 도중에 죽지 않고 살아남은[123] 흑인 노예에게 평생의 지옥을 보장하는 바로 그 아메리카가, 백인에게는 진정한 천국일 수 있었다.[124] 여기서 무일푼, 범법자 혹은 불행한 백인들은, 편안한 익명으로 새로 태어나 다시 시작할 수 있었다.[125] 여기에서 집행유예로 풀려난 몰 플란더스는 자기 범죄 경력으로 모은 돈으로 잘 살 수 있었다; 그녀는 게으른 노상강도 남편을 몰락한 아일랜드의 신사로 둔갑시켜 그를 캐롤라이나의 삼림에서 사냥하고 총질하면서 자기 총으로 찾아낸 은으로 살 자격을 갖춘 상태로 만들어 계속 살 수 있었다. 이곳에서 부랑아 소매치기 커널 잭은 근면함과 좋은 감각을 지님으로 인해 그렇게 태어났어야 할 신사로 변모할 수 있었다. 구제받아 플랜테이션에서 새로운 삶을 산다는 이러한 주제는 디포에게서 계속 반복된다. 이송된 전과자 또는 채무 노동자(indentured servant)로서 몇 년 살고 나면 예전에 절박하였던 사람이 스스로 농장주가 될 기회를 얻는다. 전과자가 너무 힘든 노동을 해야 하였던 것도 아니었다; "그들의 노동은 연율 임금으로 고용된 영국 노동자에 비하여 더 힘들거나 처우가 더 나쁜 것도 아니었다; 그리고 심지어 그들이 보기에조차도, 같은 플랜테이션, 같은 농장주 밑에서라 하더라도 흑인 노예들이 그들보다 분명 더 열악하다"(무한히 더 열악하다).[126] 성공한 적지 않은 농장주들이 몰 플란더스처럼 뉴게이트 지하 감옥 출신이거나 손에 낙인이 찍힌 전과자에서 그 자리까지 올라왔다. 그러나 새로 태어난 자들의 고향인 아메리카는 사람들이 과거를 묻는 곳이 아니었다.

아메리카 자체 내에서조차 도주할 기회가 있었다. 정착된 해안 지대 너머로 삼림이 있으니 또다시 태어날 수 있다. 이미 프런티어의 개념이 존재하였다. 그것은 서열의 경계를 넘는 안전판과 편리한 쓰레기통, 양쪽 모두의 기능을 가졌다. 일찍이 1630년대에 기성 사회를 이탈한 집단이 메사추세츠에서 추방되어 서부에서 새로운 이질적인 공동체를 형성한 적이 있다.[127] 디포의 시대에 오면 밀려드는 영국 국교도에 적대하여 떠나는 개인주의적인 공동체 행렬이 캐롤라이나의 삼림에 이르는 온갖 길로 뻗어 나갔다. 디포 소설에 등장하는, 한때 절박하였던 남녀들이, 디포가 그들에 대해 그렇게 자신있게 예견한 만큼의 물질적 부는 아니었을지라도, 모종의 안전판을 찾아 자기 삶을 다시 이어 갈 법한 곳도 이곳이었다.

개인에게 좋은 것은 영국에 좋았다. 본토 식민지[128]에 사는 인구가 많을수록, 영국 상품 수요 시장이 더 커질 것이다. 또한 미시시피강에서 세인트로렌스강에 이르는 대규모 호형 지역에 자리잡은 프랑스와 인디언 연합은 영국 식민지의 안전을 위협하였는데, 식민지 정착 인구가 많을수록 이에 대항할 방위력도 더 강해질 것이다.[129] 그런 데서 너무 많다든가 너무 강하다는 것은 있을 수 없었다. 디포는 아메리카의 힘이 커져 독립으로 이어질 것을 우려하는 논의를 비판하였는데 그 구절은 대서양 연안의 역사가들이 자주 기분 좋게 인용한다:[130]

> 나는 여기서 다음과 같이 증명될 수밖에 없는 것 이상의 그 무엇도 단언하지도, 바라지도 않는다.
>
> I. 교역의 성격과 질 상, 유독 뉴잉글랜드 말고는 아메리카 대륙에 있는 우리의 어떤 식민지도, 영국에서 독립하기를 언제라도 바랄까? 사실상 그것은 불가능하다.

아메리카인들은 영국 시장에 너무 많이 의존하고 있고 영국의 특권이 지속되는 것에 너무 많이 기대고 있어서 여하튼 관계를 끊고 싶어 할 수 없다.[131] 그러는 동안 아메리카 인구는 이민과 자연 증가로 계속 팽창하였고, 인디언들은 해안에서 더욱더 멀리 밀려났다.

우리는 디포의 주인공들이 대륙 전체를 유럽의 탐욕과 야망을 만족시키고 재화를 제공하도록 무력으로 탄압하면서 아프리카, 아메리카와 남해를 착취하거나 착취할 계획을 세우는 모습을 보았다. 그러나 세계를 네 부분으로 나누었을 때, 네 번째인 아시아 본토는 아직 유럽 지배의 문제를 말할 단계가 아니었다. 여기에서는 부와 방대한 인적 자원을 가진 다섯 개의 큰 제국이 유럽의 거침없는 팽창을 제어할 수 있었다. 유럽인은 대부분 권력의 중심에서 멀리 떨어진 몇몇 교역항에 매달려서, 어떻게든 변명하려면 필요할 교역 특권을 얻기 위해 매우 유럽인답지 않은 굽신거림이라도 무릅쓸 자세를 갖춘 탄원자였다.

그러나 이 제국들은 얼마나 더 오래 초연하게 그 상태로 머물 수 있었을까? 대무굴 제국은 이미 내분이 심하였다. 마라타 전사들의 잔인함과 군사적 기량만이 인도가 무정부적인 권력의 진공 상태에 빠지는 것을 막았다. 디포 사후 한 세대가 지나면 이 진공 상태를 유럽인이 메울 것이었다. 당분간 빈곤하지만 숙련된 인도의 직포공들이 생산한 견직물과 면직물의 대량 유입과 그 값을 지불하기 위한 유럽 은의 유출을 디포는 탄식할 수밖에 없었다.[132] 한 세기쯤 지난 후, 랭카셔에 증기 공장들이 들어서자 인도 직포공들은 끼니를 잇기 위해 직기를 땔감으로 팔아치워야만 하였다. 그러나 유럽의 군사 기술이 그보다 훨씬 더 빨리 인도를 착취할 방법을 찾았다. 일단 유럽인들이 인도에서 전쟁을 시작하자, 유럽에서 서로를 살상하였던 유럽의 무기들은 인도를 곧 멸망시킬 것이었다.[133]

유럽에 더 가까운 오스만 제국은, 아직은 "유럽의 병자"가 아니었다. 하지만 이미 질병이 잠복된 증세를 보였다. 터키가 유럽을 누르고자 마지막으로 시도한 대규모 노력은 1683년에 비엔나 성문 바깥에서 실패하였다. 카라 무스타파의 패잔병이 헝가리 대평원을 가로질러 도주한 이후, 이슬람 팽창의 마지막 큰 파도가 방향을 바꿨다. 디포의 저작에서 터키의 전제 정치는 지중해 동부, 남부 빈곤의 원인으로 비판을 받는다. 그러나 터키를 이제는 더 이상 승리한 기독교 세계의 팽창에 대한 도전자로서 두려워하지 않는다.

극동에서 일본은, 도쿠가와 쇼군 치하에서 이제 막 통일을 하고는, 17세기 초에 동아시아 제국을 정복할 꿈을 꾸면서도 우물쭈물하였다.[134] 이 생각은 3세기가 지나서야 실행에 옮겨졌다. 그러나 디포의 시기에 일본은 세계에서 물러나 쇄국에 들어갔다. 16세기와 17세기 초에 제수잇과 프란치스칸 선교사들은 많은 성과를 올려 순교나 추방이라는 찬사를 받았다. 선교사들이 일본인을 개종시키는 활동이 엄청나게 성공을 거두면서 멀리 떨어진 로마 교황에게 두 번째 충성을 수용하겠다고 맹세하는 일본인이 점점 더 늘어나자, 이는 섬나라 제국의 안보 자체를 위협하는 것으로 보이기 시작하였다. 이러한 충성이 무슨 뜻인지 누가 알았을까? 기독교가 그보다 더 잘 알려지고 훨씬 더 두려운 존재였던 스페인 왕을 위해 국가 안보를 위협하는 집단이 아니라는 확신이라도 있는가? 일본인은 자기네를 외부 세계의 반란적 사상과 단절하기로 결정하였다. 일본인은 고작 1년에 네덜란드 배 한 척의 입항만을 허용하였다. 이것은 일본인이 열병이 난 유럽 세계의 미래를 알려는 전부였다.

이제 그 모두 가운데 가장 큰 제국, 둘이 남았다. 동쪽에 중국이 있다. 디포의 유럽에서 중국은 위협이 아니라 지적 도전자로서 높이 평가받았다. 디포 자신은 유럽이 발명하였다고 가장 크게 자부하였던 많은 것들이 사실상 중국이 먼저 발명하였다는 사실을 인정할 수밖에 없었을지라도, 문명의 두 번째 중심이라는 개념을 좋아하지 않았다. 화약, 나침반, 인쇄술 등 유럽 문화와 성공의 기초였던 모두를 중국인이 먼저 해놓았던 것이다.[135] 정말로 약간 자존심 상하는 일이었다. 그뿐만 아니라 중국의 도자기와 비단이 유럽으로 점점 더 많이 수입되자, 디포는 중국 기능공들의 놀랄 만한 숙련도를 무시할 수도 없었다. 의심할 여지가 없다. 중국인은 "세계에서 가장 똑똑할 뿐 아니라, 예외 없이 가장 근면하다."[136] 그러나 디포는 이런 사실을 마지못해 받아들였다. 로빈슨 크루소라는 소설 속의 인물 뒤에 숨어 디포는 심술을 부릴

수 있었다:[137]

> 중국의 부, 교역, 정부의 권력, 강력한 육군 등의 웅대함은 우리에게 놀랍다. 왜냐하면 내가 말하였듯이, 우리는 그들을 신앙이 없는 야만인이자 미개인보다 나을 것이 없다고 여겨, 그들에게서 그와 같은 것을 예상하지 않았던 것이다; 그리고 확실히 이것은 우위이다. 그 우위로써 그들의 모든 탁월함과 힘이 우리에게 제시되었다; 그렇지 않다면 그것은 그것 자체로는 전혀 아무것도 아니다.

크루소는 중국의 건물, 교역, 농업, 정부, 심지어 도자기와 과도하게 칭찬받는 그들의 학식까지도 우습게 여긴다. 그는 중국에서 나오는 길에, 최종적으로 악담을 한 마디 한다. 그의 안내인이 세계의 불가사의라고 격찬하는 것 앞을 지나면서, "이 울타리라고 부르는 아무것도 아닌 덩치"라고 일축해 버린다.[138]

디포가 생각할 때, 중국이 지은 죄는 유럽인이 그들에게 가르치는 것이면 무엇이든 받아들이기를 거절하였다는 점이었다. 동방의 마지막 대제국 표트르 대제의 러시아는 이런 점에서 아주 달랐다. 여기에는 놀랄 만큼 겸손한 왕이 있었다. 그는 "지식의 완성 단계, 즉 자신이 아무것도 모른다는 것을 알았다." 그리고 서유럽 국가들이 그토록 강력하게 된 비밀을 알아내기 위해 자신이 몸소 유럽을 방문하였다.[139] 그런 다음 그는 돌아와서 "자기 신민들을 가르치는 전 과목 선생님"이 되었다. 방법이 잔인하였을지는 모르나 그 성과는 괄목할 만하였다. 그의 재위 기간에 러시아는 관료 내에서 그리고 유럽의 전쟁터에서 치러지는 권력 투쟁에서 긴요한 역할을 최초로 수행하였다. 서유럽의 눈에 러시아는 아직 후진적이고 미개하였다; 표트르 대제는 여전히 시베리아의 곰으로 보일 수 있었다.[140] 그러나 그들은 서구화 과정의 첫걸음을 내디뎠고, 나중에는 세계를 놀라게 하였다. 무스코비 공국의 군주(차르) 표트르 알렉소비츠는 빛을 보고서 미래의 굴욕적인 진실을 알아본 동양 국가 최초의 지배자였다. 유럽의 방법이 채택되어야 하였다. 유럽이 세계를 상속받으려 하는 중이었으므로.

주

1. Frances Yates, *Giordano Bruno and the Hermetic Tradition*(1964), p. 198; 그리고 또한 *The Art of Memory* 참조.
2. *AJ*, 1725년 10월 30일자(Lee, 3권, 435).
3. 1726~1727.
4. 1723~1724에서 시작하고 1728년에 발행.
5. 이 저작이 문헌으로 J. R. Moore, "The Canon of Defoe's Writings," *The Library*, 5th ser. XI(1956) 참조.
6. p. iii.
7. *CJ*, pp. 10~11.
8. *Memoirs of a Cavalier* 1972년판의 서문에 이 책을 위한 디포의 역사적 연구 설명이 있다.
9. 이러한 서적에 대한 논의로 Geoffroy Atkinson, *The Extraordinary Voyage in French Literature before 1700*(New York 1920)과 *The Extraordinary Voyage in French Literature from 1700 to 1720* (Paris 1922) 참조.
10. Atkinson(1922), pp. 15~16; [Gabriel Foigny], *A New Discovery of Terra Incognita Australis ... by James Sadeur*(1693), pp. 63~72.
11. [François Misson], *A New Voyage to the East Indies by Francis Leguat*(1708), 1707년 저술.
12. *CEG*, p. 225.
13. Woodes Rogers, *A Cruising Voyage round the World*(ed. G. E. Manwaring, 1928); William Dampier, *Voyages*(ed. John Masefield, 1906).
14. *NVRW*, pp. 1~3.
15. *CJ*, pp. 292 ff.; J. H. Parry, *The Spanish Seaborne Empire*(1966), pp. 292~298; Curtis Nettels, "England and the Spanish-American Trade, 1680-1715," *JMH*, iii(1931).
16. *GHDI*, p. 1.
17. *The Wisdom of God manifested in the Works of the Creation*(1691), p. 113.
18. *Review*, 9권, 107.
19. *Review*, 9권, 110.
20. 69호.
21. *Review*, 9권, 109~110.

22. *Review*, 9권, 110. 영국이 아니라 네덜란드의 추적을 받다니 디포에게 매우 유감임.

23. *AM*, pp. 133~134.

24. 당시에 있었던, "고대주의자," 즉 세계와 인간이 과거의 황금기에서 계속, 쇠퇴 과정에 있다고 믿는 사람들과, 아니 향상하고 있다는 "근대론자" 간의 대논쟁은 다음에 잘 요약되어 있다. R. F. Jones, "The Background of the *Battle of Books*" in R. F. Jones et al., *The Seventeenth Century*(1951). 디포는 가끔 "고대주의자"라는 용어를 쓴다. *Good Advice to the Ladies*(1702), p. 15에서 그는 "이 철의 시대"라는 표현을 쓰고, *Tour*, 1권, p. 54에서는 "도시, 나라, 가족, 사람들"의 불가피한 흥망성쇠를 논한다. 그러나 대개 그는 근대적이다. *CEG*, p. 231에 "근대론자"가 고대주의자에 우월함을 이야기한다.

25. *GHDI*, pp. 49~50.

26. *GHDI*, p. 50.

27. *GHDI*, p. iv.

28. *GHDI*, pp. 3~4. 또한 AM, p. 170 "그 유명한 아르카디아 평원, 템페, 황금 숲, 고대의 꽃동산이 이제 무너지노나"도 참조.

29. *PHD*, pp. 230~231.

30. *AM*, p. 170.

31. *GHDI*, p. 26.

32. *GHDI*, pp. 79~152; *PEC*, pp. 312~327. 바바리 해적과 디포의 시사를 유럽 나라들이 행하지 않은 이유 등을 분석한 것으로 내 책 *Corsairs of Malta and Barbary*(1970), 특히 pp. 15~16, 265~267을 참조.

33. *GHDI*, pp. 61~65.

34. *GHDI*, pp. 76~78. 그는 또한 태평양 제도에서 아메리카 서해안 쪽으로 이민이 이루어졌다는 이론을 지지한다. *AM*, p. 276. 그러나 아메리카 원주민이 북동아시아에서 이주하였다는 제3의 견해에는 동조하지 않는다.

35. *The Sot-weed Factor*(1708), p. 11.

36. pp. 131~132.

37. *GHDI*, p. 239.

38. 1728.

39. J. H. Parry, *The Age of Reconnaissance*(1963), p. 324.

40. Parry, pp. 198, 201, 324; Dampier, "Voyage to New Holland," 앞의 책, 2권, pp. 423 이하. 그는 서부 오스트레일리아 도착 후 왜 남쪽의 새로운 땅으로 가지 않았는지 설명한다: "나는 고고

도 지역에 필요 이상 시간을 쓰고 싶지 않았음을 실토한다; 더 가까운 곳만큼 그 땅이 탐험할 가치가 없음을 …"(2권, 459). 모든 탐사 계획이 완전히 허사처럼 보였고 1702년 댐피어가 귀환한 이후 부관에게 폭력한 혐의로 군법회의에 소환된다.

41. *GHDI*, p. 269.

42. *CS*, pp. 57~168.

43. "On Poetry"(1733)이 Wylie Sypher, *Guinea's Captive Kings*(New York, 1969), p. 30에 인용됨. "Pseude-Africa of Ignorance and Fancy" 부분이 재미있음. pp. 27~37.

44. E. W. Bovill, *The Golden Trade of the Moors*(2nd ed., 1968), p. 207.

45. 같은 책, p. 210.

46. *AM*, pp. 236~238.

47. *AM*, p. 276.

48. Bovill, 같은 책, pp. 23~24, 82.

49. 1725.

50. W. L. Schurz, *The Manila Galleon*(New York, 1939).

51. Dampier, 같은 책, 1권, pp. 356~357에서 민다나오 남쪽 테라델푸에고(Terra del Fuego)로 불어 줄 바람을 만날 때까지 항해하였음이 이득될 것이라고 쓴다. "돌아오는 길에 뉴홀란드(New Holland) 어딘가 만나서, 다른 곳으로 빠지지 않고도 매우 이로운 발견을 할 수 있다. 솔직히 말해 이 쉬운 길을 무시하였다. 남해가 아직 모르는 엄청난 테라아우스트랄리스(Terra Australis) 경계로 가는 이 길을."

52. *NVRW*, i, 118.

53. *NVRW*, i, 119.

54. *A Treatise of the Scurvy*(1753).

55. *NVRW*, i, pp. 192~208.

56. *Review*, 8권, 165~192, 197~204, 233~235; *PEC*, pp. 366~668; *AM*, p. 318 등.

57. pp. 366~368.

58. 아라우칸의 폭력성의 묘사는 "Sir John Narborough's voyage to the Streights of Magellan" in John Harris, *Navigantium atque itinerantium Bibliotheca*(1705), ii, 801 이하(특히, 812) 참조. 나보러(Narborough)의 이야기는 디포의 남아메리카 주요 출전이다. 나보러가 디포가 꿈꾼 계획을 뒷받침하였다는 말이 아니라.

59. 당시 의견을 대강 본다면 Acarete du Biscay, *An Account of a voyage up the River de la Plata, and thence over land to Peru*(영역 1698) 그리고 Woodes Rogers, *A Cruising Voyage round the*

World, ed. G. E. Manwaring(1928), pp. 54 이하.

60. Rogers, pp. 65~66.
61. William Pilling, *The Emancipation of South America*(1893), pp. 132 이하.
62. *NVRW*, 2권, 143; 사실 나보러는 항구 계획에 들뜨지 않았다.
63. Woodes Rogers, 앞의 책, pp. 248 이하.
64. *NVRW*, 2권, 138~142. 나보러를 잘못 인용하지 않았을까. 산토 훌리안항 후면과 콘월(Cornwall)을 비교하였는데 솔즈베리 평원과 비교한 것처럼 큰 차이임.
65. Parry, 앞의 책, p. 160.
66. 『로빈슨 크루소』의 평에서 Charles Gildon이 잘 지적. Gildon, 앞의 책, pp. viii~ix. 크루소가 디포에게 나를 "이러한 야비한 개로, 65세 이후에도 세계의 세 부분을 돌아다니게 만든다고" 불평한다.
67. *FARC*, p. 356.
68. 디포는 그의 저작에 이를 언급하는 것을 얄밉게 잊어버린다. 셀커크의 고생은 Woodes Rogers, 앞의 책, pp. 91~96에 잘 그려졌다. 로빈슨 크루소와 상황에 대처함이 상당히 비슷하다. 후안 페르난데스도 Dampier, 같은 책, 1권, 112~119에 기록되고 모스키토 인디언이라는 아직 모호한 자와 같이 언급된다. 그렇지만 셀커크의 모험이 『로빈슨 크루소』 저작을 불렀다는 아무런 근거가 없다. Arthur, W. Secord, "Defoe in Stoke Newington," *PMLA*, lxvi(1951)은 드루리(Robert Drury)의 경험에서 비롯되었다고 시사한다. 그가 좌우지간 스토크 뉴잉턴 인근 자손이고 마다가스카르 조난에서 살아남아 1717년에 14년간의 원주민과 생활 후에 돌아왔다고 디포가 쓴 것으로 알려진 *Robert Drury's Journal*(1729)에 나온다.
69. *KP*, p. 30. 펭귄과 게시판 모두 Narborough, 앞의 책에 근거한 것으로 보인다.
70. 음식과 건강에 관해 Alan Villiers, *Captain Cook, the Seamen's Seaman*(1969), 특히 pp. 29~33, 51, 123~126.
71. *Review*, 1권, 409.
72. *The Portuguese Seaborne Empire, 1415-1825*(1969), pp. 211~212.
73. Villiers, p. 107. 이는 아주 나중까지 보수적인 해군성에서 받아들이지 않았다. 해리슨(Harrison)에 관해서는 Humphrey Quill, *John Harrison: the man who found longtitude*(1966) 참조.
74. 후안 페르난데스를 찾느라 고생한 것은 Woodes Rogers, p. 90을 보라.
75. Parry, 앞의 책, p. 198.
76. *The Voyages, Dangerous Adventures and imminent escapes of Captain Richard Falconer*(1720). 몇 전기 작가들은 이 책을 디포가 썼다고 한다.

77. J. S. Bromley, "The French Privateering War, 1702-13," *Historical Essays 1600-1750, presented to David Ogg*, ed. H. E. Bell and R. L. Ollard(1964).

78. 이 행위의 자세한 내용은 Earle, *Consairs* 참조.

79. *GHDI*, p. 148.

80. W. H. Lewis, *Levantine Adventurer, the travels and missions of the Chevalier d'Arvieux, 1652-1697*(1962), p. 114. 또한 d'Arvieux, *Mémoirs*(Paris, 1735) 참조.

81. Hubert Deschamps, *Les Pirates à Madagascar*(Paris, 1947), p. 45.

82. Boxer, *Portuguese Empire*, pp. 136~137.

83. *GHP*, 머리말 A 3.

84. *CJ, CS, FARC, GHP, KP, NVRW* 등 디포 저작 중 해적 관련 부분이 일반적 논조이다.

85. *GHP*, p. 125.

86. 앞에 설명한 문제는 지중해의 해적, 그들의 인질과 탈취 화물을 팔 수 있었으므로, 중요한 상품을 잘 대해 주었다는 사실로 알 수 있다. Earle, *Corsairs*, 앞의 책 참조.

87. *GHP*, pp. 87~88.

88. *CS*, pp. 303~304.

89. *CS*, p. 244.

90. *KP*, p. 24.

91. *GHP*, pp. 169 이하.

92. 예를 들어 *KP*, pp. 27~28에서 비슷한 논의.

93. Deschamps, 앞의 책 참조.

94. G. E. Manwaring의 Rogers, 앞의 책 서문과 *GHP*, pp. 47~52 보라.

95. *Review*, 4권, 425~428.

96. 디포는 이 이야기의 진실을 부인한다. *KP*, pp. v~vi. 애버리(Captain Avery)는 진실임을 밝히는데, 그들이 "착하게 살 수 있을 만큼 돈이 있었으므로," pp. 63~64.

97. Deschamps, pp. 108~112와 196 이하.

98. G. M. Walton, "Sources of productivity change in American Colonial Shipping, 1675-1775," *EcHR*, 2nd ser. xx(1967).

99. *E upon P*, p. 124.

100. p. 73.

101. 흑인에 대한 일반적 태도는 Winthrop D. Jordan, *White over Black: American attitudes towards the Negro, 1550-1812*(1968)과 Wylie Sypher, *Guinea's Captive Kings*(New York, 1969)

참조.

102. *Crusoe*, p. 152.

103. *Crusoe*, p. 153.

104. *Crusoe*, pp. 125, 169~170.

105. *FARC*, p. 424.

106. 같은 책, p. 14.

107. p. 559.

108. *Discourse of Trade*(1697), pp. 129~130.

109. *AM*, p. 237.

110. *AM*, p. 237.

111. 유럽의 노예 상인들 간 경쟁이 아프리카 중개인들을 이런 면에서 약간 교육적 효과를 냈다. p. 132 참조. 노예 무역의 흥미로운 묘사로 Elizabeth Donnan, *Documents Illustrative of the History of the Slave Trade to America*(New York, 1965), vol. i.

112. 1702, p. 17.

113. *AM*, p. 237.

114. p. 95.

115. *AM*, p. 237.

116. *Genesis*, 9~10.

117. pp. 129~131.

118. *Review*, 6권, 186. 사탕 식민지의 당시 묘사로 디포의 선임 고용주 Dalby Thomas, *An Historical Account of the Rise and Growth of the West-India Colonies*(1690)를 보라.

119. *E upon P*, p. 104. *Review*, 1권, 401~402.

120. Sypher, 앞의 책, pp. 158~159.

121. *Review*, 8권, 730.

122. *CJ*, p.145.

123. 추밀원의 1789년 위원회는 노예 무역의 도덕성 청문회를 열어 1680~1688년간 이동 중 사망률이 23.5퍼센트에 달하였다는 자료를 확인하였다. 노예 무역업자들의 청원과 들끓는 여론이 노예 가격을 급등하게 하였으며 그 결과 노예 사망률이 1734년에는 10퍼센트로 낮아졌다. K. G. Davies, *The Royal African Company*(1957), p. 292.

124. *AJ* 1722/3년 1월 26일자에서 디포는 이와 관련하여 "천국" 이라는 단어를 쓴다(Lee, iii, pp. 95~96).

125. 디포의 소설에서 이주를 통한 회개와 재생의 주제는 중요해진다. 무려 50년간 유예 끝에 1717년의 새 의회법에서 버지니아와 메릴랜드로 사면 이주가 결정된다. Abbot E. Smith, *Colonists in Bondage*(Chapel Hill, 1947) pp. 89~135. 새 법은 죄인들을 불러들이지 못하게 한 식민지법을 무효화하였다. 1718년 여름부터 죄수들이 밀어닥쳤다.

126. *AJ*, 앞의 책.

127. Kai T. Erikson, *Wayward Puritans*(New York, 1966); Alan Heinert, "Puritanism, the Wilderness, and the Frontier," *New England Quarterly* xxvi(1953).

128. 특히 북쪽 지역. 디포는 실제 담배와 사탕의 과생산을 걱정하였다(예를 들어, *Review*, 6권, 1~2) 그는 섬으로 백인 이주를 절대 권고하지 않았다.

129. *Review*, 1권, 137~139, 8권, 537~540, 569~572.

130. *Review*, 1권, 402.

131. 더 자세한 논의는 pp. 134~135.

132. 자세한 내용은 pp. 135~136.

133. 7년 전쟁(1756~1763) 동안 인도에서 함포력의 중요성을 설명한 C. M. Cipolla, *Guns and Sails in the Early Phase of European Expansion, 1400-1700*(1965), pp. 145~147 참조.

134. C. R. Boxer, *The Christian Century in Japan*(1951), pp. 248~307.

135. *The Consolidator*(1705), p. 5.

136. *AM*, p. 214.

137. *FARC*, p. 386. 또한 *SRRC*, pp. 133~142도 참조.

138. *FARC*, p. 395.

139. *PA*, p. 8. *CEG*, pp. 35~38 참조. 러시아에 대해 *PA*, 곳곳, 그리고 *AM*, pp. 127~132.

140. *Review*, 9권, 156.

제4장 상속자들

디포 세계의 4분의 3을 차지하는 환상, 소설, 사실 등이 뒤섞인 영역에서 나와 나머지 4분의 1에 눈을 돌리면 실제의 정치적, 지리적 산실이 꾸며 낸 것을 이어받는 대륙으로 들어선다. 디포의 인물들은 세계의 다른 곳을 돌아다니듯이 유럽을 배회한다. 그러나 그들의 모험은 디포와 독자들이 아주 잘 아는 현실 세계의 경관과 사건에 확고히 근거하고 있다.

디포가 살던 대부분의 기간 동안 유럽 경관 한복판에서 보이는 두드러진 특징은 프랑스의 우세였다. 루이 14세의 권력 장악과 디포의 출생은 시기가 일치하였다. 프랑스에서 루이 14세는 10년 내에 절대 왕정을 만들었다. 그것은 로마 제국 시대 이후 유럽에 등장한 가장 성공적인 권력 창출의 사례였다. 루이 14세가 그와 같은 규모 및 웅대함을 갖춘 유럽 제국을 손에 넣는 일을 막을 것은 거의 없어 보였다. 프랑스의 거침없는 팽창에 거스르려는 사람은 거의 없었고, 그렇게 위대한 국왕의 신민이 되는 혜택을 누릴 수 있을 날을 반기는 사람은 많아 보였다. 프랑스의 권력과 문화는 그처럼 강력하고 훌륭하였다. 디포 자신도 루이 14세의 사망 소문이 난 1712년에 송덕문을 써서 태양왕의 위대함을 기렸다:

> 그의 천재성은 그가 행해야 할 역할 – 즉, 플라겔룸 다이(*Flagellum Dei*), 세상을 향해 휘두르는 신의 회초리 – 에 걸맞았고, 왕관을 써 본 대부분의 왕들보다도 더 위에 있었다; 가장 중요한 협의체를 휘어잡을 수 있는 수장; 불 같은 성미에, 당당하고, 장대하고, 신민에게는 경외로운 존재로 군림한다; 귀족을 자신에게 아부하며 고분고분한 존재로, 평민을 가장 완전히 예속적인 존재로 전락시킬 힘이 있다. … 그가 지닌 위풍에 대해 말하자면, 모든 기획의 내용을 자기 머리로 터득하고 있으며 세상에서 가장 현명한 군주가 범하였을 실수보다 그가 범한 실수가 더 적었다.[1]

디포의 찬양은 그의 마음에서 우러나온 것이다. 프랑스의 힘이나 프랑스 왕의 위대한 업적을 그는 결코 과소평가한 적이 없다. 4반세기 동안 그와 그의 신민들의 삶은, 두 해양 권력인 잉글랜드와 네덜란드, 그리고 대륙에 있는 그들의 우방들이 거대한 프랑스를 제어하기 위해 오랜 기간 투쟁하던 세월이었다. 그리고 결국에는 성공하였다. 그러나 그 투쟁은 단일 권력이 우위로 떠오르는 위험에 대비하는 단순한 자기 방어적 대응 이상의 의미가 있었다. 우방들을 잊거나 무시하는 경향을 가진 편협한 영국인의 관점에서 볼 때, 이것은 본질적으로 영국과 프랑스가 벌이는 결투였다. 두 나라는 유럽에서 가장 부유하였다. 또한 사회와 세계를 바라보는 견해가 서로 대립되는 발원지이기도 하였다. 섬나라 국민들은 자기네 승리를 영국인의 자유가 프랑스 노예제를 이긴 사건으로 칭하고 싶어 하였는데, 이는 세계사에서 지역적 의미 이상을 갖는 승리였다.

런던과 파리가 유럽 정치의 초점이고 유럽 권력의 무게 중심이 이제 영국 해협 어디엔가 놓여 있다는 사실은 역사에 해박한 디포에게도 놀랄 만한 변화였다. 17세기를 지나며 유럽은 상전벽해를 겪었다. 천년 이상 정치, 상업, 문화의 중심지는 지중해였다. 로마인과 카르타고인의 시대는 저물었을 수 있겠지만, 똑같이 강력하고 부유한 민족들이 이들을 대신하였다. 1600년에 유럽 문명은 아직 남부가 지배하였다. 문화와 부를 보려면 이탈리아를 찾아야 하였다. 르네상스, 상인 군주들, 대산업과 큰 성취를 이룬 이탈리아를. 권력을 보려면 스페인을 찾아야 하였다. 필리핀부터 남아메리카까지 뻗어 있어 최초로 해가 지지 않는 제국의 지배자인 스페인은 남아메리카의 귀금속이 끊임없이 흘러들어와 이 귀금속으로, 약간 지체되긴 하였으나, 세계 최고의 육군을 유지하였다. 스페인의 자랑이자 적들의 시샘거리인 이 군인들은 당황스러울 정도로 많은 유럽 지역에서 차출되었다. 거의 모두가 직접 스페인이 지배하는 지역이었다. 지방에서 지방으로 함께 행군하며 반란을 진압하고 스페인을 시샘하는 경쟁국의 침입을 격퇴함으로써 제국을 지탱한 것이 이들이었다. 튀니지의 비기독교도와든, 플란더스의 이단자들과든 싸워서 가톨릭 세계의 수호자가 되려는 스페인 왕의 야망을 떠받쳐 준 것도 이들이었다. 그러나 결국 그 제국의 크기 자체와 유지 비용이 스페인의 몰락을 가져왔다. 다른 나라의 질투와 스페인 내 행정 구역에 관련된 배타적인 야망이 1560년부터 1660년까지의 전 기간에 걸쳐 스페인을 거의 끊임없이 이어지는 전쟁에 연루시켰다. 드디어 스페인은 탈진하였고, 돈과 사람이 고갈되고, 더 이상 유럽에서 지배적인 지위가 아니게 되었다. 포르투갈은 급속히 쇠퇴하고 있는 한 제국의 통치자이기도 하였는데, 이 포르투갈이 1640년이 되자 60

년간에 걸친 스페인의 지배에서 벗어나는 데 성공하였다. 1643년에는 명성을 떨치던 스페인 보병대가 로크루아(Rocroi) 전투에서 프랑스에 패배하였다. 단지 한 교전이었으나 그 시대의 상징이 된 전투였다. 1648년에는 네덜란드 공화국이 80년간의 어마어마한 싸움 끝에 드디어 스페인 지배에서 벗어남을 인정받았다. 1659년에는 4반세기간 간헐적으로 교전하던 끝에 스페인이 프랑스와 평화를 맺고, 이제 합스부르크 대신 부르봉 왕가가 유럽의 조정자 역할을 한다는 것을 암묵적으로 받아들였다. 지중해의 오랜 주도권이 막을 내리고 있었다.

정치적 쇠퇴는 경제적 약화를 수반하였다. 특히, 이탈리아는 한때 유럽 경제의 지배적인 상공업 중심지였다. 북쪽에서 원자재를 수입하는 대신 제조업품과 동방의 사치품을 수출하였다. 이제 형세가 역전되었다. 영국과 네덜란드가, 프랑스의 도전을 점점 더 많이 받아 가며, 지중해에서 원자재를 실어 가고, 직물과 쇠붙이를 지중해 지역에 풀었다. 한때 아시아와 유럽을 왕래하는 중개 무역자였던 베니스는 이제 거의 모든 후추와 향신료를 유력한 북부 상인들의 선창에서 받아 왔다. 이탈리아인들은 아직 개인적으로 부유하였다; 금융과 견직 산업에 투자하면 여전히 후한 배당이 지급되었다. 그러나 빈곤과 북유럽의 부상하는 경제적 강대국들에 식민지처럼 의존하는 모습이 그 지역 전반의 특색이었다.

디포가 남유럽을 바라볼 때 그 눈초리는 그 지역의 과거 영광을 상기하여 다소 자제하기는 하였으나 멸시하는 눈초리였다. 남유럽인들은 여러 가지 이유로 경멸의 대상이었다. 물론 그들은 가톨릭교도였으므로 미신을 믿는 광신자였다. 이 자체로서는 심각한 문제가 아니었다. 이미 보았듯이 디포는 자신의 저작에서 가톨릭에 대해 상대적으로 관대하였기 때문이다. 그럼에도, “미신의 본고장이자 골수 가톨릭 왕국인”[2] 이탈리아에서 너무 많은 시간을 보낸 한 영국인 청원자의 종교적 신앙을 조심스럽게 검토하는 것이 현명할 따름이다. 그는 충분히 물들었을 만도 하였다. 그러나 몇몇 근대의 역사가들과는 달리, 디포는 가톨릭이 결코 이탈리아 빈곤의 원인이라고 생각하지 않았다. 어차피 남부(역주: 이탈리아의 남부)는 항상 가톨릭이었는데 한때는 부유하였었다.

아니다. 남부를 가난하게 만든 것은 게으름이지 가톨릭이 아니었다. 이탈리아인의 게으름은 과거 이탈리아의 부유함의 산물이었다. 부유함이 이탈리아 전역을 사치와 방탕의 주연으로 몰고 갔다. 이탈리아는 명백한 악덕의 상징이었다. 이탈리아를 방문한 왕당파(the Cavalier) 기사가 디포와 그 시대의 많은 사람들의 관점을 반영한다;

> 근대적인 것이라면, 음란함, 사적 살인, 길 구석에서 또는 어둠 속에서 사람을 칼로 찌르는 일, 자객의 고용 등등 말고는 아무것도 보이지 않았다; 여기서 모든 전환은 성매매, 도박, 남색으로 끝이 났다. …
> 자비롭고 용감하고, 모든 민족 가운데 가장 영웅적인 고대의 영광스럽던 자들이, 미개하고, 불충하고, 시샘내고, 복수하고, 음탕하고, 겁쟁이고, 참을 수 없게 자랑하고, 오만하고, 광신하고, 일관성 없게 헌신하고, 최악의 우상숭배로 점철된 사악한 저급 영혼으로 퇴화한 모습으로 변한 것을 나는 보았다.[3]

디포의 인물들 가운데 이탈리아에 대해 좋은 말을 하는 단 한 사람이 의미심장하게도 록사나이다. 그녀는, 다른 누군가가 값을 치러 주는 한, 사치를 매우 사랑한다. 그녀가 "이탈리아와 사랑에" 빠질 때, 디포는 그녀가 이탈리아에 한 칭찬으로 그 나라를 저주하고 있다.[4] 이탈리아는 영국인이 유럽 대륙 일주 여행 중에 들러 지난 세월 이탈리아가 이룩한 경이로움에 놀랄 수 있는 곳이었다; 영국인은 이탈리아에서 그림 몇 점이나 좋은 가구를 구입할 수는 있겠지만 그가 방문하였을 당시의 상태에 대해서는 그다지 좋은 이야기를 할 것 같지 않았다. "그렇게 만연한 나태, 우상 숭배, 방탕이 세상에서 가장 용감하고 장대하였던 민족을 나약하게 하였다."[5] 이탈리아의 도덕적 타락을 묘사하며 짓는 영국인의 회심의 미소는 부분적으로는 이탈리아가 자기네 문명의 요람이었다는 관점에서 유럽 북부 사람들이 겪어 오던 문화적 열등감의 표현이었다. 노스(Dudley North)는 이탈리아인이 17세기 말에 영국 유행을 따르는 것을 보고 매우 기뻐하였다; "이것은 이 부근을 여행하는 많은 사람들의 잘못된 추론을 보여 줄 따름이다; 그리고 많은 사람이 그러는 것처럼 우리는 국내에서 우리 자신을 과소평가할 이유가 없다."[6] 이탈리아인은 영국인의 문화적 후진이 주는 이점을 취할 수 있었다. 영국 신사가 유럽 일주에서 돌아올 때 북유럽의 신흥 부자(*nouveaux riches*)를 쥐어짜는 것에서 벗어나 이탈리아 음악가와 화가 무리를 대동할 수도 있었다. 왜냐하면 런던 사람들이 근대 이탈리아인을 멸시하였을지라도 오페라는 좋아하였기 때문이다.[7]

이탈리아인이 방탕에 여념이 없어 일을 하지 않았다면, 스페인인은 일하기에는 자존심이 너무 강해서 일을 하지 않았다. 남아메리카에 은광을 가지고 있으면서도 여전히 빈곤하였던 그 나라가 지닌 역설은 몇 세대 동안 유럽인들의 관심을 끌었다. 스페인으로 은이 유입되자마자 그것은 스페인인이 만들기 귀찮아하는 북유럽 제조업품들을 사는 쪽으로 흘러나갔다. 혹은 이야기가 그렇게 흘러갔다. 심지어 걸인조차도 손에 흙 묻히기를 거절하는 신사들이었다. 나라를 부유하게 만들 성향을 스페인 사람들은 전혀 가지고 있지 않았다. 그들은 돈이 있으면 인심을 팍팍 쓰는 데 써 버렸다. 돈이 다 떨어지면 굶었다;

> 돈을 아끼지 말라, 용감하게 보이려면,
> 그리고 으시대며 굶어라, 저축을 경멸하므로.
> 세상에서 예전에는 그렇게 부유하였다가
> 또 그렇게 빈곤한 나라가 있었던가.[8]

『세계를 다시 돌아보다』의 화자가 스페인 사람을 만난다. 그는 디포의 관점에서 유럽 북부와 남부 간의 차이를 아마도 정확히 지적한다: "우리는 자부심이 강해서 탐욕이 없다. 우리는 우리를 일하게 만들 만큼 무엇인가를 탐내지 않는다."[9] 얼핏 보기에 매력적인 이런 철학이 디포에게 호소력이 있을 턱이 없었다.

스페인은 유럽에서 영국의 가장 좋은 시장이었다. 그럴 정도로 아마 일부 스페인 사람은 돈을 좀 가졌음에 틀림없다. 사실 그 나라는 당시 경제학자들의 이상이었다. 스페인은 식품, 원자재, 선철 같은 반제품, 그리고 대량의 멋진 에이트(eight) 조각을 수출하고, 그 대신 영국에서 생산된 제조업품, 모직물과 편물 스타킹을 수입하였다. 스페인은 또 유럽에서 정치적 지배력을 잃었다고는 하지만, 방대한 해외 제국 거의 모두를 아직 유지하였다. 이것만으로도 스페인은 접근할 가치가 있다. 디포 시대에 유럽 정치의 많은 부분은 이 제국의 미래를 둘러싸고 움직였다. 누가 이를 다스리고, 누가 이 제국에 노예와 유럽 상품을 공급하는 무한한 이득을 누려야 하는가?

스페인의 이베리아반도에 이웃한 포르투갈의 쇠퇴는 여러모로 더욱더 비극적이었다. 유럽의 자랑인 교역과 제국 팽창의 선구자가 포르투갈인이었다. 백 년 동안 그들은 인도양을 지배할 수 있었고, 동쪽 바다에서 어느 다른 유럽 세력에게도 도전받지 않았다. 그러나 그 다음에 그들의 기술과 사업에 무슨 일이 일어났는가? "가장 부유하고 교역으로 가장 유명한 나라에서, … 교역이 가장 빈약하고 항해술이 가장 뒤처진 나라로 전락하였다."[10] 캡틴 싱글톤은 포르투갈인에게서 두 가지를 배웠는데, "떠돌이 도둑과 형편없는 항해자가 되는 방법이었다; 말하자면 세계의 어느 나라보다 그들은 이 두 가지를 가르치는 데 최고의 스승이다."[11] 이들이 바스코 다가마의 후계자일 수 있을까? 그들도 남쪽 나라 특유의 나태함에 젖어 있었고 스페인처럼 그들 자신의 노동과 노력으로 생산하는 것이 아무것도 없었으며 모든 것을 다른 나라에서 사왔다.[12] 그렇기 때문에 포르투갈은 스페인처럼 북유럽인에게는 좋은 시장이었다. 영국은 크롬웰 시대부터 이들과 계속 상업 조약을 맺어 가며 탐욕스럽게 시장을 개척하였다. 포르투갈 역시 같은 방법으로 수입 대금을 지불하였다. 즉, 포도주, 원자재, 브라질의 사탕, 그리고 17세기 말부터는 미나스제라이스(Minas Gerais, 브라질 남동부의 주)의 광산과 충적토에서 추출한 브라질산 금을 점점 더 수출하였다. 여기에서 1690년대에 남아메리카 전역과 유럽의 모험가들이 그 지역으로 몰려드는 근대 최초의 골드러시가 나타났다.[13]

아메리카 제국이 스페인을 여전히 유럽 정치에서 고려 대상이 되는 강대국으로 만들어 주었듯이, 마찬가지로 브라질은 사탕과 금으로 포르투갈을 지탱하였다.

남쪽의 불빛이 어두워지자, 새롭고 차가운 공격적인 빛이 북쪽에서 비치기 시작하였다. 예전에 권력, 부, 문화를 지배하던 남부에 도전하고 추월할 준비를 갖춘 세 개의 청교도 세력이 무대에 뛰어올랐다. 그중 스웨덴은 영광의 기간이 짧았다. 스웨덴은 발트해 패권을 잡고 싶었으나 인접국들이 시샘하고 러시아 권력이 갑자기 분출하여 꿈을 접을 수밖에 없었다. 17세기에 홀란드가 부상한 것은 그 시기의 경제 기적이었는데, 이 나라 역시 한 세기 반 동안은 스페인, 영국, 프랑스의 공격을 막는 데 성공하였으나, 1713년에 군사적 명성에 대한 야심을 포기하게 되었다. 홀란드의 경제도 도전을 받았으나 경쟁국들에게 추월당하지는 않았다. 영국만이 18세기에 살아남아 승리할 것이었으며, 영국 왕들이 유럽의 조정자이자 우승자였던 중세 시절의 영예를 부활시켰다. 그러나 그 시절 영국은 가난한 나라였다. 영국은 유럽 내에 있는 영국의 제국을 유지하기 위하여, 스페인처럼, 별이도 신통치 않은 보병들의 용기와 기술 경쟁력에 의존하였다. 18세기 초에 영국은 유럽에서 가장 부유한 나라였고, 스페인 제국에 버금가는 제국의 지배자였다. 스페인 제국은 가난한 인접국에서 스페인을 위해 싸울 용병을 동원할 수 있을 정도로 부자였으며 지중해의 눈부신 패권자였다. 16세기에 이탈리아, 터키, 스페인이 서로 패권에 도전하였던 지중해에서, 영국은 한 발은 지브롤터에 다른 발은 미노르카에 두고 파도를 지배하였다. 이탈리아와 스페인 사이의 바다를 왕립 해군 함정이 정찰하는 광경보다 지중해 쇠퇴의 징후를 더 확실히 보여 주는 것

은 없을 것이다.[14]

영국은 어떻게 이와 같은 엄청난 권력과 부의 증가를 이루었을까? 이 질문은 디포를 매혹시켰고 답변은 그의 저작에 계속 반복된다. 디포의 시기가 되면 권력과 부는 서로 강화하는 작용을 하였고 그 이후 계속 그러하였다. 에드워드 3세(재위 1327~1377) 시대는 나라가 가난하였어도 제국을 획득할 수 있었지만 이제 그런 시대는 지났다. 이제 부는 권력의 근간이었고, 돈은 전쟁의 근골이었다. "정복은 가장 긴 칼이 아니라, 가장 오래 가는 돈지갑으로 하는 것이다."[15] 권력은, 특히 해군력은 영국인이 교역하여 부를 얻을 수 있는 제국을 확보하여 유지할 수 있게 함으로써 부를 창출할 수 있었다. 영국인은 똑똑하고 지독한 구두쇠인 네덜란드인과 대등하게 경쟁하느라 견딜 수 없는 고생을 겪지 않아도 되었다. 부가 권력으로 이어진다면 대답해야 할 진짜 질문은 영국이 어떻게 부유해졌는가 하는 것이다.

디포에게 답변은 영국이 부유해질 잠재력을 실제로 언제나 지녔다는 사실에 있다. 유일한 문제는 과거 세대가 너무 어리석어서 준비된 부를 습득하지 못하였다는 것이었다. 신이 좋은 사물을 세계에 뿌려 놓을 때 특히 영국에 관대하였기 때문이다. 1711년에 디포는 『스펙테이터』(*Spectator*)지를 격렬히 공격하는 데 『리뷰』지 두 개 호를 할애하였다. 『스펙테이터』지는 다음과 같이 주장하였다. 즉, 영국의 천연자원은 전혀 쓸모없었다. 영국은 교역을 통해 영국 내에 종과 식물을 들여와 번성하기 전까지 "지구의 메마르고 불편한 얼룩"에 불과하였다는 것이다.[16] 디포는 이 주장 가운데 아무것도 받아들이려 하지 않았으며, 『스펙테이터』지가 영국에 "하느님이 하사하신 창조의 은총을 저버리고 있다"고 비난하였다.[17] 창조의 은총 중 으뜸은 놀랄 만한 영국 양모였다. 그 다음 차례로, 이는 영국 땅에 자라는 풀을 양이 발견하도록 유도한 섭리의 결과였다. "외국의 양을 여기로 들여와 털의 질을 높이고, 외국으로 운반된 우리 양은 해외 양모의 질을 떨어뜨렸다."[18] 디포는 영국의 천연적 부를 과장하고 싶지는 않았다. 디포는 다음과 같이 말하는 부류가 아니었다. "창조주가 낙원을 아시아에, 또는 유프라테스 유역에 둔 것은 실수였다; 템스강변에 두었으면 더 좋았을 것이다."[19] 다른 나라들도 좋은 것을 많이 가졌으나 어떤 나라도 가장 중요한 것을 갖고 있지는 않았다. 영국이 세계에서 가장 좋은 양모를 독점한 것은 신이 영국에 내린 선물이었다.

그렇다면 중세 영국인들이 원모를 직물로 만들지 않고, 어리석게도 원모를 바로 외국으로 보낸 사실은 얼마나 놀라운가. 플란더스 사람들은 부유해지고 그곳 여성과 아동이 영국 양모에서 실을 잣고 모포를 만드느라 바빴을 때, 영국인은 일거리가 전혀 없이 곤궁 속에서 빈둥거렸다.

> 나태와 게으름에 생매장된 사람들처럼 그들은 가만히 앉아 있었다; 그저 자기네 먹을 만큼만의 곡식을 거두기 위해 쟁기질과 파종을 하고, 매년 자기네 양의 양털을 깎아서, 그리고 양모는 내던져 버렸다고 말해도 좋을 정도였다; 전쟁에 나가고, 옛 영국의 영예와 자기네 위대한 왕들의 영광을 위해 머리를 두드려 맞았고; 그리고 이것이 온 나라의 귀족부터 최하층의 신하, 농민, 노동자까지 삶의 흐름이었다.
>
> 가난한 여성과 아동은 집에 앉아 어렵게 지냈다. 빈곤하고 아무 일도 하지 않고 살았다: 여자는 집안의 허드렛일을 하고, 애들은 가만히 앉아 손가락을 빨거나 지푸라기를 땄다; 그리고 둘 다 사는 게 아니라

굶주리며 비참하게 시간을 보낸다고 말하는 게 좋을 것이다. 그리고는 죽는다. 어디로 가는지 – 누가 알리![20]

영국 중세의 어리석음에 대한 환멸과 놀라움의 이 같은 표현은 디포의 저작에 아주 많다.[21] 그러나 어느 날 영국에 현명한 왕이 왕위에 올랐다. 흔히 헨리 7세(재위 1485~1509), 때로는 에드워드 4세(재위 1471~1483)가 공로를 인정받고 있다.[22] 왕국의 빈곤에 충격을 받은 왕은 신속히 그 원인을 알아냈다. 외국의 전문가가 초빙되어 영국인에게 직물 만드는 법을 가르쳤다. 양모 수출은 금지되었다. 순식간에 영국은 무기력 상태를 벗어났다. 한때 움막집 문 앞에 할 일 없이 앉아 있던 여성과 아동은 이제 집안에서 실을 잣느라 바빴다:

> 빈곤한 자들이 일하기 시작하였다. 오두막이나 옷가지 손질이 아니라 돈을 벌기 위해서, 즉 스스로 벌어 먹고 살기 위하여: 여자와 애들이 실을 자아 그들에게 전적으로 새로운 것, 전에 한번도 본 적이 없던 것으로 돈 버는 법을 배웠다. 남자들은 울타리와 밭고랑을 떠나, 제조업자들이 주는 일감을 얻었다. 양모를 빗질하고, 직포하고, 축융하고, 모직물을 손질하고, 운반하였다. 그들이 예전에는 전혀 몰랐던, 헤아릴 수 없이 행복한 노동을 그들은 수행하였다.[23]

더욱더 많은 직물이 만들어졌다. 온 세상 사람들에게 적합한 직물, 즉 "모든 나라, 모든 기후, 사람의 개성과 성질에 맞게; 혹한의 라플랜드인, 스웨덴인, 러시아인에게는 너무 얇지 않게, 햇볕에 그을은 아메리카인과, 페루, 브라질

주민에게는 너무 두껍지 않게; 독일인에게는 너무 가볍지 않게, 이탈리아인에게는 너무 무겁지 않게 … 신사에게는 너무 화려하지 않게, 숙녀에게는 너무 엄숙하지 않게."[24]

위대한 청교도 여주인공 엘리자베스 1세 여왕의 재위 기간(1558~1603)에 새로운 팽창 국면이 왔다.[25] 여왕은 네덜란드, 벨기에, 프랑스에서 오는 신교도들의 이민을 장려하였다. 이들은 영국인에게 새 주름옷(New Draperies)이라고 불리는 새롭고 가벼워진 직물 제조법을 가르쳐 주었다.[26] 더욱 많은 사람들이 실업 상태를 멈추었다. 빈민이 대거 새로운 제조업 중심지로 몰려들어 "지속적 고용의 편익을 누렸다."[27] 그렇게 해서 엘리자베스 여왕 시절에 영국의 빈곤 문제가 해결되었다.[28] 이렇게 높은 수준의 생산은 새로운 출구가 필요하였다. 이전에 영국 직물은 가까운 저지대 나라들까지 해상으로 운송되었고, 그곳에서 다시 외국 상인들이 육로로 유럽의 다른 지역에 가져다 팔았다. 이것은 시장을 제한하였을 뿐 아니라 영국 상인과 선박 소유자의 이윤도 제한하였다. 영국의 위대한 여왕은 곧 이 문제를 해결하였다. "여왕은 교역의 수문을 그들에게 열었고, 교역은 돈의 수문을 열었다."[29] 여왕의 지휘에 따라 영국인은 자기네가 직접 직물을 유통시켜 갔으며, 러시아, 발트해, 지중해에서 새로운 시장과 새로운 교역로를 찾아냈다.[30] 그리고는 해군력을 증강하여 다음 세기에는 해외 영국 플랜테이션의 개발을 가능케 하였다.[31] 영국은 스페인, 포르투갈보다 식민지 사업이 1세기 늦었을지 모르나 매우 빠르게 추격하여 따라잡았고, 이어서 때마침 프랑스가 약 50년 후 제국 팽창을 시도할 때 많은 영토를 획득하지 못하게 저지할 수 있었다.[32] 이제 영국 직물을 가득 실은 선박이 전 세계를 항해하였다. 귀국길에는 사치품과 은을 싣고 왔다.

영국은 부유해졌고 세계는 영국 직물로 지어진 옷을 입었다. 그리고 이 모든 것은 영국 양의 등에 난 양털, "하늘에서 영국에 내린 독점적 허가" 덕분이었다.[33]

디포에 따르면, 이러한 부의 팽창이 17세기까지 약간 덜 대담한 규모로 지속되었는데,[34] 나라의 정치적, 종교적 구조가 개혁되어 있지 않았더라면 이러한 부의 팽창이 국가 권력과 균형이 맞추어질 수 없었을 것이다. 개인의 부는 정치 체제와 연결되어 있어야 하였으며, 개인 스스로가 정치 체제와의 일체감을 믿고 그들의 돈으로 정책을 뒷받침할 준비가 되어 있어야 하였다. 그럴 때에만 영국이 위대해질 수 있었고 유럽의 조정자가 될 수 있었다.

예상 가능하듯이, 디포는 영국 역사에 대하여 휘그파적인 역사관을 가졌다. 그는 법의 지배, 종교적 관용, 그리고 왕의 행정권과, 재산가들의 의사가 의회에 반영되는 입법권 사이에서 절묘하게 균형을 이룬 헌법을 믿었다. 그리고 그는 1688년 명예혁명 이후 정착된 헌정 질서에 이 모든 원리가 실현되었다고 생각하였다. 이러한 영국적 상식이 크게 승리하기 이전에 일어난 모든 영국 역사는 이 "혁명 원리"의 출현을 촉진하였는지 지연시켰는지에 따라 판단되었다. 일어났어야 할 일이 많았다. 귀족과 봉신이 누리는 무정부적인 권력은 파괴되어야 하였다. 교황의 최고권은 부인되고 영국에서 종교는 개혁되어야 하였다. 그러나 이러한 개혁이 새로운 최고권과 다른 종파를 허용하지 않는 새로운 정통으로 이어져서는 안 되었다. 그런 정통은 양심에 따라 비국교도가 된 사람들의 신앙의 자유를 부인하였기 때문이다. 국왕의 전제적 권력은 분쇄되어야 하였고 재산가의 집단적 견해를 대표하는 의회의 제약을 받게 만들어야 하였다.[35] 그러면서도 국왕과 강력한 행정부가 존재하여 재산가들의 무정부적 경향이나 분파주의를 통제할 수 있고,[36] 기타 "민중"의 의사 표현인 민란을 엄격히 다스려 제 위치를 유지할 수 있어야 하였다.[37] 의회의 최고권 자체가 폭정을 막는 보증이 되는 것도 아니었을 뿐만 아니라, 한 정당이 스스로 정치력을 폐기하고, 지지자들만의 둥지로 둔갑하거나, 훨씬 더 나쁘게는, 이미 수행된 모든 것을 무효화하고 교황 제도와 절대 군주의 자의적 지배를 다시 들여올 위험이 상존하였다. 디포는, 자신의 우두머리인 할리와 자신의 영웅 윌리엄 3세처럼, 중도파였다. 중도파는 어느 한 정당이 영국 정치에서 우세함을 보기 싫어하였다.

영국 역사에 대하여 디포가 갖는 견해와 많이 일치하게끔, 만족할 만한 해결책으로 향하는 첫발은 튜더 왕조가 내딛었다. 헨리 7세는 귀족의 독립을 억제하였으나 그렇게 함으로써 그 자신과 궁정의 권한을 증대하였다.[38] "자의적이고 전제적인 군주" 헨리 8세(재위 1509~1547)는 더 나아갔다.

> 그의 당당한 기질은 귀족들을 완전히 압도하였고, 그의 호화로운 궁정은 귀족의 기를 죽였다. … 찬란한 궁정의 변함없는 웅대함은 귀족과 젠트리를 고급스런 생활 방식으로 이끌었고 그들의 재산을 금새 감소시켰다. 그들에게 빈곤이 닥치자 그들의 연금, 숙소, 지위 등의 문제를 전적으로 왕이 장악하게 되었다.[39]

"개혁된 종교가 … 지나치게, 나아가 심지어 … 처음에는 그의 옷장으로, 다음에는 그의 침대로 기어들어 간"[40] 것도 물론 헨리 8세 재위 때였다. "또한 그것은 신교에 대한 비난도 전혀 아니다; 교황파가 말하듯이, 그 첫걸음은 헨리 8세의 바지 앞주머니에서 나왔는데, 그 일을 핑계 삼은 욕정이 일을 추진하였다는 뜻이다."[41] 이것은 정말 놀라운 섭리의 현시였다. "인간의 가장 나쁘고 사악한 구상이 [신의] 최선의 영광된 과업을 불러오는 일과 맞아떨어질 섭리였다."[42] 역주: 캐서린과 이혼하고 앤 불린과 결혼하기 위한 종교 개혁(Hilrary Mantel, *Wolf Hall*, 2009)

문제는 헨리 8세가 교황의 최고 권위를 끌어내린 즉시 스스로의 종교를 세웠다는 것이었다. 영국 국교는 여전히 교황적(로마 가톨릭적)으로 머물러 있었으며 이것은 당연히 분파를 초래하였다.[43] 이 같은 분파들은 17세기에 스튜어트 왕조에 와서 더욱 벌어지게 되었다. 정부가 독재적 면모를 드러내자 이에 대한 적대감이 영국 국교에 대한 반감과 결합되었을 때 특히 그러하였다. 새로운 교리를 도입한 자는 제임스 1세(재위 1603~1625)였다. "국왕은 권력을 위로부터 직접 부여받았다. … 따라서 국왕의 명령은 신의 명령처럼 아무런 통제 없이 준수되어야 한다."[44] 그러나 사태를 악화시킨 자는 찰스 1세였다. 교황 정치에 대한 우려와 자의적 정부에 대한 반감이 내전과 의회파의 승리로 이어졌다.[45] 그러나 이제 상황이 다른 방향으로 너무 멀리 튕겨 나갔다. 의회 자체가 하나의 정당에게 장악되었다. 이들은 국왕을 살해하고 대신에 스튜어트 왕조가 달성한 어느 것보다 더욱 자의적이면서 대의제도 아닌 정부를 수립하였다. 온건한 왕당파인 캐벌리어(the Cavalier)가 디포의 말로써 자신이 왕당파를 택하게 된 동기를 표현한다. 디포는, 자기 아버지가 청교도였던 배경에도 불구하고, 다음과 같이 분명히 인정하였다:

> 우리가 바라는 바는 한 정당이 과도한 권력을 차지하는 것을 저지하고, 공정하고 합법적인 권리를 지녔으되 정부의 기본법과 의회의 존

재를 파괴할 계획은 없는 우리 국왕을 옹립한다는 것이었다.[46]

그렇다면 영국이 "법과 정의가 권력의 발 아래 있었던"[47] 1650년대의 암흑기를 거쳐 1660년에 왕정으로 복고한 것은 다행스러운 일이었다. 그러나 애석하게도 찰스 2세(재위 1660~1685)는 실망스러운 존재였다. 왕들이 걸리는, 자의적 지배의 욕구를 자행하는 전염병에 감염된 것이다. 그리고 정말로 자기네 활기찬 군주를 매우 사랑한 영국인들은 찰스 2세가 아무 일도 하지 않는 것에 결과적으로 안도하였다. 한 악덕이 다른 악덕을 제압하도록 섭리가 허용한 것이다. 찰스는 "완전히 제멋대로였고, 나태와 사치에 몰두하는 삶이 주는 향락에 온통 빠졌다. 호색적인 그의 오랜 재위 기간은 모두 음주, 난봉, 그리고 각종 타락으로 소진되었다."[48]

방탕한 형이 게을러서 하지 못한 일은 제임스 2세(재위 1685~1688)에게 남겨질 수밖에 없었다. 디포는 제임스 2세를 인간적으로 동정하고 효율적인 행정가로서 존경할 뜻이 있었고, 제임스의 실패를 제임스에게 압력을 가한 집단의 잘못으로 돌릴 만큼 관대하였다. 왕을 "벼랑 끝까지" 몰고 간 자들이, 자기네 정책을 반대하는 자들의 힘을 알아차리고서 "제일 먼저 불을 지르고, 온 나라가 왕에게 맞서도록"[49] 한 것이 고토리(High Tory)들이었다. 한때 제임스를 열렬하게 지지하였던 자들이 그를 떠나버려서, 윌리엄 3세(재위 1689~1702)가 영국을 급습하는 일이 훨씬 쉬워지기는 하였으나 제임스를 그렇게 버린 게 자랑거리는 아니었다.

윌리엄의 성공은 디포의 사고방식을 가진 사람들에게 두 가지 훌륭한 결과를 가져왔다. "혁명 원리"에 기반을 둔 헌정 질서가 정착되자 이것이 절대 왕정 정부가 지닌 직접적인 위협을 제거하여, 영국 역사를 그렇게도 오래 지배하였던 국왕과 의회 간 권력 다툼을 종식시켰다. 그러나 디포의 눈에는 오렌지 공 윌리엄이 영국 왕위를 계승함에 따라 이루어진 대외 정책의 획기적인 변화도 마찬가지로 중요하였다. 영국은 영국의 당연한 프로테스탄트 동맹국 네덜란드를 파괴하기 위한 탐욕스럽고 창피한 전쟁에 더 이상 말려들지 않을 것이었다. 이제 네덜란드인이 영국 왕이 되었으므로, 영국의 부와 권력은 루이 14세가 지배하는 프랑스의 오만한 팽창을 저지하는 영광스러운 과업에 투입될 수 있었다.

디포는 이것이 안주할 때가 아니라는 걸 알았다. 영국에는 프랑스와의 전쟁에 반대하는 사람들이 많았다. 프랑스와 전쟁을 하면 비용이 엄청나다는 것을 깨달은 것이다. 그리고 1688년 혁명 이후 전개된 정부 유형을 완벽한 것으로 받아들이기를 거절하는 사람도 많았다. 혁명 원리를 바탕으로 선 정부는 끊임없이 위험에 놓였고 디포의 이후 25년은 양쪽 당파에 맞서는 정부와 투쟁 모두를 옹호하는 데 바쳐졌다. 한쪽은 휘그파의 지배, 즉 1650년대의 1당이 지배하는 정부가 부활한다는 위험이 버티고 있었다. 다른 쪽에는 훨씬 더 큰 위험, 즉 고토리가 존재하였다. 고토리는 1688년에 제임스 2세를 내쳤는데, 처음에는 그를, 1701년에 그가 죽자 그의 아들을 다시 추대하려는 음모를 꾸미고 있었던 것이다. 디포의 눈에 그들은 가톨릭에 동조하는 자들이요, 친프랑스파이자 절대 왕정 지지자였다. 앤 여왕 재위(1702~14) 마지막 순간에, 그들은 거의 승리한 것처럼 보였다가, 모든 것이 원래대로 되돌아갔다. 가톨릭교도가 영국을 지배하는 군주가 되면 프로테스탄트 종교, 법의 지배, 영국인의 자유는 어떻게 되겠는가? 이들은 전부 사라질 것이다. 그리고 영국은 프랑스의 힘없는 위성국이 될 것이었다. 찰스 2세 때 그런 일이 거의 일어날 뻔하였다. 영국은 이런 운명에서 구원되었다. 1715년 재코비 반란(Jacobite Rebellion)이 실패하여 재코바이트(제임스 2세 지지자)뿐 아니라 토리당 전체가 분쇄되었다. 비록 한 당이 지배하는 정부라는 것이 디포의 이상에도 맞지 않았고, 그가 죽을 때까지 그런 정부가 사실상 도전받지 않고 유지되긴 하였어도, 그로서는 그 사건이 거의 유감스럽지 않았다.

디포가 영국의 부와 권력을 숭앙하고 찬미하였으며 영국 혁명이 정치적으로 정착되기를 평생 지지하기는 하였어도, 그는 영국인을 그다지 훌륭하다거나 영국인이 정말로 자기네 좋은 운을 누릴 자격이 있다고 생각하지 않았다. 영국인은 많은 단점을 가졌다. 번영은 모든 계층의 인구를 거의 가차없이 악덕으로 이끌었다. 부자는 사치하였고 가난한 자는 음주에 빠지고 순종하지 않게 되었다. 자유는 거의 변함없이 오해되었다: "우리는 자유의 국민이다, 진실로! 말의 자유, 언론의 자유, 우리가 적당하다고 생각할 만큼 사악할 자유(살인과 강도 행위에 가해지는 몇몇 제약은 예외지만)."[50] 종교의 관용에 관해서는, 많은 사람들이 이를 종교가 전혀 없는 쪽으로의 초대로 받아들였다.[51] 그러나 아마도 영국인이 짓는 가장 나쁜 죄는 배은망덕죄였을 텐데, 특히 그들을 그만큼 부유하고 강력하게 만들어 준 이들에 대하여 감사하는 마음이 없었다. 헨리 7세 때부터 신이 남겨 준 하사품을 이용할 방법을 영국인에게 가르쳐 주었던 해외 이민들을 영국인들은 얼마나 무시하였는가? 영국인은 자기네를 구조해 준 윌리엄 3세에게 얼마나 빨리 등을 돌렸는가; 그가 영국인들을 위험에서 구해 준 일을 얼마나 금방 잊어버렸는가?[52]

영국에 대하여 무엇이 좋았고 나빴는지는 해협 건너에 있는 다른 대안적인 사회의 정치 구조와 국민 심리에 비추어 해석될 수 있었다. 두 민족의 성질은 아주 달랐다. 프랑스는 "변덕과 거짓이 난무하는 나라였다."[53] 프랑스인은 다른 민족보다 "더 경박하고, 더 정열적이고, 더 명랑하였다."[54] 이런 면이 그들에게 의심받지 않고, 섬세하고, 외면에 신경 쓰는, "거품 낸 크림, 거품, 그리고 겉모습"에 재능을 부여하였다. 그들은 노래하고 놀기도 영국인보다 더 잘할 수 있었다; 그들의 솜씨는 더 민첩하고, 종종 더 능숙하였다; 전쟁 때 그들은 술책과 기습의 도사들이었다.[55] 영국인은 정말이지 존 불(John Bull)스러운 촌뜨기였다.[56] (역주: 잉글랜드를 의인화한 인물, 중년의 배불뚝이에 중절모를 쓰고 부르주아를 연상시키는 복장을 한 남자로 그려진다. 스코틀랜드의 풍자가 아버즈넛에 등장) 그들은 단단하고 건장하고, 화내는 데 느리지만, 한번 자극을 받으면 세계에서 가장 용감하였다. 일단 다툼이 붙으면, "진짜 절박한 싸움에서는, 현장에서 결딴낸다!"[57] 디포의 시절에도 영국인은 그의 등이 벽까지 몰렸을 때 가장 잘 싸우기로 정평이 났었다. 난관에 봉착하였을 때 영국인은 절망하지 않고 세계의 어느 민족보다 더 큰 침착성을 보였다. 이것은 디포의 소설에 풍부히 예시된 국민성이다. 무인도에 표류하였을 때 보여 준 크루소의 영민함과 정력에 감탄한 스페인 사람은, 스페인인이나 포르투갈인이 비슷한 상황에 처하였다면 절망하고 쓰러져 죽었을 것이라는 소견을 피력하였다.[58] 역설적으로 영국인은 또한 기후와 연관된 우울증과 자살로도 유명하다.[59] 영국인은 집에서 멀리 여행할수록 자신감을 얻는 것처럼 보였다. 만일 그렇다면 이것이 제국을 향한 성공적 추구를 설명하는 요인일 수 있다.

강건한 독립심과 권위에 굽신거리지 않는 태도가 영국인의 특성이었다. 프랑스인은 자기네가 지닌 온갖 독창성과 쾌락주의 기질에도 불구하고 복종을 택하는 민족이었다. 그들은 "자유라는 감각이 없으며 예속을 선택한 것 같았다; 신과 자기네 위대한 군주를 반반씩 숭배하기로 한 듯이 보인다."[60] 영국인은 신과 국왕을 너무 자주 경시하였다. 진정 프랑스인은 한 국민이라기보다 종교를 믿는 신도들이었으며, 적어도 권위를 받아들이는 그들의 습성이 그들을 사제의 말에 복종하는 쪽으로 이끌었다. 이러한 신심은, 심지어 미신과 광신일 경우에조차 무신론적 영국인에게 위험을 안겨 줄 수 있었다. 1706년에 라미유(Ramillies) 전투에서 처절하게 패배한 후 루이 14세는 하루의 수치일을 명하였다. 디포는 자기 독자들에게 경고하였다. 즉, 교회에 몰려들어 지난 죄를 용서해 달라고 빌며 앞으로 더 좋은 행운을 달라고 기도하는 프랑스인을 놀리지 말라고 일렀다. 왜냐하면 누가 신의 길을 이해할 수 있는가?

> 그러므로 하늘을 쳐다보고 도움을 청하는 프랑스인을 비난하지 말라; 차라리 신사들이여, 그들이 당신들보다 더 많이 기도하지 않게 조심하시오. … 얼마나 이상한 위급 사태인가. … 그들의 전국 수치일 이후로 거의 항상, 신은 역풍을 보내 영국 해군이 그들을 침입하지 못하게 붙잡고 있다.[61]

"여러분이 프랑스인보다 더 많이 싸워야 함은 물론 더 많이 기도해야지, 그렇지 않으면 여러분은 그들을 절대 이길 수 없을 것이다."[62]

근대 작가들은 프랑스의 반종교 개혁 사제단의 효력을 인정한다. 그러나 대개는 이것의 예로써 영국인에 비하여 프랑스인의 독실함을 인용한다. 인구학자들은 영국의 사생아율이 프랑스보다 훨씬 높았음을 알아냈다.[63] 그래서 프랑스가 아닌 영국이 "다스려지지 않은 열정"의 땅일 수 있었을까?[64] 스위스 여행가 드 뮈라(de Muralt)는 그렇게 생각하지 않았다. 그가 판단하기에 영국인은 여자보다 술과 게임을 좋아하였는데, "이것이 더 비난받아 마땅하다. 영국에서는 여자가 와인보다 훨씬 좋기 때문이다."[65] 그러므로 아마도 영국인은 단지 조심성이 없었을 뿐이다.

확실히 영국인은 게으르기로 정평이 나 있었다. 게으름은 아마도 영국인이 대부분의 대륙 유럽인보다 더 잘 탐닉할 수 있는 사치이다. 영국인은 일을 할 때 더 열심히 하였고, 더 많이 생산하였고, 더 벌었고, 더 싼 재화에 더 높은 임금을 소비하였기 때문이다.[66] "열심히 일하니까 잘 살고, 잘 먹고 마시고, 따뜻하게 입고, 푹신하게 잔다."[67] 이런 식으로 살 수 있는 프랑스인은 극소수였다. 아마 다른 즐거움이 없었기 때문에 그렇게 열심히 춤추고 노래하였다. 프랑스인은 매우 빈곤하였다. 비록 프랑스인이 "영국인이 사치와 음주를 하는 만큼 우리는 나무 신발을 신고 행복하다"는 말을 하였을지라도, 프랑스인의 나막신은 가난의 표지였으며 이미 영국인의 조롱거리였다.[68]

그렇게 좋고 비옥한 땅에 사는 프랑스인은 왜 가난하였을까? 근대 작가들은 프랑스의 빈곤을 농업 구조 탓으로 돌린다. 프랑스인은 다섯 명 가운데 넷이 농민이어서 가난하였다. 프랑스 농민은 자기네가 생산한 얼마 안 되는 양의 절반까지나 바쳐야 하는, 가혹하고 탐욕스런 세상에서 무엇인가를 개선하기 위해 실제로 자본 투입, 생각이나 행동 유인도 없이 좁아터진 땅뙈기를 경작하여 부자의 멋들어진 사교계와 궁정의 사치를 지탱하느라 허덕였다.[69]

디포는 자기 저작에서 농민에 관련된 언급을 별로 하지 않지만 항상 다소 문제였던 프랑스인의 특징 하나를 제시한다. 이것은 빵에 대한 그들의 열정이었다. "평소 식단에서 프랑스인은 빵을 흔히 영국인이 먹는 것보다 두 배 넘게 먹는다."[70] 영국인은 그 대신 "고기를 많이 먹고 빵은 거의 안 먹는데," 이 때문에 한 여행자가 자기 독자에게 확신시켰듯이 영국 여성들의 치아는 다 상한 것으로 악명 높았다.[71]

디포의 시대에도 현대에도 프랑스인의 빵 사랑에 대한 문제는 그들이 빵 만들 곡물을 생산하는 데 특별히 효율적이지는 않았다는 데 있었다. 다시 말하지만, 이것은 그들의 토지 경작 규모가 작고 후진적인 농업 기술 때문이었다. 그러나 디포에 따르면 프랑스 기후가 "포도밭, 풍성한 과일, 건강과 즐거움의 면에서 세계 대부분의 나라를 능가할지라도, 여름에 잦은 우박, 폭풍우, 심각한 가뭄 등에 우리보다 훨씬 많이 시달리는데, 그런 기후가 곡물 농사에는 그다지 좋지 않기 때문이기도 하였다."[72] 이유가 무엇이든 프랑스에서 경작한 곡물의 수확률은 영국보다 많이 낮았다.[73] 프랑스 역사의 이 슬프고도 근본적인 사실은 프랑스에서 그 외의 다른 작물이 경작되지 않았으며 흉작은 최악의 재난에 이를 수 있음을 뜻하였다. 프랑스 역사가들이 이름 붙여 준 그와 같은 생존 위기는 주기적으로 규칙성을 띠고 나타나, 그 뒤에는 기근, 질병, 사망의 흔적을 남겼다.[74] 영국은 이런 식으로 고생한 적이 없었다. 디포가 말한 대로, "영국에서는 무엇이 기근에 속하는지를 우리는 알지 못한다."[75] 좋은 이유 하나가 영국 쪽에는 농업이 더 잘 조직되었다는 것이었다. 그러나 다른 이유도 있었다. 영국에서는 가난한 자들에게 빵을 만들 곡물이 부족하면 적어도 둘 이상의 대규모 예비 재원에 기댈 수 있었다. 그 예비 재원은 영국인들이 음식을 잘 내려가게 마시는 다량의 맥주로 빚을 보리, 그리고 엄청난 두수의 말을 먹일 귀리였다. 1708~1709년 겨울에 수십만

역주: 18~19세기 영국에도 기근이 많았다(E. P. Thompson).

프랑스인 생명을 앗아 간 무서운 기근과 기근이 몰고 온 질병에 관해 디포는 다음과 같이 썼다:[76]

> 영국에서는 독한 술로 소비되는 보리; 말 먹이인 콩, 완두, 귀리, 어떻게 하면 온 나라가 그 속에서 수영할 만큼 그것을 생산할까? – 그리고 그들이 우리의 적이 아니었더라면 농산물을 나누어 주고 무한한 이윤을 얻었을 텐데, 우리 말, 그보다 못한 짐승인, 우리의 술꾼들은 다른 것을 먹게 하고서 말이다.

프랑스 농민은 빈곤하여 자기 땅뙈기에 말을 키울 여유가 없었는데, 어떤 이유인지, 도대체가 술을 마시면 그 술은 맥주가 아니라 와인이었다. 그리고 그는 고생하다가 죽었다.

프랑스인이 다른 거의 모든 것은 배제하고 곡물 생산에 집중하였다는 것은 프랑스에 양도 몇 마리 없고 그래서 양모도 많지 않았다는 뜻이었다.[77] 그리고 물론 양모가 있어도, 영국 양모에 견줄 바가 못 되었다. 영국 양모는 하늘이 내려준 영국 땅에서 자란 풀을 뜯을 특권을 누린 양의 등에서 깎아 낸 것이었다. 이것은 영국은 모직 공업을 발전시켜서 그렇게 많은 영국 빈민을 바쁘고 행복하게 만들며 빈곤에서 탈피시킬 수 있었지만 프랑스는 그러기가 어려웠다는 것을 의미한다. 『머케이터』(*Mercator*)지에 프랑스가 생산한 모포는 개털, 양배추망이라고 묘사되어 있다.[78] 다음 호에서 디포는 "콜체스터 사람들이 프랑스 헝겊 조각을 보면 포복절도할 것"이라고 언급하였다.[79] 그러나 『머케이터』지는 특별히 프랑스의 모직 산업을 깎아내리는 글을 실었다. 토리가 제안한 프랑스와의 통상 조약을 체결하면, 저임금의 프랑스 숙련공과 파괴적인 경쟁을 하게 될 것을 우려하는 독자들의 우려를 완화시키기 위해서였다. 디포는 마음속으로는 결코 프랑스 모직 공업이 전망이 없다고 확신하지 않았다. 그리고 그는 프랑스의 많은 다른 공업들을 높이 평가할 수밖에 없었다. 그가 어렸을 적 언젠가부터 영국의 팸플릿 제작자들이 언짢게도 알아차리게 된 사실이 있는데, 그것은 미래에 영국이 경쟁자로서 두려워해야 할 대상은 네덜란드가 아니라 프랑스라는 것이었다. 루이 14세의 "기업가적 천재성"과 "콜베르 재상의 지칠 줄 모르는 용의주도함"이 프랑스인의 손재주와 합쳐져, 온 분야에서 산업을 창조해 냈다.[80] 이들이 처음에는 높은 관세 장벽 뒤에서 프랑스 시장을 점령하였고, 나중에는 영국의 그렇게 많은 부와 고용을 감당하는 영국 수출 산업을 위협하였다. 진실은, 프랑스인이 물건을 만드는 능력이 정말로 뛰어났다는 것이었다. 1713년에 디포는 자신의 신문 『머케이터』지의 견해를 반박하기 위해 익명으로 낸 한 팸플릿에서 다음과 같이 지적하였다:[81]

> 프랑스인은 근면한 사람들이다; 그들은 값싸게 일하고, 일을 잘한다; 그들이 일할 때 유행, 모양, 환상을 고안하는 상상력이 매우 탁월하고 재빠르다. 그래서 그들 상품이 우리에게 호감을 준다; 그들 나라의 허영과 변덕이 그들로 하여금 새로움과 멋 모두를 의상에 적용하도록 자극한다; 그들은 멋쟁이와 숙녀를 만족시키며, 이것은 우리를 은연중에 실수로 이끌어, 우리 쪽 사람들이 끊임없이 그들과의 거래를 좋아하게 만든다.

이러한 견해가 그의 저작 활동 내내 드러난다.[82] 프랑스인은 세상에서 가장 많이 향상을 보이는 사람들이었다. 그리고 한 나라의 교역과 부가 나머지의 희생 위에서만 팽창할 수 있다고 생각되던 세계에서는, "지난 약 150년간 프랑스의 교역과, 그 교역의 결과로 프랑스의 부가 증가한 딱 그만큼, 영국, 네덜란드, 스페인, 플란더스, 그리고 나머지 유럽 교역국의 교역과 부가 감소하였다고" 받아들여져야 하였다.[83]

뿐만 아니라 이것은 단지 비단과 장난감의 문제가 아니었다. 프랑스가 생산한 모직물이 실제로 그저 개털 수준은 절대 아니었다. 프랑스 모직은 프랑스 기술, 프랑스 돈, 영국인의 지독한 배신 행위의 결과였던 만큼 매우 우수하였다. 영국인은 영국 번영의 핏줄인 자기네 양모를 해협 너머로 끈질기게 밀무역하려 하였던 것이다.[84] 1720년대 프랑스의 경쟁력은, 특히 지중해에서는, 정말로 매우 심각한 문제가 되었다.[85] 뿐만 아니라 이것이 끝이 아니었다. 프랑스 사람도 해운업을 발전시켰고, 서인도 제도에 플랜테이션을 건설하였는데, 서인도 제도는 영국인의 섬들보다 훨씬 싸게 사탕을 생산할 수 있었다. 프랑스의 해군력 증강이 그렇게 오래 지체된 것이 영국에게는 행운이었다. 그들이 17세기 초에 그 일을 하였더라면 "그들은 세계 식민지의 대부분을 가졌을 것이다."[86]

프랑스에 사는 사람들이 가난하고 경박하였지만 프랑스가 사실은 가난한 나라가 아니었음을 알 수 있다. 하나의 이유는 그 나라의 절대적인 크기였다. 프랑스가 "중국을 빼면, 알려진 세계의 어느 나라보다 크고 인구가 많은 왕국"이라고 디포는 생각하였다.[87] 프랑스는 분명히 서유럽에서 단연코 가장 인구가 많았다. 1707년에 군사 공학의 대가 보방(Vauban)은 인구를 1,900만

명 이상으로 추계하였다.[88] 근대 역사가들은 이 숫자를 약간 저평가되었거나 상당히 온당하게 받아들인다. 같은 시기에 잉글랜드와 웨일스의 인구는 약 550만 명이었을 것이다. 디포는 프랑스 기후가 곡물 생산에 적합하지 않았다고 생각하긴 하였지만, 프랑스의 자원도 인구 규모만큼이나 인상적이었다. 그러나 프랑스를 진정 위험한 경쟁자로 만든 것은 이 모든 프랑스인과 프랑스의 자원이 다른 나라는 꿈도 꾸지 못할 방식으로 공동 목표에 동원될 수 있었다는 사실이다. 루이 14세가 절대 왕정을 창출하려는 노력이 어지간히 성공한 것은 프랑스를 한 사람의 의지에 복종하게 할 수 있었다는 것을 뜻하였다. 프랑스 왕의 관료직 판매 행위는 높은 지위를 갈망하는 프랑스인의 욕구, 다른 사람 위에 군림하는 권위에 대한 프랑스인의 애착에 호소력을 가졌다. 동시에 프랑스 왕들은 오로지 프랑스 왕에게만 충성하는 관료제를 창출하였다. 루이 14세는 이 체제를 완성시켰고, 이 관료제와 관료제에 의존하는 대규모 육군과 경찰력을 이용하여 이탈자들을 휘어잡아 고분고분하게 만들었다. 디포가 『리뷰』(*Review*)지 첫째 권에서 지적하였듯이, 18세기 초가 되면 프랑스 젠트리의 대부분은 직업을 전적으로 왕에게 의존하였다. 이들에게 육군, 법조계, 세입 부서, 해군, 교회 부문 등의 일이 할당되었다.[89] 그들이 이런 직책을 꺼리는 일은 별로 없었다. 가끔 돈이 궁한 젠트리가 금전적 이득에 입맛 다시는 사례가 있었지만 루이 14세의 성공과 그의 천재적인 선전 활동은 전반적으로 긍지를 갖게 하는(*gloire*) 분위기를 창조하였고, 거의 모든 사람들이 그 분위기에 동참하기를 원하였다. 이것은 프랑스 젠틀맨을 영국 젠틀맨과 매우 다른 부류의 사람으로 만들었다. 영국인은 어려움에 처하면 맨 먼저 독창적인 생각이나 프로젝트를 시도하여 자기 재산을 벌충하려고 아무 상관도 없는 사람들에게 돈을 투자하라고 설득하였다. "프랑스인은 어려울 때 처음 달려가는 곳이 육군이다; 그는 고통스런 사업 방식으로 재산을 모으기 위해 그곳에서 돌아 나오는 일을 여간해서 하지 않고, 거기에서 자기 머리를 뻗게 하든지 아니면 부자가 되든지 한다."[90] 금전적 어려움이 있을 때 영국인은 사업에 눈을 돌리고 프랑스인은 왕을 찾는 경향이야말로 두 나라를 구분하는 근본적이고 매우 중요한 기질이었다. 한쪽 길은 산업 혁명에 이르렀고; 다른 길은 1789년에 프랑스를 뒤흔들 산업 혁명과 다른 혁명으로 이어졌다.

앞에서 본 바와 같이, 영국적 자유의 이점에 대하여 약간 양면적인 견해를 가졌던 디포는 프랑스 사회의 권위주의적인 요소가 지닌 유리한 면을 높이 평가할 수밖에 없었다.[91] 1713년에 출간된 팸플릿 「왕위 노리는 자가 온다면?」(*And what if the Pretender should come?*)에서 그는 역설적으로, 앤 여왕 사후 재코바이트가 제임스 3세를 옹립하여 프랑스 형태의 정부를 도입하는 데 성공할 경우 영국에게 돌아올 이득을 따진다. 비록 그 아이러니가 속이 뻔하기는 하지만 모든 좋은 역설이 그렇듯 그것은 주목할 만한, 심지어 믿을 만한, 일말의 진실을 가지고 있다. 진정 그는 절대 왕정의 이점과 자유의 약점에 약간 지나치게 몰입한다. 영국은 더 이상 의회 선거라는 역겨운 의식을 참을 필요가 없을 것이다. 더 이상 폭도가 지배할 위험이 없을 것이다. "우리 자신을 파괴하는 우리네 나쁜 버릇"을 대규모 상비군이 고쳐 줄 것이다. 디포가 지난 9년간의 많은 시간을 바로 이런 영국의 자유주의적 헌정 체제의 오용을 공격하는 데 할애하였으므로, 이것은 단순히 정교한 농담이 아니다. 특히, 지독한 부정 선거는, 그가 『리뷰』지에서 끊임없이 반복해 비난하는 골칫거리였다.[92] 1710년 선거에서 그는 "양조장이 뿜어낸 것에 자기네 자유를" 팔아넘긴 투표

자들을 호되게 나무라며, 선거구에서 맥주로 표를 사는 자는 하원에서 자신은 돈 받고 팔 것이라고 지적한다.[93] 그리고 선거와 의회가 없을 경우 시골 젠틀맨들에게 돌아갔을 이득을 한번 생각해 보라. 그들은 더 이상 "한겨울에 영국의 가장 외진 구석에서 런던까지 와서 나랏돈을 낭비하고 다시 귀향하는, 길고 위험한 여정에 노출될 필요가" 없을 것이다. 그들은 더 이상 여행비를 감당할 수 있을지, 또는 "두고 가는 그들의 부인을 믿을 수 있을지" 고민하는 수고를 하지 않을 것이다.[94]

1721년에 다시, 디포는 프랑스 당국이 그 전 해에 마르세이유를 공격한 흑사병에 효과적으로 대처할 수 있었던 사건에 대해 숙고하게 된다. 군대가 전 지역을 봉쇄하고 빠져나가려는 자는 현장에서 사살하여 감염이 확산될 위험을 막았다. 이런 정책은 영국에서는 불가능하였을 것이다. "특권과 자유라 불리는 이 행복한, 즉 불행한 장애물이 가로막고 있다."[95]

그러나 절대주의 정부의 이점은 전쟁 때 가장 명백히 드러났다. 프랑스인을 그토록 패배시키기 어렵게 만든 것이 이것이었다. 이것은 디포가 독자들의 머릿속에 집어넣고자 『리뷰』지에서 여러 차례 다룬 주제였다. 10만 명이 더 필요할 때 루이 왕은 무슨 일을 하는가? 감독관들에게 명령을 내린다; 사람들이 징집되어 그들이 가야 할 곳으로 "양 떼처럼" 옮겨진다.[96] 영국과 비교해 보라. 영국에서는 처자식에게서 도망치려는 모든 방탕아들에게 감언이설과 뇌물로 "외투, 구두, 양말 등과 현금 2기니를 지급"[97]해야만 군인들을 모집할 수 있다. 그러나 이러한 지원병은 극소수이다. 영국은 숫자를 채우기 위해 매년 방랑자, 채무자, 범죄자를 일제 검거하였다. 하지만 그것은 프랑스 징병에 비하면 보잘것없는 소규모이자, 전쟁은 명예로운 직업이라는 전통적인 견해를 넌센스로 만드는 행사에 불과하였다. "교수대에서 건진 자, 범죄자와 가택 침입 강도 출신들을 즉각 젠틀맨 군인으로 만드는"[98] 것은 좀 치욕적이지 않은가?

프랑스는 군인들을 모을 수 있었을 뿐 아니라, 효율적인 관료제 덕에 그들에게 장비를 보급하고 모든 새 전투마다 그들을 적시에 각각의 전장에 내보낼 수 있었다. 겨울이면 겨울마다 프랑스가 드디어 무릎을 꿇었고, 다음 전쟁 시기의 전쟁터에는 프랑스 육군이 없을 것이라고 예측하는 낙관론자들을 디포는 비난한다. 그러나 절대 왕정은 말버러(Marlborough) 공작이 지난 여름에 섬멸한 군대보다 더 대규모로, 더 잘 무장한 군대를 언제나 모을 수 있다:

> 보라, 즉각 조성되는 프랑스군이 항상 우리 앞에 마련되어 있다; 말을 보유하지 않았던 기병은 모두 말을 타고, 전장에서 장비가 없던 장교들이 전열을 가다듬었다; 징집 예산이 전혀 없던 지휘관들은 자기 중대를 충원하였다. … 세상에서 가장 빈틈없고 부지런한 프랑스인, 그들은 군대에 지원하는 방식으로 극복하기 어려운 난관을 잘 다루고, 필요한 시점에 우리 앞에 있다. 우리보다 수도 많다 등등. 그런 프랑스인을 발견하는 것은 전혀 놀랄 일도 아니다.[99]

절대 왕정이 프랑스 육군의 병사 자리를 채울 수 없는 경우가 발생한다 하여도, 빈곤이 징병관만큼이나 효과적이었을 것이다. 고전적 예가 1708~1709년의 몹시 추운 겨울에 일어났다. 이때 군사적 패배, 경제적 재난, 기근 등이 동시에 발생하여 이제 드디어 프랑스의 저항을 종식시킨 것처럼 보였다. 많은 사람들이 봄에는 말버러 공작이 파리로 승리의 행군을 할 수 있으리라고 생각하였다. 천만에. 사람들이 빵 때문에 지원병으로 몰려드는 바람에 말버러 공작은 가장 피비린내 나는 전투를 치르고서도 말플라케(Malplaquet)에서 파리 입성이 저지되었다.[100] 그러나 형편이 좋은 해조차 프랑스처럼 가난한 나라는 군대에 지원할 수밖에 없을 만큼 가난한 장정을 찾는 데 별 어려움이 없었을 것이다.

어떤 작가들은 이것이 영국 빈민들을 더욱 가난하게 만들기 좋은 이유였다고 느꼈다. 그러나 디포는 그렇게 생각하지 않았다. 디포는 절대 왕정을 싫어하고 자유를 사랑하는 인물이었다. 그래서 자유를 사랑하는 영국의 부를 찬양하였다. 그렇게 다른 작가들과 달랐던 디포는, 영국 임금이 너무 후해서 군인의 삶을 매력적이라고 여길 수 없었다는 사실에서 군대 지원은 자기 만족의 문제일 뿐으로 볼 수밖에 없었다.[101] "영국인을 군대로 모으기 힘든 것은 그들이 넉넉하고 편안하게 살기 때문이다. 쉽고 안정적인 취업으로 1주일에 20실링을 벌 수 있는 사람이 주당 3실링 6펜스에 머리를 두드려 맞으려고 군인이 된다면 술 취하였거나 미쳤음에 틀림없다."[102] 네덜란드와 마찬가지로 영국은 자기네를 위해 싸워 줄, 더 가난한 나라 사람들을 고용해야 한다.[103] 물론 다음 세기 동안 영국은 이 정책을 추구하였다. 가난한 사람을 찾으러 멀리 갈 필요는 없었다. 잉글랜드는 모자라는 육군을 스코틀랜드와 아일랜드에 있는 빈곤이 넘쳐 나는 저수지에서 끌어올 수 있었다.

군인의 삶은 바다의 삶과 같아서, 로빈슨 크루소의 큰형처럼 한 곳에 가만히 있지 못하고 분주한 사람이 모험심에서 그런 삶에 가담할 수도 있지만, 절박한 사람의 마지막 선택이었다. 그가 네덜란드에서 얼마 되지 않아 자살한 것을 언급할 필요는 없으리라.[104] 커널 잭의 견해로는, "집에서 살 수 없는 사람만 전장으로 갔다."[105] 그럼에도, 비록 디포의 마음 속에 존재하는 현실주의적인 면이 전쟁의 공포를 알 수 있었을지라도, 그의 가슴에는 이러한 고귀한 직업에 대한 어떤 존경심이 여전히 살아 있었다. 그렇지만 그런 존경심의 대부분은 지난 시절 군대에 대한 것이다. 구스타부스 아돌푸스(Gustavus Adolphus) 왕을 위해 싸운 스웨덴 사람들과 스코틀랜드 사람들이 얻은 찬사를 디포 시대의 군대는 얻지 못하였다. 그들은 겸손하고, 깨끗하게 사는 젊은이 무리였다. 그들의 적군인 틸리(Tilly) 백작 군대의 대규모 닳아빠진 청년과는 현저히 대조되었다. 틸리 백작의 청년들은 "쇠투구를 쓰고 권투에나 익숙한 오합지졸이었지만"[106] 그 사람들은 전투하기 위해 군대에 들어온 진짜 군인들이었다. 디포 시절의 용병과는 달랐다. 디포 시절 용병의 주된 관심은 문제를 회피하며 전쟁을 가능한 한 오래 끌어서 자기 보수를 많이 받는 것이었다. 말버러 공작의 공격적 정책의 결과만큼이나 그런 용병들이 얼마나 큰 충격을 받았을까? 보수와 약탈을 노려 복무하는 용병들은 이제 자기네도 전투를 해야 한다는 것을 알았다.[107] 마땅히 그래야 할 일이었다. 전쟁의 관건은 곧 전투였고, 전투는 명예로운 전문직이었다. 디포의 눈에 군복무란 "그가 그저 사적인 보초병이었다 할지라도"[108] 실제로 젠틀맨이 되기에 충분하였다.

아마도 이것은 영국 군대에 젠틀맨 출신이 드물기 때문에 그렇기도 하였다.[109] 젠틀맨들은 자기네 신분의 기원이 기사였다는 것을 오래전에 잊었고, 자기네 자유를 보호하는 군대의 장교직 대부분을 네덜란드인, 스코틀랜드인, 독일인으로 채웠다.[110] 이것이 근대적 기사도였다. 1415년에 헨리 5세가 프랑스로 출정하였을 때 그의 짧은 재위 기간 동안 살아 있는 고위 귀족 17명

가운데 몸소 전투에 임하지 않았던 자는 세 명뿐이었다. - 둘은 소년이었고 나머지 한 사람은 맹인이었다. 그의 먼 훗날의 계승자 윌리엄 3세가 프랑스의 권력에 도전하려고 출항하였을 때는 어땠을까?

> 대영국 군주가 무장하고 등장하였는데,
> 그 자리에 잉글랜드 귀족은 드물었다.[111]

이유는 명백하였다. 영국 젠틀맨은 이미 너무 부유하였다. 그들은 돈을 벌기 위해 또는 대포 포탄이 떨어지는 현장에서 이름이나 남기려고 플란더스에 갈 필요가 없었다. 영국에 남아서 재산을 관리하거나, 자기네 거래를 이용하여 병참 부대에 저질 군수품을 파는 훌륭한 직업을 갖는 편이 나았다. 전쟁은 이미 부자가 된 사람에게는 너무 위험하였다.

전투를 꺼려 하는 군대를 디포가 비난하기는 하였지만, 전쟁은 정말로 매우 위험하였다. 대규모 전쟁 때마다 살상을 잘하는 혁신을 수반한다. 대규모 전쟁마다 더 많은 남자들을 고용하고, 그들 가운데 더 많은 사람이 죽임을 당하는 듯 보인다. 아우그스부르크 동맹 전쟁(War of the Grand Alliance, 1688~1697)도 예외가 아니었다. 1690년대는 구식 화승총 대신에 부싯돌식 머스켓(수발총)이 전반적으로 도입되었다. 화승총의 퓨즈는 비가 오거나 바람이 세면 끊어지는 결점이 있었으며, 새 머스켓은 약 100야드까지 효과적이었고 격발률이 거의 배증하였다. 당시 군의관의 손에 맡겨진 부상 가운데 총상의 비중이 증가하였으며 거의 대부분 치명상이었다. 전쟁은 더 철저하게 부상을 입히는 또

역주: League of Augsburg, 영국, 네덜란드, 스페인, 신성로마제국이 프랑스에 대항해 일으킨 전쟁. 북아메리카(King William's War)와 아일랜드(Williamite War)에서도 전투가 있었다. 화의 후에 곧 스페인 왕위 계승 전쟁(1701~1713)으로 이어진다.

하나의 혁신을 낳았으나, 이것이 부상자에게는 아마도 별 위안이 되지 않았다. 이것은 소켓 총검이었다. 이전에 근접전 무기는 흔히 길이 16피트가 되는 미늘창이거나 또는 총구에 끼운 플러그 총검이었다. 이런 행동은 시간이 걸렸고 화력을 감소시켰다. 던디(Bonnie Dundee) 역주: John Graham, 던디 자작, 1689 Jacobite 반란을 주도함. 의 고지대인이 킬리크랭키(Killiecrankie) 고개에서 맥키 장군(General Mackay)에게 집중 사격을 하였을 때 장군은 이 점을 알아냈다; "고지대인은 동작이 매우 빨랐다. 한 대대 병력이 그들을 치기 위해 그들이 근접할 때까지 계속 불을 피워 두면, 우리 부하들이 두 번째 방어, 즉 총구 안에 총검을 꽂기 전에 이미 그들이 들이닥친다."[112] 새로운 소켓 총검은 총구를 열어 놓음으로써 모든 것을 바꾸게 되었다. 1715년의 고지대 반란 때 킬리크랭키의 공포 이후 영국인들이 전쟁에 관해 많이 배웠음을 디포는 독자에게 확신시킬 수 있었다. 찌르는 총검과 베는 양날 칼의 상대적 효과를 논의하면서, 그는 총검이 더 깊게 침투하므로 세 배나 빠르고 더 치명적이라고 결론지었다.[113] 이들 두 혁신의 효과는 전쟁을 더욱 피투성이로 만들었고 사상자 발생률을 크게 증가시켰다. 1692년 매우 맹렬한 전투로 여겨진 스틴커크(Steenkirk)에서 교전군 가운데 자그만치 10퍼센트 이상이 죽거나 다쳤다. 12년 후 블레넘(Blenheim) 전투 역주: 1704, 라미예 전투(1706)와 함께 스페인 왕위 계승 전쟁에서 동맹국의 승리로 이끈 대표적 전환점 에서는 새로운 무기와 말버러 공작의 전술이 전사상률을 배증하였다. 말플라케는 더욱 심하였다.[114]

전쟁이 전투의 문제로 생각되어야 한다는 것은 아니다. 대부분의 지휘관들은 어떻게 해서든 전투를 회피하였다. 전쟁은 주로 포위의 문제였다. 지난 두 세기 동안에 보루에 기반한 새로운 축성 체계가 개발되어, 이제는 위대한 프랑스 군사공학자 보방에 의해 완성 단계에 이르렀다. 프랑스 동쪽 국경선을 따라 건설된 촘촘한 성곽 시스템 덕에 침략을 받아도 국경이 안전하게 유지되었다. 그것은 "마치 우리가 영국에서 우리 해군의 목조 담장으로, 그리고 바다로 둘러싸인 성벽만큼이나 안전하였다."[115] 물론 성곽 도시였어도 탈취될 수 있었다. 보방은 축성뿐 아니라 포위 공격 기법도 완성시켰다. "경험해 보니 포위된 성 열 개 중 하나가 함락된다. 밀어붙일 계획에 대하여 거의 확신할 때 말고는 육군은 여간해서 포위 공격을 시도하지 않을 정도로 전쟁 기술은 향상되었고 우리 장군들은 신중하였다."[116] 주된 관심은 그것이 얼마나 오래 걸릴 것인가였다. 포위 기간을 놓고 사람들은 내기를 하였으므로 이것이 사람들로 하여금 전쟁에 관심을 갖게 하였다. 그리고 더욱 진취적인 도박사들을 자극하여 광범위한 정보망을 구축하게 하였다. 결과에 대한 사전 정보에 따라 내기를 조정할 수 있게 하기 위해서였다.[117]

엄청난 돈과 군인을 들여 하나의 성곽 마을을 획득하면, 그것뿐이었다. 공략할 성곽이 항상 수백 개나 더 있었다. 이것이 전쟁을 그토록 오래 끄는 한 이유였다. 또 다른 주된 이유는 우리가 보았듯이, 장군들이 전투를 꺼리고 기동 작전이라고 알려진 전략을 선호한 것이었다. 디포는 행동을 취하지 않으려는 이 같은 방식을 영국 내전의 끊임없는 전투와 비교하였다:[118]

> 이제 한쪽에 5만 명의 육군이 서로 보이는 궁지에 몰려, 출정해 놓고서 발뺌, 혹은 점잖게 표현하여 서로 관찰하는 데 온통 소모하고는, 겨울 병영으로 행군해 들어가는 일은 흔하다. … 나는 이러한 전쟁 방식이 예전의 전쟁 방식보다 일반적으로 돈은 더 많이 들지만 피는 덜 흘린다고 인정한다; 그러나 그렇게 되면 전쟁은 오래 질질 끌기 마련

이다; 그리고 나는 이것이 옛싸움의 방식이었는지, 우리의 내전이 오늘까지 지속되지 않았는지, 거의 의문을 품을 지경이었다.

말버러 공작이 실제로 적군을 전투로 불러낼 수 있었던 것은 그의 천재성이었다. 그가 적군을 패퇴시키기도 한 것 역시, 물론 추가적인 덤이었다.

전쟁은 무엇에 관한 것이었는가? 그렇게 오랫동안 대륙에 군사적 개입을 삼갔던 영국이 왜 프랑스와 20년 동안 싸울 준비를 해야 하였는가? 이에 관해 디포는 명확하였다. "엄청나게 비대해진 권력이 우리가 사냥하는 사나운 짐승이다. 그런 권력은 어디에 있든 찾아내어 제거해야 한다. 이제 그 권력은 프랑스에 있고 우리는 거의 붙잡았다; 그 권력이 독일로 이동한다면, 프랑스는 우리를 도와 그 권력을 그곳에서 몰아낼 것이다."[119] 디포는 유럽의 세력균형 개념을 사용한 최초의 작가 중 한 사람이었다.[120] 1700년에 그는 『두 가지 큰 문제』(*The Two Great Questions Consider'd*)에, "공정한 세력 균형은 평화의 생명"이라고 썼다. "세상의 왕이라면 누구나, 할 수만 있다면, 만국의 군주가 되려고 할 것이며, 이웃 나라의 힘 말고는 아무것도 이를 제어하지 못한다; 그리고 한 이웃 나라가 충분히 강력하지 않으면 … 그는 또 다른 이웃과 동맹한다."[121] 영국은 프랑스와 싸울 특별한 이유가 있었다. 프랑스가 경쟁자인 재코바이트 왕당파를 보호함으로써 영국에서 혁명이 정착되는 작업을 위협하였기 때문이다. 이와 같은 위협이 영국을 전쟁에 가두었다. 그러나 고삐 풀린 권력을 억제할 보편적 의무 역시 존재하였다.

영국이 싸워야 할 또 하나의 이유가 있었다. 영국이 지난날 프랑스를 도와서 그 무렵의 강대국이 되게 한 죄가 있기 때문이다. 17세기 거의 내내 영국이 중립적 태도를 유지한 것은 프랑스가 우세한 지위로 부상할 여건을 조성한 셈이었다. 당연히 교활한 프랑스는 영국의 분열을 조장하였다. 영국의 내분은 영국이 중립을 취하는 주요 원인 가운데 하나였던 것이다. 그들은 여전히 분열을 부추겼다. 프랑스는 잉글랜드와 스코틀랜드의 재코바이트를 북돋우는 데 자금을 지원하였다. 그러나 평생 재코바이트 쪽에서 싸워 온 램킨스 소령(Major Alexander Ramkins)은 프랑스의 이중성을 확신하였다. 그들의 유일한 목적은 영국인을 분열시키는 것이었다;

> 내 일천한 머리로 알게 된바, 전쟁을 하다 보면 원정을 하게 되지만; 그러나 나중에 알고 보니 아일랜드 전쟁으로의 확산이 프랑스의 관심사였다. 일이 그렇게 되면, 윌리엄 왕은 그곳에 군대를 항상 주둔시켜야 하였다; 왜냐하면 그들은 전쟁이 잉글랜드 땅으로 옮겨질 수도 있다는 가상으로서 그것을 주시하고 있었기 때문이다.[122]

영국이 항상 중립적이기만한 것은 아니었다. 영국인의 죄는 그보다 더 깊었다. 1628년에 영국은 국가 내에 존재하는 위그노(Huguenot) 국가를 파괴하는 일을 돕기 위하여 프랑스 정부에 군함을 빌려 주었고, 이들이 라로슈(La Rochelle) 공격에 가담하였다.[123] 더욱 나쁜 일이 닥쳤다. 찰스 2세 재위 기간에 영국은 거의 프랑스의 일부나 마찬가지일 정도였다. 찰스 2세는 "자유를 매춘부와, 그리고 영국의 군사력을 프랑스의 돈으로 '교환'하였다."[124] 영국이 반(反)네덜란드 정책으로 일관하느라 저지대 국가에 대한 프랑스의 영향력을 키워 준 것도 찰스 2세 재위 중에 일어났다.[125] 이제, 네덜란드인이 영국 왕이 되어 영국이 과거의 악행을 되돌리기 위하여 싸울 수 있었다. 윌리엄 왕이 죽었을 때 영국은 그가 처음 맺은 동맹을 유지하고 프랑스의 왕자가 스페인 왕위를 계승하는 일을 무슨 일이 있어도 막기 위하여 싸워야 하였다. 이미 강력해진 프랑스가 거대한 스페인 제국을 통제한다는 생각은 상상하기조차 끔찍하였다. 스페인은 제국의 은과 그 교역망, 시실리의 메시나부터 플란더스의 슬루이(Sluys)까지 거의 끊임없이 뻗은 훌륭한 해안을 가진 제국이었다. 영국은 싸워야 하였고, 스페인 제국은 제국의 상속자가 파산함으로써, 분할되어야 하였다.[126]

동맹국과 함께 싸우는 일은 그 자체의 문제가 있었다. 동맹국들은 끊임없이 서로를 저버렸고, 의무를 다하더라도 배반에 관한 소문이 자주 충돌로 이어졌다. 포르투갈은 상당히 일관되게 평판이 나빴다. 그래서 포르투갈은 전시 동맹국보다는 교역 대상으로 더 쓸모있다고 디포는 결론지었다.[127] 예상할 수 있듯이, 디포는 네덜란드에 충실하였다. 당시에 포르투갈에 대항하는 세 차례 전쟁에서 영국인들은 네덜란드인을 동맹으로 생각하기 어려웠다. 그러나 디포는 교역에서의 경쟁국이 반드시 전쟁에서 적이 되어야 함을 의미하는 것은 아니라고 보았다. "우리는 손에 손잡고, 서로 등을 맞대고, 프랑스에 대항하여, 전제 정치에 대항하여, 가톨릭에 대항하여 싸울 것이다; 그러나 우리는 교역을 할 때는, 우리의 교역 이해관계가 충돌하는 전 세계 모든 지역에서, 손에 손잡고 얼굴을 마주하며 싸울 것이다; 뿐만 아니라 그것이 다른 영역에서 우리의 동맹을 위반하지 않는다."[128] 전쟁이 끝났을 때도, 공동 노력에서 네덜란드가 그들 몫만큼 기여하지 않았다고 비판받았을 때, 디포는 자기 성향에 따라 네덜란드를 계속 옹호하고, 재코바이트 측을 많이 비판

하였다. 프랑스에 대항하려는 영국에게 네덜란드는 대륙에 위치한 영국의 방어벽이었다.[129]

오스트리아는 다른 문제였다. 디포는 그들에게 점점 더 비판적으로 되었다. 주된 문제는 그들이 주요 사안에 주의를 집중하려 하지 않는다는 것이었다. 오스트리아가 헝가리의 반란을 진압하기 위해 그처럼 많은 시간과 정력을 소비하지 않았더라면 전쟁은 몇 년이나 일찍 승리로 끝날 수 있었을 것이다. 이것은 미묘한 문제였다. 반란인들이 프로테스탄트였기 때문이다. 많은 영국인이 그들을 지지하였다. 디포는 이들 동조자들의 논리적 모순을 지적할 수 있었는데, 그들은 그와 동시에 블레넘 전투에서 승리하여 프랑스와 바이에른으로부터 제국을 이제 막 구해 낸 말버러 공작을 칭송하였기 때문이다.[130] 오스트리아 사람들은 여전히 덜 깨인 사람들이었다. 그들은 자기네 신민과 평화를 맺고 루이 왕과 싸우는 일을 계속해야 하였다.[131] 영국은 이제 조금 지치기 시작하였다. 유럽 전역에서 오스트리아와 스페인의 가톨릭 군주를 지원하기 위하여 싸우다니.[132]

뿐만 아니라 헝가리 반란은 프랑스에 대항하는 것이 주요 목적인 전쟁에서 시선과 병력과 온갖 노력을 빼앗는 유일한 곁다리가 아니었다. 디포는 자기 독자들에게 계속 다음과 같이 주의를 환기시켜야 하였다. 스웨덴이 폴란드에 맞서 싸우는 전쟁에서 단지 스웨덴이 프로테스탄트이고 폴란드가 가톨릭이기 때문에 스웨덴 편을 들어서는 안 된다는 것이었다. 종교 전쟁의 시대는 지났다: "우리에게 대항하여 프랑스 권력을 도우려는 자는 영국의 적이요 유럽 공공 이익의 적이다. 그런 자의 종교가 어떤 이름이나 직함으로 … 구분되든 간에."[133] 스웨덴의 찰스 12세는 정당한 동기가 없는 공격의 희생자였을 수 있으며, 이런 점에서 동정할 여지가 있었다. 그러나 그가 성공하자 자만하였고 그의 승리는 세력의 균형을 무너뜨렸다. 그가 결국은 패배하고 스웨덴의 야망이 영원히 저지된 것은 좋은 일이었다. 신이 그를 버렸고 그의 모든 영광의 정상에서 그를 내던졌다. "그와 모든 군주에게 타인의 억압에 대항할 권리는 허용되지만 … 지나침에는 한도가 있음을 가르쳐 주기 위하여."[134]

교활한 프랑스가 헝가리와 스웨덴 양쪽 모두를 지지한 것은 충분히 그럴 만하였다. 프로테스탄트 헝가리나 가톨릭 아일랜드가 그들이 어떤 차이를 보이건 간에 모두 프랑스 야망의 먹잇감이었다. 영국은 여전히 프랑스에 집중하여 눈이 멀지 않도록 조심해야 한다. 과도하게 치우친 권력을 몰아내려면 그 권력이 어디에 있는지를 정확히 아는 데 주의를 기울여야 하였다. 1706년 라미예 전투 이후 프랑스는 뜯겨 나갈 처지에 있는 듯이 보였다. 열성론자들은 에드워드 3세의 제국을 재건하자고 논의하였다. 영국령 가스코니에서 클라레 포도주를 실어다 퍼마시자는 것이다. 디포는 경제적 근거에서 프랑스 분할에 반대하였다. 가스코니의 값싼 와인은 무역 수지를 우리에게 불리하게 바꿀 것이다.[135] 그는 또 정치적 근거에서도 이에 반대하였다. 전쟁의 목표는 프랑스의 권력을 억제하는 것이지 프랑스를 정복하는 게 아니었다. 세력 균형을 유지하기 위해 강력한 프랑스가 필요하였다.[136]

프랑스는 다음 해에 국력을 회복하였고 더 이상 영토 분할 문제는 거론되지 않았다. 그러나 1711년에 황제가 사망하자 새로운 위험, 즉 찰스 5세의 합스부르크 제국을 재건하자는 움직임이 일어났다. 스페인 제국을 오스트리아가 통제하는 것은 프랑스가 통제하는 것만큼이나 위험하였다. 과하게 비대해진 권력이 독일로 이동하고 있었는가? 만약 그랬다면 그것을 그곳에서 몰아낼 필요가 있을 것이다.[137] 새로운 위험은 디포로 하여금 토리가 특정 정책을 포기하는 것을 받아들이게 하였다. 즉, 옛 휘그의 정책 가운데 "스페인 없이 평화는 없다"가 있었다. 이것은 스페인에게 압력을 가하여 프랑스 출신을 스페인 왕위 계승 후보에 올리기를 거절하게 할 때까지 평화는 없다는 정책이었는데 이를 토리가 포기하였던 것이다. 1710년에 토리가 집권하고 할리가 디포를 논객으로 계속 고용하자 몇몇 논객들은 디포가 배반하였다고 비난하였다. 이것은 약간 불공정하다. 황제의 사망은 유럽의 세력 균형에 진정한 변화를 가져왔다. 상궤를 벗어난 권력이 정말로 독일로 이동하고 있었던 것이다.

영국은 어떤 종류의 전쟁을 치르고자 하였는가? 아주 오랫동안 대륙의 전쟁에 대하여 영국이 보인 태도는 그와 거리를 두고, 강력한 해군을 만드는 데 집중하여 적국이 해안에 근접하지 못하게 하고, 이 해군을 이용하여 또 대서양과 서인도 제도에 가능한 한 많은 혼란을 조성한다는 것이었다. 이것은 물론, 엘리자베스 여왕 시대 때 본 바와 같이, 스페인에 대항한 전쟁에서 특히 매력적이었다. 이 정책은 토리가 특별히 선호하였다. 토리가 의존하는 권력의 배경은 가난한 시골 젠틀맨들이었다. 이 젠틀맨들은 토지세 형태로 순소득의 5분의 1까지 납부하여 전쟁 비용을 보조하도록 요청받았다. 그러므로 전쟁이 적은 비용으로, 기간이 짧으며, 이상적으로는 전쟁 자체에서 비용이 조달되는 방식으로 치러지기를 원하였다. 디포는 개인적으로 충분히 엘리자베스 성향이어서 이러한 큰 바다 정책이 마음에 들었다. 그는 이견 없이 힘을 모아 스페인의 철갑 함대를 공격할 것을 계속 주장하였다.[138] 프랑스와 스페인은 자기네 육군에 쓸 자금이 없이는 싸울 수 없었다. "스페인의 철갑 함대를 얻기만 하면 스페인을 2년 내에 다시 수중에 넣을 수 있다. … 돈이 승리요, 돈 없으면 아무것도 하지 못한다."[139] 그는 또한 스페인에 대항하는 전쟁을 남아메리카의 영토, 특히 대륙 남부의 광대한 미정착지를 획득할 기회로 이용하는 데 관심이 높았다.[140] 1729년에 스페인과의 전면전이 다시 한번 거론되었다. 이때 디포는 이 주제로 돌아와서 전쟁을 이용하여 영국이 서인도 제도에서 영국의 지위를 강화하고 남아메리카에 세력을 공고히 할 수 있다는 점을 지적한다.[141]

이런 정책은 매력적이었다. 디포는 정부가 해적 전쟁에 크게 투자하기를 꺼려 하자 매우 실망하였다. 그러나 제한적인 해전은 그것만으로는 충분하지 않았다. 해군전만으로는 절대로 프랑스를 무릎 꿇게 할 수 없었다. 프랑스를 유럽에서 꺾으려면 플란더스 벌판에서 전투를 벌여야 한다는 윌리엄과 휘그 견해를 디포는 진심으로 일관성 있게 지지하였다. 이러한 전투를 대륙에 있는 영국의 동맹국에게 맡겨 놓는 것은 좋지 않았다. 홀란드가 진다면, 프랑스-네덜란드 연합 해군과 40만 육군이 영국을 공격할 것이었다.[142] 이것은 그 당시의 도미노 이론이었다. "플란더스를 보유한다는 사실이 스페인보다 영국에게 더 중요함은 다 아는 격언이다. 플란더스가 프랑스 땅이 되면, 홀란드가 곧 따라갈 것이고, 다음은 영국이다. 그것은 나인 핀(nine-pins, 볼링)과 같아서 하나를 쓰러뜨리면 나머지 모두가 같이 간다."[143] 한 세기에 걸친 해전에서의 승리로 영국은 나폴레옹 전쟁 시대 무렵쯤에는 자기네 해군력에 대하여 엄청난 자신감을 갖게 되었다. 디포 시대의 사람들은 아직 그런 확신이 없었다. 디포 시대 영국인은 1690년 비치헤드(Beachy Head) 전투에서 프랑스 해군이 승리한 것에 대한 충격을 여전히 기억하고 있었다. 그때는 프랑스가 해협을 지배하였고 아일랜드에서 재코바이트 반란군이 통제되지 않고 있던 때였다.

그러므로 플란더스에서 전투를 벌인다는 것은 세계에서 가장 정교한 군사력 시험대에서 전투를 의미하였다. 대동맹 전쟁 이전에 한 세기 간의 처참한 대륙 원정 때, 영국이 거의 습관적으로 그랬듯이, 훈련도 제대로 안 된 시골뜨기 몇 명을 데리고 전쟁터에 가는 것은 무의미하였다. 영국은 평화 시에 최신 전쟁 기술로 훈련된 상비군을, 전시에 신병을 신속하게 지도할 베테랑을 보유해야 하였다. 크롬웰이나 제임스 2세 같은 위험이 재발하지 않도록 할 안전장치가 필요하였다. 그러나 상비군이 있어야 하였다. 영국은 바다로부터 공격에 너무 취약하였다.[144]

플란더스에서의 전투는 역시 비용이 많이 들었다. 이것이 토리 젠틀맨이 그 전투를 싫어하는 이유였다. 그러나 돈이 많이 드는 전쟁이었으므로 번영하는 영국은 모든 우위를 가졌다. "가장 긴 칼이 아니라 가장 오래 가는 지갑이 정복하기" 때문이다. 프랑스는 이미 빈곤하였고 더욱 가난하게 될 수 있었다. 남아메리카에서 흘러든 은은 철갑 함대를 공격하여 영국으로 빼돌려질 수 있었다. 디포의 생각에 더욱더 효과적인 방법은 전쟁을 하고 있는 프랑스와 교역하는 것이었다.[145] 프랑스의 영국 상품 수요는 그것을 지불하느라 프랑스의 은을 고갈시킬 것이었다. 스페인이 오래전에 그 점을 드러냈듯이, 어떤 나라도 군대에 댈 자금이 충분하지 않으면 살아남지 못한다. 경리관이 파산하고 군인이 보수를 받지 못하여 탈영한다면 그런 육군은 전장에 좀체 동원될 수 없다.

영국은 파산의 위험이 없었다. 영국이 드디어 전쟁 자금 조달 방법을 발견하였기 때문이다. 17세기 거의 모든 기간에 영국의 공공 재정은 부정직하거나 지급 불능에 빠진 군주들에게 마지못한 대부로 가득한 한심한 회계였다.[146] 그러나 1690년대에 영국은 네덜란드와 이탈리아를 본떠 터득한 경험으로 군주의 불안한 개인적 신용 대신에, 의회로 대의된 국가 신용을 담보로 자금을 모았다. 국가 채무라는 것이 탄생한 것이다. 서서히 공공 차입 기법이 완성되었고, 대중은 일단 투자가 정말로 안전하다고 확신하면 매력적인 이자율로 전쟁 자금을 빌려주려고 몰려들었다. 혁신은 영국의 적국들에게는 재앙이었다. 확보된 전쟁 자금의 규모는 모든 사람을 놀라게 하였다. 특히, 프랑스 왕은 "영국이 이처럼 경이로운 방법으로 전쟁 비용을 꾸릴 능력이 있다고 믿었더라면"[147] 절대로 전쟁을 시작하지 않았을 것이었다. 영국은 이제 부를 활용하여 강력해질 수 있었다. 이를 위한 신용의 많은 부분은 재무장관 고돌핀(Godolphin)이 담당하였다: "재무장관이 장군 중의 장군이었다; 그의 절묘한 현금 관리가 없었다면, 말버러 공작도 패배하였을 것이고, 출정이 중단되고, 육군은 퇴보하고, 대비는 늦었을 것이다; 재무장관은 기금을 벌충하고, 신용을 회복하고, 화폐를 분배하였다."[148]

이 영국의 돈은 프랑스의 야망을 견제하였다. 1713년에 드디어 전쟁은 끝나고 위트레히트(Utrecht)에서 평화 조약이 맺어졌다. 디포의 남은 삶 동안 두 나라는 평화를 유지하였으며, 세계적 부상을 위한 다음 단계의 결투를 위해 체력을 회복하고 있었다.

주

1. *Review*, 8권, 586.
2. *Religious Courtship*, p. 206.
3. *MOC*, pp. 31~32.
4. *Roxana*, p. 103.
5. *Review*, 1권, 121.
6. Roger North, "The Life of the Hon. Sir Dudley North," *Lives of the Norths*(1826), ii, 329~330.
7. 특히, Nicolini. Colley Cibbler, *Apology for his Life*(Everyman, 1914), pp. 198 이하 참조. 또 *Spectator*(예를 들어, 5권과 13권의 애디슨의 즐겁고 재미있는 수필들) 참조.
8. *TBE*, p. 6.
9. *NVRW*, ii, 45.
10. *AM*, p. 152.
11. *CS*, p. 6.
12. *AM*, p. 155.
13. Boxer, *Portuguese Empire*, pp. 155~157.
14. 지중해에서 영국 해상 권력의 상승에 대한 고전적 설명으로 Sir Julian Corbett, *England and the Mediterranean*, 2 vols.(1904).
15. *The Two Great Questions*(1700), p. 26.
16. No. 69.
17. *Review*, 8권, 123.
18. *Review*, 8권, 125.
19. *Review*, 8권, 122.
20. *BD*, p. 10.
21. 예를 들어, *GHDI*, pp. 46, 207.
22. *PEC*, pp. 152~153; *GHDI*, p. 208; *BD*, pp. 8~20.
23. *PEC*, p. 48.
24. *PEC*, p. 186.
25. 경제사가들은 직물 공업 홍기에 관한 디포의 설명에 동의하지 않는 경향이다. 엘리자베스 여왕 재위 시의 상업사는 F. J. Fisher, "Commercial trends and policy in sixteenth-century

England," *EcHR*, x(1940)에서 낮게 평가되었고; 중세의 직물 교역 성장에 더 정확한 모습은 E. M. Carus-Wilson and Olive Coleman, *England's Export Trade, 1275-1547*(Oxford, 1963)에서 볼 수 있다.

26. *GHDI*, pp. 213~214; *GANC*, pp. 4~8; *Review*, 6권, 26; 5권, 573~575; *PEC*, p. 153.
27. *Review*, 4권, 27.
28. *GANC*, pp. 4~8.
29. *PEC*, p. 153.
30. *BD*, pp. 20~30.
31. *PEC*, pp. 136~151.
32. *AM*, p. 143.
33. *PEC*, p. 173.
34. *BD*, pp. 30~32.
35. 로크와 기본적으로 같은 디포의 헌법관을 가장 잘 나타낸 것은 그의 시집 *Jure Divino*(1706) 서문이다.
36. *Jure Divino*, p. iv.
37. *A Hymn to the Mob*(1715). 영국에서는 인민이 다스리지만, "함께 모인 인민이 아니라, 대의된 인민이다; 짧게 말해 하원이지, 거리의 군중이 아니다." p. ii.
38. *Review*, 3권, 37~39.
39. *Review*, 3권, 39.
40. *A Short View*(1707), p. 6.
41. *Review*, 4권, 110.
42. *Review*, 4권, 110.
43. *A Short View*, p. 7.
44. *A Short View*, p. 9.
45. *Moderation Maintain'd*(1704).
46. *MOC*, p. 166.
47. *MOC*, p. 270.
48. *Review*, 6권, 18.
49. *Review*, 4권, 632.
50. *AJ*, 1721. 9. 9(Lee, ii, 425).
51. *GLS*, p. 40.

52. 배은망덕의 주제가 디포의 저작에 자주 나온다. 특히, *TBE*, pp. 41~42; *The Mock Mourners* (1702)와 *The Double Welcome* (1705) 참조. 디포는 『리뷰』지에 1년에 한 번은 윌리엄 왕의 일화를 저술하여 영국인이 그에게 진 빚을 일깨우는 버릇이 있다. 예를 들어, 6권, 365~368.

53. *TBE*, p. 8.

54. *FARC*, p. 235.

55. *Review*, 9권, 198.

56. Dr. John Arbuthnot, *History of John Bull* (1712).

57. *Review*, 9권, 198.

58. *FARC*, p. 293.

59. *AJ*, 1725. 7. 24(Lee, iii, 407~409); B. L. de Muralt, *Letters describing the Character and Customs of the English and French Nations* (1726).

60. *Review*, 6권, 23.

61. *Review*, 3권, 418.

62. *Review*, 4권, 250.

63. Pierre Goubert, "Recent theories and research in French population between 1500 and 1700," in D. V. Glass and D. E. C. Eversley, *Population in History* (1968); Peter Laslett, *The World We Have Lost* (1965), p. 134; 금욕과 늦은 결혼이 고민하는 프랑스인에게 미친 영향에 관해서는 *Annales* (1972) 참조.

64. 프랑스인에 대해 Defoe, *TBE*, p. 8.

65. 앞의 책, p. 36.

66. *Review*, 9권, 198.

67. *CET*, i, 386.

68. *And what if the Pretender should come?*, p. 18; 파리에 관한 John Gay, "where slav'ry treads the streets in wooden shoes," C. F. Burgess(ed.), *The Letters of John Gay* (Oxford, 1966), p. 15.

69. 프랑스 농업에 관한 엄청난 저작의 유용한 영문 요약으로 다음을 참조하라. Pierre Goubert, *L'ancien Régime: French Society 1600-1750* (1973); Jean Jacquart, "French agriculture in the seventeenth century," in Peter Earle(ed.), *Essays in European Economic History, 1500-1800* (1973).

70. *AM*, p. 150. 비슷한 대조가 더 최근에 이루어질 수 있었다. 1914년에 1인당 1년 밀 소비량은 프랑스가 7.5부셸로 세계 최고이며 브리튼섬보다 2부셸 많았다. Wilfred Malenbaum, *The World Wheat Economy, 1885-1939* (Harvard 1953), pp. 244~245.

71. de Muralt, p. 11; *AM*, p. 150.

72. *Mercator*, no. 53.

73. 다양한 나라의 곡물 수확 추계는 B. H. Slicher van Bath, *The Agrarian History of Western Europe, 500-1850*(1963), pp. 330~333. 프랑스의 매우 낮은 수확률에 대해서는 Jacquart, 앞의 책, p. 171 참조.

74. 기근 위기에 대해 Goubert, *L'ancien Régime*, pp. 36~42 참조.

75. *Review*, 6권, 339.

76. *Review*, 6권, 339; *AM*, p. 150.

77. *AM*, p. 143.

78. *Mercator*, No. 105.

79. *Mercator*, No. 106.

80. *AM*, p. 145.

81. *Considerations*(1713), p. 35.

82. 예를 들어, 『리뷰』지, 1권, 385; *And what if the Pretender should come?*, p. 18; *AJ*, 1721/2. 2. 17 (Lee, ii, 487~488).

83. *Review*, 1권, 385.

84. *Considerations*(1713), pp. 16~17; 양모 밀수꾼 또는 밤도둑에 대해 *Tour*, 1권, 112, 123과 다른 곳 참조.

85. *AJ*, 1721/2. 2. 17(Lee, ii, 487); Ralph Davis, *Aleppo and Devonshire Square*(1967), pp. 28~29.

86. *AM*, p. 143.

87. *AM*, p. 143.

88. *Project d'une dixme royale*.

89. *Review*, 1권, 49~51. 프랑스 절대주의의 구조에 관한 문헌 최근 요약으로 Pierre Goubert, *L'ancien Régime*, vol, ii, *Les Pouvoirs*(Paris, 1973) 참조.

90. *E upon P*, p. 7.

91. 청교도 정신에서 자유와 권위 사이의 충돌에 대한 적절한 언급으로 Christopher Hill, "The Spiritualization of the Household," in *Society and Puritanism in Pre-Revolutionary England*(1964) 참조.

92. 1705년 선거가 *Review*, 2권의 많은 부분을 차지한다; 1708년 선거는 5권; 1710년의 선거는 7권.

93. *Review*, 7권, 332.

94. *And what if the Pretender should come?*, p. 32.

95. *AJ*, 1721. 9. 16(Lee, ii, 428~429); *DPP*, pp. 9~12에서 프랑스 방법을 비판한다.

96. *Review*, 1권, 57~59. 물론 그들 중 대부분이 탈영한다. 프랑스의 징집에 대해 Goubert, *L' ancien Régime: les pouvoirs*(Paris 1973), pp. 114~119 참조.

97. *Review*, 1권, 59; George Farquhar, *The Recruiting Officer*(1706).

98. *GANC*, p. 24. 영국의 징집에 대해 J. W. Stoye, "Soldiers and civilians," *NCMH*, vi, 770 참조. 정규적 징병 가능성이 고려되었으나 1708년 초에 기각된다. 디포는 이것에 대해 두 편의 흥미있는 글을 쓴다. *Review*, 5권, 509~516, 그리고 나중에 pp. 275~276을 보라.

99. *Review*, 5권, 166; *Reasons why*(1711), p. 14.

100. *PEC*, pp. 94~98.

101. *Review*, 2권, 45~46.

102. *GANC*, p. 24. Stoye, 앞의 책에서는 경제가 어려웠고 스페인 왕위 계승 전쟁 때보다 군대 규모가 작았으므로 징집이 1690년대 전쟁 시에는 훨씬 쉬웠다고 서술한다.

103. *Review*, 3권, 54.

104. *Crusoe*, pp. 5, 7; *FI*(1715)에서는 아버지와 다툰 큰아들이 입대한다. 그도 결과가 좋지 못하다.

105. *CJ*, p. 183.

106. *MOC*, pp. 48~58, 인용은 p. 56.

107. *Double Welcome*(1705).

108. *Review*, 1권, 44.

109. *Review*, 5권, 405~407.

110. 디포는 약간 과장한다. 많은 작은아들들이 영국 육군에서 싸웠다. 그러나 스코틀랜드인이 중요하였다. 1714~1763년 기간 동안 영국 육군의 모든 연대 장교의 4분의 1이 스코틀랜드인이었다. Stoye, 앞의 책, p. 783.

111. *The Mock-Mourners*(1702), p. 50.

112. David G. Chandler, "The Art of War on Land," *NCMH*, vi, 747~748에서 인용; 전투의 변화 대부분 논의는 이 논문에서 나왔다.

113. *A View of the Scots Rebellion*(1715), pp. 25~26.

114. Chandler, p. 749.

115. *Review*, 1권, 130.

116. *E upon P*, pp. 176~177.

117. *Anatomy of Exchange-Alley*(1719), p. 16; "포위의 소문을 최소화함으로써" 중개인들이 확률을 변화시키는지 좀 의심스러운 숫자놀음에 대해서는 *E upon P*, pp. 176~177 참조.

118. *E upon P*, pp. 256~257.

119. *Review*, 6권, 2.

120. Andrew Lossky, "International relations in Europe," *NCMH*, vi, 151.

121. *Two Great Questions*(1700), p. 15; *E upon P*, p. 123에는 영구적 국제 평화를 조직하는 생각이 요약되었다.

122. *The Memoirs of Major Alexander Ramkins*(1719), p. 50. 디포의 저작이다.

123. *Review*, 6권, 17~18; *MOC*, p. 15.

124. *Review*, 3권, 454.

125. *Review*, 6권, 19.

126. *Two Great Quetions*(1700), 이곳저곳.

127. *Review*, 4권, 186, 256, 299.

128. *Review*, 7권, 210.

129. *Review*, 8권, 573~576과 비슷한 참고 글.

130. *Review*, 1권, 221~223, 1권의 많은 부분이 헝가리 반란 관련이다.

131. *Review*, 1권, 229~230.

132. *Review*, 4권, 13~15.

133. *Review*, 1권, 202.

134. *Review*, 6권, 261~272, 277~279. 인용은 p. 279.

135. *Review*, 3권, 341~342

136. *Review*, 3권, 261~264.

137. *Review*, 8권, 57~59, 353~360, 365~376 등.

138. *Review*, 4권, 421~423; 5권, 169~170, 245~247; 8권, 345~348.

139. *Review*, 5권, 170.

140. *Review*, 8권, 233~235, 앞의 pp. 88~91 참조.

141. *HP*, p. 44.

142. *Englishman's Choice*(1694), pp. 10~12.

143. *Englishman's Choice*, pp. 26~27.

144. *Some Reflections*(1697); *E upon P*, pp. 252~281; *Review*, 5권, 5~11.

145. *Review*, 1권, 341~347, 357~386; 4권, 217~220. 영불 교역의 디포 견해에 대한 더 자세한 논의

는 다음 pp. 223~227 참조.

146. R. Ashton, *The Crown and the Money Market, 1603-1640*(1960); C. D. Chandaman, *The English Public Revenue, 1660-1688*(Oxford, 1975).

147. *Essay upon Loans*(1710), pp. 6~7.

148. *Review*, 6권, 7~8. 영국 국가 재정에 대한 디포의 일반 견해로는 *Essay upon Loans*(1710); *Review*, 6권, 122~128; 7권, 229~244, 534~571 등; *Reasons why this Nation*(1711); *Fair Payment No Spunge*(1717) 참조. 프랑스와 영국의 재정을 비교한 것으로 Roland Mousnier, "L'évolution des finances publiques en France et en Angleterre pedant les guerres de la ligue d'Augsbourg et de la succession d'Espage," *Revue Historique* ccv(1951)과 P. G. M. Dickson and John Sperling, "War Finance, 1689-1714," *NCMH*, vi, 285 이하 참조.

제3부

영국

제5장 안정의 경제학
제6장 이동하는 사회

제5장 안정의 경제학[1]

대니얼 디포는 아마도 그 이전이나 그 시기 이래의 경제적 문제를 다룬 다른 어느 작가보다 그 시대 영국 경제에 대해 많은 것을 보았을 것이다. 그는 브리튼섬 전체를 구석구석 여러 번 여행하였다. 그리고 가는 곳마다 보이는 것을 보았을 뿐 아니라 무엇이 일어나고 있는지 알 만한 부류의 사람들과 이야기하였다. 그의 여행 결과는 그의 훌륭한 『여행기』에서 볼 수 있다. 『여행기』는 그의 시대에 영국이 돌아가는 모습을, 영국의 부유함에 대한 긍지와 어리석음에 대한 분노를 섞어 묘사한다.[2] 그러나 『여행기』와 경제 문제에 관한 디포의 다른 해설적 저작은, 좀 숨찬 낙관주의 말고는, 이론적 배경을 크게 의식하고 있어 보이지 않는다. 역사학자들은 대개 디포를 경제 이론가라기보다 경제 전문 언론인으로 평가하였다.[3] 디포가 경제 이론에 관해 쓴 글을 읽어 본 역사학자들이 거의 없었던 것이 그 주된 이유이다. 근대 경제학 교과서에 해당하는 그 시대의 책, 『상업개설』(*Discourse of Trade*)을 디포는 저술한 적이 없다. 대신에, 『리뷰』지 전권에 걸쳐 곳곳에서 경제 이론을 논하였다. 『리뷰』지는 경제사상사를 쓰는 사람들이 접근하기가 쉽지는 않은 포럼이다.

이들을 모아 보면 이 글들이 디포의 저작 가운데 더 잘 알려진 글들의 기본적 배경을 형성한다. 디포는 위대한 경제학자가 아니었을 뿐만 아니라 그의 경제 사상의 어느 것도 독창적이지 않았다. 그러나 그가 당대 사람들과 그 시대 이전 사람들의 저작에서 뽑은 약간 낯선 선집은 독자성을 보인다. 여기에도 역시 그의 생각에서 우리가 이미 찾아낸 이중성이 반영되어 있다. 디포의 경제학은 구시대적인 것과 현대적인 것을, 비관과 낙관을, 이론상으로는 의심스러울지라도 절묘한 방식으로 결합한다. 이것에 대한 설명은 다음과 같은 사실에서 부분적으로 찾을 수 있다. 즉, 18세기 초 경제사상의 주류가 그에 앞선 네 시기 – 1550년대, 1620년대, 1640년대, 1690년대 – 에 처음 만들어진 경제적 사고에서 유래하였다는 점이다. 이 네 시기 모두 영국 경제는 심각한 불황을 겪었다. 그때 막 등장한 경제학은, 나중에는 우울한 과학으로 지칭될 것이고, 아직은 그 정도는 아니었을지언정, 곧잘 심각하게 암울한 분위기를 띠는 경향이 있었다.[4] 이와 같은 문헌에 몰두한다는 것은, 디포의 자연스러운 낙관주의가 미래를 내다볼 때 습관적으로 신중함과 심지어 경각심에 의해 적당히 조절되었음을 의미하였다. 영국의 성취에 대한 자부심은 그런 성취가 문제를 야기하며 난제를 쏟아낼 미래에까지 유지될 수 있을지에 관한 의심과 결합되었다.

대부분의 근대 작가들은 디포의 저작에 담긴 이 보수적이고 시대착오적인 요소를 간과한다. 그들은 『여행기』를 산업 혁명 전야의 영국을 훌륭하게 묘사하였다고 평한다. 맞는 말이다. 그러나 그럴 때 그 책에서 영국 경제와 궁극적으로는 세계 경제를 변화시킬 독특한 요인을 예견하는 것처럼 보이는 자료들을 뽑아낸다. 우리가 볼 바와 같이, 진실은 디포가 산업 혁명을 예감하지 못하였으며, 혹시 그랬다면 그가 예견한 모습을 싫어하였을 것이 거의 분명하다는 것이다. 그는 영국이 세계에서 가장 부유한 나라라고 생각하였다. 그것은 영국 내 가장 앞선 지역에서의 일들이 이미 존재하던 방식 때문이었다. 디포는 당시 영국의 현 상태를 위협하는 어떤 것에도 반대하였다. 여기에는 나중에 작가들이 공업화의 전조 또는 필요조건으로 본 당시의 많은 변화가 포함된다.

공업화와 그것이 그 사회에서 사는 모든 사람의 경제적 수평선에 가져다 준 변화는, 근대 역사가들로 하여금 공업화 이전 사회를 다소 낮춰 보게끔 이끌었다. 교과서를 읽는 사람이 18세기 초 영국에 관해 배우는 첫 주제는 모든 사람이 얼마나 가난하였는가이다. 그러나 디포에게 영국에 관해 가장 눈에 띄는 모습은 모든 사람이 얼마나 부유하였는가였다. 영국의 번영을 나타내는 표지 하나가 영국 노동자에 지급되는 높은 임금이었다. 그 임금은 외국인의 임금보다 높았고, 단순히 살아남는 데 필요한 수준보다 높았다.[5] 디포 시대에 교육받은 사람들 대부분은 이 사실을 비난하였으며, 그것이 영국의 수출 시장에서 영국의 경쟁적 지위에 심각한 영향을 줄 것이라고 생각하였다. 우리가 볼 바와 같이, 디포는 이 주장을 받아들이지 않았다.[6] 그는 또한 수출에 관하여 대부분의 작가들과 같은 정도의 강조점을 두지도 않았다. 대부분의 작가들은 수출 증대가 경제의 거의 유일한 목표라고 생각하는 듯하였다. 영국의 잉여 생산을 흡수하고 그렇게 해서 높은 수준의 고용을 유지하기 위하여 높은 수준의 수출이 필요하다는 생각을 디포도 분명히 하였다. 그러나 그가 보기에는 국내 수요가 더욱더 중요하였다. 그가 영국 순회 여행을 할 때 그에게 가장 인상적인 것은 북적거리는 내륙 교역의 호황이었다. 어떻게 그렇게 많은 사람들이 그렇게 많은 것을 사들일 수 있었을까? 답은 명백해 보였다. 영국 노동자에 지급되는 높은 임금이 영국 번영의 원인이자 효과였다. 따라서 영국인들은 계속 높은 임금을 받아야 한다는 점이 명백하였다. 임금이 하락하면 영국인들은 국내 시장을 그렇게 바쁘도록 유지하는 모든 상품을 절대 소비할 수 없을 것이며, 이것은 생산의 위축과 고용의 감소를 유발할 것이었다.[7] 실제로, 생존에 필요한 이상의 잉여가 빈민의 생활 수준을 향상시키는 데 유효하고 그들이 더 많은 식품과 제조업품을 구입할 수 있게 하였다. 물론 모든 사람이 이런 가능성의 이점을 누리지는 않았다. 많은 사람이 일이 없었고 그저 살아남기에 필요한 것 이상으로 무엇을 하도록 강요하는 것이 전혀 또는 거의 없었기 때문이다. 그러나 어떤 사람들은 이것에 만족하지 않고 돈을 더 벌기 위해 일을 더 하였다. 바로 이 사실이 경제 전체를 상대적으로 높은 수준에서 돌아가게 유지하였다. 식품 수요가 증가하면 그들은 농민들이 충분히 이윤을 남겨 높은 지대를 지불하고, 동시에 농업 노동자와 하인에게 상대적으로 높은 임금을 줄 수 있게 하였다. 그리고 그들의 제조업품 수요가 증가하면, 우선 제조업 노동자들은 그들 자신과 다른 산업 및 다른 지역 노동자들에게 높은 임금의 고용을 촉발하는 수요를 제공하였다.[8] 높은 임금이 높은 수요로, 높은 고용으로, 다시 높은 임금으로 연결되었다.[9] 노동자만 이득을 보는 것도 아니었다. 실을 잣기 위한 양모를, 모포를 짜기 위한 모사를 미리 빌려주는(선대, put out) 포목상은 자신의 완제품 가격을 높게 매길 수 있었다. 그의 잠재적 고객이 노동자이든 농민이든 지주이든 모두 구매력이 높기 때문이었다. 모포를 운송하는 짐마차꾼, 그에게 화물 운반용 말들을 파는 말 사육자, 그들을 먹이고 재우는 여인숙 주인 – 모두가 여기에 동참할 수 있었다. 정말 이런 유통망이야말로 디포 경제학의 가장 중요한 요소 중의 하나였다. 하나의 상품이 원자재 상태에서 최종 소비자로 가는 길에 더 여러 사람의 손을 거칠수록, 각 상품이 더 많은 고용을 불러오며, 그러는 동안에 더 높은 임금과 이윤을 벌 수 있었다:[10]

> 모든 머리와 손이 [유통을] 보존하고, 지탱하고, 확대하고, 증가하는 데 고용되어야 한다. 이 중요한 일에 교역의 활력이 좌우되기 때문이다; 이것이 쇠락하고, 단절되고, 축소되면 우리 교역은 틀림없이 시들고, 늘어지고, 죽는다.[11]

나라의 모든 사람 – 남자, 여자, 아이 할 것 없이 – 이 고용되어 높은 임금을 벌고 그렇게 하여 그 밖의 다른 사람을 고용하는 것으로 이어지는 것이 이상적일 것이다. 영국은 그런 행복한 상황이 전혀 아니었다. 이것이 시스템의 주된 결함 가운데 하나로, 디포는 이를 근절하고자 고심하였다.

경제에서 매우 심각한 실업 문제를 해결하기 위한 디포의 제안을 살피기 전에, 영국인이 높은 임금을 받는 만족스러운 상황이 어떻게 도래하였는지 이해하고자 노력하여 보는 게 좋을 것이다. 디포는 고임금을 설명할 두 가지 방법을 고안하였다. 그것은 그가 영국 내에서 임금 편차를 설명하느냐, 혹은 왜 영국인 임금이 외국인 임금보다 높은지를 설명하느냐에 따라 다르다. 두 설명이 논리적으로 연결되어 있기는 하지만 어느 쪽도 썩 만족스럽지는 않다. 누가 봐도 영국 남부 쪽 임금이 북부보다 높다는 것은 분명하였다. 디포는 임금 수준이 인구 밀도의 함수라고 주장함으로써 이를 설명한다.[12] 일정한 지역에 인구가 많을수록 그들은 덜 자급자족적이며, 서로의 노동을 요구하는 수요가 컸다. 고용주들은 이 수요를 만족시키기 위해 재화를 생산하려고 노동자를 얻고자 경쟁을 하며 그래서 임금 수준을 높였다.[13] 이러한 주장은 영국 전체에 대해서는 적합하지 않다. 다른 지역, 특히 저지대 국가[14]는 더욱 높은 인구 밀도를 보이지만 이런 고임금이 없었기 때문이다. 이것은 디포를 이것과 유사하지만 더욱 순환적인 주장에 빠져들게 만들었다. 영국인이 더 높은 임금을 받는 것은 직업 기회가 더 많았기 때문이었다. 그 직업 기회가 외국인에게 지급되는 기아 임금 수준에서 일을 할 사람보다 더 많았다.[15] 다른 나라에서는 가난한 사람이 일자리보다 더 많아서 노동자끼리 서로 경쟁하여, 임금 수준이 최저 생존 수준이나 그보다 더 낮게 내려갔다. 왜 영국에는 일자리가 더 많았는가? 답은 설명되고 있는 현상에 있다. 영국인에게 지급되는 높은 임금은 수요를 창출하여 일자리를 크게 늘렸으므로 이를 채우기 위해 고용주들은 높은 임금을 줄 수밖에 없었다. 순환은 완성되었다.

이런 설명은 명백한 문제를 드러낸다. 그것은 영국에서 일하기 원하는 모든 사람이 일을 찾을 수 있다고 가정하는데, 이 가정은 명백히 틀렸기 때문이다. 완전 고용이란 오늘날에도 실제적으로 정의하기 매우 어렵다. 디포의 시대에는 더욱더 정의하기 어려웠다. 어느 시점에서 인구에 대비한 노동력 규모, 또는 얼마 만한 비중이 취업하였는가 따위를 정하는 것은 불가능하였을 것이다. 말할 수 있는 최대한의 교역, 따라서 고용이 활발하냐 느슨하냐 하는 정도였다. 나이 다섯 살 정도 이상의 모든 사람은 일할 수 있다고 생각되었다. 따라서 이론적으로는 기존 노동자와 경쟁하여 임금을 생존 수준까지 끌어내릴 수도 있었을 것이다. 그러나 이런 일은 일어날 법하지 않았다. 당시 사람들이 아무 일도 하지 않는 아이의 모습을 보기 싫어하였음에도 그랬다. 어쨌거나 노동 시장은 그 전체가 균질화되고 경쟁적인 체제도 아니었고, 그 안에서 직업적, 지리적으로 완전한 이동성도 존재하지 않았다. 그보다는 대부분 위치, 성, 연령, 숙련도, 교육, 기타 서로 다른 특징을 보이는 부류 등으로 구분되는, 일련의 이질적이면서 대부분 비경쟁적인 범주로 구성되어 있었다. 이러한 사실은 디포에게 명백하였다. 그가 주장하려고 한 것은 고작 이러한 노동의 일부 범주에 대하여 그가 설명한 조건이 존재하였다는 것이 전부였다. 핵심을 요약하면 그의 주장은 영국의 특정 지역에, 연중 특정 시간에, 어떤 직종에서는 노동 수요가 공급보다 컸고, 따라서 고용주가 교섭력이 약하였고 생존 수준보다 높은 임금을 지급해야 하였다는 뜻이었다. 그러한 수많은 임금 교섭이 쌓인 순 결과로 영국 임금의 평균 수준이 다른 나라보다 높아졌다. 이것이 모든 사람이 모든 시기에 항상 잘 살았다는 뜻은 아니었다. 많은 영국인들이 평균적 프랑스인, 심지어는 아일랜드인만큼이나 가난하였으며, 계절적인 순환적 실업으로 수천 명이 실직하는 일도 빈번하였고, 전국적으로 많은 여성과 아동이 가족 소득을 증가시키기 위하여 일을 하고 싶었으나 일을 찾을 수 없었다는 사실을 디포는 부인하지 않았다.

디포의 기본적 전제, 즉 영국 노동자들이 생존에 필요한 최소 수준보다 높은 임금을 받았고, 이 임금이 거의 모든 외국인의 임금보다 높았음을 받아들이는 역사가들은 이 사실들을 약간 더 만족할 만한 설명을 하는 데 활용한다.[16] 첫째, 그들은 지주와 농민이 적어도 16세기 말부터 영국 농업의 개선 작업에 착수하여 생계비가 낮아졌다고 주장한다.[17] 이런 개선에는 휴한지를 부분적으로 없애고 공중 질소를 고정하는 신종 목초를 심는 작업이 포함되었는데, 이 개선이 토양의 평균 비옥도를 크게 높이고 영국 시장에 식량 공급을 늘렸다. 또한 예전에는 이용하지 않던 삼림, 황무지, 늪지대를 개간하여 경작지를 확대하면서도 공급이 증가하였다. 그렇지만 이러한 식료품 생산 증대가 17세기 중엽 전까지지는 생존 비용을 감소시키는 효과가 없었다. 인구 증가가 그보다 더 빨랐기 때문이다. 1640년대부터 상황을 바꿀 두 가지 변화가 일어났다. 새로운 생각들이 더욱 널리 확산되고, 인구가 급속히 증가하기를 멈추고, 실제로는 감소함에 따라 농업에서 혁신율이 속도를 높였다. 이제 같거나 그보다 더 적은 수의 농민이 더 많이 식량을 시장에 내놓았다. 특히, 이례적인 풍작 기간인 1670년대와 1680년대에 그랬다. 같은 임금을 받아도 이제 같은 양의 빵을 사는 데 돈이 덜 들었다. 소득은 더 좋은 식품을 더 많이, 혹은 제조업품을 구입하는 데 쓰일 수 있었다. 이것은 농업과 공업에서 노동 수요가 증가할 차례임을 의미하였다. 그러나 이제 더 이상 인구가 증가하지 않고 있어서 옛 임금으로 새 일을 할 사람들이 충분하지 않았고, 그래서 임금이 올랐다. 특히, 1670년대에 그런 일이 다시 한번 일어났다.[18] 비록 식료품값이 다시 오르기는 하였지만, 특히 1690년대에 그랬는데, 상황을 원상으로 되돌릴 만큼 충분히 오르지는 않았다. 그래서 1710년대, 1720년대의 영국 노동자들은 디포가 태어난 10년간보다 더 싼 값에 재화를 구입하고 돈은 더 버는 행복한 지위를 누렸다.

디포는 이런 식으로 식품 가격이 떨어지는 것을 본 적이 없었다. 정말로, 1670년대와 1680년대의 두 주요 시기를 되돌아보면서, 그는 그 시대 식자층의 대부분 사람들처럼, 이 시기를 혜택이 아니라 저주로, 그것도 풍요함의 저주로 보았다.[19] 식품값이 떨어지면 노동자의 생활 수준이 향상될 수도 있다. 비록 이것을 디포가 강조한 적이 없었다는 것이 논점은 아닐지라도 말이다.

그것이 확실히 하게 될 일은 인구의 훨씬 더 중요한 부분을 차지하는 자영농과 지주의 생활 수준을 대부분 사람들의 수준으로까지 하락시켰다는 것이다. 농민은 자기네가 작물을 시장에 가져갔을 때 받는 가격이 작물 경작과 운송 비용을 충당하기에 충분하지 않고, 이윤이 남지 않으며, 지주들에게 지대를 낼 수 없을 정도임을 알았을 수도 있다.[20] 나라에서 가장 부유한 자의 소득이 줄면 이것은 물론 다른 모든 사람에 영향을 미쳤다. 재화와 용역에 대한 수요가 줄 것이고, 일자리가 줄고, 임금이 낮아지고, 그렇게 노동자의 낮은 임금이 처음에 낮아진 식료품 가격에서 얻은 이득을 상쇄할 때까지 이 순환은 계속될 것이었다.[21]

그러므로 디포의 지속적인 관심은 식품 가격을 낮추는 것이 아니라 높이는 데 있었다. 그가 살던 시기 내내 영국은 대체로 영국 인구가 먹고 마시는 것보다 훨씬 많은 곡물을 생산하였다. 이 상황이 만족스러웠던 만큼이나, 디포가 영국 경제를 분석하는 배경에 비추어 볼 때, 매우 심각한 문제를 낳았다. 1680년대처럼 풍작이 오면 그 풍작은 그의 전체 시스템을 망가뜨릴 수 있었다. 1709년에 그는 "곡물 가격 폭락은 우리를 덮칠 수 있는 가장 큰 공공 해악"이라고 썼다.[22] 유통과 고용은 모든 요소 – 높은 임금, 높은 식품 가격, 높은 지대, 농민들의 높은 소득 – 가 높게 유지되는 상태에 의존하였다. 디포가 영국 순회 여행을 하면서 더할 나위 없이 농업에 개선할 여지가 많다고 본 사실이 그가 보기에는 문제를 악화시켰다. 디포는 사람이든 토지든 고용되지 않은 자원을 싫어하였다. 그래서 그는 항상 가격을 높게 유지하기 위하여 잉여 곡물을 처분하는 방법에 관심이 높았다. 혹은 더 좋게는, 곡물 경작에 대한 높은 의존도를 줄일 수 있도록 토지 이용을 변화시키는 데 신경을 썼다.

잉여 곡물을 처분하는 가장 만족스러운 방법 중 하나가 수출이었다. 디포는 1670년대부터 곡물 수출 촉진을 위해 개발된 보조금 제도를 열렬히 옹호하였다.[23] 그러나 수출은 풍작의 조류를 멈추는 정도에 불과하였으므로 곡물을 처분할 다른 방법을 모색할 필요가 있었다. 물론 그의 경제 시스템에 암묵적으로 포함되어 있는 한 가지 방법은 단순히 노동자에게 높은 임금을 지급하여 빵을 더 많이 구입하게 하는 것이었다. 하지만 사람이 먹을 수 있고 먹을 빵의 양은 제한되어 있었다. 다른 한편으로 그들이 마실 양에는 제한이 없어 보였다. 다른 저작에서는 음주가 모든 악덕의 아버지라고 써놓은 도덕주의자 디포가, 경제학의 모자를 쓰고 있을 때는 주류 교역의 옹호자가 되었다. 그는 자부심을 가지고 엄청난 양의 교역을 묘사하고, 영국의 1인당 음주량이 세계 최고라고 언급하며 크게 만족해 한다.[24] 이것은 고용, 유통, 지주의 지대 등을 유지하는 데 높은 임금이 갖는 커다란 가치를 보여 주는 또 다른 예에 불과하였다. 이 주제에 대한 그의 가장 간단명료한 팸플릿이 영국 증류 산업을 문서로 충분히 입증하여 찬사를 늘어놓았다. 증류업자는 국내 진(gin) 시장을 놓고 네덜란드와 활발하게 경쟁 중이었다. 국내 진 시장은 1720년대 현재 그 엄청난 규모를 향해 팽창하고 있었으며 이것은 호가스(William Hogarth)
역주: 화가, 판화가, 1697~1764. 인간 본성에 대한 예리한 통찰력으로 18세기 영국 사회를 풍자하였다.
에게 영감을 주었고, 그 전체 시기에 진의 시대(Gin Age)라는 별명을 붙여 주었다. 그 시대에 사람들은 1페니로 취하고 2펜스면 취해서 완전히 뻗어버릴 수 있었다.[25] 진은 영국 곡물을 흡수할 완벽한 생산품이었다. 디포가 원하는 고용과 지대를 올리는 효과를 가져왔을 뿐 아니라, 추정컨대 질이 나빠서 다른 시장에서는 팔릴 수 없는 가장 나쁜 곡물을 처리할 수 있었다. 이렇게 해서 농민의 소득도 증가하였고 이전에는 사용하

지 않던 땅도 경작할 수 있게 되었다.

이 같은 편법적인 곡물 처분 방식은 적어도 디포 생전에는 문제를 더 악화시키지 않았지만, 곡물의 장기 가격을 높이거나 지대를 올리는 효과를 가져오지는 않았다.[26] 이것이 우리가 본 대로 디포가 높은 농산물 가격을 지지한다고 외치는 궁극적 동기였다. 곡물 소비 팽창과는 별도로, 지대를 인상할 다른 방도에 그가 관심을 쏟은 것은 놀랄 일이 아니다. 그 해결책 하나가 곡물을 아예 경작하지 않는 데 있어 보였다. 디포가 주장하기를, 목초지나 사육장의 지대는 경작지 지대의 다섯 배였고, 비옥한 화훼 농지에 지불되는 지대는 목초지 지대의 네 배에 달할 수 있었다.[27] 이러한 사실이 함축하는 바는 명백하였다. 지주가 소득 증가를 원한다면 그의 땅을 곡물 경작에 사용되게 하지 말고, 목축이나 시장 판매용 채소 재배로 전환하여야 한다. 물론 문제가 있었다. 영국인은 진은 말할 것도 없고 빵과 맥주를 계속 원할 것이었다. 그러나 네덜란드가 한 것처럼 못할 게 무엇인가?[28] 그들은 곡물은 대부분 땅이 넓고 임금이 싼 발틱 지역에서 수입하고 자기네 교역과 제조업에서 번 돈으로 곡물값을 지불하였다. 그러는 동안 자기네 토지는 집약적으로 경작되어, 낙농 제품, 야채, 공업용 원자재, 유사한 상품 등을 생산하였다. 여기서 나온 이윤으로 농민들은 제한된 규모의 토지에 매우 높은 지대를 지불할 수 있었다.[29] 디포는 영국의 일부 지역에 대하여서도 비슷한 상황을 상상하였다. 영국의 일부에서는 "인구가 너무 많아서 나라의 모든 평지는 그저 과수원이나 만들고 소나 말을 우리에 가두어 기르기에 겨우 충분하고," 언덕에는 양을 방목하였다.[30] 디포가 이 글을 쓴 지 2세기 후에 영국 농업이 자신이 상상하였던 이상향과 매우 비슷하게 되었음을 알았다면, 그는 분명 매우 놀랐을 것이다.

이런 고가 작물 경작으로의 전환이 시작되는 일을 디포의 시대에도 이미 볼 수 있었다. 곡물 가격이 정체 또는 하락하고 임금이 오르면서 농민들이 소득을 유지하기 위하여 새로운 길을 찾았기 때문이다.[31] 더욱 많은 농민이 과일과 야채 재배, 호프, 염료, 종자유 같은 공업용 작물 재배 등의 실험을 시작하였다. 가축을 방목하는 땅도 더 늘었다. 이제 가축 방목의 주 목적은 곡물 증산에 필요한 분뇨를 얻는 것이 아니라 점점 더 시장에 내다팔 육류와 낙농 제품 공급 쪽으로 되었다. 이런 전문 농가들은 곧잘 상호간 최선의 고객이기도 하였다. 한 가지 생산에 집중한 자에게 다른 것이 필요하였기 때문이었다. 이러한 전반적인 시장 팽창은 또한 불황에 허덕이는 곡물 생산자에게도 도움이 되었다. 이제 목축 지역이나 시판용 채소 재배 전문 지역에서 그들의 곡식을 구입할 새로운 고객이 생기고 있었던 것이다. 각각의 농업 지역이 대부분 자급자족하던 오래된 패턴이 서서히 무너지고 있었다.

똑같은 유형의 특화가 공업 팽창과 함께 일어났다. 제조업품을 구입할 소득을 얻는 사람이 많아질수록 제조업품을 만들고 받는 임금만으로 사는 사람들이 늘어났다. 이 과정은 느렸다. 17세기 초에 대부분의 공업 노동자는 소농민의 아내와 자녀들이었다. 또는 그들이 남자라면 소규모 농토 경작과 공업 일을 겸하였다. 그러나 디포의 시기가 되면, 영국 시골은 농지에서 완전히 분리되어, 엑서터나 노리치 같은 읍에, 또는 웨스트 라이딩의 급격히 커진 촌락에 사는 노동 인구를 많이 보유하였다. 디포는 『여행기』에서 이들을 그렇게도 생생하게 묘사하였다.[32] 예를 들어, 핼리팩스 교구는 "영국에서 가장 크지는 않더라도, 분명히 인구 밀도는 가장 높은," 시골 교구의 괴물이었다.[33] 이곳에서는 모두가 모포 제조와 매매 일을 하느라 바빴다. 이와 같은 "근면과 열성의 고귀한 광경"이 핼리팩스에서 리즈에 이르는 길을 따라 끊임없이 펼쳐졌다. "시골은 바쁘고, 부지런하고, 심지어 일에 쫓기는 모습이 보인다." 촌락은 크고, "집들로 가득하고, 그 집들은 사람들로 붐볐다. 나라 전체에서 계속 인구 밀도가 높아지고 있기 때문이다."[34] 이런 사람들은 거의 전적으로 공업에 의존하여 먹고 살았다. 공업의 불황 시에는 이들은 정부와 담세자에게 걱정거리였으나, 농민에게는 시장 생산을 확장할 확실한 유인이었다. 농민은 도전을 받아들였다. 웨스트 라이딩의 모포 노동자가 먹고 살 곡물은 "링컨, 노팅엄, 이스트 라이딩에서 대량으로 운송되었다. 식용 소와 말은 노스 라이딩에서, 양과 양고기는 주변에 흩어진 인근 군들에서, 버터는 이스트 라이딩과 노스 라이딩에서, 치즈는 체셔와 워릭셔에서 왔다."[35]

지방 도시들은 그 규모에 실제로 가해지는 아무런 경제적 제약이 없었으므로 급속히 성장하고 있었다.[36] 농민들이 잉여 산물을 팔, 새 시장을 열심히 찾아 나섰고, 도시에서 굶주림에 대한 오랜 공포는 사라졌다. 이러한 도시 성장의 일정 부분은 공업의 특정 과정에서 증가하는 전문화와 세분화를 반영하였다. 위에 예시한 대부분의 고용을 제공한 직포 공정에서 특히 그러하였다. 브리스틀과 리버풀 같은 다른 도시들은 아메리카와의 교역이 팽창한 결과로, 그리고 영국의 국제 상업에서 유지하고자 런던이 예전에 추구하였던 독점이 완화된 결과로 성장하였다. 그러나 어떤 도시들은, 아마도 대부분의 도시들은, 단지 여유 있는 사람들이 그곳에 모여 살면서, 시골에서는 누릴 수 없는 훨씬 더 세련되고 사교적인 생활 방식의 편의를 즐기고 싶은 이유에서 성장하였다.[37] 디포는 『여행기』에 이런 장소의 즐거움에 대하여 많이 서술한다. 예를 들어, 베리(Bury St Edmunds)는 "최고로 잘 차려 입고 가장 정중한 대화를 나누는 사람들이 젠트리로 넘쳐 났다." 그들의 지출은 도시만이 아니라 그 주변 지역 전체를 번성하는 상태로 유지하기에 충분하였다.[38] 일단 몇몇 젠틀맨 또는 전문직 인사가 어느 도시에 자기네 주거지를 만들기로 정하면, 곧 다른 사람들이 가담하였다. 가내 하인, 수공업자, 가게 주인처럼 젠틀맨에게 필요한 것을 제공하기 위해서도, 젠틀맨들이 데리고 있는 그 아래 사람들이 반드시 따라하기 때문에도 그랬다. 도시는 성장하는 본성을 지닌 듯이 보였다. 새로운 이주민 하나마다 그를 위해서 무엇인가 해줄 또 한 명의 이주민이 필요하였다. 그에게 담배와 술을 팔 사람이든, 집 앞길을 빗자루질할 사람이든.

디포는 이런 소비자 사회에서 그런 소비가 취한 형태의 어떤 것은 가끔 공격하기도 하였으나 그 사회의 발달을 당연히 반겼다. 17세기 말에 곳곳에 세워지고 있던 공회당은 지방 도시 거주자에게 도시적인 세련됨의 정수로 여겨진 듯한데, 그런 것이 디포의 눈에는 좀 더 자주 악덕과 방탕의 신전이었다.[39] 그러나 농민들로서는 도시 그 자체가 최상의 번영 보증서이자 소비 사회의 지속을 보이는 실체였다.

그런 도시들이, 성장하였을지라도, 근대의 기준으로는 미미하였다. 인구 만 명을 넘는 도시는 거의 없고, 대부분은 훨씬 작았다. 거주 인구 3백 명에 도시라고 불리는 장소는 은총을 받은 것이었다. 그러나 전부 합하면, 영국 지방의 도시 인구는 상당하였으며, 전문화하는 농민과 제조업자에게 지극히 가치 있는 시장을 제공하였다. 여하튼, 이런 도시화의 진정한 중요성을 알기에는 디포처럼 여행을 많이 해본 사람이 필요하였다. 대부분의 사람들에게, 그리고 진정 디포 자신에게야말로, 훨씬 더 인상적인 것이 런던의 경이로운 성장이었다. 런던은 시대의 불가사의요, 지방의 "소(小)런던"들이 기초로 삼는 모델이었다. 런던에는 섬 전역에서 나는 식품과 제조업품을 흡수할 만큼 그렇게 큰 시장이 존재하였다.[40] 디포가 저작 활동을 할 무렵 런던 인구는 50만 명이 넘었다. 이것은 지방에서 가장 큰 도시 브리스틀의 10배, 전형적인 중간 규모 지방 도시의 100배였다. 그리고 런던은 계속 커지는 중이었다. 어느 시기든 간에 모든 영국인의 적어도 10분의 1은 이 거대한 중심 도시에 살고 있었다. 그리고 런던은 매년 사망자가 출생자를 훨씬 웃돌 만큼 매우 비위생적인 곳이어서,[41] 인구가 증가되기 위해서는 말할 것도 없고 그 정도로 유지되려면 훨씬 더 많은 비중의 인구가 삶의 일정 기간을 런던에서 살아야만 하였다.[42] 도시에 존재하는 일자리, 부수입, 부자가 될 가능성 등의 유혹 때문에 농촌 지역 인구는 줄었다. 낙천적인 농촌 소년, 소녀들이 촌락을 떠나 런던에서 행운을 모색하는 흐름이 계속 이어졌다. 비관적이고 교화적인 디포에 따르면, 그들 대부분은 도둑과 매춘부로 끝을 맺었다. 그러나 그들이 무엇을 하였든 그들은 먹어야 하였고 대부분은 고향에서보다 도시에서 훨씬 더 잘 먹을 수 있었다. 그곳이 우후죽순처럼 늘어나 디포가 그렇게도 반감을 가진[43] 과자가게 안이든, 커널 잭이 젠틀맨처럼 최초로 "3페니어치 끓인 소고기, 2페니어치 푸딩, 1페니짜리 브릭(그들이 빵 덩어리를 그렇게 불렀다)과 독한 맥주 한 파인트"로 먹고 살기 시작한 로즈머리가(Rosemary-Lane)의 증기가 가득한 요리집이든[44] 간에 말이다.

런던에 물자를 대는 것이 나라의 가장 큰 사업이었다. 『여행기』의 거의 모든 페이지마다 런던까지 긴 여정을 앞에 둔 특정 지방의 어떤 산품에 대한 언급이 있다:

이 왕국의 전역이, 사람은 물론, 모든 땅, 바다까지도, 그 모든 부분에서, 무엇인가를, 내가 덧붙여도 좋다면, 모든 물건 가운데 가장 좋은 것을 런던시에 생활용품으로 공급하기 위하여 쓰이고 있다; 생필품이라 함은 곡물, 육류, 어류, 버터, 치즈, 소금, 연료, 목재 등등과 또한 의류; 건축에 필요한 모든 것과 그들 자신을 위한, 또는 교역을 위한 가구 등을 말한다.[45]

어류 한 가지 공급만 해도 그 위대한 도시에 공급하는데 얼마나 많은 온갖 노력이 필요하였을까? 남쪽과 동쪽 해안 앞바다는 계절 수요에 맞추어 고등어, 청어, 고등어잡이 작은 어선이 엄청나게 모여 있었다. 물고기 대부분은 소금에 절이거나 훈제되지만, 런던 사람들은 물고기 일부는 가공되지 않은 것을, 또는 가능하면 거의 날것을 좋아하였다. 여름에는 템스강 뱃사람들이 포크스턴까지 배를 타고 내려가서 고등어를 구입하고는, 앞다투어 시장으로 돌아가는데, "돛을 구름처럼 펼치고, 너무 높이 올려 작은 배가 견디지 못하고 뒤집어질까봐 걱정이다."[46] 그러나 심지어 이와 같이 서둘러도 신선한 생선의 도착을 보장할 수 없었다. 에섹스 해안에서 잡은 가장 좋고 큰 물고기는 말 등에 실어 보냈다.[47] "거리가 먼데도 불구하고" 컴벌랜드의 연어도 그렇게 하였다. 운반꾼이 말을 자주 갈아타면서, "밤낮으로 쉬지 않고 달려 … 생선이 아주 달고 좋은 상태로 런던에 도착하면, 특별한 가격을 받는다. 가끔 파운드당 2실링 6펜스에서 4실링까지 벌기도 하고, 마차에게도 좋은 값을 지급한다."[48] 좀 더 단조로우나 더 긴요한 장소는 "런던을 제외하면, 영국에서 가장 큰 곡물 시장" 인[49] 파넘(Farnham)과, 또 다른 대규모 곡물 시장이지만 "주로 귀리와 오트밀을 취급하고, 여전히 모두 런던이 주요 시장인"[50] 크로이든(Croydon)이다. 그처럼 장이 서는 소규모 도시에서 구한 시골의 물품이 강을 오가는 배, 짐마차에 실려 끝없이 줄지어 런던의 시장들까지 운반되었다. 즉, 빌링스게이트, 코벤트 가든, 리든 홀, 피시스트리트 힐과, 두 개의 대규모 런던 곡물 시장인 "크기로 괴물이며, 세계에서 짝이 없는"[51] 베어 키와 퀸 히드로까지.

런던의 가파른 규모와 성장이 영국의 지방 농업과 공업, 모두가 팽창하게 된 주된 이유였다. 그러나 런던은 유통 산업의 고용을 촉진하는 면에서 더욱 중요하였다. 우리가 본 바와 같이, 한 산품이 원자재에서 최종 소비자에 이르기까지 더 많은 손을 거칠수록, 따라서 생산과 유통 단계에서 더 많은 고용을 창출할수록, 경제에 더 좋다고 디포는 느꼈다. 이런 점에서 런던이 영국에서 유일한 대도시였다는 사실은 영국의 번영을 설명하는 불가결의 요인이었다.[52] "영국의 제조업이 왕국의 여러 다른 곳곳에 적절하게 정착하였다는" 사실 또한 그러하였다.[53] 석탄은 멀리 뉴캐슬에서부터 와야 하고 금속 제품은 셰필드나 블랙 컨츄리(역주: 잉글랜드 중부의 광공업 지대)에서 오게끔 신께서 정해 두셨으니 얼마나 편리한가. 영국을 고지대, 목초지, 북부와 서부의 공업 지역, 저지대, 남부와 동부의 경작지로 구분하여 놓은 것은 19세기에 더욱더 놀랄 일이 되었다. 섬의 남동쪽 구석에 위치한 거대 도시의 수요가 이렇게 작은 나라에서 거의 고용 극대화의 창출을 보장하였던 것이다. 그 생산의 어느 중심지이든 런던에서 더 멀리 떨어져 있을수록, 한 해 생산품을 운반하는 데 필요한 짐마차, 말, 마부의 수가 늘어날 것이며, 매일 느리게 운송하다가 날이 저물면 그들의 필요를 감당하느라 빈방이 없는 여인숙의 수가 더 늘어났다.[54] 도시의 대단한 혼잡과 물리적 크기가 이점이었다.[55] 얼마나 많은 마차꾼, 짐꾼, 마부가 사람들과 물건을 도시 외곽이나 포구에서 도심으로 실어 나르는 데 필요하였을까? 엄청난 숫자였겠지만 모든 사람이 혼잡한 거리를 천천히만 움직일 수 있었다는 사실에 의해 그 숫자는 더욱 크게 만들어졌다. 정원사가 도시에 내다팔 야채를 재배하고 소녀들이 도시의 많은 말들을 먹일 건초를 자르는 런던의 외곽에서부터 도시 중심까지는, 디포가 기쁘게 지적하였듯이, 소도시들에서보다 훨씬 더 멀었다. 이것이 그로 하여금 대도시를 하나만 가진 영국의 이점을 강조하게 하였다. 스페인이 빈곤한 한 가지 원인은 그 나라에 작은 도시가 여럿이지만 대도시 하나가 없었다는 사실이었다.

지금까지의 우리 논의에서 디포의 경제학에는 한 가지 비현실적인 요소가 있다. 노동자에게 높은 임금을 주어라. 그러면 그가 그 돈을 식품과 제조품에 지출할 것이다. 그러면 그것이 높은 임금을 지급하는 고용을 자극하는 수요를 제공할 것이다. 최종 시장이 생산의 중심에서 멀리 떨어져 있게 하여, 운송 과정에서 더 많은 사람이 높은 임금을 받으며 제품을 다룰 수 있게 하라. 이 모든 것이 약간 너무 쉽게 들린다; 정말 그런가? 높은 수준의 고용과 번영을 위한 디포의 공식은 1930년대에 높은 수준의 실업에 시달리던 나라에 제시된 공식과 매우 닮았다. 사람들이 일을 안하는 것보다 하는 것이 낫다. 그러니 구덩이를 파고 다시 메우는 일이라도 사람들에게 일자리를 주자. 그들에게 임금을 주어 다른 사람들이 생산한 재화를 구입하게 하자. 그러면 곧 모두가 고용되고 세상은 더 행복한 곳이 될 것이다. 이것은 대체로 디포가 말하고 있던 것이었다. 디포 체계에서는 열쇠를 쥔 인물이 정부가 아니라 상인과 교역 종사자였다는 점이 달랐을 뿐이다.[56] 상인이 방적공과 직포공을 고용하였고, 농민에게서 식품을 샀고, 마차꾼에게 일감을 주고, 최종 시장에 재화를 팔았다. 상인이 이 모든 일을 될 수 있는 대로 가장 많은 단계를 거치게 하여 수행하는 한, 그리고 그 연계 체계 내의 각 개인이 그 일을 하면서 음식과 지대에 드는 비용보다 높은 임금을 받는 한, 시스템은 확실히 작동할 것이고 영국은 세계에서 가장 번영하는 나라로 머물며 모든 인구가 즉시 완전 고용되고 잘 살 것이다?

몇몇 사람은 의심을 품었다. 높은 식량 가격이 노동자가 높은 임금에서 얻는 이득을 상쇄하지는 않을까? 높은 식량 가격에서 농민이 얻는 이득을 높은 임금이 상쇄하지는 않을까? 그리고 분명히 영국 노동자의 높은 임금은 해외 시장에서 영국 상품의 가격 경쟁력을 떨어뜨렸나? 이것은 실제로 디포 시대 대부분의 사람들이 생각한 것이었고 노동 시장에서 맹렬한 항의가 일면서 임금 인하 입법을 요구하게 되었다.[57] 영국의 임금이 하락하게 되면 영국의 제조업품 가격도 내린다. "값싸면 소비한다." 따라서 영국은 더 많은 상품을 해외에 팔 것이다. 이것은 영국의 고용을 증가시키고, 포목상과 수출업자의 이윤을 증대시키고, 빈곤율을 낮춘다. 다른 한편으로, 높은 임금은 높은 가격을 불러와 수출과 고용 수준을 떨어뜨려 가난이 증가하고 빈곤율이 높아진다. 이런 비관적 견해는 영국 빈민이 값싼 음식의 소비자와 값싼 집의 세입자가 되는 이외에는 그들의 잠재적 시장을 매우 제한적이고 북돋울 가치가 없는 것으로 간주하였다. 정말로, 빈민에게 높은 임금을 지급하였다면 무슨 일이 일어났을까? 그들은 방만하여져서 그렇게 많은 날과 오랜 시간 동안 일하기를 거부하였다. 일을 덜하고도 원하는 만큼 벌 수 있었기 때문이다. 만일 그들이 일을 하였다면 증가된 소득을 음주에 탕진하였다. 높은 임금은 단순히 덜 생산하고 술을 더 마시고 취함을 뜻하였으며, 궁극적으로는 수출 감소를 거쳐 실업의 확산으로 이어졌다.

디포는 물론 전반적으로 이런 경향의 분석에 동의하지 않았다. 임금을 낮추는 것은 식료품 가격 하락과 그에 따른 지대 하락의 필요성을 의미할 것이다. "가난한 사람은 조금 벌어 많이 쓸 수 없으며, 그랬다가는 결국 굶다가 비참해질 것이기 때문이다."[58] 그럼에도 그는 이 분석의 일부를 마지못해 받아들였다. 그는 임금이 계속 오르기를 바라지 않았다. 그는 단지 임금이 18세기 초에 도달한 비교적 높은 수준에 머무르기만을 원하였다. 그러면 그의 견해에 따라 그가 많은 노동자가 새로운 상황의 이점을 취하여 일을 덜 하였다는 사실을 받아들인 첫 번째 인물일지라도 그의 분석이 맞았을 것이다.[59] 1720년대 초에 임금이 이 수준보다 상당히 더 높게 오른 것으로 보이자 그는 노동자와 하인들이 반응하는 방향에 대하여 공개적으로 비판하였다.[60] 그들 자신과 생활 수준을 향상시키거나 유사시를 대비해 저축하는 대신, 그들은 기회를 음주, 나태, 방만 같은 난행으로 날려 버렸다. 이와 같은 행태는 곧잘 경제적 파탄만이 아니라 도덕적 타락으로 이어졌다. 이는 높은 임금이라는 미끼가 농가 하인에 미치는 영향에 대한 논의에서 디포가 예시한 과정이다.[61] 방적공과 직포공에 제시된 높은 임금은 낙농에서 소녀들을, 쟁기질에서 남자들을 흡수하여 농업 노동력을 고갈시켰다. 그러나 미래를 위하여, 저축하였어야 할 기회는 선택되지 않았다. 하물며 사회적 상승을 위한 기회 선택은 더욱더 그랬다. 일단 새 노동자들은 돈을 좀 벌자마자 일을 그만두고 음주와 환락에 빠졌다. 그리고 촌으로 돌아가 남아 있던 이들을 타락시켰다. 이것이 이야기의 끝도 아니다. 몇 달 후면 촌은 배가 부른 소녀들로 가득 차며,

이들은 자기네가 져야 할 부담을 교구의 보살핌에 지워 놓고 런던으로 가서 매춘부와 도둑이 되어 그 인구가 계속 늘어난다.

그러나 디포가 지나치게 높은 임금에 찬성하지는 않았지만, 임금의 대폭 인하를 변호하지도 않았다. 해외 주문이 갑자기 증가하여 임금이 급상승하면 위에서 말한 교란 효과가 발생할 수 있다. 이는, 해외 교역이 정상 수준으로 돌아왔을 때, 일단 편안한 생활에 물들었던 하인들이 이제는 방적공과 직포공으로 더 이상 고용되지 못하는데도 농촌으로는 돌아가려 하지 않았기 때문에 더욱 악화되었다. 그러나 임금 수준이 적절히 높고[62] 그러한 단발성 노동 수요 증가로 교란되지 않는 한, 그는 자기 반대자들이 예상한 파국적 결과를 전혀 예상하지 않았다. 그가 높은 임금이 실업을 야기한다고 한 분석을 결코 받아들이지 않았기 때문이다. 그는 영국 수출품, 특히 가장 중요한 수출품 – 모직물 – 의 가격이 대륙 경쟁자들의 가격보다 높다는 것을 인정하였다. 그러나 이것은 영국 모포가 그만큼 질이 좋기 때문이었다. 같은 품질이라면 영국산이 가장 쌌다. 고품질 재화의 경우, 당시 경제학의 기본 명제인 "싸면 소비한다"가 반드시 참은 아니었다. 그것은 "잡동사니의 소비, 먹거나 마실 것의 소비"에서는 그 말이 맞지만 영국 모포 같은 "내용 있는 물건"의 경우에는 그렇지 않았다. 해외의 사람들은 영국 모포가 좋았기 때문에 그리고 다른 누구도 이렇게 좋은 직물을 그렇게 싸게 만들 수 없었기 때문에 영국 모포를 샀다.[63]

이것은 어느 정도 진실이었다. 일정 한도 내에서 유럽의 고급 제품 시장은, 더 싼 제품이 있는데도 최상급 영국 모포를 계속 구입하였다. 그만큼 영국 모포가 좋기 때문이었다. 피렌체의 비단 같은 다른 산품들도 이런 경우에 해당하였다. 그러나 이 만족스러운 조건은 전체 유럽 시장의 작은 부분에만, 따라서 영국 공업의 작은 부분에만 적용되었다. 모직물 시장은 17세기에 대변화를 겪었다. 디포의 견해는 이제 오래전에 낡았다. 영국의 전통적인 특산품이던 비싸고 무거운 펠트제의 광폭 원단(broadcloth)에서 더 싸고 가볍고 다양한 색상의 모포로 유행이 바뀌었다. 그리고 두 종류의 모포 모두 대륙 생산자들이 생산한 제품과의 강력한 경쟁에 직면하였다.[64] 영국 포목상들은 유행 변화의 난제에 아주 효과적으로 대처하여 갔다. 오래된 광폭 원단 산업은 고품질은 유지하되 수요 감소를 감안하여 그 규모를 줄여 가다가, 이제 윌트셔와 인근 웨스트 컨트리 지역으로 생산지를 국한하였다. 그러는 동안 다른 모포 생산 지역은 "신직물"(New Draperies)이라고 불리는 새롭고 가벼운 모포로 전환하여 아주 잘 적응하였다.[65] 이것은 시장 변화라는 난제에 대한 감탄할 만한 대처였으나 디포는 이를 좋아하지 않았다. 그렇지만 그는 낙관적인 기분일 때 이런 포목을 생산하는 데번, 노퍽, 웨스트 라이딩의 공업 규모를 칭찬할 준비가 되어 있기도 하였다.[66] 그는 영국이 16세기 모습을 견지하여 고품질의 광폭 원단(근대의 외투에 쓰는 자재보다 더 무거운 모포)을 수출하는 쪽을 선호하였다. 그의 생각에 여기에 영국의 우위가 있었다. 영국 직포공들의 축적된 숙련 기술이 신이 내린 독특한 영국 양모에 적용되어야만 이런 모포가 만들어질 수 있다. 영국이 이 양모를 스스로 지키고 영국 해안에 널린 밀수꾼들의 불법적 수출을 규제하는 한, 어느 나라도 경쟁 상대가 되지 못하고 영국은 원자재 독점으로 끝없이 번영할 수 있다는 것이다.[67] 그와 반대임을 드러내는 증거가 많았는데도, 디포는 항상 어느 외국인도 이렇게 좋은 모포를 생산할 수 없으며 어떤 외국 양모도 그런 모포를 만들 정도의 좋은 질을 갖추고 있지 않다고 주장하였다. 유일한 실질 위험은 아일랜드였다. 아일랜드는 양모도 영국 것만큼 좋았고 노동자도 영국 기술을 습득하였지만 훨씬 낮은 임금으로 일하였다. 이 이유로 그는 아일랜드인에게 모직물 수출을 금지하고 대신 아마포 생산을 장려하는 1698~1699년의 입법을 지지하였다.[68] 그는 이것이 아일랜드에 심했다고 인정하였으나 다른 어떤 정책도 결국 재앙에 이를 것이었다. 아일랜드 생산자의 자유로운 모직물 수출은 영국의 높은 실업 사태를 의미할 것이다. 영국 실업자는 아일랜드로 대량 이주하여 결국 낮은 임금을 받는 아일랜드인 수준으로 떨어질 것이다. 이상적으로는 영국의 전통적인 고품질 산업을 유지하기 위해 영국이 영국과 아일랜드 양쪽 모두의 양모를 사용하여야 한다.

신직물 생산에서는 영국이 이런 압도적 우위를 가지지 못하였다고 디포는 생각하였다. 신직물은 조야한 양모로 만들어졌는데 그런 양은 영국만이 아니라 색소니와 스페인에서도 키울 수 있었다. 그런 양모는 질이 낮아서 잘 모르는 사람들에게는 영국산처럼 보이지만 값이 많이 싼 모포를 숙련도가 떨어지는 외국인이 낮은 임금으로 생산하여 이득을 볼 수 있었다. 디포의 생각에 일을 더 나쁘게 하는 것은 신직물이 양모를 덜 쓰고 노동을 덜 고용하여 목양 농민의 잠재 소득을 낮추고 실업을 높이는 것이었다. 농민이 수중의 양모를 해협 건너 프랑스에 밀수출할 유혹을 느끼는 위험은 말할 것도 없다.[69]

사실, 디포의 직물 교역에 관한 견해 대부분은 틀렸거나 그가 일부러 모르는 척하였음을 당시 대부분의 견해와 근대의 연구는 암시한다.[70] 디포의 마지막 논점부터 보자. 오래된 광폭 원단 산업보다 신직물이 더 많은 사람을 높은 임금으로 고용하였다. 이에 관하여 다른 저술가들 거의 모두가 동의하였다. 신산업이 실업자를 흡수하였으므로 정상적인 보수적 국가는 확실히 신산업을 반겼다.[71] 영국이 과거에 누린 고급 양모의 독점을 보유한다는 사실을 18세기 초가 되면 거의 아무도 받아들이려 하지 않았다. 색소니와 스페인의 좋은 양모는 영국 양모와 질이 비슷하였다. 실제로, 영국 양모의 품질이 떨어졌다. 그렇게 많은 영국 양들에게 더 나은 목초지를 제공한 농업 개선 그 자체가 영국 양모를 더 길고 굵게 하여 신직물에 적합하였고, 더 이상 광폭 원단에 사용되는 짧고 가는 울이 아니었다. 포목상들이 쓸 수 있는 양모를 가장 잘 이용할 방법을 모색할 수밖에 없게 되면서, 이러한 양모 변화가 산업의 변화를 가져왔다고 보는 역사가도 있다.[72] 다시, 거의 의심할 여지 없이, 18세기 초에 네덜란드와 프랑스가 영국처럼 좋은 직물을 만들 수 있었다. 그네들의 오래된 많은 시장에서 일부 우수한 프랑스 제품이 영국 모포를 급속도로 몰아내고 있음을 디포 자신도 점차 확실히 인정하지 않을 수 없었다.[73] 유럽 전역에서 새로운 제조업 지역이 싹트면서 영국 직물의 훌륭한 대체재를 생산하였다. 디포는 이것이 못마땅하였을 수 있다. 그는 외국인이 기존의 영국 광폭 원단을 계속 대량 구매하기를 원하였을 수 있다.[74] 그때로서는, 그들은 새로운 종류의 모포를 선호하였다. 만일 영국이 유럽 시장에 팔기를 원하였다면, 영국은 더 가벼운 옷감을 생산하여 같은 것을 만드는 프랑스, 네덜란드, 독일과 경쟁해야만 하였다.

만일 우리가 영국이 직물 생산에서 어떤 종류의 독점 지위를 가졌다는 디포의 생각을 무시하거나 중요하게 고려하지 않고 그의 다른 논점, 즉 영국의 임금이 높음에도 질로 따졌을 때 영국 모포가 제일 싸다는 주장에 집중하면, 더 강한 근거를 찾을 수도 있다. 실제로 그는 한번도 본론으로 들어가지 않고, 그 시대 영국과 다른 나라 사이의 아마도 가장 중요한 차이에 관해 이야기하고 있었다. 즉, 영국 노동자의 생산성이 외국 경쟁자보다 높았을 가능성이었다. 이것이 진실이었다면 디포가 논의한 많은 부분이 더 직접적으로 설명될 수 있다. 높은 생산성이 높은 임금이 지불될 수 있는 이유를, 영국인이 잘 산 이유를, 높은 임금이 재화를 높은 가격에 구매한다는 식의 디포의 전체 순환 체계가 하나가 다른 하나를 상쇄하듯이 단순히 소멸시키지 않은 이유를 설명할 것이다.

주어진 시간에 영국인이 외국인보다 많이 생산할 수 있다고 디포는 주장한다. 이때 그는 노동자가 그 일부로서 속해 있는 모직 공업 조직보다는 노동자 개인에게 관심을 집중하였다. 영국 노동자가 생산성이 높았던 것은 어느 정도는 그의 숙련 정도가 높은 덕분이었다. 그러나 그것보다 훨씬 더 멀리 갔다. 영국인은 아마 게으를지 모르나, 일단 일을 하면 그 과업에 적응하여 외국인보다 더 열심히 더 빨리 일하였다. 이처럼 적응력이 더 큰 이유는 더 잘 먹은 결과 더 행복하고 건강하였기 때문으로 보인다.[75] 물론 영국인이 높은 임금 덕에 더 잘 먹었다.[76] 영양 부족의 경제적 효과에 관한 연구에 비추어 이 가설을 검정하면 흥미로울 것이다.[77] 영국인이 정말로 더 많이 먹고 더 다양한 식단으로 먹어서 일을 더 열심히 하였다면 그들이 왜 저임금을 받는 자기네 경쟁자들과 그렇게 효과적으로 경쟁할 수 있었는지 설명하는 데 도움이 될 것이다.

디포는 같은 질이라면 영국 제품이 항상 가장 값이 쌌다는 자기 관찰에 예외가 있음을 인정할 준비가 되어 있었다. 임금 격차가 너무 컸다면 영국인의 근력과 숙련으로도 당해 낼 수 없었다. 어떤 영국 노동자도 아시아 노동자와 맞대응할 수 없었다. 머지않아 영국인은 점차 경쟁에 내몰렸는데, 유럽 시장에 인도 면직물과 중국 비단이 쏟아져 들어왔기 때문이었다. 디포는 아시아의 임금을 하루 2펜스, 당시 영국 노동자 임금의 약 9분의 1로 추계하였다.[78] 영국인이 분명히 인도인보다 아홉 배나 열심히 일할 수는 없었다. 따라서 인도 상품은 유럽에서 잘 팔렸다. 그 상품들은 매력적이고, 솜씨 있게 만들어졌으며, 동인도 회사에서 많은 이윤을 가져간 후에도 값이 매우 쌌다. 하지만 그 대가는? 디포는 독자들을 다음과 같이 상상해 보도록 이끈다. 인도의 빈민이 얼마나 혹독하게 살아야만 하는지, 더욱 나쁘게는, 영국 빈민이 수출량을 늘릴 목적으로 그와 같은 임금으로 일해야만 하게 된다면 얼마나 혹독하게 살게 되겠는가. 내셔널리즘 시대의 대답은 아주 간단하였다. 영국 노동자는 보호받아야 하였다. 동인도 회사가 충분히 설득하고 자금을 지원하여 변호하였는데도, 결국 영국 노동자는 보호를 받았다.[79] 디포도 참가한 긴 논쟁 끝에, 확보되어 있던 대부분의 아시아 직물 수입이 금지되었다. 그렇게 해서 이에 수반하여 뒤진 기술로 분투하는 영국 면직 공업이 수요를 맞추기 위해 팽창하도록 활력을 불어넣었다.

결국 이 새로운 산업은 조직과 기술의 혁명으로 영국과 인도 간의 임금 격차를 극복할 수 있었다. 그리고 통상적으로 생산성이 논의되는 것은 노동자의 영양 상태보다는 산업의 조직과 기술의 측면이다. 디포 시대에, 분업의 이점은 이미 잘 알려졌고,[80] 그 시기에 영국 산업의 기술 변화 속도가 상당히 빨라졌다. 이것은 광업과 금속업에서 특히 두드러졌으나 실제로는 경제의 거의 모든 부분에서 볼 수 있었다.[81] 편물기, 리본 제조기 같은 노동 절약적 장치가 직물 산업에 도입되고 있었고, 17세기 중에 포목 산업 전체가 그 산업 조직과 유통 방식 면에서 상당한 합리화를 이루었다.[82] 영국인과 외국인의 식단 차이보다는 이러한 변화가 훨씬 더 그 산업에서 일하는 노동자의 평균 노동 생산성을 증대시켰음이 거의 분명하다.

이와 같은 변화에 대한 디포의 태도는 줄잡아 말해도 모호하였다. 그가 자주 반복하는 경구는 영국인은 발명가가 아니라 다른 나라 사람의 발명을 크게 향상시키는 사람이라는 것이었다.[83] 이것은 그 이전 시기, 예를 들어 16세기 말에도 분명히 그랬는데, 대륙의 기술이 광범위하게 도입되어 영국의 숙련과 필요에 맞게 적응되었다. 예컨대, 신직물 자체가 저지대 국가에서 도입된 것도 그때였다.[84] 유리, 제지, 구리 제련 등 다양한 산업이, 거의 항상 외국 기술자의 도움으로, 때에 따라 외국 자본도 역시, 영국에 처음 정착한 시기였다.[85] 그러나 디포의 생시에는 영국이 다른 나라 기술을 단순히 빌려 왔다고 하는 것은 사실에 훨씬 덜 가까웠다. 다이아몬드 절삭 같은 새로운 산업이 여전히 대륙에서 도입되었지만, 거의 모든 광업과 금속 산업 기술 변화의 출발지는 영국이었고, 이러한 기술 변화는 영국의 발명과 혁신이 영국 산업혁명으로 이어지는 눈부신 시대의 전조를 제공하였다. 실제로 17세기 말 영국은 새로운 아이디어로 들끓고 있었다. 이 시기는 좌우간 뉴튼, 보일, 로크의 시대였으며, 영국의 과학과 철학이 유럽 전체에서 중시되고 높이 평가되고 모방되었다. 과학자들은 개인적으로도, 왕립 협회(Royal Society) 토론장에서도, 산업 문제에 많은 관심을 가졌으며, 그들의 아이디어 가운데 어떤 것은 작업 현장에서 일하는 사람들에 의해 개발되기도 하였다.[86] 더욱이 왕립 협회의 정신은, 관찰과 실험을 강조하고 무엇보다도 변화의 가능성을 강조함으로써 효력을 발하였다. 이제 문제는 해결될 수 있다고 느껴졌다. 수많은 위대한 평범한 사람들이 프로젝트 도전에 나섰다. 그들은 정상적이지 않아 매우 비판적인 대중에게 그런 프로젝트가 먹혀들기를 갈망하였다.[87] 몇몇 프로젝트는 기묘하였고 다른 것들은 단순히 속임수였다. 그러나 많은 것이 진짜로 유용하였고 영국을 다른 나라를 능가하는 기술적 우위로 이끌었다.

디포는 이런 변화의 많은 부분을 무시한다. 『여행기』에는 얼핏 보기에는 영국 경제를 탁월하게 묘사한 글로 보이지만 뜻밖의 흠결이 많다. 웨스트 미들랜드처럼 모포 제조가 그다지 중요하지 않은 공업 지역들은 사실상 무시되었다.[88] 영국에서 가장 빨리 발전하는 공업 도시 버밍엄에 관한 언급이 거의 없고,[89] 독자는 광대한 노텀버랜드 탄광 산업을 묘사하는 짧은 한 문단에 만족해야 한다.[90] 아무 곳에도 새로운 기술에 대한 강조가 없다. 그 결과는 모포 산업과 런던을 드나드는 재화 유통이 필요 이상으로 과도하게 부각된, 매우 왜곡된 서술이다.[91] 그들은 분명히 국내 교역과 공업의 가장 중요한 두 측면이었지만, 디포가 인식한 만큼 중요한 것은 아니었고, 상대적으로 1724년에는 그들이 100년 또는 하물며 50년 전에 그랬던 만큼 중요한 것도 아니었다.

디포의 경제 관련 보고에서 이런 왜곡이 드러나는 데는 몇 가지 이유가 있다. 첫째로 그가 영국의 남부와 동부를 가장 잘 알았다는 명백한 사실이다. 애초에 그는 이 지역에 관한 글을 쓰다가 그가 그 기획을 계속하는 데 지친 것이 분명하다. 일단 웨스트 라이딩을 지나자 북부 잉글랜드의 나머지 지역은 부당한 속도로 다루었다. 또한 콜(G. D. H. Cole)이 오래전에 지적한 바와 같이,[92] 디포는 생산 방식보다 유통에 훨씬 더 관심이 많아서 경제의 이 측면을 가장 강조한다. 공업은 어쨌든 18세기 초에는 지금처럼 그렇게 눈에 띄는 것이 아니었다. 소규모 작업장이나 노동자의 집에서 수행되었으므로 근대의 공장이나 제련소만큼 시각적 충격을 보이지 않았다. 반면에 유통은 말을 타고 다니는 자의 눈에 항상 띄게 되어 있었다. 저녁에 여인숙에서 디포는 상인이나 마부와 함께 식사를 하였으며, 돌아다니지 않고 사회적으로 의미가 적은 사람인, 공업 노동자와는 그럴 기회가 없었다.

디포는 또한 자기가 보고 싶어 하는 것만을 보았다. 따라서 그는 모직 공업을 강조하고 모든 다른 공업 부문을 무시하였다. 이러한 강조는 디포가 경제학에 역사적으로 접근하는 방식에도 분명히 함축되어 있다. 과거에는 영국에서 직물 공업이 사실상 거의 유일한 주요 공업이었다. 또한 그것은 이 공업 부문에서 영국이 독점적 우위를 지닌다는 그의 확신과, 영국이 세계에서 성취한 매우 만족할 만한 경제적 지위를 유지할 수 있는 것은 직물 공업뿐이라는 그의 믿음에서도 드러난다.

이러한 왜곡과는 별도로, 디포가 기술 변화의 정도를 경시할 다른 이유가 있었다. 이 장의 뒷부분에서 보게 되듯이, 디포가 겉보기에 낙관적이지만 앞을 내다볼 줄 아는 그는 장차 영국 경제를 더 강력하게 만들 바로 그 변화가 두려웠다.[93] 그런 공포를 갖는 이유가 오늘날 영국인에게는 매우 익숙하다. 디포가 변화를 두려워한 것은 그것이 잉여 인력 해고와 실업에 이르게 되리라고 생각하였기 때문이었다. 그는 자신이 교역 수준이 안정적인 세계에 살고 있다고 확신하였는데, 그의 그런 확신은 아마도 옳았을 것이다. 그는 영국 노동 남녀의 생산성이 유럽인보다 높기 때문에 영국이 이러한 세계에서 효과적으로 경쟁할 수 있다고 막연히 짐작하였으나, 생산성이 더욱 높아지는 상황을 두려워하였다. 재화가 필요 이상으로 유입될 경우 그 값이 더 떨어진다 할지라도 팔리지 않거나 그 모두가 팔리지는 않을 것이다. 그래서 디포가 행한 높은 임금에 관한 논의에서와 같은 논리로, 그는 현상 유지를 선호하였다.

앞에서 보았듯이, 디포 시대 작가들은 해외 무역을 영국 제조업 제품을 팔 시장을 제공하는 수단으로, 따라서 영국의 고용 수준을 유지하는 수단으로 보았다. 그러나 해외 무역은 상인들이 영국의 수입 대금을 지불할 외화를 획득하는 수단이기도 하였다. 또는 다른 방향에서 접근하면, 영국이 수입하면 해외 각국이 영국의 수출품을 구매하는 데 필요한 외화를 벌게 하여 주었다. 때때로 디포를 포함한 몇몇 작가들은 정말로 이것을 수입이 갖는 유일한 기능으로 생각하였다. 『머케이터』지에 기고하면서, 디포는 비단 교역은 "모직 제품을 수출하고 얻은 것이자 그 수출을 촉진하므로 유용하고 이롭고, 그 밖에 다른 것은 없다"고 언급하였다.[94] 이것은 좀 제한된 관점이었다. 일반적으로 경제학자라면 수입이 갖는 기능 가운데는 정상적으로 다른 나라가 영국 포목을 살 수 있게 하는 역할 이외에 많은 편의가 있다는 것을 알 수 있다. 스페인의 양모와 기름, 이탈리아의 비단, 심지어 아프리카의 상아 등은 빈민을 고용하는 산업의 원자재로 쓰였다.[95] 재화가 가공 없이 재수출되더라도 이들은 여러 사람의 손을 거치게 되어 있으므로 고용을 늘린다. 그리고 재화를 영국으로 운반하는 데 선박과 선원을 고용하였고, 이것은 일자리를 제공할 뿐 아니라 선박과 수부의 공급을 유지하여 전쟁 시에는 영국을 방어한다.[96] 그럼에도 앞의 분석에서, 디포는 수입을 반기지 않았다. 영국이 갖는 큰 이점 가운데 하나가, 영국은 자체 자원이 풍부하여 상품을 수입할 필요가 모든 나라 가운데 가장 적었다는 점이라고 디포는 자랑스럽게 지적하였다.[97]

수입품은 그 자체의 유용함을 분명 갖고 있지만, 많은 단점이 있었다. 수입품은 부자와 빈민 모두를 타락시키는 면이 있었다. 이것은 물론 대부분의 사람들에게 인기물이었다. 사람들은, 17세기 교역 팽창으로 엄청나게 증가한 상품에 탐닉하였다. 이제 인근의 모든 도시마다 솟아난 가게들에서 거의 전 세계의 상품을 살 수 있었다. 그러나 디포는 도덕주의자로서든 경제학자로서든 영국인의 선택 범위를 그렇게나 팽창시킨 사치품의 유입을 정말로 좋게 생각할 수 없었다. 대부분의 수입품은 "불필요한 사치와 죄악"[98]이라는 페티 경(Sir William Petty)에 디포는 동의하였다. 디포가 몇몇 "불요불급한 품목"은 이제 필수품이 되었다고 인정해야만 하였으나, 그것은 오직 그 불요불급한 품목이 빈민에게 고용을 제공하게 되었다는 이유에서였다.

수입을 꺼리는 것은 일반적으로 거기에 치러져야 하는 대가 때문이었다. 어느 역사가가 17세기와 18세기 초를 수입 주도형 성장의 시기라고 묘사하였다. 즉, 세계의 산품에 대한 영국인의 새로운 기호가 해외 무역의 동력을 제공하였고, 주된 경제 문제가 수입 대금을 지불하기 위하여 수출을 유지하는 것이었다. 대부분 이런 사치품을 높은 가격에 유럽 대륙으로 팔아서 해결되는 문제였다.[99] 디포는 아마도 이러한 분석을 받아들였을 것이다. 그러나 뒤늦게 깨달은 것이지만, 그는 영국이 탐욕의 대가를 지불할 능력을 가졌다는 사실에 관해 절대 마음이 편할 수 없었을 것이다. 이 점을 우려하여 디포와 실로 그 시대 모든 사람이 무역 수지에 대하여 걱정하는 데 많은 시간을 할애하기에 이르렀다. 주안점은 해외 무역이 정화와 금과 은을 공급하고, 이것이 화폐로 주조되어, 현금을 공급하고, 그것으로 높은 임금이 지급된다는 것이었다.[100] 영국은 금광이나 은광이라고 할 것이 없었다. 주조에 쓰일 귀금속이라고는 주화, 금괴, 은괴, 판 형태로 이미 나라 안에 들어와 있는 물량, 또는 해외 무역을 통해 들여올 수 있는 정도에 불과하였다. 주화는 잃어버리거나 닳게 되고 국내 교역과 인구는 느리게 증가하고 있었으므로, 영국은 해외 무역 수지가 흑자일 필요가 있고, 이 흑자는 궁극적으로 주화나 금괴, 은괴로 지급되어 통화량을 유지할 수 있었다.[101] 이와 같은 무역 수지 흑자가 없다면 영국의 현금은 결국 사라지고 말 것이었다. 지금처럼 소액 단위의 은행권을 찍어 내는 지폐창이 당시에는 없었다.

디포는, 이런 측면을 특별히 자세하게 논의하지는 않았으나, 이 분석을 받아들였다. 이는 단지 그 시대 경제 저술가 대부분이 무역 수지 흑자의 필요성을 인정하였기 때문이었다. 그래서 실은 그 점을 논의할 필요가 없었다.[102] 논의된 것은 그 학설의 좀 더 정교한 부분이었다; 개별 나라들과의 무역마다 흑자가 필요한지, 단순히 대외 무역 전체를 통틀어 흑자이면 되는지와 같은 문제들이었다. 디포를 포함하여 작가 대부분은 모든 개별 국가마다에 대하여 흑자를 내는 것이 실행 불가능하다는 것을 깨달았다. 그럼에도 교역에 관하여 말할 때, 디포는, 그 시대의 거의 모든 사람들처럼, 영국이 흑자를 내고 있다고 생각되는 지역과의 무역은 칭송하고 적자를 보는 무역은 매도하는 경향을 보였다. 거의 모든 작가가 가장 좋은 교역은 지중해, 특히 스페인과의 무역이라고 생각하였다. 그 무역은 스페인의 남아메리카 제국에서 유입된 잉여 은을 영국이 수취할 뿐 아니라, 원자재를 수입하는 대가로 빈민을 고용한 영국 제조업의 생산물을 수출하였기 때문이다. 이것은 경제학자와 정부 모두가 생각하는 가장 바람직한 바였다.

디포가 경제 문제에 관하여 저술하기 시작하였을 때쯤, 영국은 이미 매우 복합적인 교역 통제 체계를 채택하였다. 목표는 영국과 영국 제국이 해외 무역에서 얻는 이득을 극대화하고, 동시에 영국에 우호적인 무역 수지를 확보한다는 것이었다. 이 통제 시스템 대부분은 항해 조례(Navigation Laws)라고 불리는 법령에 문서화되었다.[103] 아주 간단히 요약하자면, 이들 법령은 몇몇 예외를 빼고 영국과 아메리카, 서인도 제도에 있는 영국 식민지 간 모든 무역 상품은 영국 선박으로 운송되어야 하고, 식민지와 유럽 간의 무역은 영국을 통해야 한다고 규정하였다. 그 밖의 다른 규칙들이 영국과 다른 지역 간의 교역을 관리하였다. 감독 및 재점검에 관한 정교한 체계가 개발되어, 항해 조례를 확실히 준수하게 하였다. 이 체계에서 식민지 총독, 세관 관리, 해군이 모두 각자 해야 할 역할이 정해졌다. 특히, 해군은 조례를 집행함으로써 이득을 얻으려 하였다. 불법으로 운송되는 모든 상품의 절반은 이를 포획한 군함의 장교들에게 나눠질 상금으로 간주되었기 때문이다.[104] 그 결과 물론 밀수가 좀 있었지만, 법을 완전히 회피하기에는 금전적 손실의 위험이 너무 커서 무역은 대체로 이처럼 다소간 부자연스러운 패턴으로 이루어질 수밖에 없었다.[105]

디포는 항해 조례를 매우 높이 평가하였다. 조례 덕에 영국 상선단의 규모가 매우 커지게 되었고, 선택된 항로가 당연히 약간 우회하는 쪽으로 되었기 때문에 각각의 선박은 아메리카와 유럽이 직접 교역하였을 경우보다 인력을 더 많이 고용하였다. 아메리카의 재화가 유럽 항구로 운송되기 전에 영국에 먼저 상륙하여야 한다는 사실은 화물을 배에서 내리고 다시 싣고 할 뿐 아니라, 재화 자체를 가공하고 변형시키므로 고용 창출을 의미하였다. 그리고 이 재화를 유럽으로 재수출하는 일을 영국 상인이 다루었다는 사실은, 그들의 이윤이 영국의 수출 소득을 증대시켰고, 따라서 우호적인 무역 수지 유지에 도움이 되고 있었다는 뜻이었다.

1690년대에 이 무역 체계에서 추가적인 개선이 이루어졌다.[106] 정부의 전시 조세 수요가 증가하자 관세 수준이 적지 않게 인상되기에 이르렀다. 그러나 모든 관세가 전체적으로 오르지는 않았다. 수출세는 낮추어지거나, 제거되기조차 하였고, 수입 관세는 올랐는데, 어떤 때는 금지 수준까지 갔다. 동시에 프랑스와의 교역은 아예 금지되었다. 그 결과 무역 체계 전체가 명백히 더욱 보호적이고 배타적으로 변하였다. 이 보호주의 입법을 이용하여 새로운 산업이 성장하였고, 영국에서 생산할 수 없는 예전의 프랑스 수입품은 밀수되거나 다른 나라에서 구해야 하였다. 부자의 마실 것이 프랑스제 와인 클라레에서 포르투갈의 포트로, 빈민의 술이 싸구려 프랑스 브랜디에서 값싼 네덜란드 진으로 대체된 것이 이 시기였다.

18세기 초가 되면 제국적 교역 체계를 만들려는 것이 목적인 입법이 대강 마련되었다. 그 체계에서 영국 상인, 제조업자, 노동자는 특권적 지위를 가졌다. 영국은 직물, 철물, 석탄, 곡물 등을 생산하여 대륙과 식민지에 팔았다. 본토 남부에 있는 식민지는 담배를 생산하였고, 그 대부분은 영국에서 가공되거나 적어도 그 지휘하에, 영국 상인이 이를 유럽 시장에 팔았다. 서인도제도 식민지는 비슷하지만 훨씬 더 가치 있는 사탕 사업을 수행하였다. 뉴잉글랜드와 중부 대서양 해안 쪽 식민지는 식료품을 생산하고 어류를 포획하여 남부 식민지에 팔았는데, 이 남부는 담배와 사탕에 집중하느라 식량을 자급할 수 없었다. 그러는 동안 독점 주식회사 동인도 회사는 인도, 페르시아, 인도양의 생산물을 영국으로 보내서 이들이 다시 유럽으로 재분배되도록 하였다.

디포는 이 놀라운 체계를 높이 평가한 만큼이나 이 체계에 한 가지 약점이 잠재해 있다는 것을 알고 있었다. 영국 상업 팽창의 주요 관건은 대서양에서 상호 연결된 복합적인 삼각 무역 체계 구축이었다. 그러나 대서양 무역 전체가 궁극에는 서아프리카에 의존하였다. 디포가 1713년에 『리뷰』지에 간략하게 썼듯이:[107]

> 문제는 원인과 결과처럼 단순하다: 정점에 주의하라. 아프리카 교역이 없으면 흑인 노예가 없다; 흑인 노예가 없으면 사탕, 생강, 인디고 등이 없다; 사탕 등이 없으면 섬들이 없다; 섬들이 없으면 대륙이 없다; 대륙이 없으면 교역이 없다. …

아프리카 무역은 무역 체계 전체의 핵심이었다. 뿐만 아니라 그 자체로서 모든 교역 중 잠재적 이윤이 가장 높기도 하였다.[108] 영국 상인들은 내재적 가치가 거의 또는 전혀 없는 노리개를 수출하고 그 대신에 상아, 금, 그리고 무엇보다도 노예를 얻었다. 어떤 교역도 그렇게 조금 들여 그렇게 많이 벌지 못하였다. 노예는 중간 항로를 통하여 서인도 제도로, 그리고 점차 담배 식민지로 운송되었다. 이곳에서 그들에게 필요한 식품 수요는 아메리카 본토 식민지에서 생산되는 잉여 식량의 출구가 되었을 뿐 아니라, 물론 그들은 영국으로 보내는 사탕과 담배를 생산할 노동력을 제공하였다. 따라서 아메리카 무역의 전체가 노예의 충분한 공급 여하에 좌우되었다. 이와 같은 공급은 기존 왕립 아프리카 회사가 사업을 독점해야만 유지될 수 있다고 디포는 생각하였다. 강력한 회사만이 종종 폭발 가능성이 있는 아프리카의 상황을 통제할 요새와 인력을 유지할 수 있었다. 한 회사만이 그 설립 인가에 의하여, 노예를 적정 가격으로 아메리카 식민지에 꾸준히 유입시킬 의무를 졌다. 노예는 빨리 죽었다. 특히 사탕을 경작하는 섬에서 그랬다. 그러므로 노예 공급이 중단되면 제국 체계 전체가 금방 무너질 것이다.[109]

디포가 희망을 건 회사는 불행히도 매우 파란만장한 재정과 상업의 역사를 가졌다.[110] 왕립 아프리카 회사는 1672년에 설립 인가를 받아 초기에는 저명한 주주들에게 온당한 배당을 지급하였다. 1688년까지도 괜찮았다. 어리석은 짓을 자주 한 제임스 2세가 잘한 일이 하나 있었는데, 영국에서 치욕스럽게 쫓겨난 후 자기 주식을 팔아치운 것이었다. 1690년대에 회사가 곤경에 빠지기 시작하였기 때문이었다. 17세기 후반 내내 사탕과 담배 모두 공급이 과잉 팽창되어 가격이 폭락하였다. 그 결과 농장주들이 공급받은 노예 값을 종종 지불할 능력이 없었다. 악성 부채가 축적되어 회사는 더 많은 돈을 높은 이자율로 빌려야만 하였고 파산할 우려가 있었다. 프랑스 서해안 항구와 서인도 제도에서 활동하는 프랑스 사략선들의 전면 공격을 받았을 때 이 우려는 거의 실현될 뻔하였다. 회사가 독점을 유지할 수 있었더라면 이 모든 것을 감당할 수 있었을 것이다. 그러나 독점 자체가, 특히 스튜어트 왕조의 인가로 설립된 독점권이 1690년대에 공격을 받았다. 그 결과 정부는 무허가 영업자들의 급증을 보고도 못 본 체하는 경향을 보였다. 무허가 업자는 고정 비용이 훨씬 낮아서 공식 독점자를 손상시키는 바로 그 사업에서 이윤을 얻을 수 있었다. 나중에 어처구니없는 상황이 될 단기 해결책이 1698년에 고안되었다. 무허가 업자들은 이제 독립 무역상(Separate Traders)의 지위를 받고 10퍼센트의 수출세를 정식으로 인가받은 회사에 납부하여 아프리카의 요새 유지를 돕게 하였다. 그러나 이것은 그저 지나가는 국면이었다. 1708년부터 줄곧 독점 회사는 또다시 공격의 대상이었다.

회사의 독점 지위를 방어하려고 디포는 여러 해 동안 노력하였다. 그는 자신이 가진 모든 논쟁력을 동원하여 독립 무역상을 공격하였다. 독립 무역상들은 독점 회사와 경쟁하면서 아프리카인에게 상업 기술을 가르쳤는데, 그 결과 영국 상품의 가격은 내리고 노예 가격은 올랐다. 디포는 전혀 의심 없이 다음과 같이 논증하였다. 즉, 노예 공급은 독점 회사 하나가 매년 대서양을 가로지르는 그렇게 많은 노예 가운데 최소한을 선적할 의무를 지게 함으로써만 유지될 수 있다는 것이다. 독립 무역상은 자기네에게 이윤이 남을 때만 요새를 정비하고 노예를 운송할 것이다. 불황이 몇 년 계속되면 노예 공급이 중단되고, 대재앙을 피할 수 없게 될 것이다. 그러나 디포는 자신의 온 열정을 다하여(여기에 독점 회사가 자금을 지원하였을 가능성이 있다.) 지는 싸움을 하고 있었다. 회사는 쇠퇴하였고, 1712년에 노예 장사는 광범하게 개방되었다. 그 이후 몇 년 동안 독점이 없으면 노예 공급이 원활해질 수 없을 것이라는 주장을 고수하기가 힘들었을 것이다. 왜냐하면 리버풀과 브리스틀의 상인들이 도전에 나서서 거금을 벌었기 때문이다. 그것은 새로운 조건하에서 분명히 매우 이윤이 남는 사업이었다.

독점 회사 또는 독립 무역상, 그 누가 아프리카 무역을 운영하든, 그 무역은 무역 수지의 관점에서 훌륭한 사업이었음을 디포는 인정해야 하였다. 눈에 띄는 표지가, 서아프리카에서 들어온 금으로 금화 주조가 늘어난 것이든, 아프리카 노예가 생산한 사탕과 담배의 재수출이든 간에 그 점을 보여 주었다. 다른 교역은 훨씬 덜 만족스러웠다. 그 시대 경제학자 대부분이 그랬듯이 디포는 어떤 지역이 그 지역 생산물을 영국과 교환할 때 영국의 제조업 제품이 아니라 영국의 은을 취한 지역에 대하여 우려하였다.

가장 나쁜 지역 중 하나가 발틱 지역이었다.[111] 발틱 지역에서 영국이 대량의 삼림 산품, 철과 해군 군수품 등을 사오는데, 그 대신 충분한 어류와 직물을 수출하기는 불가능하였다. 뿐만 아니라 이들 수입품의 대부분을 영국에서 소비하였기 때문에 재수출하여 벌충할 것도 많지 않았다. 이 모든 자재가 전략적으로 극히 중요하였고, 거의 모든 발틱 지역 상품이 통과해야 할 해협 역주: 스카게라크 해협, 카테가트 해협 의 좁은 수로를 적국이 통제하면 상품 공급이 쉽게 중단될 수 있다는 사실이 문제를 더욱 복잡하게 하였다.

디포는 영국의 대(對)발틱 지역 무역이 자기 생애 동안 증가하였지만, 적자를 벗어날 가능성이 별로 없었다는 사실을 마지못해 인정해야 하였다. 발틱 무역에서 영국의 주된 경쟁자인 네덜란드 공화국이 크게 유리하였기 때문이다. 홀란드는 어류와 곡물 무역의 중심지이자, 목재와 해군 군수품의 최대 구매자였고, 그리고 동시에 잘 타고난 식민지 상품과 색다른 재화의 공급자였으므로 발틱 무역에서 강력한 지위를 유지하는 데 별 문제가 없었다.[112] 그리고 홀란드가 이 특정 교역에서 적자를 보았더라도 차이가 거의 없었을 것이다. 그 시대 사람들이 홀란드처럼 국부를 거의 전적으로 사고파는 데 의존하는 듯한 나라는 무역 수지에 대하여 그다지 많이 우려하지 않아도 된다고 생각하였기 때문이다. 홀란드가 구입한 물품을 이윤을 남겨 되팔고, 교역품을 국내에서는 거의 소비하지 않았기 때문에, 홀란드는 이익이 남는 한, 통화 공급 문제에 시달릴 필요가 없는 가게 주인과 같았다.[113]

이와 같은 분석은 네덜란드의 실제 상황을 희화화한 것이었다. 네덜란드인의 소비 수준은 아마 유럽에서 가장 높았을 것이다.[114] 그러나 네덜란드의 인구는 그다지 많지 않았다. 영국은 디포와 그 시대 사람들에게 매우 다른 문제를 제기한 것으로 보였다. 영국이 발틱 지역에 더 많이 팔 수 없었다면 덜 사야 하였다. 세계의 다른 어디에서 철, 삼림 재화, 해군 군수품을 살 수 있었는가? 답변은 명백하였다. 영국이 북아메리카 본토에 보유한 식민지였다. 유일한 문제라면 그 식민지는 인구가 더욱 적었고 매우 멀리 떨어져 있다는 것이었다.

예상 가능하듯이, 디포는 이런 문제 해결 방법을 제시할 수 있었다. 1704년에 그는 식민지의 인구 부족이 노동력을 귀하게 만들었다는 사실을 일축하였다. 일손이 부족하면 우리는 언제나 아프리카에서 이를 더 보낼 수 있다는 것이었다.[115] 일반적으로 디포는 북부 식민지 인구를 증가시키는 쪽을 옹호하였다. 영국 재화를 거래할 시장을 확대하기 위하여서도, 또한 미시시피강, 세인트로렌스강 쪽부터 프랑스가 잠식해 들어오는 위험에 대항할 방벽용도로서도 그럴 필요가 있었다. 그러나 그는 대개 노예제가 아니라 이민 정착을 옹호하였다. 노예제는 제재 산업이나 철 생산에는 그다지 적합하지 않았다. 거리가 멀다는 문제는 뉴잉글랜드 재화를 무관세로 받아들이거나 대안적으로 그들 상품에 보조금을 주는 방식으로 해결될 수 있었다.[116] 1728년에 그가 제시한 세 번째 제안은 식민지로 가는 모든 영국 상품에 10퍼센트 관세를 부과하여, 뉴잉글랜드에서 해군 군수품을 운송하는 선박의 지휘관들에게 보조하는 것이었다. 빗발치는 불만이 예상되었지만 무시되었다. "식민지는 이러한 관세에 대하여 절대로 불평하지 않을 것이다. 그것은 다른 방법으로 그들에게 지급되며, 돈을 한 주머니에서 빼서 다른 주머니로 넣는 것일 뿐이다."[117]

영국이 해군 군수품을 발틱 해운에 의존하는 위험을 제거해야 한다는 디포의 제안은 그 시대에 꽤 염두에 둘 만하였다. 명백히 그것은 문제였다. 그의 대책은 그 당시로서 큰 문제가 되던 개선책이었다. 여러 가지 방책이 시도되었다.[118] 그러나 그처럼 부피가 큰 화물을 운송하는 일에서 노르웨이와 발틱 해운이 보유한 경쟁력은 매우 컸다. 그래서 실은 매력적으로 보이는 그 어느 시도도 그들을 당하기에는 역부족이었다. 어쨌든 그 시대 사람들 다수가 식민지가 너무 강력해질 위험보다는 발틱 해운에 의존하는 불리함 쪽을 선호하였다. 그래서 발틱 상인들은 영국의 무역 체계에서 중요한 기능을 수행하였다. 그러나 만일 그들이 팽창한다면, 그들은 이미 너무 높은 임금을 받고 너무 적게 일하는 하나의 영국으로 보이는 상황에서 노동을 철수할 것이다. 더욱 나쁜 것은, 그들이 자기네 강점을 이용하여 독립을 선언하거나, 다른 식민 세력과 연합할 수도 있었다. 결국, 식민지 가운데 대부분은 정치적 또는 종교적 분쟁에서 태어났던 것이다.

앞으로 볼 바와 같이, 디포는 더 비관적인 기분으로 영국의 인구 수준에 대하여 우려하였다. 그는 또한 현재 과잉 공급되는 시장 상태에서 사탕과 담배 식민지를 더 넓히는 일은 문제를 해결하기보다 더 많은 문제를 불러올 것임을 알았다. 그럼에도 그의 일관된 견해는 식민지를 더 많이 더 확대시키는 것이 좋은 생각이라는 것이었다. 이 사례에서처럼, 더 많고 더 확대된 식민지는 전략적으로 많이 필요한 재화를 제공할 뿐 아니라, 영국의 생산물을 소비할 것이기 때문이다. 디포는 아메리카가 독립할 가능성은 전적으로 비현실적이라고 여겼다.[119] 영국의 무역 체계 내에서 식민지들의 위치 때문에, 항해조례하에 그 식민지들이 보유한 특권적 시장 때문에 그들은 독립할 여력이 없었다. 영국이 아메리카 본토 식품이 서인도 제도로 수입되는 일을 금지하고 수입선을 아일랜드로 교체하기만 하여도 뉴잉글랜드 경제 전체가 붕괴한다. 그리고 큰 도시를 보유한 그 어느 나라도 영국을 대체할 수 없었다. 서인도 제도에 북아메리카 잉여 식량을 흡수할 충분한 인구를 가진 나라가 없었기 때문이었다.[120] 식민지들이 독립할 위험을 기각한 후, 디포는 장기적으로 식민지를 보호할 유일한 방법은 그들 스스로를 방어할 만큼 강력하게 만드는 것뿐이라고 결론 내렸다. 식민지들은 그들 스스로 방어할 만큼 강력해졌다. 그러나 이 식민지들이 영국에 긴요한 해군 군수품 공급자인 발틱과 노르웨이를 결코 대체할 수 없었다.

영국이 전통적으로 무역 수지 적자를 기록하게 만든 다른 두 지역은 약간 다른 문제를 제기하였다. 첫째는 동방인데, 동방은 기억도 안 날 오래전부터 유럽의 은을 흡수하였고 대부분은 유럽의 재화를 무시하였다. 특히, 인도인이 유럽인보다 은에 훨씬 높은 가치를 부여한 것이 그 한 가지 이유였다. 어떤 때는 두 지역에서 금과 은의 가격 비가 차이 나기 때문에 단지 은을 수출하고 금을 수입함으로써 좋은 이윤을 얻을 수 있었다.[121] 유럽이 생산할 수 있는 재화를 단지 동양인이 그렇게 많이 원하지 않은 것이 또 다른 한 이유였다. 그들 자신이 이룩한 매우 값싼 숙련 노동 공급이 많았으므로 이를 기초로 대부분의 상품을 그들 자신이 더 좋게, 더 값싸게 만들 수 있었다. 이 결과 유럽은 동방과의 무역에서 무역 수지 적자가 엄청났다. 이 사실은 1601년 교역이 시작된 이래 명성이 자자한 동인도 회사의 높은 이윤을 누리지 못하는 영국인들을 애타게 하였다. 1620년대나 1690년대처럼 무슨 이유에서든 영국 경제 상황이 좋지 않을 때마다 논란은 불거졌다. 디포가 저술을 시작할 때쯤이면, 논의는 약간 상투적이 되었다. 동인도 회사의 변호인들은 동방으로 매우 많은 양의 은을 보냈음을 인정하였다. 그러나 이 은은 영국에서 온 것이 아니라 대륙에서 – 특히, 암스테르담과 제노아의 거대한 금, 은 시장에서 온 것이었다. 회사가 이런 방식으로 은을 취득할 수 있었던 것은 그들이 인도에서 낮은 값에 산 재화를 유럽에 매우 높은 값에 재수출하였기 때문이다. 이런 사업은 회사가 무역 자체를 수행하는 데 필요한 귀금속을 계속 얻을 수 있게 하였을 뿐만 아니라, 훨씬 더 많은 금과 은을 이윤 형태로 영국에 가져다주었다. 그래서 동방 무역은, 영국 정화의 유출이 절대 아니고, 실제로는 다른 교역들로서는 거의 이룰 수 없는 정화의 증가를 가져왔다.

매우 논쟁적인 분위기는 제외하고, 디포는 이 분석을 받아들였고, 이 분석은 거의 확실히 진실이었다.[122] 동인도 회사에 대한 그의 주된 이의 제기는 그들의 사업상 은으로 값을 치르고 수입할 수밖에 없는 상황에 대해서가 아니라 수입의 성격에 대한 것이었다.[123] 17세기 전반에 영국과 네덜란드 동인도 회사의 수입품은 양쪽 모두가 중세 이후 동방 무역의 주종이던 후추, 향신료, 보석, 염료, 초석 등에서 자기네 수익의 대부분을 만들었다. 그러나 세기 말에는 이들 재화 대부분의 가격이 하락하고 유럽의 유행이 바뀌어서 유럽의 수입품 패턴이 완전히 달라졌다. 1690년대에는 비단과 면직물이 아시아에서 영국으로 향하는 무역의 주류였다.[124] 이런 수입품은 물론 최종 판매지가 영국이든 유럽이든 간에 당연히 디포가 바람직하게 생각한 무역 체계를 교란시켰다. 그 제품들이 영국의 면직물, 비단과 직접 경쟁하며 영국 모직물의 대체재로서 작동하였기 때문이다. 그러나 비록 영국의 직물 수입 금지가 만족스러운 결과를 가져올 수 있어서 가져왔을지라도, 해외로의 재수출을 금지한 것은 다른 문제였다.[125] 유럽 시장이 이미 이들 동양의 값싼 직물에 물들어 있었으므로, 만일 영국이 이를 공급하지 않으면 네덜란드가 할 것이기 때문이었다.

정말로, 디포는 어느 상품이든 간에 해외 시장에 판매를 금지하는 것은 경제학적으로 한심한 사고방식이라고 여겼다. 영국이 독점력을 지닌 원자재 수출 금지는 유일한 예외였다.[126] 그가 영국 양모 수출 금지에 일관되게 찬성한 것이 이에 관한 유일한 중요한 예였다. 다른 수출은 금지되어서는 안 되었다. 영국이 수출 또는 재수출하지 않는 것이 무엇이든 간에 그것을 다른 어떤 나라가 할 것이기 때문이었다. 이러한 이유로 디포의 프랑스에 대한 태도는 그 시대 대다수와 좀 달랐다. 프랑스는 영국이 전통적으로 무역 수지 적자를 기록한 세 번째 지역이다. 저술가 대부분은 프랑스가 사들인 영국 포목과 금속보다 훨씬 큰 액수의 프랑스 와인, 브랜디, 사치품과 다른 재화를 영국이 사들이고 있어서, 영국이 프랑스와의 무역에서 크게 적자라고 생각하였다.[127] 부분적으로는 이 결과로, 또한 전쟁 때문에도, 1678년 이후 여러 번 영불 교역이 금지되었다.

디포는 1690년대에 무역 금지가 필요하다고 생각하였다.[128] 프랑스가 영국 상품에 대한 관세를 점진적으로 인상하는 동안 프랑스 와인, 브랜디, 공산품이 계속 영국으로 쏟아져 들어왔다. 그가 생각하기에 그 결과는 영국이 프랑스의 고용 수준 유지를 도와주고 있을 뿐만 아니라 도버 해협을 넘어가는 대대적인 은 유출이 프랑스의 전쟁 비용 조달까지 돕고 있는 셈이었다.

그러나 디포는 단순히 영국이 또다시 프랑스와 전쟁을 치렀다는 이유만으로 18세기 초에 무역 금지를 지속하는 것은 어리석다고 생각하였다. 1697년에서 1702년까지 짧은 평화 시기는, 상황이 상당히 변하였다는 것, 그리고 실은 무역으로 득을 본 쪽은 이제 프랑스가 아니라 영국이었다는 사실을 드러냈다. 영국 젠틀맨은 밀수꾼에게 부풀려진 값을 치르지 않는 한, 여러 해 동안 프랑스 와인을 마시지 못하고 지냈는데 그래서 이제 많이 질이 좋아진 포르투갈 와인에 맛을 들였다. 포르투갈 와인에 관세율을 낮춘다면, 프랑스와의 무역 금지를 해제하여도, 이미 변한 기호는 계속 유지될 것이었다. 매우 비싼 프랑스 와인이 조금은 수입되겠지만 대부분은 포르투갈에서 올 것이다. 포르투갈 제국은 와인을 판 것보다 훨씬 큰 값의 영국 직물을 구입하고 가장 바람직한 상품인 브라질산 금으로 그 무역 수지의 차이를 지불하였다. 더욱더 만족스러운 다른 변화가 전쟁 도중에 일어났다. 프랑스에서 망명해 온 위그노들이 몇몇 공업 가운데, 모자 제조, 고급 유리, 백색 제지, 견직 등을 포함한 새로운 분야를 들여와 이 모든 사업이 프랑스와의 경쟁이 없는 가운데 번성하였다. 만일 두 나라 간의 교역이 완전히 개방되었다면 이 공업들은 아직 살아남을 능력이 없었다. 그러나 충분히 높은 수입 관세가 있는 한, 그 공업들이 더 이상 아무런 보호가 필요 없을 때까지 발전할 수 있었을 것이다. 예전에 프랑스에서 수입하던 상품의 많은 부분이 이제 국내에서, 또는 영국과 우호적인 무역 관계에 있는 지역에서 공급되었다. 그러므로 무역 금지를 해지하여도 수입 관세를 높게 유지하면 영국 모포의 판매력이 프랑스와의 무역 수지를 흑자로 만들 것이라고 디포는 확신하였다. 디포는 평소에 영국 모직 산업에 대한 확신에 차 있었다. 그래서 그는 프랑스 직물 공업이 급속히

개선됨에 따라 프랑스 자체와 제3의 시장 양쪽에서 발생하는 경쟁이 몰고 올 위협을 무시하였다.[129]

1704년에 디포는 전시 교역이라는 주제에 관한 자기 견해를 그 특유의 어법을 담은 고전적 진술로써 요약하였다. 이는 나중에 중상주의라 불리었다:

> 그것이 우리의 이득이라면, 그들에게는 손실일 수밖에 없다; 그리고 만일 우리가 선전포고를 한 것처럼, 모든 수단을 동원하여 그들을 바다에서나 육지에서나 괴롭히고 싶다면, 그들과 교역하자. 그런 방식으로 우리는 그들을 가난하게 만들 것이다. 그것은 모든 사람이 그들과 직접 전투하는 만큼이나 빨리 그들을 패배시키는 방식임을 인정할 것이다.[130]

무역에서 영국이 이득을 얻을 수 있는 상황인데 무역 금지 조치를 하는 것은 어리석었다. 만일 프랑스 사람들이 영국 포목, 곡물, 금속을 직접 살 수 없다면 다른 공급자에게서 사려 하거나 영국 상품을 재수출하는 네덜란드나 이탈리아 상인에게서 구입하였을 것이다. 디포가 보기에 네덜란드는 자기네가 적국과 개방 무역을 유지할 수 있다는 이유가 있어야만 전쟁을 지지하였다.[131]

네덜란드가 영국 상품을 되팔아서 엄청난 이윤을 내면 영국 상인에게 좋을 것이 무엇인가? 네덜란드 선박이 오로지 프랑스로 직송하기 위한 목적으로만 영국 상품을 텍셀(Texel)까지 실어 나르면 영국인 선장과 그가 고용한 선원들에게 좋을 일이 무엇인가? 플란더스의 진흙밭에 죽어 누운 영국 군인이,

총알이 다른 나라의 광부가 아니라 더비셔의 광부에게 고용을 제공하였더라면, 혹은 총을 쏜 자가 발틱산 대신 서섹스산 곡물로 배를 가득 채우고 있었다면 더 행복하였었을까? 그리고 영국이 얻는 순 결과는 무엇이었나? 프랑스인이 네덜란드나 이탈리아 중개상에게 지불한 이례적인 가격은 영국 상품을 판매할 전체 세계 시장의 크기를 줄이고 따라서 무역 수지를 압박하는 경향이 있었다. 2천만 인구를 가진 프랑스는 단연 서유럽 최대 시장이었고 영국인은 그 혜택을 얻지 못하고 있었다.

전쟁 말기에 정치적 요구에 따라 디포는 프랑스와의 교역 개방을 촉구하는 데 더 많은 노력을 기울여야 하였다. 평화 조약을 맺기 위하여, 디포를 고용한 토리 정부는 프랑스와 통상 조약을 체결하기로 결정하였다. 프랑스는 디포가 주장하는 것보다 훨씬 더 자유주의적인 무역관을 조약에 넣으려 하였다. 요지는, 조약은 1664년에 통용되던 상황으로 되돌아가자는 것이었다. 그때는 양국의 관세가 상대적으로 낮았고, 영국에서 신직물 공업이 정착하기 훨씬 이전이자, 프랑스 모직 공업도 급성장하기 이전이었다. 5년 전의 디포라면 그렇게 완화된 조건을 절대로 받아들이려 하지 않았을 것이다. 그러나 이제 1713년에 『리뷰』지 마지막 호들에서, 그리고 새 신문 『머케이터』지에서 조약을 지지해야 하였던 사람은 디포였다.[132] 디포가 평소에 내던 경제 논증 방식으로 볼 때, 그는 약간 불편한 입장에 놓였다. 이제 그는 전쟁 이전조차 영국은 프랑스와의 교역에서 이득을 보았음을 입증해야 하였기 때문이다. 『리뷰』지에 그에 앞서 발표하였던 글들에서는 그 반대의 발언을 여러 차례 하였던 것이다.[133] 그 결과는 상당히 믿기 어려운 통계 조작이었다.[134] 그는 또한 신직물 공업의 강건함을 과장해야 하였다. 이 공업들이 프랑스와의 자유 경쟁 또는 상대적으로 자유로운 경쟁하에서 무너지지 않을 것임을 시사하기 위해서였다. 그는 프랑스 의류 공업을 자신의 의사보다 더욱 폄하해야 하였다. 그는 영국에서 포르투갈 와인 판매가 감소하더라도 포르투갈 사람들은 여전히 영국 직물을 그만큼 많이 살 것이라고 주장해야 하였다. 그리고 등등. 디포는 열심히 노력하였으나 그의 마음은 그 안에 없었음이 분명하다; 사실 그는 익명으로 다른 편의 논리를 설득력 있게 펴기도 하였다.[135] 마침내 그는 실패하였다. 토리 다수당 내 소수파가 『가디언』지와 『브리티시 머천트』지에서 디포에 대항하는 세력의 주장에 설득되어, 휘그에 합류하였고 조약은 폐기되었다.[136]

전반적으로, 앞서 본 바와 같이, 무역 정책에 관한 디포의 견해는 수출을 확대하고 수입 대체 공업 개발을 장려하자는 것이었다. 사실상 그 시대 모든 사람들의 생각과 같았다. 그의 생애 동안 영국은 국내에서도 똑같이 잘 생산할 수 있는 재화의 수입을 줄이는 데 큰 성공을 거두었다. 그것이 노예와 금으로 바꾸기 위하여 서아프리카로 보낼 장신구였든, 국내 빈민을 타락시키고 있던 진이든 간에, 예전에는 저지대 국가에서 수입하였던 재화 등이 이제 영국에서 생산되고 있었다. 영국의 공업은 더욱 다각화되고 있었다. 그러나 영국 직물 공업에 대한 디포의 낙관적 가정에도 불구하고, 수출을 팽창시키는 일은 매우 다른 문제였다.

그가 살던 시대의 유럽 경제는, 지금도 우리가 깨달을 수 있지만, 크게 팽창한 두 시기 사이에 위치한 침체기에 있었다. 그러나 1620년부터 1730년 또는 1740년까지 유럽 상업의 많은 부분에 거대한 어둠이 드리워져 있었다. 근대 시기 이전에 경제를 발전시킬 주요 자극은 인구 증가와, 더 좋게는, 이와 연관된 토지 생산성의 향상에서 왔다. 1세기를 넘는 이 기간에 유럽의 어느 곳에도, 영국에서조차, 인구 증가는 거의 없었다. 프랑스를 포함한 어떤 나라들에서는 실제로는 인구가 감소하였다. 뿐만 아니라 영국과 저지대 국가를 제외하면 농업 부문의 향상도 별로 없었다. 그 결과는 국민 소득의 안정화였고, 대개 1인당 소득 수준은 매우 낮았다. 이런 상황에서 국제 무역의 상품 수요는 빠르게 성장하기 어려웠다. 그나마 구매력의 많은 부분은 1680년과 1720년 사이 유럽의 많은 지역을 휩쓴 전쟁 비용을 조달하려는 조세가 흡수해 버렸다.

그처럼 장래성이 없는 세계에 대한 대부분 나라의 대응은 영국이 채택하였고 디포가 지지한 정책과 비슷하였다. 세계 무역이 느리게밖에 성장하지 못하고 있었다면, 나라들은 이미 자기네가 확보한 만큼을 유지하려고, 또 가능하면 다른 나라로부터 빼앗아 시장점유율을 높이려고 싸웠을 것이다. 상황이 1930년대와 유사하였다. 대부분의 나라가 수출을 늘리고 수입을 제한하고 번번이 국가의 보조를 얻어 국내에서 수입 대체 산업을 개발하려고 노력하였다. 프랑스가 아마도 가장 성공적이었다. 콜베르와 그의 추종자들은 프랑스의 산업, 무역, 해운을 팽창시킬 결연한 의도로 포괄적인 입법 프로그램을 도입하였다. 영국 항해 조례보다 더 엄격하지는 않았지만 그와 유사한 항해 조례가 통과되었다. 새로운 산업이 개발되었다. 그 일은 종종 프랑스로 이주해 오도록 간청받거나, 매수되거나, 협박을 받고 이주해 온 해외 이민이 수행하였다. 그 결과는 인상적이었다. 지중해에서 프랑스 사람들은 대규모 상선단을 구축하였다. 이 상선단은 영국과 네덜란드에 도전하여 성공하였다. 프랑스가 대서양에서 보유한 사탕 재배 섬은 더욱 비옥하였고, 특히 산토 도미니크는 이제 시장을 지배하기 시작하였다. 그리고 국내에서 이전에는 영국, 네덜란드, 이탈리아 공업의 시장 점유가 증가하고 있었으나 점차 프랑스 자체 공급으로 대체되었다. 다른 나라들도 비슷한 정책을 추구하였다. 18세기 초가 되면 버지니아의 농장주는 유럽 담배 시장의 많은 부분을 잃었다. 정부마다 국내산 담배의 독점권을 설치하였기 때문이다.[137] 직물 공업에서도 비슷한 양상이 벌어졌다. 프러시아 같은 국가는 관세 장벽을 높이고 고비용을 들여 직물 공업을 육성하였다. 자체적으로 공업을 발전시키는 데 별 성공을 거두지 못한 나라들조차 이미 가진 상공업을 보호할 수 있었다. 거대한 스페인 제국은 번영하는 북유럽 경제와의 직접 무역에서 폐쇄된 채로 머물러 있었다. 스페인령 아메리카로 향하는 모든 무역은 스페인 선박으로 스페인을 거쳐 가기로 되어 있었다. 자메이카와 쿠라사오(퀴라소)에 있는 영국과 네덜란드 항구처럼 많은 틈새가 있기는 하였으나, 실제로 그 무역 대부분이 그렇게 하였다.[138]

디포는 이 모든 것을 알고 있었다. 그는 노력해서 프랑스의 성취를 깎아내릴 수도 있었지만, 그 자신에게 정말 솔직하였을 때, 그들의 성공을 인정할 준비가 되어 있었다. 그가 영국 직물의 품질과 판매력을 강조할 수도 있었으나, 그는 정부 소식통에 너무 근접해 있어서 그가 저술하는 기간 대부분 영국 직물 수출이 전혀 증가하지 않았다는 것을 모를 수가 없었다.[139] 특히, 그는 유럽을 향한 수출 증대를 이루기가 매우 어렵다는 사실을 이해하였다. 따라서 그의 희망의 기반은 비유럽 세계에 놓여 있었다. 그의 저작 여기저기에서 세계 그 어느 곳도 사람들의 정착 여부를 떠나 잠재적 영국 모직물 시장으로서 그가 옹호하지 않은 곳은 거의 없다. 모스크바 대공국의 차르가 자신의 모든 신민에게 영국제 스타킹을 신으라고 명령하기만 한다면, 중국에 영국산 광폭 원단이나 스타킹 무역을 개척할 수만 있다면.[140] 에티오피아는 어떨까? 에티오피아는 유럽인에게 알려진 세계 가운데 유럽과 교역이 없는 유일한 나라이다. 그리고 우리는 그들이 옷을 입으며, 금, 구리, 에메랄드 등을 가지고 있다는 것을 안다. 영국의 무역 수지를 위해 완벽하다.[141] 많은 다른 민족이 입지 않는 옷을 에티오피아인들은 입는 것을 두고, 영국인이 원주민을 문명화하는 데 실패하였음을 디포는 자주 안타까워한다. 이런 면에서 그는 포르투갈인이 성취한 것에 특별히 감명을 받았다. 제수이트교도들은 브라질의 인디오들에게 옷 입는 방법을 가르쳤고 이제 크게 성장하고 있는 영국 직물 시장이 생겼다.[142] 종종 되풀이되는 한 가지 환상은 서아프리카에서 문명이 협공 작전을 펼치는 것이다. 북쪽에서 바버리(Barbary: 아프리카 북부 해안 지방) 해적떼를 해안에서 산간으로 몰아내고, 원래 그 지역에 살았던 매우 존경스러운 카르타고인처럼 세련된 기호와 유효 수요를 가진 문명화된 주민으로 대체해야 한다. 남쪽에서는 기니아만에서 문명화 운동을 시작해야 한다. 궁극적으로 유럽식 옷을 입는 문명이 서쪽 해안의 맹그로브 습지부터 사바나, 사막, 하이 아틀라스를 지나 지중해까지 휩쓸 것이다. 그런 다음에는 수백만 아프리카인들이 이제 자기네가 벌거벗고 있는 게 부끄러워 정기적으로 모직 정장과 영국제 스타킹을 구입할 것이다.[143]

영국이 아시아, 아프리카에서 수행하는 무역에 대하여 디포가 갖는 희망은 환상에 가깝다. 그러나 그가 남아메리카 시장 개발을 촉구할 때는 매우 진지하고 설득력이 있다. 스페인 왕위 계승 전쟁 내내 그는 정부로 하여금 전쟁을 서인도 제도로 확대시켜 프랑스와 부르봉 스페인 정부 양쪽 모두가 의존하고 있는 보물선단을 포획하도록, 그리고 영국과 네덜란드가 남아메리카 본토의 영토를 점유할 수 있음을 언급한 대연맹 조약(Treaty of Grand Alliance)의 조항을 이용하도록 부추겼다.[144] 프랑스가 서해안과 서인도 제도에서 자기네 상업 세력을 구축하기 시작하자 디포는 영국이 우세한 해군력 사용에 실패한 것에 대한 경고음을 높였다.[145] 일단 고착되면 그들을 제거하기 매우 어려울 것이었다. 물론 문제는 스페인에 서로 적대하는 두 왕이 존재한 사실이었다. 그래서 적에게서 영토를 획득하는 일은 따라서 동시에 우방에게서 영토를 빼앗는 것이었다. 어찌되었든 스페인인이 이미 정착한 토지를 정복하는 행위는 누가 통치하든 스페인에서 결코 용납되지 않을 것을 디포는 감지하였다.[146] 그 자신이 진정한 내셔널리스트인 디포는 영국이 남아메리카와의 직접 무역에 진입하는 일을 스페인 사람들이 받아들이리라는 희망을 거의 갖지 않았다. 그러나 실은 스페인과 충돌할 필요는 없을 것이다. 대륙의 남쪽에 넓은 미정착지가 있는데, 디포의 생각에 그 땅은 영국 식민지로 이상적인 장소였다. 여기에는 물이 풍부한 평원이 있다. 그곳에서 영국인이 정착하고 번영할 수 있다. 이 평원은 양곡을 경작하고 배를 공급하고, 플라트강, 파라나강, 파라과이강들을 따라 스페인 영토와 교역하고, 내부 산악에 문자 그대로 널려 있는 은과 금으로 영국 직물을 사들일 대규모 새 시장을 제공한다. 이와 같은 정착이 가능할 전망이 디포를 1711년에 설립 인가를 받은 남해 회사(South-Sea Company)를 지지하게 하였다.[147] 역주: 또한 프랑스의 Mississippi Bubble을 일으킨 존 로(John Law) 전기, Cueni, *Das Grosse Spiel* 이 흥미롭다.

디포가 에티오피아는 물론 파타고니아와 아라카니아의 지리에 대하여 실제로 얼마나 무지하였는지는 우리가 앞에서 살펴보았다.[148] 그가 이렇게 근본적으로 비현실적인 계획을 20년 이상 계속 옹호한 것은 미래에 팽창할 가능성에 대하여 그가 얼마나 많은 관심을 보였는지에 대한 어느 정도의 척도가 된다. 그리고 그가 대중 앞에서는 자신의 환상을 계속 역설하였지만, 실은 나이가 들어 갈수록 영국의 수출 시장을 팽창시킬 기회에 대하여는 점점 덜 낙관적으로 되어 갔다.[149] 다른 나라들과의 경쟁과 그들의 금지 조치 때문에 성장은 정점에 달하였고, 아무것도 하지 않으면 곧 후퇴할 것이다. 1729년에 그는『겸손한 제안』(*An Humble Proposal*)에서 그렇게 인정하였다. 그는 교역이 증가하는가, 감소하는가를 스스로에게 묻고는, "우리는 둘 사이의 균형 상태, 양극단의 중간에 있다; 그다지 많이 후퇴하지는 않았기를 바라며, 우리가 그다지 진보한 것도 아님을 나는 우려한다"고 답하였다.[150] 자부심 혹은 현란한 언사가 때로는 그로 하여금 이런 안정 상태를 부인하게 이끌었으나, 1720년대에 낸 그의 모든 경제 저작에서 다음과 같은 분명한 추세가 보인다. 즉, 영국 직물이 모든 곳에서 팔렸고, "전 세계가 이를 입고, 전 세계가 이를 바라고, 전 세계가 이것의 영예와 이점 때문에 우리는 거의 시샘하는"[151] 사실에도 불구하고 그는 쇠퇴를 두려워하였다.

해외 팽창이 불가능하여 디포는 국내 시장으로 관심을 돌렸다. 여기서 그는 분노와 좌절감을 완전히 억제할 수 있었다. 무엇을 보았기에? 심술궂고 생각 없는 영국인은 전 세계가 탐낸 생산품에 돈을 지출하는 대신, 모직이 아닌 견직, 면직, 아마포를 구입하고 있었다. 그럼으로써 영국 주요 산업의 고용을 어렵게 하고 그로 인하여 당연히 디포 시대 경제의 전반적으로 불안정한 구조를 무너뜨릴 위협을 가하면서 말이다.[152] 사람들은 얼마나 분별력을 잃을 수 있을까?

> 우리는 우리 무역이 병들고 시들고, 눈앞에서 우리 빈민이 굶는 것을 본다; 우리 스스로가 그것의 유일한 원인임을 안다. 그럼에도 고집스럽게 변함없이 우리 자신의 제조품에 등을 돌리고 새롭고 쓸데없는 것을 좋아한다. 우리 자신의 것으로 만든 옷을 입지 않고, 어떻게든 우리와 상관도 없는 낯선 사람, 이교도, 흑인, 우리 자신이 아닌 모든 다른 부류의 노동과 이점을 이용할 것이다.[153]

실은 디포가 잘 알았고, 그리고 진정 그 입장에서 찬미하였듯이 시간이 갈수록 이 재화들은 이교도나 흑인이 생산하는 것이 아니라 점점 더 영국인들이 만들었다. 그러나 그는 다른 직물이 모직의 대체재가 되어 영국의 고용 구조를 영구히 변화시킬 수 있다는 것을 결코 인정하려 하지 않았다. 면과 아마는 영국의 저고용된 자원을 약간 흡수할 수 있는 부수적 흐름 이상이 절대 될 수 없었다:

> 마치 벼락 출세처럼, 그 자체가 하찮은 제조업이 우리 영국인의 기질과 기호가 타락하여, 그것이 아무리 증가할지라도, 영국에서 장대한 모직물 제조에 맞먹을 수는 없다. 모직물 제조업은 우리 전체 상업의 바탕이요, 300년 이상 우리 부와 번영의 원동력이 되어 왔다.[154]

물론 실제로는, 영국을 디포의 일생과 거의 겹치는 그 오랜 기간의 정체에서 벗어나게 할 수 있었던 것이 바로 이 새로운 직물 공업, 이 시시한 것이었다. 그러나 과거에 사로잡힌 디포는 이러한 변화를 진정 반가워할 수 없었다.[155]

영국에는 모직물 생산을 확대할 엄청난 잠재력이 있었다는 사실 때문에 수출 정체와 국내 소비의 두드러진 감소가 디포의 눈에는 더 나빠 보였다. 그렇게 많은 모포가 그렇게 몇 안 되는 군(county)에서 생산될 수 있었고, 또한 모포를 생산하는 군들조차 모포에만 전업한 것은 아니라는 점은 놀랄 만하였다. 모포 생산 지역 한복판에서조차도 수많은 다른 직업이 있었고, 특히 남성에게 그러하였다. "한마디로 직포 공정과 경영 부문을 제외하면, 제조업의 주된 작업은 여성과 아동에 의존하고 수행되었다. 그리고 그 몇 안 되는 군에서만의 일이었다."[156] 이러한 몇몇 군에서 삶은 궁핍이나 비참함이 거의 없이 만족스러웠다.[157] 아이들은 행복하였다. 아버지가 먹을 것을 벌고 어머니가 입을 것을 벌었다. 그리고 그들은 성장하면 집을 떠나 "급사, 군인, 도둑, 거지가 되지 않아도 되었다. … 장사를 하고 누구나 자기 밥벌이를 할 수 있다."[158] 물론 영국의 비교적 고임금 지역에서조차 아버지의 소득만으로는 모든 가족을 적절한 생활 수준으로 부양하기에 충분하지 않았다는 것이 문제였다. 농업에는 계절적 노동 리듬이 존재하고 일이 불규칙하며 생산성이 낮아서 공업이 거의 없는 농촌에서는 빈곤할 법하였다. 디포는 이러한 "실업"군들을 묘사한다. "농촌은 황폐하고, 사람들은 슬프고 풀이 죽고, 가난하고 절망적이고, 근심에 잠겨 있고 나태하다; 노동 의지가 부족해서가 아니라 돈 벌 일자리가 없어서다." 여기서 낭만주의자들에게 전원의 목가로 보인 것이 사실은 경제적 재앙이었다. 여성과 아동은 할 일이 없었다. "문 앞에 앉아 있거나 길거리에서 논다."[159] 디포의 슬픈 관찰이 사실이었다는 것이 현대의 연구로 종종 확인된다. 한 가족이 공업과 농업을 겸할 수 있는 지역에서는 농촌 빈곤이 가장 적었다. 구빈세가 높았던 곳은 광업도 직물 공업도 없는 대규모 농경

지대였다.

그러한 황폐함은 인도주의적, 경제적 이유에서 디포를 소름끼치게 하였다. 그는 "일할 수 있는 모든 저고용 주민이 … 취업하려면"[160] 직물 공업이 얼마나 더 확대되어야 할까를 고심하였다. 그러나 더 많은 모직물이 생산되면 그것을 누가 살까? 신규 고용된 여성과 아동들이 일부를 구입하겠지만 그들만으로는 추가 생산을 모두 소화할 수 없다. 비관적인 정체된 세계에서는 옷감이 팔리지 않을 것이고, 재고가 쌓이고, 포목상은 실과 양모를 짤 일감 배분을 그만둘 것이며 농촌은 현상 유지로 회귀할 것이다. 사실 상황은 더 나쁠 수 있었다. 새로운 일꾼들의 낮은 임금은 기존 노동자의 고용을 촌락의 어딘가로 몰아낼 것이다. "한 마을의 빈민이 다른 마을에서 하는 사업에 그 마을이나 다른 마을의 고용을 줄이지 않고 그 일에 고용될 수 있을까."[161]

바로 이러한 비관적 생각의 흐름이 디포로 하여금 맥워스 경(Sir Humphrey Mackworth)의 1704 구빈원 법안(Workhouse Bill of 1704)을 강력하게 공격하도록 이끌었다.[162] 구빈원의 목적은 빈민을 고용함으로써 구빈세를 경감하는 데 있었다. 양모와 실을 원생에게 나누어 주면 원생들은 숙식을 제공받는 대가로 이 원자재를 시장 판매용 상품으로 제조하는 것이었다. 디포는 이것이 완전히 기대에 반대되는 결과를 낳는 일이라고 생각하였다. 첫째, 비숍게이트나 브리스틀 구빈원에서 실을 잣는 사람들 모두가 다른 곳에서 모방적에 종사하는 이들의 일을 빼앗을 것이다.[163] 시장을 키우지 않고 공급을 늘리는 것은 의미가 없었다. 둘째, 제조업을 나라 전체의 구빈원에 분산시킴으로써 디포 경제학의 주요 기둥 가운데 하나가 무너질 것이다. 이제 각 교구의 구빈원마다 지방 시장에 모직물을 공급하면 전국에 걸쳐 그만큼의 인구에게 양모, 실,

모직물을 분배하는 일 따위가 필요 없게 된다. 디포는 제조 쪽보다 유통 부문에 더 많은 사람이 고용된다고 생각하였기 때문에 그 결과는 필연적으로 경제적 재앙이었다.

구빈원의 유일한 합법적 용도는 이전에 생산되지 않았던 물품을 생산하는 일이었다. 그것이 해외에서 수입하던 것이었다면 더 좋았다. 그러므로 레딩 구빈원이 이전에 프랑스나 홀란드에서 수입하던 배의 돛 제조용 천을 만드는 데 빈민을 동원한 것은 칭찬받아 마땅하다.[164] 유사한 칭찬이 원생들에게 면방적을 가르친 구빈원에게도 돌아갔다. 몇몇 사람이 이 기술은 영국인이 배우기 불가능한 것으로 생각하였기 때문이다.[165] "실업자가 많은" 군들에 대하여서도 같은 접근을 취한다. 일이 없는 빈민의 아내와 자식이 모두 모직물을 만드는 데 동원될 수 있다면 이상적일 것이다. 그렇지만 현재의 정체 상태에서 이는 불합리하다. 그들도 구빈원과 마찬가지로 이전에 제조되지 않았던 무엇인가를 만들어야 한다. 이전에 버킹엄과 베드포드셔 군 사람들은 대부분 실업 상태였는데 이곳에서 레이스 산업 역주: bone-lace 아마로 메리야스 뜨듯이 레이스를 만드는데 원래는 뼈로 만든 본을 썼다. 이 엄청나게 팽창하자 디포는 매우 기뻐하였다. 이제 "우리 가운데 가장 하는 일 없이 열등하고 짐스러운 부분인" 젊은 여성과 소녀들이, 부모가 그들을 부양하느라 져야 할 부담을 덜어 줄 일을 얻게 되었다.[166] 영국 레이스 제조의 증가가 플란더스 레이스 제조의 감소를 의미하였다는 사실은 추가적 보너스로서, 영국 무역 수지의 호전이었다.[167]

위에서 본 바와 같이, 디포는 실업자가 많은 군의 주민에게 동정심을 약간 느끼기는 하였으나, 그들의 빈곤이 그들 자신의 잘못이 아니라고 언제나 확신한 것은 아니었다. 어쨌든 그들은 다리를 가졌지 않은가. 역주: 즉, 이주할 수 있다는 뜻 어떤 지역에서는 해야 할 일이 있지만 그 일을 할 정도로 가난하지 않았다. 물론 이것이 그의 경제학의 기본 교리 가운데 하나이자 영국의 임금이 높은 것에 대한 설명이었다. 그러므로 공업이 없는 군들의 빈민을 계속 가난하게 하는 것이 게으름일 수 있었을까? 국내 이주라는 것이 18세기 초에는 그렇게 단순한 일이 아니었다. 출생 교구를 완전히 버리고 생면부지의 다른 곳으로 떠나는 데는 상당히 큰 용기가 필요하였다. 출생지에서만 정주권이 있고 따라서 어려움을 만났을 때 그곳에서만 빈민 구호를 받을 수 있었기 때문이다. 디포는 이 문제를 무시하는 경향이 있다. 그것이 실제로는 법규에 나온 대로 심각하지 않았을 수도 있다.[168] 분명히 영국에 매우 높은 수준의 국내 이동성이 있었고 오랫동안 그랬다.[169] 많은 사람이 런던이나 떠오르는 공업 지대로 영구적 이주를 하였다. 진짜 문제는 디포의 시대에 노동 단위가 가족이었다는 것이다. 남자는 어느 지역에서나 농업 일자리를 얻을 수 있는데 아내와 자식을 위한 공업이 거의 없었다. 다른 곳에서는 그의 가족에게 일이 있을 법하나 그에게는 없었다. 이런 조건이라면 그냥 농촌에 머무르며 최선을 바라는 것이 가장 좋아 보였다. 여기서 그는 농업 노동자로서, 공업 지역이나 도시 노동자는 누릴 수 없을 이점을 잘 누렸을 수도 있다:

> 가난한 소작인 겸 노동자는 자기가 먹을 이삭을 줍고, 맥주를 빚고, 닭을 키우고, 공동지에서 소를 먹이고, 뒤뜰에 돼지를 치고, 텃밭과 이랑에 채소를 기르고, 황무지나 삼림에서 땔감을 채취할 수 있다.[170]

이런 혜택이 아내와 자식과 함께 번 임금보다 더 가치가 있을 수 있었다.

어찌되었든 디포는 한 사람이 한 일자리에서 다른 일로 전업하는 일이, 설사 그것이 더 나은 임금을 얻기 위한 것이었을지라도, 영국 전체에 무슨 이득이 되는지 그다지 확신하지 못하였다. 정말로, 비교 생산성의 개념이 없이는 어떤 우위도 제시하기 어려울 것이다. 또다시 우리는 정체된 경제 문제에 마주친다. 왜냐하면 "그 일꾼은 이전에 고용되었던 곳에 필요하다. 그리고 이득은 단지 위치만 바뀌었을 뿐이다; 여기서는 떠올랐고 이전에는 가라앉아 있었다."[171] 그것은 노동자의 가족 가운데 일이 없던 가족이 신흥 공업에 고용되는 상황과는 명백히 매우 달랐다.

그럼에도 불구하고 영국에는 사용되지 않은 자원이 많았다. 그리고 사람들이 이를 이용하여 총산출을 올리고 영국의 부를 증가시키는 것은 바람직하였다. 이론적으로는 고용과 산출을 극대화하기 위하여 영국에 이미 살고 있는 사람들을 재배치하는 것이 가능했어야 하였다. 그 당시의 분포 상태가 불만족스럽다는 사실을 디포가 단지 너무 잘 알고 있었을 뿐이다:

> 나는 우리의 빈민이 영국 내에서 잘못 분포되어 있을 가능성만 말할 것이다. 즉, 어떤 분야에는 너무 많고 다른 업종에는 너무 적다; 제조업에는 너무 많고 농업에는 너무 적다; 기업에는 너무 많고 농촌에는 너무 적다; 해안에는 너무 많고 선박에는 너무 적다.[172]

그러나 살펴본 대로, 인구 이동은 문제 해결보다는 더 많은 문제를 야기할 수 있었다. 이미 영국 거주민 가운데 저고용과 실업이 상당히 높은 수준임을 받아들일 필요가 있어 보였다. 더 많은 인구가 해답일 수도 있었다. 이미 관습,

가족, 정주법(Settlement Laws)에 의해 기존 위치에 묶여 있지 않은 새로운 사람들이 사용되지 않고 있던 자원 분야에서 일할 수 있었다. 장기적으로는 인구의 자연 증가로 더 많은 인구가 태어날 수 있었다. 실제로 1750년 이후에 그러하였다. 그러나 디포 시대에 디포는 전쟁과 식민지로의 이주 때문에 영국 인구가 감소하고 있다고 생각하였다. 따라서 최선의 단기 처방은 대륙에서 영국으로의 이주를 장려하는 것이었다. 특히, 프랑스인 때문에 황폐해진 팔라티네이트(Palatinate)로부터의 이민이 주목되었다.

영국 인구를 증가시키고자 하는 디포의 바람은 당시 거의 모든 작가들에게 공통된 것이었다. 런던의 엄청난 성장에도 불구하고 영국 인구는 상당히 정체되어 있었다. 많은 작가들이 어렴풋이나마 이를 알고 있었다. 생산성이 낮고 기술 변화가 매우 제한적이던 시대에 인구 증가는 산출을 증가시키는 가장 확실한 방식이었다.[173] 전시에 더 많은 인구란 더 많은 대포 희생자를 의미하였다. 그리고 고임금 시대에 더 많은 인구란 더 치열한 일자리 경쟁을 의미할 것이었고, 이는 임금 수준을 끌어내려 영국의 경쟁적 지위를 높일 것이었다. 이는 부수적으로 영국 육군 병력을 증강시킬 것이다. 하루 6펜스에 목을 내놓으려고 지원하는 바보는 가난한 사람밖에 없을 것이기 때문이었다.[174] 이러한 주장에도, 예나 지금이나 거의 똑같은 이유로 영국인들은 이민에 적대적이었다. 이민은 외국인이고 따라서 열등하였다. 그들은 색다르고, 더럽고, 아마도 천주교도에, 가난하여 구걸하므로 구빈세를 올릴 것이었다. 그들은 영국인과 일자리를 놓고 다툴 것이고, 정체된 경제에서 영국인을 일자리에서 쫓아냄으로써 구빈세를 더욱더 상승시킬 것이었다.

이민에 대한 디포의 견해는 완전히 달랐다. 그는 이민에 전적으로 찬성하였는데, 그의 생각에, 이민은 실제로 영국에서는 모든 공업을 최초로 들여오는 방식이었다.[175] 디포 자신이 이민의 자손인지라 그는 혈통의 순수함에 관한 영국인의 우쭐거림을 비웃었다. 아마 그의 가장 읽을 만한 시 「진정한 영국인」(*The True-born Englishman*)이 그 가운데 가장 신랄할 것이다. 다른 한편으로, 그는 경제를 기존 수준으로 유지하기 위하여 고임금의 중요성을 신봉하는 입장이었다. 따라서 이민이 전반적인 임금 수준을 낮출 것이므로 이민을 지지한다는 주장을 받아들일 수 없었다. 이 역설을 해결하는 가장 쉬운 방법은 인구 증가가 전문화의 가능성을 확대시키고 따라서 노동 분업을 촉진한다고 주장하게 되었을 것이다. 이는 차례로 전반적 생산성 수준을 높일 것이며, 따라서 더 많은 사람이 비례적으로 산출을 증대시킬 것이므로 어떤 임금도 떨어질 필요가 없을 것이었다.[176] 이는 실제로 페티(Petty)와 다른 작가들이 인구 증가를 옹호하면서 주장하던 것이다. 우리가 본 바와 같이 디포는 이와 같은 주장을 한 적이 없다. 그리고 어쨌든 증가된 산출의 처분에 대해 걱정하였을 것이다.

디포의 해결책은, 상당히 정돈된 것이기는 하지만, 그다지 현실적이지는 않다. 그의 주장에 따르면 영국에서 인구 밀도가 좀 더 높은 지역에서 임금이 더 높았다. 이는 사람이 많아지면 이것이 그에 비례적인 수준보다 더 많은 일자리를 창출하기 때문이었다.[177] 그러므로 결론은 영국에서 임금이 더 낮고, 인구가 희박한 지역에 이민을 정착시키자는 것이었다; 이런 지역에서 인구 밀도가 높아지면 임금이 낮아지지 않고 높아질 것이었다.[178] "사람이 부족하면 항상 사람을 구하는 일자리가 부족해졌다."[179] 인구가 상당히 희박한 지역에 새로 100만 명이 정착하면 정주자 서로를 위하여 일하는 직업을 창출할 뿐 아니라 이미 그곳에 살고 있는 사람의 일자리도 생길 것이다. 이주민이 기존 인구와 희소 자원을 두고 경쟁할 필요는 없었다. 영국의 많은 부분은 아직 개발이 되지 않았다. 이주민은 삼림, 황무지, 공동지에 100가족씩 정착하되, 그보다 더 클 필요는 없는데 한꺼번에 더 많이 몰리면 새 이주민이 동화되어 영어를 배우기도 힘들 것이기 때문이다. 각 정착지는 장인, 전문 인력에 대한 적정 수준의 농민 비율을 보유한다; 다른 직종을 가진 가족을 유지하기 위해 20가구의 농민이 필요하다고 디포는 제안한다. 정착지는 대체로 자급자족할 것이므로 이주민은 기존 교역과 경쟁하지 않을 것이다; 그리고 실은 그들이 자기네가 필요한 모든 수요를 그 집단 내에서 충족시킬 수는 없다. 따라서 그들 자신이 생산하지 않는 재화는 정착지 외부의 고용을 증가시키고, 그들의 양모 수요는 목양인들의 소득을 증대시킬 것이다. 토지를 개간하고 집을 짓는 데 필요한 초기 자금은, 정부가 황무지 이용에 드는 손실을 지주와 공유권 보유자에게 현금으로 보상하듯이, 정부가 대부할 것이다.[180] 일단 정착지가 잘 조성되었으면 이주해 온 농민들은 지대를 정부에 지급함으로써 대부금을 갚아 나간다. 결국 모든 프로젝트는 비용이 전혀 들지 않으며, 사용되지 않았던 자원이 활용되고 그에 상응하여 영국의 인구와 부가 증가하였다. 정착인들이 지대를 지불하거나 외부의 재화를 구입할 때 쓸 현금을 어디에서 획득하는지에 관해서 디포는 전혀 언급하지 않는다. 그러나 예전에 해외에서 영국에 수입하여 재화를 생산하는 일을 하는 정착민 일부에게서 분업, 전문화가 이루어짐으로써 시스템이 완성될 것이라고 가정할 수 있다.

디포의 독창적인 생각이 무시된 것은 당연히 놀라울 게 없다. 적절한 숙련 노동이 섞인 이민 100가족이 나서고 영국 내에서 그들을 부양하기에 적당한 미개척 토지가 정말로 발견될 수 있다고 할지라도, 18세기의 정부나 18세기의 영주들이 그런 생각을 받아들이리라고 상상하기는 정말로 어렵다. 이주에 관한 디포의 구상은 그의 파타고니아 이주 방안이나 서아프리카 사람들에게 옷을 입혀 볼 궁리만큼이나 환상의 세계에 속한다. 생산과 고용 확대를 위한 그의 주요 제안 가운데 어떻게든 성공 가능성이 큰 유일한 것은 농촌 실업의 일부를 흡수하기 위하여 수입 대체 산업을 도입하자는 안이었다.

이것은 실제로 성장 영역이 되었다. 디포의 사후 반세기 동안 면, 아마, 금속 산업이 팽창하였다. 그러나 디포가 좋은 평가를 내릴 일에 대하여 그럴 준비가 되어 있었다 하더라도, 우리가 보았듯이 그는 모직물에 집착하느라 그런 산업들의 기여 가능성을 과소평가하기에 이르렀다. 그런 산업들이 농촌 실업의 일부를 흡수하는 데는 유용하겠지만 영국을 당시의 정체 상황에서 벗어나게 할 수 있다는 제안은 약간 환상적이라고 디포는 생각하였을 것이다.

팽창이 그토록 어려워 보이는 정체된 세계에 직면해 있었으므로, 디포는 그런 세계에서 가장 잘하고 있어 보이는 나라가 영국이었다는 사실에 여하튼 기뻐하였다. 영국 번영의 지속을 보장하기 위해서는 현재 경제 체계를 그 모든 복잡성 속에서 유지하는 것이 필요하였다. 그 시스템을 위협하는 모든 변화는 즉각 의심되어 거의 대부분 디포의 비난을 받았다.

산업의 입지를 바꾸는 것은 단지 다른 곳의 일을 희생시켜 그곳에 일을 제공하는 것에 불과하다. 디포는 그런 식으로 생각하였음을 우리는 이미 보았다. 런던에서 스타킹 짜는 산업의 확대는 노리치에서 같은 산업이 쇠퇴함으로써만 성취될 수 있었다.[181] 1705년 『리뷰』지에서 그는 자기 독자들에게 자신이 틀렸음을 증명하라고 다그쳤다.[182] "누가 나에게 한 공장이 세워졌다고 말한다면, 나는 그에게 다른 곳이 망하였다고 할거요; 한 마을에 공장이 시작하였으면, 다른 마을에는 무엇이 무너졌는가?"

실제로 위에서 언급한 스타킹 제조 사례를 보면 결과는 단순히 한 마을에서 다른 마을로 고용이 이전된 것보다 더 심각하였다. 디포에 따르면, 런던의 공업은 빈민 여성이 여드레나 열흘에 걸쳐 부지런히 만들어야 하는 만큼을 단 하루에 생산할 수 있는 뜨개질 틀(knitting-frame)을 사용하기 때문이었다.[183] 정체된 시장 상태에서 이러한, 또는 정말 어느 것이든 새로운 노동 절약적 장비는 오로지 잉여 인력 해고와 실업으로 이어질 뿐이었다. "우리 무역을 이전보다 더 적은 인력으로 관리하게 이끄는 방식은 모두, 그 자체로 영국에 전반적으로 해악이다. 그것은 빈민의 고용을 감소시키고, 빈민의 손을 노동에서 풀어놓아, 아직은 아니지만, 우리의 손을 우리의 고용보다 우세한 쪽으로 가져가는 경향이 있기 때문이다."[184]

판매 방식과 유통 부문의 혁신은 더욱 나쁜 영향을 낼 법하였다. 유통 부문 고용의 중요성 때문이었다.[185] 그리고 디포 생애 기간에 가장 노동 절약적 개선이 이루어진 부문이 바로 이 유통 부문이었다. 예를 들어, 『완벽한 영국 상인』(*The Complete English Tradesman*)에서 디포는, 지금은 흔한 일이지만 표본만으로 곡물을 파는 관행을 공격한다.[186] 그의 주된 불평은 다음과 같다. 농민들이 판매하기 위해 조그만 산물 표본 보따리만 가지고 시장에 왔다가 곡물을 가장 가까운 강으로 대량으로 전달하거나 방앗간으로 직행시킨다면, 예전에 곡물을 대량으로 시장에 운반하였다가 다시 가지고 갔던 말, 수레 소유자, 짐꾼들이 실업자가 될 것이다. 복잡성에 의해 고용을 창출한 그런 순환 패턴이 생략되고 있었다는 것이다.

유통 경로나 방식의 변화에 의해 그와 정확하게 똑같은 효과가 고용 부문에 나타났다. 이상적으로는 고용이 극대화되었을 경우 모든 재화가 런던으로 집산된 다음에 다시 다른 곳으로 배분되어야 하였다. "노리치가 엑서터와 교역하면, 엑서터가 리즈와 교역하면, 리즈가 캔터베리와 직접 교역하면, 즉 흔히 하던 길인 런던을 경유하지 않고 그렇게 할 경우"[187] 그러면 재화가 더 적은 사람의 손을 거칠 것이고, 따라서 많은 사람이 일을 잃을 것이다.

> 교역의 순환이 손상된다. 그리고 예전의 대규모 순환이 좁혀진 직선으로 간다. … 재화마다에 관여하던 일손이 예전에 생산자와 소비자 사이에 있던 만큼보다 감소한다. … 그리하여 아무리 생산과 소비의 양이 여섯 배가 되어도 그 과정에서 6분의 1도 고용되지 않을 것이다. 이는 크게 말해 상업 종사 인구의 감소이다. 메워져야 할 크나큰 공백을 남긴다.[188]

특히, 이런 점에서 유죄인 쪽은 행상인과 매상인이었다. "이들은 대여섯 유통 단계의 이익을 모두 취할 생각에서 … 재화를 최종 소비자에게 더 빨리 닿게 할 방법을 고안하거나 적어도 그런 척한다. 그래서 물건들을 즉시 가져와서 운반인(carrier), 거간(factor), 도매상(wholesale-dealer), 중매인(chapman), 소매상(retailer) 등의 모든 역할을 자신이 다해 버린다."[189]

그가 살던 시절에 진행되고 있던 내륙 수로 개선의 일부에서 유사한 모습을 관찰할 수 있었다.[190] 여행가이자 경제학자인 디포는 도로의 사나이였다. 그는 열렬한 도로 개선 옹호자였다. 도로가 진창투성이면 유통이 존재할 수 없기 때문이었다. 서섹스군같이 도로가 지나갈 수 없게 되어 있는 곳에서는 농민들의 생산물이 산지에 쌓였고 고용도 없고 농가 소득도 없었다. 좋은 도로는 유통을 증대시켰고 많은 인구를 도로를 따라 물건을 나르는 물류에 고용하였다. 그러나 강은 달랐다. 말 한 마리로 끄는 바지선은 말 네 마리 이상이 끄는 마차보다 몇 배나 많은 수송을 할 수 있었다. 그러므로 모든 새로운 수로 개발 계획은 수백만 마리의 말과 마부들과 여인숙의 밥벌이를 앗아가며, 이전에 이들을 모두 먹여 살린 농민들의 지대 수입에 위협이 됨은 말할 것도 없었다.[191] 이러한 혁신이 수행한 비용 절감이 시장에서 재화 가격을 낮춘다는 사실이 고용 수준의 감소를 보상하기에 충분하지 않을 수도 있다.[192]

기술 혁신을 도입하는 사람들이 공공의 이득을 해치면서 사사로운 이익을 추구하여 영국 전체의 번영을 망가뜨릴지 모른다는 생각에 디포가 심각하게 우려하였음을 이해할 수 있다. 그러나 기존의 번영을 유지하는 것 자체도 매우 불만족스러운 결과를 낳았다. 앞에서 본 바와 같이, 전체 구조는 궁극적으로 높은 수준의 소비를 지탱하는 데 좌우되었다. 고임금의 주된 이점은 빈민이 농민과 제조업자의 생산품을 구입할 수 있게 한다는 것이었다. 농민이 생산품을 판매하면 농민 자신과 영주의 소득을 증가시킬 수 있고 이를 지출할 때 빈민의 고용이 증대한다. 디포가 칭찬하고 설명하려 하였던 것은 그가 살던 시기에 영국을 번영의 절정으로 끌어올린 소비 수준의 증가였다. 그러나 도덕론자에게는 어떠한 소비 증가도 타락의 증가를 의미하였다. 맥주, 진, 와인은 마실수록 술에 빠져들었다. 멋있는 옷이나 더 많은 마차, 더 좋은 집과 가구를 원하는 동기는 자랑이나 허영이었다. 사는 데 충분할 만큼 보다 더 먹는 것은 탐욕이었다. 그래도 더 많이 먹고 더 마시지 않는다면, 더 많은 사람들이 더 좋은 옷을 사고 사치스런 방식으로 집을 꾸며 부자들을 흉내내지 않는다면, 경제가 진보할 희망이 없었다. 현상을 유지한다는 것조차도 이미 높은 수준의 악덕을 유지할 필요가 있다는 것을 의미하였다. 도덕적 개혁은 경제적 재앙이 될 것이다. 디포가 1713년에, 영국의 상업 전체가 이제 '사탄과의 동맹'에 의존하고 있기 때문에, 설교자들이 자만과 허영을 꾸짖는 일을 중단하였다고 쓴 것은 놀랄 일이 아니었다.[193]

물론 악덕 또는 사치와 고용 간의 연계를 중요하게 여기고 이에 대해 저술한 작가가 디포가 처음도 아니고 유일하지도 않았다. 투기적 건축가 바번(Nicholas Barbon)은 1690년에 "낭비벽은 개인에게는 손해를 끼치는 악덕이지만 경제에는 그렇지 않다"고 지적하였다.[194] 맨더빌(Bernard de Mandeville)은 그 주제에 대하여 책을 한 권 쓰게 되었다.[195] 하지만 이 역설은 경제학자이자 도덕주의자인 디포에게 특히 고민거리였고 자신의 저작에서 확연히 눈에 띄는 모순을 일으키기에 이르렀다. 그는 영국의 진 증류 사업이 빈민을 고용하고 영국 곡물을 소비하는 신산업으로 높이 평가하였으므로 이 사업을 지지하는 팸플릿을 쓸 수 있었다.[196] 다른 저작에서 그는 진의 해악에 대하여 다른 비평가들만큼 신랄한 감시자이다.[197] 『완전한 영국 상인』에서 그는 한 쪽에서는 양조 산업 종사자의 숫자가 많다고 기뻐하다가; 그 다음 쪽에서는 술집 주인을 악마의 심부름꾼이라고 묘사하고 있다. 세 쪽을 넘기면 그는 다시 영국인이 세계의 다른 어느 민족보다 일인당 음주량이 많다고 자랑하고 있다.[198]

디포의 도덕주의는 단순히 상투적인 버릇이라고 해석하는 사람도 있다.[199] 이것은 그의 모순을 필요 이상으로 해결하려는 것처럼 보인다. 수단은 싫어하면서도 결과는 칭송하는 일이 흔하지 않은가. 경제사학자들이 항상 그리한다. 영국인들이 터키인들만큼 절제하지 않은 것은 불운일지도 모른다; 그러나 영국인들이 그랬다면 터키인들만큼 가난하였을 것이고, 영국은 그 당시에 그렇게 강력하고 부유한 나라가 아니었을 것이다.[200] 디포는 사치는 무역과 고용에 이르지만 절제는 그 길로 가지 않는다고 일관되게 주장하였기 때문이다.[201]

디포는 아마도 그런 경제적 이득과 상관없는 악덕이나 죄를 공격할 때 가장 행복하였으리라. 그럴 때 그는 누군가에게 자신의 약점을 들킬 일 없이 자신의 도덕성이 빈민을 고용할 전망에 미치는 효과에 관하여 어떤 양심의 가책도 느끼지 않고, 정말로 자기 마음껏 공격할 수 있었다. 모든 죄 가운데 가장 유익하지 않은 것이 신성 모독이었다. 그것은 개인에게도 공동체에도 득될 게 없었다. 죄란 대부분 무슨 동기나 원인이 있었으나, 저주는 무용하였다. 허튼소리이자 어리석은 악덕이었다.[202] 주님의 날(Lord's Day)을 지키지 않는 매우 흔한 죄는 적어도 여가가 완전히 상업화되기 이전 시기였다면, 경제적 관점에서 보아도 도적적 관점에서와 동등한 정도로 무익하였다. 『가족 교범』에서 디포는 안식일을 여러 가지로 오용할 법한 행위들을 순서대로 명확하게 가려낸다:

> 사람들이 설교가 끝나는 대로 가게 문을 열고 매주 안식일 저녁부터 사업 일을 시작하는 것이 좋다는 것이 내 생각임을 인정하여야 한다. 하루를 스포츠나 오락에 쓰는 것보다 적법한 고용에 쓰는 것이 확실히 죄를 덜 짓는 일일 것이다. 예배와 오락거리는 두 극단을 서로 옆에 두고 있다; 그리고 한 조각은 가장 좋은 일을 위하여, 다른 조각은

가장 천한 일을 위하여 따로 떼어 두는 것은 그 하루를 모독하는 일로 보인다. 왜냐하면 오락은 실행될 수 있는 것 중에 가장 천한 합법 행위이기 때문이다.[203]

교회에서 오전을 다 보내고 난 후에 들판에서 산책을 좀 하는 것이 해로울 게 없다고 생각할 수 있다. 그러나 그것이 바로 얼마나 우리가 타락하였는가를 보여 준다. 산책은 경제적으로 손실이 아닐 수 있지만 일요일에 할 경우 분명히 죄였다. 실제로 경제적 손실을 야기하는 이유에서 비난받을 유일한 악덕은 도박이다. 도박은 시간 낭비였고, 사람들을 합법적 경제 행위에서 이탈시켰고, 나라의 유동성에 매우 심각한 영향을 미쳤다. 이미 현금이 부족한 세계에서, 도박 클럽과 도박 내기 사무소를 순환하는 자금은 수전노의 금고와 같은 빛깔로 여겨질 수 있다.[204]

다른 악덕 대부분은 경제적 이득이 있었다. 이를 인식한 디포는 대개 악덕의 소비자는 공격하였고 악덕을 제공한 자는 공격하지 않았다. 악덕의 소비자가 일을 벌이고 제공자는 그것으로 먹고 살았다. 이것은 그가 극장을 공격하는 장면에서 가장 명백히 드러난다. 오늘날 텔레비전과 영화처럼, 당시 극장도 성과 폭력을 이용하여 저급한 도덕 수준을 전반적으로 용납한다는 이유로 같은 종류의 비난을 받았다. 극장들은 "범죄의 온상이요, 악마의 학교, 아니 종합 대학이다." 그러니 때려 닫아야 한다.[205] 그러나 배우들은 음란한 극에서 연기하였다는 이유로 매도당할 수 없었다. 디포는 만일 배우들이 고상한 극을 연기하였다면 아무도 그들을 보러 오지 않았을 것이고 그들은 파산하였을 것임을 충분히 알 정도의 현실주의자였다. 배우들은 먹고 살 권리가 있었으며, 만일 극장이 신앙심이 돈독한 자들의 압력을 받아 폐쇄된다면 배우들은 소득 감소를 보상받을 권리가 있었다.[206] 디포는 배우들에게 보상할 자선 기금 조성을 제안하였다; 그들이 여왕의 영토 안에서 더 이상 연기를 하지 않고 그럼으로써 나라의 도덕을 향상시키겠다고 맹세를 받아내면 그것은 그들의 20년분의 소득을 보장해 줄 만한 가치가 있을 것이기 때문이다.[207]

디포는 악덕, 소비, 경제 성장 등이 서로 얽혀 있다는 것을 확실히 알았고, 이것을 경제 문제에 대한 자신의 역사적 접근과 결합시켜서 악덕 증대의 역사를 길게 쓰기에 이르렀다. 오래전에는 영국이 더 번영하기 위해 악덕이 증가할 필요가 없었다. 예를 들어, 16세기에는 경제 성장이 영국 직물 수출의 팽창에 의존하였다. 상인, 목축업자, 직물업자, 이 모두가 영국을 부유하고 강력하게 만들었다. 그들 스스로 부유해지면서 누구에게도 도덕적 해악을 끼치지 않았다. 실제로 국민의 도덕은 사실상 향상되고 있었고, 종교 개혁은 생활 태도의 개혁으로 이어졌다. 프로테스탄트 종교는 그 자체로 "자연스러운 선행 경향"이었다.[208] 그러나 엘리자베스 서거와 함께 녹이 슬기 시작하였다. "제임스 1세 시기에는 궁정이 좀 더 과감하고 흥청망청한 분위기에 영향을 미치며, 사치가 자리를 잡았다; 20년간의 평화 시기는 궁정에서 아무런 이렇다 할 모범을 내지 않은 채, 방탕함에 너무나 큰 자극제를 부여하였다."[209] 아직 평민에까지 물들지는 않았을지라도 찰스 1세의 시절에도 전혀 나아지지 않았다. 그들은 여전히 검소하고, 공정하게 거래하고, 술에 취해 있지 않고, 순박하였다.[210] 그러나 더 오래가지 않았다. 찰스 2세 재위 기간에 악덕이 그야말로 나라를 뒤덮었고 "방탕과 비리가 절정에" 달하였다.[211] 궁정의 충격적인 사례가 더할 나위 없이 추종되었다. 이를 추종하는 국민은 1650년대의 도덕적으로 엄격한 정부를 폐기하고서 행복해 보였다. 사치, 겉치레, 불복종이 만연하였다. 그러나 음주는 국가적 악덕이 되었다.[212] 시간이 지나면서 영국은 점점 더 주정뱅이의 나라가 되어 갔다. 국왕을 몰아내는 위기(the Exclusion Crisis) 기간 동안 짧은 기간에 이어진 세 차례 총선이 이를 크게 부추겼다. 이때 영국 노동자들은 엄청난 양의 공짜 맥주를 들이키는 데 익숙해져서 다시는 그 버릇을 버리지 못하였다.[213] 그들이 더 많은 맥주를 마시는 사이에 1680년대가 지나고 1689년에 음주 소비가 정점에 도달하였다. 이때 물품세로 평가한 연간 술 소비가 남성, 여성, 아동 포함 일인당 50갤런을 넘었다.[214]

영국의 새 왕과 여왕은 나라의 도덕적 상태에 관하여 행복하지 않았다; 28년간 가톨릭과 난봉꾼에게 통치당한 후인데 더 무엇을 기대하였을까? 메리 여왕은 "자신의 왕실 모범에 따라 도덕과 금주의 가치를 높였다."[215] 모범은 곧 추종되었다. 정치 혁명은 도덕 혁명을 수반하였다. 도덕 개혁을 위한 모임이 나라 방방곡곡에서 만들어졌고, 술꾼들, 여성 폭행자들, 욕꾼들, 안식일 훼손자들을 모조리 박멸하기를 다짐하였다.[216] 그들의 조직과 열의는 그야말로 대단하였다. 거래의 세부 사항에 대한 정보 제공자의 설명을 위한 지령 같은, 특정한 위반에 대한 백지 영장이 배포되었다. 가난한 사람들에게 무료로 배포할 소책자가 출판되었다. 그들이 그 책을 읽고 다양한 죄를 범하는 일이 없도록 열심히 설득하기 위해서였다.[217] 이런 모임들은 자기네가 악덕을 억압하는 데 아주 크게 성공하였다고 자평하였다. 그들은 확실히 "흉악하고 질서를 어겨 처벌받게 될 많은 사람들의 명단" 목록을 당당히 작성하였다.[218] 아마도 성공하였을 것이다. 맥주 소비는 1690년대에 급감하였다. 더 큰 초점은 경제가 극심한 침체 상태에 있었다는 것이다. 영국인들은 자기네가 도덕적일 수 없다는 사실을 이미 깨닫고 있었다. 또는 적어도, 그것이 경제를 보는 한 방법이었다. 역사학자들이 전쟁으로 상업이 파괴되고 화폐가 엉망이라서 빵값이 오른 만큼 그들이 맥주를 마실 여유가 감소하였다는 견해를 제시할 수도 있다. 이유가 무엇이든 악덕의 승전보를 저지하는 일은 짧게 끝났다. 18세기에 그런 모임들은 방탕한 영국인들을 통제하는 데 실패하였고 경제는 다시 한번 번성하였다. 맥주 소비가 1689년 정점을 넘지 않은 것은 사실이다. 그러나 그것은 단지 영국인들이 더 독한 술을 찾아냈기 때문이었다. 각계각층 사람들이 더 빨리 취하는 방법을 알아냈다. 부자들은 프랑스 브랜디 대신 애럭을 마시거나, 클라레 대신 포트를 마시고 있었다. 보통 사람들은 에일이나 맥주보다 스타우트(흑맥주)로 옮아갔다.[219] 하지만 가장 놀라운 변화는 독주 마시는 사람들이 엄청 늘었다는 것이었다. 영국인들은 술 먹고 부리는 용기 같은(Dutch courage), 값싸면서도 만족스러운 방식에 빠져들었다. 윌리엄 왕 전쟁 때 그들의 동맹국은 그걸 제네바라고 불렀다.[220] 영국에 들어온 후 이 새로운 술은 곧 인기를 얻었다. 1680년대 독주의 평균 소비량은 1년에 약 50만 갤런이었다. 1710년에는 이 숫자가 200만 갤런을 넘었고 사실상 다음 30년간 계속 증가하여 1740년대에 800만 갤런까지 정점에 도달하였다.[221] 그리고 이때 인구 증가는 거의 없었다.

이와 같은 규모의 술 소비를 생각하면 다른 악덕의 추구 가능성은 없었는가? 결코 그렇지 않다; 진이 빈민을 정복하였다면, 말도 안 되는 형태의 사치, 과시, 탐욕은 중간 계급과 부유한 자들을 정복하였다. 1720년대가 되면 영국은 그 망할 찰스 2세와 그의 동생 재위 기간에 만들어 놓은 악덕 수준을 훨

씬 넘었다. 그 죄를 사하는 일은 엄청난 작업이었다:

> 노동, 제조업, 수공업 이외에 여러 산업들에 적절한 계산을 해보면 그 산업들은 오로지 사람들의 죄에 의해서만 지탱된다. 내가 이름 붙인 바에 따라 그것들은 사치 규제 산업들이다. 즉, 리본, 향수, 비단, 고급 아마포, 머슬린, 모든 고급 의류, 또한 폭식, 폭음, 기타 삶의 일탈 요소들 같은 것이 그것이다. 상업에 가장 축복인 것이 필요한가 불필요한가의 여부, 악덕을 개혁하는 것이 나라를 황폐하게 하지는 않는가의 여부는 의문으로 남을 것이다.[222]

이것은 근심거리였다. 생을 마감할 무렵에 디포는 고용 수준을 유지하기 위해서 악덕 수준을 유지할 필요성에 대하여 심사숙고하였다. 이것은 그를 영국의 미래에 대하여 매우 비관적 견해로 이끌었다. 악덕, 사치, 무엇이라 이름 붙이건, 1720년대쯤이면 그 수준이 높아져서, 그가 느끼기에 아무도, 영국 수준으로 사악하지는 않은 나라조차 그 정도를 유지할 수 없다고 확신할 정도까지 도달하였다.[223] 도덕적 후퇴의 가능성, 즉 새롭고 성공적인 생활 양식 개혁이 부자와 가난한 자를 똑같이 정의로움의 길로 들어서게 할 가능성은 도덕주의자를 기쁘게 하는 것만큼이나 경제학자에게 경종을 울렸다. 수출이 정체하거나 하락하면, 영국은 개혁할 여유가 없는 것이 진실이었다. 그러나 디포는 곧 죽을 것이므로 걱정할 필요가 없었다. 영국은 뭔가에 붙잡혀 있었다. 우리가 요즘에 물질주의라고 부르는 그 악덕의 추구가 여기에 머물러 있었다. 곧 디포가 알았고 사랑하였던 세계의 완전한 소멸에 이를 것이었다.

주

1. 이 장의 일부는 이미 내 글 "The Economics of Stability: the views of Daniel Defoe" in D. C. Coleman and A. H. John(eds.), *Trade, Government and Economy in Pre-Industrial England*(1976)에 실렸다. 디포의 모든 경제 사상에 대한 매우 세밀한 연구로는 Edgar Illingworth의 방대한 박사 논문 "The Eonomic Ideas of Daniel Defoe"(Leeds, 1974)를 참조. 또한 Maximilian E. Novak, *Economics and the Fiction of Daniel Defoe*(Los Angeles, 1962)도 보라. 두 저작 모두 이 장에서 시도한 것과 약간 다른 관점과 다른 종류의 분석을 가진다.
2. 1724~1726.
3. Joseph Schumpeter, *History of Economic Analysis*(1954), p. 372에 디포에 관한 짧은 평가가 있다. 경제사상사학자 대부분이 디포를 완전히 무시하거나, 기껏해야 저임금보다 고임금을 옹호한 몇몇의 일부로 각주에 언급할 뿐이다. 헥셔(Heckscher)는 디포를 찬양하였는데, 디포의 경제 사상을 전적으로 오해한 결과이다. 이 장의 논의와 함께 그의 *Mercantilism*(1955 ed.), ii, 171~172를 참조.
4. 이 네 시기 모두 공통된 문제를 가졌다; 특별히, 네 시기 모두에 이런저런 이유로 영국의 주요 산업인 모직업이 어려움을 겪었고, 동시에 또한 인과적으로 연결된 통화 공급과 일반적 유동성의 문제가 있었다. 그 결과 경제 문헌들은 수출을 보호하고 수입을 줄이는 조치의 필요성을 강조한 경향이 있는데, 이런 정책은 직물 공업을 도와주고, 또한 무역 수지 흑자를 통해 통화 공급을 증가시킬 것으로 기대되었다. 이와 같은 위기 기간에 개발된 주장들은 시대의 정통이 되어 나중에 약간 불만스러운 "중상주의"라는 이름을 얻는다.
5. *Review*, 2권, 45~70; 4권, 35~36; 6권, 138; *GANC*, pp. 10~11; *Mercator*, No. 143; *CET*, i, 384~387; ii, 124~125; *PEC*, pp. 59~62.
6. 고임금 대 저임금 논란의 일반적 연구로는 Richard C. Wiles, "The Theory of Wages in Later English Mercantilism," *EcHR*, 2nd. ser. xx(1968)과 Edgar S. Furniss, *The Position of the Laborer in a System of Nationalism*(New York, 1920), ch. 7을 참조. 또한 이하 pp. 198~201 참조.
7. 중상주의자들의 가장 중요한 경제적 목표가 높은 수준의 고용을 유지하는 데 있다는 점에서 그램프(William D. Grampp)와 동의한다. 그의 "The Liberal Elements in English Mercantilism," *QJE* lxvi(1952), reprinted in J. J. Spengler and W. R. Allen, *Essays in Economic Thought*(1960), pp. 61~91 참조. 이것은 분명히 디포의 견해였고, 그의 경제학의 많은 부분은 과소 소비를 통해 고용 수준이 떨어질까봐 걱정하는 데 의존한다. 이 생각은 많은 동시대인, 예를 들어 페티(Petty),

바번(Barbon), 노스(North), 케리(Cary), 맨더빌(Mandeville), 버클리(Berkeley)의 견해와 비슷한데, 아무도 디포와 현안에 대한 분석이나 정책 제시에서 똑같지는 않았다. 케인스(Keynes)의 선구로서 "과소소비론자"를 논의한 것으로 T. W. Hutchison, "Berkeley's *Querist* and its place in the economic thought of the eighteenth century," *The British Journal for the Philosophy of Science*, iv(1953), 그리고 Hutchison, *A Review of Economic Doctrines, 1870-1929*(Oxford, 1953), pp. 346~347 참조. 허치슨의 버클리 분석은 Ian D. S. Ward, "George Berkeley: Precursor of Keynes or Moral Economist on Underdevelopment?," *JPE*, lxvii(1959)에 의해 반박된다.

8. 디포의 고임금 옹호론은 John Cary, *An Essay on the State of England*(Bristol, 1695), pp. 143~150과 매우 비슷하다.
9. Grampp, 앞의 책, p. 70에서 디포가 가격과 임금이 동시에 높아야 함을 주창한 욕구를 논의하고, "둘을 다 높이는 문제가 어려움은 디포에게 문제가 아니었던 것으로 보인다"고 썼다. 이것이 아마 옳을 것이다. 디포는 이 문제를 한번도 해결하지 않은 것 같다. 그는 단순히 임금을 지출하면 다른 모든 것이 따라오는 동적 과정으로 보았다.
10. *Review*, 2권, 37~38; *GANC*, pp. 17~18; *CET*, ii, 108~128. 유통과 분배의 최상 묘사는 *Tour*, 이곳저곳; *CET*, i, 388~407; ii, ii, 25~99; *PEC*, pp. 75~108, 152~244, 287~298.
11. *A Brief State*(1730), p. 7.
12. *Review*, 4권, 31~36.
13. 다른 작가들도 비슷하게 주장한다. 더 만족스러운 설명은 밀도가 높을수록 생산성이 향상되어 이것이 차례로 일인당 실질임금 또는 적어도 실질소득을 높인다는 논리일 것이다. 영역별과 직업별 분업에 의해, 또 매우 낮은 총인구의 현재 상태에서 기존 토지에 더 많은 노동을 투입하면 공업에서뿐 아니라 농업에서도 규모에 대한 수익을 낮추지 않고 높일 것이므로 생산성이 오른다. Schumpeter, 앞의 책, pp. 251~252에서 이것이 암묵적이고 옳은 가정이라고 인정한다. 이는 또한 큰 인구를 바라는 거의 세계적인 당시 욕구를 반영한 가정이고, 19세기 초의 맬서스적 세계, 또 오늘날 거의 모든 저개발국과, 디포의 세계를 구별짓는 중요한 사실이라고 주장한다.
14. 인도와 중국은 말할 필요도 없다.
15. *Review*, 2권, 53~54, 69; *GANC*, p. 11.
16. 많은 문헌이 존재하나 요약으로 Ralph Davis, *The Rise of the Atlantic Economies*(1973), pp. 194~211을 보라.
17. Eric Kerridge, *The Agricultural Revolution*(1967); Joan Thirsk, "Farming Techniques" in Thirsk (ed.), *The Agrarian History of England and Wales*, vol. iv 1500-1640(1967); Joan Thirsk,

"Seventeenth-century agriculture and social change," *AgHR*, xviii(1970), supplement; E. L. Jones, "Agriculture and economic growth in England, 1660-1750: agricultural change," *JEH*, xxv(1965) reprinted in Jones(ed.), *Agriculture and economic growth in England, 1650-1815*(1967).

18. 임금과 식품 가격에 관해 E. H. Phelps Brown and Sheila V. Hopkins, "Seven centuries of the price of consumables compared with builders' wage-rates," *Economica*, xxiii(1956); M. W. Flinn, "Agricultural productivity and economic growth: a comment," *JEH*, xxvi(1966) 참조. 수확에 관해 W. A. Hoskins, "Harvest fluctuations and English economic history, 1620-1759," *AgHR*, xvi(1968).
19. *Review*, 9권, 185~186; *CET*, ii, 118.
20. *Review*, 9권, 186.
21. 낮은 또는 높은 식품 가격의 분배 효과는 많은 역사가들의 흥미를 끌었다. 낮은 식품 가격이 경제 행위 증가로 이어지기 위해 필요하다고 생각되는 조건의 요약으로 J. D. Gould, "Agricultural fluctuations and the English economy in the eighteenth century," *JEH*, xxii(1962) 참조. 낮은 식품 가격의 효과에 관한 낙관론으로는 A. J. John, "Aspects of English economic growth in the first half of the eighteenth century," *Economica*(1961).
22. *Review*, 6권, 325~326. 그의 사후 바로 곡물 가격이 폭락함으로써 그가 옳았음이 증명되었다. G. E. Mingay, "The Agricultural Depression," *EcHR*, 2nd. ser. viii(1956) 참조.
23. 1673년에 실험적으로 처음 도입되었다. D. G. Barnes, *A History of the English Corn Laws, 1660-1896*(1930) 참조.
24. *Review*, 9권, 186; *CET*, ii, ii, 82~98; *AJ*, 1725. 7. 10(Lee, iii, 404~405).
25. *A Brief Case of Distillers*(1726). 진의 경제적 이득에 대한 비슷한 접근으로 Bernard de Mandeville, *The Fable of the Bees*(1723 ed.), pp. 86~91 참조.
26. 곡물 가격은 J. E. Thorold Rogers, *A History of Agriculture and Prices in England*, vols. v~vi(1887), vol. vii(1902); B. R. Mitchell and Phyllis Deane, *Abstract of British Historical Statistics*(Cambridge, 1962). 지대와 토지 시장 일반은 H. J. Habakkuk, "The English Land Market in the Eighteenth Century" in J. S. Bromley and E. H. Kossman(eds.), *Britain and the Netherlands*, vol. i(1960); Habakkuk, "English Landownership, 1680-1740," *EcHR*, x(1939~1940); Christopher Clay, "The price of freehold land in the later seventeenth and eighteenth centuries," *EcHR*, 2nd. ser. xxvii(1974).
27. *Review*, 6권, 143, 경작지와 목초지 지대의 차이에 관한 약간 더 현실적인 추계에 대해서는

Charles Davenant, *An Essay upon the Probable Methods of making a People Gainers in the Balance of Trade*(1699) in Sir Charles Whitworth, *The Political and Commercial Works of Charles D'Avenant*(1771), ii, 216에 언급된 킹(Gregory King)의 숫자를 참조하라. 목초지 지대가 경작지보다 50퍼센트가량 높았다.

28. *Review*, 6권, 141~144.

29. Jan de Vries, *The Dutch Rural Economy in the Golden Age*(1974) 참조.

30. *Review*, 6권, 143; William Petty, *Political Arithmetic*(1690) in C. H. Hull, *The Economic Writings of Sir William Petty*(1899), i, 268 참조.

31. 농업 변화의 일반적 논의로 Joan Thirsk, "Seventeenth-century agriculture and social change," *AgHR*, xviii(1970), supplement; E. L. Jones, "Agriculture and Economic Growth in England, 1660-1750: Agricultural Change," in Jones, *Agriculture and Economic Growth in England, 1650-1815*(1967) 참조.

32. *Tour*, i, 61~63, 222~223; ii, 193~211.

33. *Tour*, ii, 197.

34. *Tour*, ii, 203.

35. *Tour*, ii, 199.

36. 농촌 마을의 일반적 논의로 Peter Clark and Paul Slack(eds.), *Crisis and Order in English Towns, 1500-1700*(1972)의 편집자 머리말을 보라.

37. 거리 조명이나 극장 같은 쾌적함의 성장에 관해 Malcolm Falkus, "Lighting in the Dark Ages of English Economic History," in Coleman and John, 앞의 책 참조.

38. *Tour*, i, 49~52; Maidstone(i, 114~115), Winchester(i, 186~187), Shrewsbury(ii, 75), Derby(ii, 157), York(ii, 230~231)와 몇몇 다른 곳 참조.

39. 예를 들어, Bury(*Tour*, i, 52); York(*Tour*, ii, 230~231).

40. 경제에서 런던의 기능이 중요함에 대해서는 F. J. Fisher, "London as an 'Engine of Economic Growth'," in J. S. Bromley and E. H. Kossman(eds.), *Britain and the Netherlands* vol. iv(1974) 참조.

41. 이것이 거의 모든 도시에 맞다.

42. E. Wrigley, "A simple model of London's importance in changing English society and economy, 1650-1750," *P&P*, 37(1967). 런던의 기초 인구 통계에 관한 동시대 언급으로 Captain John Graunt, *Natural and Political observations upon the Bills of Mortality*(5th ed., 1676) in Hull, 앞의 책, ii, 314~435 참조.

43. *Review*, 9권, 85~86.

44. *CJ*, p. 15.

45. *Tour*, i, 12.

46. *Tour*, i, 123.

47. *Tour*, i, 12.

48. *Tour*, ii, 275.

49. *Tour*, i, 142.

50. *Tour*, i, 157.

51. *Tour*, i, 342~346.

52. *Review*, 4권, 15; *CET*, i, 399; ii, ii, 122~147; *Tour*, 이곳저곳.

53. *GANC*, pp. 17~18.

54. *A Brief State*(1730), pp. 17~18.

55. *CET*, ii, ii, 122~147.

56. 몇몇 동시대 작가들은 정부가 이런 측면에서 수행할 중요한 역할을 시사하면서 20세기 고용 정책을 예견하였다: William Petty, "A Treatise of Taxes and Contributions" in Hull, 앞의 책, i, 29~31; George Berkeley, *The Querist*(1735~1737) (1910 ed.), p. 72. 17세기 말, 18세기 과소소비론자들의 케인스적 요소에 관한 일반적 논의로 이 장 주 7에 언급된 허치슨(Hutchison)의 두 개 저작 참조.

57. 이러한 주장은 매우 흔하였다. 잘 다듬어진 예로 John Pollexfen, *A Discourse of Trade, Coyn and Paper Cridit*(1697), p. 54 참조. 그리고 저임금 옹호자 저작의 일반 논의로 Wiles and Furniss, 앞의 책을 보라.

58. *PEC*, p. 60.

59. 독자들은 여기서 디포의 생각에 약간의 일관성 결여를 감지할 수 있을 것이다. 그는 어느 편인가? 그는 한편으로 소비 수준을 높이기 위해 고임금을 주장하는 듯 보인다. 그리고 동시에 그의 동료들 다수의 의견, 즉 고임금이 노동 공급을 줄여서 결국 소비 수준을 높이지 못한다는 생각에 동조한다. 이것은 혼란스럽다. 그러나 혼란은 디포가 (현명하게도) 고임금이 무슨 뜻인지 정확히 정의하지 않아서 온다. 그가 진실로 추구한 것은 다른 작가들과 똑같이 생존 수준 이상으로 임금 상승은 노동 공급의 감소를 가져온다고 주장하되, 바로 그 생존 수준 임금이 애초에 충분히 높아서 다른 작가들이 생존 수준으로 정의한 수준보다 훨씬 많은 소비를 노동자에게 허용한다는 논리이다. 다시 말해, 노동 공급 곡선은 여전히 역방향이지만, 다른 작가들이 생각한 수준과 같이 낮은 임금에서 역방향으로 기울지 않는다. 당시 이렇게 주장한 사람이 디

포만은 아니다. Gardner, *Some Reflections on a pamplet intituled 'England and East India Inconsistent in their Manufactures'*(1697)과, 내 견해와 원리상으로 일치하는 최근 해석으로 Wiles, 앞의 책, p. 119 참조. 노동의 후굴 공급 곡선(backward-sloping supply curve) 개념의 일반적 논의로 D. C. Coleman, "Labour in the English Economy of the Seventeenth Century," *EcHR*, 2nd. ser. viii(1956).

60. *GLS*, 이곳저곳; *EBNB*, 이곳저곳; *Augusta Triumphans*(1728), pp. 23~26; *PEC*, pp. 255~261. 디포는 이 추가 임금 상승에 세 가지 주요 설명을 제시하는데, 이것에 대해 약간의 암시가 E. W. Gilboy, *Wages in Eighteenth-Century England*(Cambridge Mass, 1934)에 있다. 전쟁에서의 손실과 식민지로 이민이 노동 공급을 줄였다. 부의 증가보다 사치가 하인 수요를 늘렸다. 그리고 1720~1722년 역병 기간 프랑스 경쟁의 제거가 직물 공업의 호황으로 이끌었다. 하인에 대한 디포의 비판은 이하 pp. 292~299 참조.
61. *GLS*, pp. 82~86.
62. "상당히 높은" 임금이라는 모호한 개념의 설명에 대해 앞의 주 59 참조.
63. *PEC*, pp. 62~63에서 인용; 또한 *Review*, 2권, 61~62; 9권, 175~180, 198; *CET*, i, 391~392.
64. Charles Wilson, "Cloth production and international competition in the seventeenth century," *EcHR*, 2nd. ser. xiii(1960).
65. 영국 직물 산업에 관해 엄청난 문헌이 있다. 여기서 윤곽을 잡은 변화를 나타낸 것으로 J. de L. Mann, *The Cloth Industry in the West of England from 1640 to 1880*(1971); G. D. Ramsay, *The Wiltshire Woolen Industry*(1943)과 D. C. Coleman, "Textile Growth" in N. B. Harte and K. G. Ponting(eds.), *Textile History and Economic History*(Manchester, 1973) 참조.
66. 예를 들어, *Tour*, i, 61~63, 222~223; ii, 193~211.
67. *Review*, 9권, 175~180, 200.
68. *Review*, 2권, 85~86; *AM*, pp. 113~114. 이 입법을 옹호하는 주장은 Davenant, *An Essay ... Balance of Trade* in Whitworth, *Works*, ii, 251 이하에서 훨씬 더 자세히 전개된다.
69. *Review*, 2권, 14.
70. 앞의 주 65에 나열된 문헌과 D. C. Coleman, "An Innovation and its Diffusion: the 'New Draperies'," *EcHR*, 2nd. ser. xxii(1969).
71. 예를 들어, Joan Thirsk and J. P. Cooper(eds.), *Seventeenth-Century Economic Documents*(1972), p. 305; Simon Smith, *the Fleece*(1736).
72. P. J. Bowden, "Wool supply and the woollen industry," *EcHR*, 2nd. ser. ix(1956).
73. pp. 149~153을 보라. 레반트 시장에서 프랑스의 성공에 대해서는 Ralph Davis, *Aleppo and*

Devonshire Square(1967), pp. 28~29와 A. C. Wood, *A History of the Levant Company*(1935), pp. 106~108, 119~120, 141~144 참조.

74. *Review*, 2권, 13~14; *BD*, pp. 44~52.

75. 이것에 대한 디포의 언급은 약간 모호하지만 *Review*, 9권, 198을 보라; *PEC*, pp. 35~37, 44. 대부분의 작가가 일은 항상 불쾌하다고 가정한다. 그러나 디포는 적어도 어떤 작업은 그 자체로 즐길 만하고, 일꾼이 그의 숙련에 크게 만족하며 과제를 잘 끝냈다는 생각에 흐뭇해 할 수 있다는 것을 실감한다. 일의 즐거움에 대한 훨씬 더 적극적 옹호자를 찾기 위해서는 흄(David Hume) 쪽으로 고개를 돌려야 한다. Eugene Rotwein, *David Hume: writings on economics*(1955), pp. xlii~xliv 참조.

76. 낮은 임금이 저질의 작업으로 이끈다는 케리의 주장 참조. *An Account of the Proceedings of the Corporation of Bristol*(1700), pp. 13~14; Wiles, 앞의 책, p. 123에 인용됨.

77. E. H. Hunt, "Labour productivity in English agriculture, 1850-1914," *EcHR*, 2nd. ser. xx(1967), 285~88과 그곳의 참고문헌 참조.

78. *PEC*, pp. 65~67. 영국 임금 추계에 대해서는 *CET*, i, 385 참조. 더 흔한 추계에 의하면 영국 임금이 인도 임금의 6배였다. 예를 들어 [Henry Martin?], *Considerations on the East India Trade*(1701) in J. R. McCulloch, *Early English Tracts on Commerce*(1886), pp. 549~550.

79. Acts of 1701 and 1721. 자세한 것은 Audrey W. Douglas, "Cotton textiles in England: the East India Company's attempt to exploit developments in fashion, 1660-1721," *Journal of British Studies*, viii(1969)을 보라. 동인도 회사를 논리적으로 잘 옹호한 글로 [Henry Martin?], 앞의 책 참조.

80. "질서와 규칙"이라고 묘사되는 개념에 대한 최상의 논의는 아마 [Henry Martin?], *Considerations* ..., 앞의 책, pp. 580~593일 것이다. *Spectator*, No. 232와 John Cary, *An Essay* ..., 앞의 책, pp. 145~147 참조.

81. 개별 산업에 관해 매우 방대한 문헌이 있다. 일반적 개관으로 Charles Singer et al.(eds.), *A History of Technology*, vol. iii, *From the Renaissance to the Industrial Revolution, c.1500-c.1750* (Oxford, 1957).

82. Joan Thirsk, "The Fantastical Folly of Fashion," in Harte and Ponting, 앞의 책, pp. 66~73. 직물공업 한 부분의 변화에 관해 Ramsey, 앞의 책, 7~8장 참조.

83. *PEC*, p. 299; *GHDI*, p. 213.

84. D. C. Coleman, "An Innovation and its Diffusion: the 'New Draperies'," *EcHR*, 2nd. ser. xxii(1969).

85. J. U. Nef, "The progress of technology and the growth of large-scale industry in Great Britain, 1540-1640," *EcHR*(1934).

86. 논의된 주제의 범위에 대한 생각을 얻기 위해 Thomas Sprat, *The History of the Royal Society*(1667)과 Paul H. Marty, *General Index to the Philosophical Transactions*(1787)을 보라. 이 시기의 과학과 기술의 관련에 관한 다른 견해로 다음 참조. Robert K. Merton, "Science, technology, and society in the seventeenth century," *Osiris*, iv(1938); A. R. Hall, "Scientific Method and the progress of techniques," *Cambridge Economic History of Europe*, vol. iv(1967).

87. 디포 자신이 1690년대를 "Progressive Age"라고 불렀다. *E upon P*, p. 1.

88. *Tour*, ii, p. 47. 짧은 목록이 이 지역의 비직물 공업에 관한 거의 모든 언급을 망라한다.

89. *Tour*, ii, p. 47. 버밍엄(Birmingham)은 Everyman edition의 색인에조차 등장하지 않는다.

90. *Tour*, ii, p. 250.

91. 농업에서도 목양이 가장 큰 주목을 받음을 생각하라.

92. *Tour*의 머리말, p. xii.

93. pp. 242~250 참조.

94. *Mercator*, No. 8.

95. *CET*, ii, ii, 19~22.

96. *Mercator*, Nos, 49, 50, 52. 배를 건조하거나 살림살이를 채우는 것 또한 농업 생산의 수요를 늘린다.

97. *Review*, 9권, 113.

98. *Treatise of Taxes*(1662) in Hull, 앞의 책, pp. 55~56.

99. F. J. Fisher, "London as an 'Engine of Economic Growth'," 앞의 글, p. 8.

100. 저임금 옹호자, 고임금 옹호자를 막론하고 당시 작가의 대부분은 현금의 유입이 국내 교역의 자극(가속)에 긴요하다고 보았다. 그들은 통화의 질이 상승하는 것이 물가 수준보다 거래 수준에 더 효과가 있으리라 생각하였고 리카도식의 정화 플로 메커니즘이 시사하는 인플레이션 효과를 갖지 않으리라고 믿었다.

101. 디포의 시기에 어음과 은행권 등 화폐의 대체물이 엄청나게 증가하였으나, 그 사용은 거의 전부 부유한 자 특히 상업 공동체에 국한되었다. 장기적으로는 임금 지급과 소매 거래에 현금이 필수적이었다. Pollexfen, 앞의 책, pp. 68~78 참조.

102. 그러나 디포의 시기에 점차 무역 수지 흑자 필요의 강조가 비판받았다. 흔한 주장은 금과 은도 상품이므로 자연적으로 항상 수지 균형을 이룬다는 것이다. 예를 들어, Nicholas Barbon, *A Discourse concerning coining the new money lighter in answer to Mr. Lock's Considerations*

...(1696), pp. 33~57; 같은 작가, *Discourse of Trade*(1690), p. 37. 그리고 Dudley North, *Discourse upon Trade*(1691), p. 13 참조. 더욱 복잡한 접근으로 Isaac Gervaise, *The System or Theory of the Trade of the World*(1720) (reprint Baltimore, 1954 with intro. by J. M. Letiche).

103. 자세한 것은 Lawrence A. Harper, *The English Navigation Laws*(New York, 1939).

104. G. L. Beer, *The Old Colonial System, 1660-1754*(New York, 1912), vol. i, ch. 4.

105. Harper, ch. 23; Sven-Erik Aström, "The English Navigation Laws and the Baltic Trade, 1660-1700," *Scandinavian Economic History Review*, viii(1960); John H. Andrews, "Anglo-American Trade in the early eighteenth century," *Geographical Review*, xiv(1955). 가장 약한 연계는 아마도 영국 제국 내에서, 그리고 아메리카의 영국 식민지와 프랑스 식민 제국 간이었을 것이다.

106. Ralph Davis, "The rise of protection in England, 1669-1786," *EcHR*, 2nd. ser. xix(1966). 이러한 발달은 1660년의 관세 개정에 의해 예견되었다. C. D. Chandaman, *The English Public Revenue 1660-1688*(1975), pp. 12~13 참조. 데이비스의 주장에 대한 약간의 의심으로 N. B. Harte, "The rise of protection and the linen industry" in Harte and Ponting, 앞의 책을 보라.

107. *Review*, 9권, 89.

108. 디포는 아프리카 무역에 관해 방대한 양을 썼다. 이하에 대해서는 *An Essay upon the Trade in Africa*(1711)와 *Review*, 5권, 557~560, 565~571, 585~588, 621~624, 629~630; 6권, 562~563; 7권, 121~232 ; 8권, 1~4; 9권, 79~80, 89~90 참조.

109. 비슷한 주장으로 Charles Davenant, *Reflections upon the Constitution and Management of the Trade to Africa*(1709) in Whitworth, *Works*, v, 73~343이 있다.

110. 훌륭한 근대 연구로 K. G. Davies, *The Royal African Company*(1957) 참조.

111. *Review*, 1권, 397~398. 디포는 발틱 무역 분석에 노르웨이를 포함시킨다.

112. 네덜란드가 약간 어려움을 겪긴 하였다. W. S. Unger, "Trade through the Sound in the Seventeenth and Eighteenth Centuries," *EcHR*, 2nd. ser. xii(1959) and J. A. Faber, "The decline of the Baltic grain trade in the second half of the seventeenth century," *Acta Historiae Neerlandica*, i(1966) 참조. 더 낙관적 견해로는 J. G. van Dillen, "Economic fluctuations and trade in the Netherlands, 1650-1750" in Peter Earle, *Essays in European Economic History*(1974)를 보라.

113. *PEC*, p. 75; "storekeeper nations"에 대해 Pollexfen, 앞의 책, pp. 6~7 참조.

114. Jan de Vries, *The Dutch Economy in the Golden Age*(Yale, 1974), pp. 214~224.

115. *Review*, 1권, 401~402; 4권, 535~536, 548; 6권, 181~184.

116. *Review*, 4권, 539~540.

117. *PEC*, pp. 353~354.

118. 선박 물품 공급의 새로운 원천의 개발에서 이루어진 진보에 대해 Jacob M. Price, "The Map of Commerce, 1683-1721," *NCMH*, vi 참조.

119. 앞의 pp. 113~114 참조. 식민지 개발에 대한 더 조심스러운 견해는 Davenant, "On the plantation trade," Whitworth, *Works*, ii, 8~9를 보라.

120. *Review*, 4권, 504, 543~556, 563~568; *PEC*, pp. 354~358.

121. 영국과 인도의 금은 가격비의 차이 논의는 K. N. Chaudhuri, "Treasure and Trade Balances: the East India Company's Export Trade, 1660-1720," *EcHR*, 2nd. ser. xxi(1968) 참조. 내가 설명한 것보다 위치는 매우 더욱 복잡하다.

122. 동인도 회사에 우호적인 논의로 [Henry Martin?], *Considerations* ... 참조. 디포의 견해에 대해서는 *Review*, 1권, 389~394.

123. *Review*, 4권, 601~606; 613~615, 621~630; 9권, 114; *MJ*, 1719. 6. 27(Lee, ii, 136~139).

124. Bal Krishna, *Commercial Relations between India and England, 1601-1757*(1924).

125. 재수출 금지에 관한 논의는 앞의 p. 206 참조.

126. *Review*, 7권, 574~575.

127. Margaret Priestly, "Anglo-French trade and the 'Unfavourable Balance' controversy," *EcHR*, 2nd. ser. iv(1951~1952); D. C. Coleman, "Anglo-French Economic Relations, 1660-1714" in Coleman and John, 앞의 책. 당시의 가장 좋은 추계는 Charles Devenant, *Report to the Commissioners for stating the Public Accounts*(1712) in Whitworth, *Works*, v, 347~363. 영불 수지 추계가 1660년대부터 나와 있으나 토리 편이가 심하다. 다시 말해, 사실보다 무역이 영국에 더 이로웠던 것으로 만들었다.

128. *Review*, 7권, 589~591.

129. *Review*, 1권, 337~347, 357~386; 3권, 283; 4권, 217~220; 7권, 578~579, 597~600; 8권, 13~14.

130. *Review*, 1권, 366.

131. *Review*, 1권, 366; 7권, 577~582; 8권, 37~40.

132. *Mercator*, 이곳저곳; *Review*, 9권, 173~176, 179~180, 185~186, 189~200.

133. 예를 들어, *Review*, 1권, 341~343.

134. 특히 *Mercator*, No. 65.

135. *Considerations upon the Eighth and Ninth Articles of the Treaty of Commerce and Navigation*(1713).

136. 제안된 조약에 대한 일반 논의로 D. A. E. Harkness, "The opposition to the 8th and 9th articles of the Commercial Treaty of Utrecht," *Scottish Historical Review*, xxi(1924).

137. Stanley Gray and V. J. Wyckoff, "The international tobacco trade in the seventeenth century," *Southern Economic Journal*, vii(1960).

138. 이것에 관해 Curtis Nettels, "England and the Spanish-American Trade, 1680-1715," *JMH*, ii(1931); 그리고 J. MacLachlan, *Trade and Peace with Old Spain, 1667-1750*(Cambridge, 1940) 참조.

139. 1699~1701 기간과 1722~1724 기간 사이에 영국 모직물 수출의 총가치가 평균 304만 파운드에서 299만 파운드로 떨어졌다. 하락은 전통적 북유럽 시장에서 가장 가팔랐고, 스페인과 포르투갈로의 판매는 상당히 늘었다. 그 외에는 해외 수입의 가장 수지맞는 요소는 재수출에 있었고, 특히 면직, 비단, 차 같은 아시아 제품이 같은 시기에 50만 파운드 약간 넘는 데서 100만 파운드 이상으로 가치가 배증하였다. Ralph Davis, "English foreign trade, 1700-1714," *EcHR*, 2nd. ser. xv(1962), p. 302.

140. *Review*, 4권, 34.

141. *PEC*, pp. 343~348.

142. *PEC*, pp. x~xiii.

143. *GHDI*, pp. 149~152; *PEC*, pp. 312~330, 337~343.

144. pp. 167~169 참조.

145. *Review*, 1권, 385~386; 8권, 177~179, 181~184.

146. *Review*, 8권, 189~192.

147. *An Essay on the South-Sea Trade*(1711).

148. pp. 89~91 참조.

149. *BD*, pp. 41~52; *HP*, pp. 1~59; 또한 낙관적인 *PEC*, pp. 248~258. 그러나 여기에서조차 절망의 기조가 있다.

150. *HP*, p. 6.

151. *PEC*, p. 181.

152. *BD*, pp. 49~52; *PEC*, pp. 252~255; *CET*, ii, 171~176.

153. *HP*, p. 54.

154. *HP*, p. 56; *PEC*, pp. 186~190.

155. pp. 182~183 참조.

156. *BD*, p. 7.

157. *PEC*, pp. 84~92; 이와 같이 고용된 군이 *Tour*에, 예를 들어 Norfolk(i, 62~63), Devonshire(i, 221, 264); West Riding(ii, 193~194, 203~204) 등이 묘사되어 있다.

158. *PEC*, pp. 91~92.

159. *PEC*, pp. 88~89. *Tour*에 Cambridgeshire 묘사, i, 78.

160. *BD*, p. 7.

161. *Review*, 2권, 26. 자녀의 경쟁이 부모의 소득에 미친 영향에 관한 언급으로 Schumpeter, 앞의 책, p. 274 참조.

162. *GANC*, pp. 14~18; *Review*, 1권, 349~351; 2권, 33~42; 4권, 11~19; 9권, 109. 구빈원 법안의 배경에 대한 논의는 p. 314 참조.

163. Graunt, 앞의 책, ii, 353~354에 이렇게 썼다. "이런 식으로 일 자리 몇 개밖에 없다면, 그리고 똑같은 방식이 이미 구직자에 경험되었다면, 그렇다면 전부 고용하라. 그러면 이곳에서 저곳으로 적재적소에 배분될 가능성이 있다."

164. *Review*, 2권, 34.

165. *Review*, 4권, 59.

166. *PEC*, pp. 287~290; 블랜포드의 본 레이스에 대해 *Tour*, i, 217.

167. *PEC*, p. 289.

168. 차일드(Josiah Child) 경의 불평을 들어보라: "드물지 않게 (인정이나 다른 이유로), 범법인을 채찍형에 처하거나 교구 간 이동을 명하거나, 그녀의 출생지 또는 마지막 거주지로 이송하지 않았다." *A New Discourse of Trade*(1693), p. 62. 1662년 정주법의 효과와, 그 조항들이 인허가 제도 체계에 의해 얼마나 수정되었는가에 대해서는 S. & B. Webb, *English Poor Law History: Part I. The Old Poor Law*(1963), pp. 321~340; G. W. Oxley, *Poor Relief in England and Wales, 1601-1834*(1974), pp. 41~55; Ethel M. Hampson, "Settlement and removal in Cambridgeshire, 1662-1834," *Cambridge Historical Journal*, ii(1928). 정주법에 대한 다수 의견은 껍질이 속보다 나쁘다는 것이다.

169. 예를 들어, J. Cornwall, "Evidence of population mobility in the seventeenth century," *BIHR*, xi(1967); Peter Clark, "The migrant in Kentish towns, 1580-1640" in Peter Clark and Paul Slack(eds.), *Crisis and Order in English Towns, 1500-1700*(1972) 참조.

170. *Some Considerations*(1728), p. 21.

171. *Review*, 6권, 150.

172. *Review*, 2권, 69.

173. 그리고 아마 일인당 생산. Schumpeter, 앞의 책, pp. 261~262와 이 장의 주 8 참조.

174. 소규모 인구 주장에 대한 일반적 대응은 사람들이 가축을 기르며 다른 일을 할 필요가 없게 된다는 것이었다. 불행한 화살은 아일랜드로 간다. Petty, *Treatise of Taxes*(1662) in Hull, 앞의 책, p. 34; Davenant, *Ways and Means*(1695) in Whitworth, *Works*, i, 73~74; *Spectator*, No. 200.

175. *TBE*, 이곳저곳; *GANC*, pp. 4~8, *Review*, 5권, 571~578; *PEC*, 299~311 그리고 pp. 137~139 참조.

176. 앞 주 13 참조.

177. *Review*, 4권, 31~36. 이 주장의 확장에 대해 pp. 185~187 참조.

178. *Review*, 6권, 149~171, 161~164; *Tour*, i, 200~206; *PEC*, p. 18.

179. *Review*, 6권, 162.

180. *Review*, 6권, 169~171; *Tour*, i, 206. 디포의 이민 정착 계획은 당시 빈민 정착을 위한 여러 이상향과 비슷하다. pp. 317~318을 보라.

181. *GANC*, pp. 18~19; *Review*, 2권, 25~27; 6권, 149~150.

182. *Review*, 2권, 26.

183. *GANC*, pp. 18~19. 이것이 디포가 무정부주의 쪽으로 기울 수 있던 또 하나의 예이다. 스타킹 제조기의 확산을 모르지 않았다. Thirsk, "Fantastical Folly of Fashion," 앞의 글.

184. 서스크(Thirsk)의 글. 디포가 다른 동시대인 고임금 옹호자, 특히 브리스틀의 케리(John Cary)와 가장 중요하게 달랐던 것은 노동 절약적 장비의 도입에 관한 견해였다. 케리의 고임금 분석은 노동 절약적 진보에 의한 생산성 향상이 해외 시장에서 경쟁력을 높인다는 것이다. *Essay on the State of England*(1695), pp. 145~146.

185. *Review*, 2권, 38.

186. *CET*, ii, ii, 43~46.

187. *Review*, 6권, 167; *CET*, ii, 109.

188. *Review*, 9권, 101.

189. *A Brief State*(1730), p. 27.

190. *PEC*, p. 227; *PEC*, pp. 56~59. 디포가 물론 내륙 수로 개발을 여러 경로로 촉진하였다(예를 들어, *Tour*, ii, 48, 141, 207~208). 뭐라겠는가. 기존 수로와 경쟁하는 새로운 운하 계획은 욕을 먹기 마련이고, 교통 수단이 새로 뚫리는 지역은 환영 일색인데.

191. *E upon P*, pp. 68~112; *CET*, i, 395~397.

192. *CET*, ii, 109. 그러나 다른 이야기로는, *Tour*, ii, 127과 일반적으로 ii, 117~132에서 도로 개선을 위한 비용 절약 사례의 상례를 들고 있다. 『여행기』에서 경제적 관찰이 디포의 경제에 관한 대부분 저작에 비해 훨씬 더 관습적이고 낙관적으로 흘렀다는 뜻이다.

193. *Review*, 9권, 84.

194. *Discourse of Trade*(1690), p. 32.

195. *Fable of the Bees*(1714). 초판 시집 *The Grambling Hive*이 서서히 *Fable*로 발전하여 1705년에 출판되었다; 맨더빌(Mandeville)의 저작은 자연히 많은 독자와 비평가들을 끌었으나, 일반적으로 별로 탄탄하지 않았다. 예를 들어, Geroge Blewitt, *An Enquiry whether a general practice of virtue tends to the wealth or poverty, benefit or disadvantage of a people*(1725). 평범한 과소소비론으로 Davenant, *Ways and Means*, 앞의 책, p. 71과 Pollexfen, 앞의 책, p. 158.

196. *BCD*.

197. *AT*, pp. 45~47; *AJ*, 1725. 12. 18(Lee, iii, 45~52). 똑같이 Mandeville, 같은 책, pp. 86~91.

198. *CET*, ii, ii, 94~98. 영국 음주량은 *TBE*, p. 28: "네덜란드 두 가족을 먹일 만큼 영국인 한 명이 마시네."

199. 예를 들어, Hans H. Andersen, "The Paradox of trade and Morality in Defoe," *MP*, xxxix(1941), pp. 23~46, 그리고 pp. 49~51.

200. *GHDI*, p. 8; *CET*, ii, ii, 111~117.

201. *CET*, ii, ii, 99~122.

202. *E upon P*, pp. 246~248.

203. *FI*(1715), p. 121.

204. *AT*, pp. 38~41.

205. *Review*, 6권, 254~260, 인용은 p. 257.

206. *Review*, 3권, 379.

207. *Review*, 6권, 257~260.

208. *PMP*, p. 3.

209. *PMP*, p. 4.

210. *GLS*, p. 52.

211. *PMP*, p. 5.

212. *BCD*, p. 17.

213. *GLS*, pp. 61~62.

214. Mitchell and Deane, 앞의 책의 조세 자료에 의하면 1689년의 정점으로 기록된 숫자가 다음과 같다. 독주 5.1백만, 약주 2.7백만 배럴. 계산해 보면 1배럴이 36갤런이고 영국 인구가 5,500만 명이라면 무엇인가? 실제 소비는 더 많았을 것이다. 집에서 담가 먹는 양은 통계에 잡히지

않으므로.

215. *PMP*, p. 5.

216. 이 이상한 움직임에 대한 일반적 논의에 대해 Dudley W. R. Bahlman, *The Moral Revolution of 1688*(Yale, 1957). 조직들의 열정적 활동에 관한 당시 기록으로 Josiah Woodward, *An Account of the Progress of the Reformation of Manners*(1704) 참조. 디포는 이들 사회단체들을 빈자와 부자에 대한 이중잣대라는 등, 정치적 위선이라는 등 비난하였다. 이것이 정부 *PMP*(1698)과 *Reformation of Manners*(1702)의 주제이다.

217. Woodward가 이 방면에 많이 썼다.

218. Woodward, 앞의 책, p. 20.

219. *BCD*, pp. 46~47.

220. *BCD*, pp. 24~31.

221. Mitchell and Deane, 앞의 책.

222. *CET*, ii, ii, 101.

223. *DPP*, pp. 55~56; *AJ*, 1723. 9. 28, 그리고 1725. 11. 13(Lee, iii, 186~189, 439~441); *CET*, ii, ii, 147~171; *CL*, pp. 394~397.

제6장 이동하는 사회

디포 시대의 영국은 외국인에게 불편한 곳일 수 있었다. 방문객이 자기 나라에서 익숙하였던 많은 사회적 표지판들이 사라졌거나 너무 망가져서 이 표지판들은 영국 사회를 지나가는 이방인에게 거의 도움을 주지 못하였다. 도대체 이런 나라에서 할 일이 무엇이었을까? 영주들이 상인들과 공놀이를 하고 농민이 승마를 하는데, 하층 신분 가운데 많은 여성들이 일하지 않았어도 옷차림은 그들의 여주인과 구별이 안 될 정도로 좋았다.[1] 아무것도 명확하게 확정되어 있지 않았다. 가장 중요한 사회적 질서마저, 신사(gentleman)와 신사 아닌 자의 경계마저도 그랬다. 신사 신분은 실제 법적으로는 정의되어 있지 않았다.[2] 그리고 신사처럼 보이고 신사처럼 행동하는 누구에게나 열려 있었으며, 실은 오히려 그렇게 하지 않고 그렇게 할 수조차 없는 많은 사람에게 개방되어 있었다.

실제 문제는 새로운 부류의 신사가 영국에 등장하였다는 점이었다.[3] 과거에 신사란 단어는 육체노동을 하지 않고 신사처럼 살 수 있는 수단을 가진 남자로 느슨하게 정의되어 있었다. 이것이 대부분 사례에서 의미하는 것은 신사가 부동산 임대료로 생활한다는 것이었다. 실제로 다른 안전한 투자 형식이란 거의 없었다. 그리고 신흥 부자(*nouveau riche*)가, 큰 돈을 벌고 나면, 그 다음 순서는 거의 필연적으로 부동산을 샀다. 디포 시대에 두 가지 일이 일어나 이런 패턴을 변화시켰다. 1670년대와 1680년대의 호황기에 신사 지위를 얻으려는 부자들의 수가 크게 증가하였다. 그러는 가운데 은행과 회사, 정부 재정 등의 발전이 거의 동시에 훨씬 넓은 범위의 안전한 이자 배당 소득을 얻을 수 있게 만들었고, 덕분에 더 많은 사람들을 부자가 될 수 있게 하였다. 런던에서 성공한 사람은 런던에 머물기를 바라고 십중팔구 대도시의 생활 편의를 즐겼다. 자신의 여가적 삶에 자금을 대기 위하여 허허벌판에 부동산을 구입한다는 생각은 그다지 매력적이지 않았다. 이제 런던 신사는 그럴 필요가 없었다. 미들섹스나 서리에 넓은 정원이 있는 좋은 집을 사도 되었다. 그러나 그의 소득은 토지가 아니라 서류에서 생겼다. 그에게 시골에서 영지를 운영하면서 골치 아프고 미덥지 못한 수익 추구에서 벗어나, 신사로서의 삶을 살 수 있도록 안전하고 쉽게 관리되는 소득을 제공하는 것은 그가 보유한 잉글랜드 은행이나 동인도 회사의 주식, 정부 채권에 대한 투자, 쪼들리는 지주의 모기지 증권에 대한 대부 등이었다. 실제로 신사는 프랑스인이 말하는 부르주아(bourgeois), 즉 도시에 거주하는 부유한 지대 수취자였다. 그러나 영국인들은 이 단어를 쓰지 않았기 때문에, 외국인이 부르주아와 실제는 지주이면서 런던에 살거나 머무르고 있는 젠트리 간의 차이를 구분하기가 매우 어려웠다. 양자 모두 신사라고 불리었다. 이 모호함 때문에 부르주아도 신사도 아닌, 그보다 낮은 층 사람이 자신들도 신사라고 칭할 수 있게 하였다.

영국인들은 자기네 두 부류 신사를 구분하기 위하여 두 단어를 사용할 필요가 없었다. 유럽인 가운데 영국인만 오로지 토지에 기반한 젠트리와 돈에 기반한 젠트리 간의 대조를 강조하고 싶어 하지 않았기 때문이다. 둘 다 구속받지 않고 독립적인 자산 관리에 확고히 기반을 두었고, 이것이 관건이었다. 그 둘 사이에 상호 이동은 늘 일어났다. 지주 신사의 아들이 도시 재산을 담보로 자금을 토지에서 끌어내 활용하든, 도시 신사의 아들이 부동산을 사기 위하여 금융 자산에서 돈을 인출하든, 아무도 놀라지 않았다. 그 과정에서 그가 기사 혹은 백작이 되어도 놀라지 않았다. 즉, 외국인만 아니라면 말이다. 외국인은 영국 신사의 개념을 약간 이해하기 힘들어하였고 작가들은 외국인에게 이를 설명하려고 애썼다. 관광 안내 책자를 쓴 스위스 작가가 영국의 사회적 혼돈에 관하여 다음과 같이 말하였다. "영국에서는 신사라는 타이틀은 대체로 좋은 옷, 멋있는 분위기, 좋은 교육, 재산이나 학식 등이 보통 사람과 다른 모든 이에게 붙여진다."[4] 이는 더 명확한 신분 구분에 익숙한 외국인에게는 혼란스러울 수도 있었다. 그러나 영국인은 자기가 어떤 지위에 있는지와 그리고 사회적 접촉에서 얻는 재미의 절반이 자기 행동을 자기가 속한 그룹에 적응시키는 데 있다는 것을 정확히 알았다.[5] 또 다른 스위스인이자 화가인 루케(Jean Rouquet)도 런던에 30년 체류하여 영국인을 잘 아는지라 속속들이 잘 아는 듯 보이는 말로 그들을 다음과 같이 묘사하였다. "영국인이면 누구나 항상 저울 한 쌍을 가지고 자기가 교류하려는 모든 사람의 출생, 계급, 특히 그들 재산의 무게를 정확히 잰다. 그에 따라 자기 행동이나 말솜씨를 조절하기 위하여서다."[6]

영국인이 지닌 그 저울들의 눈금은 점점 더 섬세해졌다. 두 세기 간의 사회 변화와 경제 발전은 과거의 구조를 파괴하였다. 과거에는 사람과, 그가 소유하였거나 경작하였던 토지와의 관계로 그 사람의 신분을 알기에 충분하였다. 귀족부터 소작인에 이르기까지 누구나 자신의 위치를 알던 위계적 사회에 몇 가지 혼란이 스며들었다.[7] 가장 중요한 것은 도시들의 성장이었다. 18세기 초가 되면 적어도 영국인 다섯 중 한 명이 도시인이었다.[8] 그래서 농촌의 더욱 뚜렷한 위계질서에 속하여 있지 않았다. 도시의 위계가 존재하지만 흔히 출생이나 토지보다 돈에 기반을 두었으므로 더 유동적이고 경계를 정하기 어려웠다. 뿐만 아니라 농촌 위계와 도시 위계 사이의 관계도 정하기가 쉽지 않았다. 누가 상위여야 하는가, 지방의 대지주 혹은 시 참사 회원 자작농, 혹은 상점 주인인가? 그것은 종종 말하기 매우 어려웠다.

전문 직업의 급속한 성장은 일을 더욱 어렵게 하였을 뿐이다.[9] 많은 전문가들이 출생 또는 교육에 따른 신사였다. 그러나 또한 그들은 그 직업의 성격상 신사이기도 하였다. 예를 들어, 육군 장교는 가장 비천한 처지일 때조차 신사로 간주되었다.[10] 비록 프랑스 전쟁이 끝난 후 퇴직금을 받아 굶주리며 거리를 배회하는 남자를 그렇게 대우하기 어렵긴 하였을지라도 말이다. 그리고는 각 직업마다 그 자체의 위계를 가졌다. 어떤 직업들은 군대나 국교회처럼 명료하고 알기 쉬운 서열을 가졌는가 하면, 다른 직업들은 구분 짓기가 쉽지 않았다. 예를 들어, 왜 법정 변호사는 사무 변호사보다 상위의 지위로 받아들여져야 하였는가? 그리고 그가 대부분의 법정 변호사들처럼 낙오자였을지라도 그렇게 받아들여졌을까?[11]

상업에서의 사회적 구분은 문제거리 그 자체였다. 해외 무역 상인이 도매상보다, 도매상이 소매상보다, 가게를 가진 소매상이 행상보다 더 높은 지위인 것이 오랜 전통이었다. 그러나 17세기 말쯤 되면, 이런 구분이 무너지고 있었다. 많은 소상점 주인들이 해외 무역 상인들보다 훨씬 더 부유해졌다. 그리고 많은 해외 무역 상인들이 가게를 가지고 있어서 이 문제를 혼란스럽게 할 뿐이었다. 그리고 일단 부가 사회적 구분의 척도가 되고 나면, 이제 부유한 가게 주인이나 상인이 대부분의 지주 신사들보다 훨씬 더 부자이며 잘 살 수 있다는 것이 명백해졌다. 어쨌든, 부유한 상인이 새로운 현상인 도시 젠틀맨이 되고 싶으면 사업에서 은퇴하여 자기 자본을 금융 자산에 투자하기만 하면 되었다.

수공업 세계에서도 똑같은 혼란이 거듭되었다. 여기에는, 마스터(장인)와 도제라는, 우리에게 익숙한 근대적 구분인 고용자와 피고용자가 있다. 그러나 실은 우리에게 이러한 구분은 별 의미가 없는데, 한두 명 이상을 고용하는 장인은 거의 없고 많은 도제들이 장인이 되었기 때문이다. 당시 사람들에게 더 중요한 것은 서로 다른 업종 간의 구분이었다. 전문화된 업종 계열은 두서가 없어 보인다. 상인들 사이에서는 귀족인 금은 레이스 제조업자 한 명이 광범한 범위의 산하 관련 업종에게 일거리를 제공하였다. 철심 직포, 은실 잣기, 레이스 짜기, 본 레이스, 은과 금 단추 등을 포함하여, 몇 개만 언급하면 스팽글, 옷구슬, 단추고리, 옷술, 장식끈, 장식 술 등을 만드는 사람과 자수 공예가 등이 그들이었다. 각 업종은 개별 워크숍과 전문화된 숙련 기술과 그리고 덜 점잖은 공정에서 더욱 점잖은 직종까지 연결된 사다리 위에 그 자체의 발판을 보유하였다.[12] 어떤 직종이 품위 있는 직업이라고 하여 그 일을 하는 사람들의 금전적 성공을 보장하는 것은 물론 아니었다. 그리고 작가들은, 적성에 맞지도 않는데 고상한 직업이라는 이유로, 아끼는 자식들을 그런 직업에 밀어붙이지 말라고 부모에게 경고하였다. 혹은 그런 업종에는 사회적 지위 향상을 노리는 낙관론자들이 넘쳐흘러서 그런 직업에서는 돈도 전혀 벌 수 없었다.[13] 모두가 자신이나 자기 자식의 사회 계층 상승을 위하여, 사다리의 아주 중요한 첫 발판에 발을 디디기 위하여, "하찮은 부류"에서 자신은 벗어나기 위해 애쓰고 있었다.[14]

하층민 규모 자체는 더 커졌고 사회적 유동성은 더욱더 커졌다. 16세기와 17세기에 농민의 경작이 감소하고 인구가 증가하여 실로 완전한 프롤레타리아에 근접하는 부류가 생겨났다. 즉, 다른 사람의 집이나 작업장에서 하인으로 일하거나, 혹은 변동성이 크고 불안정한 허드렛일 노동 시장 같은 불안정한 세계에서 임금에만 의존하여 생계를 잇는 자들이 탄생한 것이다. 이런 사람들이 아마도 총노동 인구의 절반, 심지어 3분의 2를 차지하였다. 대다수가 아직 농민이고 이 농민들은 자기네가 태어난 땅뙈기에 대체로 묶여 있던 프랑스와 놀랄 만큼 대조되었다.[15] 역주: 디포가 그렇게 표현하고 있음. 이에 비하여 영국의 노동자들은 이동이 상당히 자유로웠다. 진실은 이러한 독립이 대개 단순히 농촌에서 가난하게 있을 자유를 의미하였다는 것이다. 그러나 가장 가난한 자라도 다소간 선택의 자유가 있다는 뜻이기도 하였다. 그것은 적어도 특정 시점에서 일할 것인가 말 것인가, 농촌에 머물 것인가, 런던과 성장하는 공업 지역에 가서, 그들의 자세한 출신 성분을 따지지 않는 새로운 세계에서 자기네 운을 시험하여 볼 것인가 등의 선택이었다.

디포는 이동성이 높고 확산되는 영국 사회를 자기 고유의 관점으로 본다. 그것은 널리 여행을 다니긴 하였으나 기본적으로는 런던 토박이 중간 계급의 관점이었다. 그는 농촌 사람이나 심지어 지방 도시 사람에게조차도 크게 관심이 없었다. 그의 분석에 매우 부유하거나 매우 가난한 이들도 포함되기는 하지만 대단한 관심은 없었다. 그가 매력을 느껴 매우 길게 서술한 것은 런던 상인층의 자산 변동이었다. 사회가 작동하는 방식에 관한 그의 분석에서 역동적 요소가 바로 런던 상인들이다. 그의 사회 모델을 아주 간단히 요약하여 볼 수 있다. 세 개의 주요 집단이 각자 특정한 역할을 수행하였고 물론 각 집단 특유의 문제를 만들고 있었다. 하층에는 손으로 일하는 사람들이었는데 그들은 자신의 노동 산물을 팔거나 임금을 받았다. 디포는 후세 작가들에게 중요해 보이는 자영업자와 임금 노동자 간의 차이점을 간과하는 경향이 있다. 그는 철공이나 직포공이 일용 노동자보다 연수입이 수배나 될 수 있는 노동 위계에 대하여 알았다. 하지만 그의 분석 관점에서는 이 모든 사람의 역할은 같았다. 그들의 의무는 열심히 일하고 노동의 대가로 받은 돈을 그들 동료의 고용을 돕기 위해 쓰는 것이었다. 지출은 또한 사회 상층부의 주된 기능이었다. 이들은 일하지 않았으나 지대 수취 소득을 벌어 사치스럽게 생활하는 부류였다. 그들의 의무는 밑바닥에 있는 사람들이 최대한 고용되도록 소득을 지출하는 것이었다. 그 중간에는 교역인들, 가게 주인들과 상인이 있었다. 이들은 가난한 사람을 고용하여 상품을 공급하고 팔았으며, 부자와 가난한 사람 모두 자기네 소득을 이 상품에 소비하였다. 사회를 지탱하고 있는 것은 바로 이 중간 그룹이었다.

디포는 정치적 계산에 능숙한 인물은 아니었으나 이 다양한 사회 계층의 분포 규모를 추계하는 시도를 하였다. 이것은 그가 1709년 1월 『리뷰』지에 발표한 징병에 관한 논문에 실려 있다.[16] 그의 주된 목적은 영국이 필요한 수의 사람을 쉽게 공급할 수 있다는 것과 군대로 뽑힐 수 있는 사람 가운데 "가장 쓸모없고 이득도 안 되는" 인구 비중이 높다는 것을 제시하려는 것이었다.[17] 그는 다음과 같은 가정으로 시작하였다. "나는 내 제안을 정당화하는 데 어떤 권한도 끌어올 필요가 없다." 총인구가 천만이다.[18] 그는 이 가운데 5분의 1인 2백만이 군인이 될 것으로 추산하였다. 그런 다음 그는 이 2백만을 넷으로 구분하였다. 젠트리와 전문가 집단; 상인, 농민, 고용주; 해군과 항해와 조선업에 종사하는 사람들은 모두 징병 의무에서 면제한다; 그리고 마지막으로 도제, 모든 부류의 하인을 포함하여 직포공, 푸주한, 목수, 구두쟁이 등 손에 의존하여 일하는 단순 노동을 하는 자와, 거지, 부랑자, 수상한 자 그룹이 있다. 군대 충원은 이 마지막 그룹에서 달성될 것이었다. 전투 병력은 네 그룹에서 다음과 같은 비례로 갈라졌다:

1. 젠트리와 전문가	8%
2. 상인, 가게 주인, 교역, 제조업 부문의 고용주, 농민, 술집 주인 등	40%
3. 해군 등	4%
4. 손으로 일하는 단순 노동자	48%

디포의 추계에서 가장 눈에 띄는 특징은 우리가 상업에 종사하는 중간 계급이라고 부를 수 있는 두 번째 그룹 규모가 크다는 것이다. 만일 그레고리 킹이, 역주: 1688년 센서스를 정리, 보고한 자료 디포와 같은 기준으로 분류하였다면, 이 두 번째 그룹에 영국민의 4분의 1 이상을 포함시켰을지 의심스럽다. 앞에서 본 바와 같이, 그는 "단순 노동자" 그룹에 48퍼센트보다 훨씬 더 큰 숫자를 부여하였을 것이다.[19] 현대 연구 결과에 따르면 통계에 관한 한, 우리는 언제나 디포보다 킹을 믿어야 한다. 디포가 틀렸으며, 디포는 이 두 번째 그룹의 위력을 지나치게 부풀렸다고 생각할 수밖에 없다. 이렇게 왜곡된 이유는 상당히 명백하다. 런

던에 대한 디포의 편향이 그로 하여금 대도시의 생활에서 상업적 중간 계급이 차지하는 우월적 비율을 전국으로 투사하게 만들었던 것이다. 그가 자신의 숫자를 믿었을 가능성이 매우 크다. 약 20년쯤 후에 그는 상업과 유통에 종사한 총인구를 도제, 하인, 직인까지 포함하여 2백만으로 추계하였는데, 숫자가 엄청나기도 하고 그만큼 비현실적이다.[20]

이 추계를 발표한 몇 달 후에 디포는 영국인들을 다른 기초로 구분하였다. 이번에는 다양한 그룹을 수량화하는 시도를 하지 않았다.[21] 구분은 소비에 근거하였고, 소비가 경제의 주된 원동력이라고 보는 사람으로서 충분히 그럴싸한 기준이다. 인구는 일곱 그룹으로 분류되었다:

1. 사치하며 사는 최고 부자
2. 매우 풍요롭게 사는 부자
3. 잘 사는 중간 계층
4. 열심히 일하고 부족함을 느끼지 않는 노동자들
5. 평범하게 사는 농민 등 농촌 사람
6. 어렵게 사는 빈민
7. 정말로 곤란하고 부족하여 안타까운 빈곤층

이 일곱 그룹 안에서 이미 언급된 사회의 세 그룹을 볼 수 있다. 처음 두 그룹은 일하지 않고 소비하는 부류이다. 여기서 그들은 둘로 나뉘는데, 도시와 지방의 젠트리 집단을 1년에 5천 파운드, 그리고 때로는 훨씬 많은 엄청난 수입으로 살면서 사실상 나라를 지배한 몇몇 대부호와 구분하기 위해서이다. 마지막 네 그룹은 자기 손을 움직여 일하는 사람들이다.[22] 알 수 있듯이 이들이 소비자로서 갖는 잠재력은 상당히 다양하였다. 숙련 노동자들이 소비에 기여하는 바가 가장 중요한데, 디포에게 숙련 노동자란 목수, 금속 제조인, 직포공 같은 숙련공을 의미하였다. 그는 이들의 소비를 신사의 소비와 비교하였다:

> 신사가 파이와 푸딩을 더 먹으면 그는 빵을 더 먹는다; 부자가 와인을 더 마시면 그는 에일이나 독한 맥주를 더 마신다. 이것이 기력과 힘을 받쳐 주기 때문이다. 부자가 송아지 고기나 양고기, 날짐승과 물고기를 더 먹으면, 이들은 빵과 베이컨을 더 먹고, 이에 더해서 먹을 음식이 있는 만큼 큰 행복인 더 좋은 위장을 갖고 있다. 우유에 관해서라면, 부자가 버터, 크림, 흰 고기,(역주: 치즈) 또는 노랫말에 나오듯이, 풀,(역주: 과일을 약한 불에 쪄서 짓이겨 크림 따위를 섞은 디저트) 플론,(역주: 커스타드나 치즈 케이크의 일종) 커스타드(역주: 계란, 우유, 설탕 따위를 섞어 만든 과자. 고어로 fools flowns) 등을 더 많이 먹는다면, 우리 숙련공들은 딱딱한 치즈나 소금 버터를 다른 모든 집단이 먹는 양을 합한 것보다 더 많이 먹는다.[23]

부족할 게 없음을 느끼는 것과 정말로 쪼들림 간의 차이를 더욱 명확히 확인하기 위하여, 우리는 디포가 이들 네 그룹이 어떻게 살았는지를 모호하게 묘사한 것을 그레고리 킹의 추계로 환산할 수 있다. 킹의 가족 소득 추계는 좀 더 구체적이다.[24] 디포의 넷째, 다섯째 그룹인 장인과 농민에 해당하는 부류의 가족 소득을 킹은 각각 연간 40파운드와 44파운드로 추계하였다. 이는 가게 주인 같은 중간 계층(3. middle sort)의 벌이보다 약간 낮을 뿐이다. 그러나 힘들게 사는 그룹(6. 그룹)으로 전락하는 속도는 빨랐다. 킹의 추계에서 노동자는 대략 디포의 빈민(6. the poor)에 해당하는데, 그들은 고작 15파운드를 벌었으며, 반면에 그의 빈민과 소작인은 분명히 매우 가난한 사람(7. the miserable)이었다. 왜냐하면 그들은 연간 소득이 고작 6.5파운드로 기입되어 있기 때문이다.[25]

이처럼 커다란 소득 격차는 디포 세계의 삶에서 가장 눈에 띄는 사실 가운데 하나였지만 그 점에 관하여는 우리가 그의 글에서 별로 알 수 없다. 모든 이런 소득이 영국인은 고임금을 받았다는 단일 관찰로 뭉뚱그려지는 경향이 있었다. 이런 관찰은 그의 경제학자적 목적에는 어울릴지 모르나, 사회 구조 분석의 관점에는 그다지 유용하지 않았다. 그러나 실제로 디포는 결코 사회 구조 분석을 시도하지 않았다. 그는 자기가 가장 잘 알고 있거나 관심을 끄는 사회 부문에 대하여 많은 저서를 남겼지만, 위에 언급한 매우 개략적인 방식 이외에, 사회 전체에 대한 분석은 실제로 결코 시도하지 않았다. 우리가 그의 글에서 알아낼 수 있는 것은 농촌에 대규모 공업 노동력이 존재하고 있었으나, 그들이 일거리가 없었을 때보다 그들이 일을 하고 있을 때 더 잘 살았다는 사실뿐이다. 그 외에 그들에 관하여 많은 것을 알아내기는 어렵다. 그보다 더 많은 농업 종사자에 관하여는 더욱 알 수가 없다. 디포 저작 대부분의 장면을 제공한 런던 세계에서조차 선택적으로 다룬다. 런던의 산업 노동자들, 즉 견직 직포공이나 스타킹 짜는 자들, 병 제조인, 양조공, 그리고 무엇보다도 수많은 서비스 산업 노동자, 즉 런던의 이스트 엔드의 항구에, 그리고 웨스트 엔드에 사는 젠트리에게 필요한 것을 제공하는 서비스 산업 종사자의 방대한 규모와, 그리고 유럽에서 가장 큰 도시의 50만 주민이 거주하며 입고, 먹는 걸 돕는 데 따르는 업종 전반에 관해 말하면서 디포는 만족스럽다.[26] 그러나 디포를 읽는 독자들은 디포가 이런 합법적 직업 가운데 그 어느 직업보다 소매치기나 창녀 같은 직업이 갖는 문제와 라이프스타일을 더욱 많이 드러낸다는 점을 알게 될 것이다. 이것은 좀 유감스러워 보일 수도 있다. 왜냐하면 그가 『여행기』에서 더비셔에서 주석을 파는 광부나 리즈의 직포공의 삶을 매력적으로 묘사한 것으로 판단하건대, 만일 그가 이런 사람들에 대해 더 많이 썼다 하더라도 그는 뭔가 흥미거리의 이야기를 하려는 것이었으리라고 간주하여야 하기 때문이다.[27] 그럼에도, 디포는 자신이 읽는 재미를 느끼게 하는 것을 쓰기를 원하였고, 그에 관하여 쓴 것은 사실이다. 디포에 대하여 쓰는 사람은 그가 이끄는 대로 따를 수 있을 뿐이다. 그러면 이 장의 나머지 부분에서 우리는 디포가 가장 이야기하고 싶어 한 사회의 네 계층, 즉 중간 계층, 하인과 노동자, 빈민, 그리고 여가를 누리는 신사 등에 관해 논할 것이다. 심지어 이 그룹들조차도 포괄적으로 취급되지는 않는다. 특히, 디포의 일반화는 거의 런던에만 적용될 뿐 나라 전체에 적용되지는 않는다.

우리는 실제로 모두가 다음과 같이 인정한 유일한 그룹, 중간 계층에서 시작하자. "이들은 한마디로 국민 가운데, 아마도 세계의 그 누구보다도 잘 살고 많이 소비하며, 또한 우리 가운데 가장 수가 많으며, 이 나라의 전반적인 부가 그들과 함께 존재한다."[28] 디포의 저작에서 중간 계층의 실제 구성은 다소 다양하다. 가장 넓게는 농촌과 도시의 하급 젠트리부터 아주 소규모의 가게 주인까지 해당하는데, 여기에 대부분의 농민과 전문직 종사자까지 포함된다. 이렇게 넓게 정의한 중간 계층의 기본적 특징은 손으로 일하지 않으며, "단순한 노동자"가 아니고, 좋은 생활 조건을 누린다는 것이었다. 이런 점에서 그들이 누리는 좋은 삶은 그들의 아래층은 물론 상층부와도 대조되었다. 그들은 "궁핍과 고생에 노출되지 않았고, 기계공층이 행하는 노동과 힘겨움도 겪지 않았으며, 그리고 상류층의 자부심, 사치, 야망, 질투 등과 뒤얽히지도 않았다. … 그러나 세상을 안락하게 꾸려 나갔다."[29]

디포는 평생 이 중간 계층을 상대로 대부분의 설교를 하였다. 디포가 어떻게 투표하고 영혼을 구원하고, 누구와 결혼하고, 돈을 어떻게 벌고 그중 얼마를 지출할 것인가를 가르친 사람들이 이들이었다. 이들은 디포를 읽고 반긴 대규모 새로운 중간 계층 독자들이었다. 물론 그들 중 일부는 아직 너무 바빠서 책 읽는 데 많은 시간을 할애하지 못하기는 하였다. 그러나 이미 독서하여 스스로를 향상시키기 위해 꽤 많은 돈을 지불할 준비가 되어 있는 사람들이었다.[30] 이제 그들은 편안히 앉아서 중산층의 이점을 포기할 만큼 어리석었던 로빈슨 크루소 같은 이의 모험적 삶에서 대리 만족을 느낄 수 있었다. 이 중산층은 자기네 세계를 부드럽게 미끄러져 가면서 그 세계에 속하지 않는 수준으로 운 나쁜 자들의 절박한 해협에서 그저 경탄할 수 있을 뿐이었다. 혹은 더 진지한 기분으로 약간 우울한 상층 중간 계급의 안락함에 몰두할 수 있었는데, 그것은 도덕적 가르침을 다룬 디포 저작의 사회적 배경을 형성하였다. 그들 가운데 일부는 그런 책에서 더 편안하게 느낄 수도 있고, 다른 사람들은, 비록 거기에 오크 장식이 너무 많을지라도, 근대적인 (그리고 아마도 많이 현대적인) 분위기를 위해 엄숙한 얼굴을 하고 가족 기도를 드리기를 바랄 수도 있었다.

사실 이 경건한 책들에 등장하는 인물은 중간 계층 가운데 가장 상층에 속한다. 일부는 농촌의 하급 신사 또는 신흥 도시 젠트리이다. 그들 가운데 많은 이들은 성공한 상인이나 포목상이다. 그들의 다음 순서는 지대 수취자가 되는 도중에 젠트리와 성공적 상인 계급 사이의 경계에 위치한다. 디포는 이 둘 사이의 양방 이동을 자주 강조하였다. 그 가운데 다수는 정말로 급히 상승하여 실제로 중간 계층의 기능을 수행하지도 않았다. 중간 계층은 가게나 해외 무역에 종사하거나, 국내에서 광대한 유통망을 조직하거나, 빈민을 고용하여 일반적으로 사회에서 기업가 그룹으로서 활동하는 등 모든 일을 계속 이어 갔다. 대부분의 신사는 필연적으로 여기에서 배제되었는데, 이들의 주된 기능은 일보다 소비 지출에 있고, "고용의 메커니즘 없이 저택에 사는 것이었다."[31] 중간 계층의 소득 내에 속하는 가장 큰 그룹인 농민 대부분조차도 대개 논의에서 제외된다. 디포는 그들이 교역과 빈민을 고용하는 일 같은 기본적인 중간층 기능을 수행하였다는 것을 인정하였지만, 그들의 촌스러운 생활 방식 때문에 디포로서는 그들에게 결코 큰 열의를 보일 수 없었다. 디포의 세계는 도시와 도시들을 연결하는 도로의 세계였다. 도로에서 그는 여관 주인, 맥아 제조인, 지방의 가게 주인 같은, 빛 없는 핵심 중간 계층 사람들을 만난다. 그러나 실제로 농촌의 삼림과 들판 한복판에서 산 사람들을 위해 진정 칭찬할 만한 유일한 행위는 아무것도 하지 않으면서 많은 돈을 소비하는 일이었다. 다른 말로 하자면 농촌 신사로 존재하는 일이었다.

도시에서조차 많은 중간 소득자들은 진짜 중간 계층 그룹에서 제외되는 경향이 있었다. 이들은 전문직 종사자들이었는데, 디포와 그 시대의 많은 그의 동료들은 이들을 사회의 기생충으로 여겼다. 변호사는 탐욕스러우며 시간을 끄는 관행으로, 전문 의료인은 종종 더욱더 유해하기로 악명 높았다. 의사를 공동체의 적으로 지칭하는 오랜 농담이 있었다. 그의 직무 수행의 정상적인 결과가 인구 규모를 감소시키는 것이기 때문이었다.[32] 가장 나쁜 것은 사회의 어느 부분에도 들어맞기 힘든 새로운 그룹이었다. 이들은 새로운 금융 세계의 중개인, 즉 돈, 주식과 채권 거래인이었다. 그들이 취급한 종이뭉치들은, 우리가 본 대로, 도시의 지대 수취자에게 새롭고 안정된 소득을 보장한 훌륭한 혁신이었다. 그러나 증권업자에 관해 좋은 말은 없었고 은행가에 관해서는 극도로 드물었다. 디포는 여러 기회에 이들 농땡이들을 공격하였으나, 그들 없이 일할 어떤 방법도 생각할 수 없었다.[33] 그는 화폐의 "꼬마 여동생"인 신용의 미덕을 크게 신봉하는 사람이자, 영국의 새롭고 훌륭한 재정 시스템을 열렬히 지지하는 자였으므로, 그런 사람들을 필요악으로서 받아들이는 수밖에 없었다.

이제 정확히 상업적 중간 계급에 해당하는, 실제로 상업에, 즉 "가장 품위 있고, 가장 유익하며 삶을 개선하는 방식에 종사하는" 자들이 남아 있다.[34] 모든 사람이 디포와 견해가 일치한 것은 아니었다. 유통업자에 대한 오랜 적대감이 여전히 존재하였고, 많은 이들이 가게 주인이나 곡물 거래인을 디포가 의사나 증권업자를 사회의 기생충으로 여긴 만큼이나 그렇게 생각하였다. 1662년에 윌리엄 페티 경은 유통업자를 "빈민의 노동을 놓고서 서로 넘기는 일종의 게임꾼에 불과하다"고 묘사하였다.[35] 그러나 사람들의 생각은 빠르게 바뀌고 있었다. 오랫동안 작가들은 상인의 영예를 추앙하여 왔다. 토머스 먼(Thomas Mun)은 상인을 "왕국의 재산 관리인"이라 불렀다.[36] 왕정복고 시점에는 많은 사람들이 먼을 믿을 준비가 되었다. 상인은 출중히 존경받을 만한 인물이 되어, 그의 딸은 쇠퇴하는 귀족 가문에 많이 필요한 자본을 공급할 수 있었고, 그의 회계 사무소는 젠트리의 젊은 아들을 가르쳐 일자리를 제공

하는데 더 이상 너무 누추한 곳이 아니었다.[37]

특이하게도 디포는 해외 무역상에 대해 별로 언급이 없다. 그의 작가로서 주된 역할은 하급 중간 계층을 찬미하려는 것이었다. 국내 교역이 매우 중요함을 지적한 최초의 작가들 가운데 한 사람으로서, 그는 당연히 해외 무역상보다 가게 주인이나 도매상을 자신의 주인공으로 택한다. 디포적 사고의 틀 안에서, 예전에는 보는 이의 관점에 따라서 놀림감이거나 돈을 낚아채는 기생충이던 가게 주인은 국가 공동체의 긴요한 요소가 된다. 가게 주인은 분명히 오랫동안 자기네가 잘 꾸려 나감으로써 잘하고 있는 게 아닐까 하는 의아함을 품어 왔으나 누군가로 하여금 자신들에게 디포처럼 그렇게 자주, 그리고 그렇게 상세히 그렇다고 일러 주니 좋았다.

소매상은 17세기에 매우 급속히 성장한 직업이었다. 도시 성장과 새로운 부, 소비자에 가용한 재화의 범위가 엄청나게 팽창한 산물이었다.[38] 세기 말이 되면 모든 지방 도시와 심지어 작은 촌락에조차 가게가 있었고,[39] 런던의 가게 숫자는 그 자체로 그 도시의 방문자에게 주요 관심지 가운데 하나였다. 정말로 어떤 사람들은 가게가 너무 많아서 가게 주인들이 서로 과당경쟁으로 망해 나간다고 생각하였다.[40] 성공하면 한 가족의 사회 이동성을 사실상 무제한 수준으로 높일 수 있으면서도 꽤 품위 있는 직업은 특히 그 일이 얼핏 보기에는 매우 쉬워 보였던 만큼 그 일에 뛰어들려는 사람이 늘기 마련이었다. "쉬운 삶, 따라서 많은 사람이 그 일로 끌려든다"고 1684년에 한 작가는 썼다.[41] 페피스(Pepys)에 따르면, 소매업은 왕정복고 때 해체된 의회파 군인의 대부분을 흡수하였다;[42] 비국교도에게 그것은 확실히 매우 흔한 직업이었다. 진입의 용이함이야말로 실패하기도 쉬움을 의미하였다. 초기에는 소규모 소매상들이 "빌린 돈으로 사업을 일으켜서" 출세하려고 하였기 때문에 무서운 경험일 수 있었다.[43] 많은 사람들이 채무자 감옥에 갇히거나, 일시적으로 헤어나온 바로 그 쓰레기 더미로 되돌아가고, 그 직업에 필요한 수완이 없이는 가장 밑바닥으로 떨어질 수밖에 없음을 깨달을 뿐이었다.[44]

가게 주인에 대하여 디포가 쓴 가장 유명한 책, 『완전한 영국 상인』(*The Complete English Tradesman*)의 많은 부분은, 초보자가 자신의 불멸의 영혼에 너무 많은 손상을 가하지 않으면서 이런 재앙을 피하는 방법에 관한 조언으로 구성되어 있다.[45] 대부분 그는 경제의 다른 대부분에 대하여 자신이 취하였던 견해와 마찬가지로 소매업에 관해서도 전통적 견해를 택한다. 또다시 거의 모든 혁신이 공격당하였다. 그것이 내단이 창과 아름답게 꾸민 점포 진열이든, 아니면 도심의 가장 좋은 위치를 전통적인 고급 영국 옷감을 파는 포목상이 아니라 제과점이나 완구상이 차지하게 만든 소비자의 가벼운 취향이든지를 막론하고 그는 비판하였다.[46] 그러나 그의 가장 심한 비판은 가격 경쟁을 향한다.[47] 그는 가게 주인이 다른 가게를 밀치고 자기 사업을 확대시키려는 정상적 충동을 인정하지만, 이런 일은 지나쳐서는 안 되었다. 품질과 서비스에서 경쟁하는 것은 괜찮으나, 가격에서 경쟁하면 국가 경제의 안정성을 해칠 수 있었다. 대상인의 가격 할인은 경쟁력 없는 소규모 소매상을 궤멸시킬 것이었다.[48] 사업에 대해 비슷한 태도가 오래 존속되었다. 19세기 프랑스에서 가격 인하와 과잉 경쟁은 "사람 잡아먹는"(le mangeur des hommes) 짓으로 알려졌는데, 디포의 견해와 완전히 일치하는 표현이다. 이상적인 사업은 소규모이면서 가계가 그것을 대물림하는 형태였다. 집안 살림과 가게 운영은 같은 사업, 즉 먹고 사는 일의 다른 측면일 뿐이었다. 기업에 대한 이런 태도는 안전하나 진보는 없는 교역 방식, 동업에 대한 혐오, 매우 높은 단위 이윤과 매우 느린 재고 순환을 수반하는, 느리고 지속적 축적에 대한 갈망 등으로 이어졌다.[49] 가게 주인이 높은 이익을 다년간 신중하게 모으고, 근검절약하고 알뜰한 가게 지출을 하면, 은퇴하여 기금 소득을 얻기에 충분한 축적을 얻을 수 있었다. 맞다. 그 정도의 안락하고 편안한 존재, 많은 사람에게 중간 정도의 삶은 목표를 위한 수단일 뿐이었다. 가장 만족스런 삶의 방식을 달성하기 위한 수단, 즉 여가를 누리는 신사가 되어 아무 일도 하지 않는 인생이 되는 것이었다.

디포는 한 집단으로서의 중간 계층 사람들을 찬양하여 마지않았다. 비록 그 집단 내에 신랄한 비판을 받는 개인들이 존재하긴 하였을지라도 말이다. 디포는 그들의 사회적 기능을 칭송하였고 그 자신들을 향상시키려는, 그리고 가능하다면 스스로 중간 계층민의 지위에서 아예 벗어나 신분 상승을 시도하는 그들의 야심을 높이 샀다. 그는 사회의 다른 부문에 대해서는 그정도로 열광적이지 않았다. 이 면에서 그는 종종 일관성이 없었다. 그가 완전 고용과 경제 성장을 이룰 최선의 수단으로서 옹호한 높은 수준의 소비가 거의 불가피하게 악덕을 증가시키고 얼마나 경종을 울렸는지 우리는 보았다. 그는 사회적 야심의 효과에 대해서도 똑같이 우려하였다. 이것은 중간 계층의 경우에는 찬사를 받을 만한 일이었으므로, 이론상, 그 아래 계층 사람들의 경우에도 마찬가지로 칭찬할 만한 일이었다. 한때 디포는 언젠가는 모든 영국인이 주인이 되리라고 희망할 정도였다: "나는 나라의 선을 위해 바라노니 모든 우리 영국인이 주인이 되어 하인을 거느릴 수 있어 신을 즐겁게 하기를, 비록 다른 나라들이 하듯이 그리고 우리가 폐하의 미국 영토에서 하듯이 하인을 돈을 주고 사야만 할지라도."[50] 그러나 이것은 물론 수사에 불과하였다. 인용에 드러나 있듯이, 디포는 하인들이 없는 사회를 상상할 수 없었다. 그리고 야망을 가진 하인이나 독립 취향의 하인은 틀림없이 나쁜 하인이었다. 정말 하인들이 일단 자기 위치를 잊으면 사회의 모든 질서가 위협을 받았다: "빈민이 부자를 통제하고 하인이 주인을 지배할 것이다. … 한마디로 질서가 무너지고, 복종은 멈추고, 세상은 바닥이 위에 놓인 것처럼 보인다."[51] 이것은 『다수의 회상』(*Legion's Memorial*)의 저자이자 "인민의 완고한 호민관"인 디포가 민주주의자가 아니라 휘그였음을 우리에게 일깨운다. 빈민이 일단 그들 자신의 위에 오르면 어느 사회도 살아남지 못한다, "복종이 법의 핵심"이니까.[52]

디포의 세계에서 서비스는 다양한 형태를 취하였다.[53] 그는 세 가지 주된 그룹을 구분하는데, 이 세 그룹은 모두 가장 무거운 불복종 죄를 지은 것으로 간주되더라도, 각기 다소간 다른 문제를 제기하였다. 가장 소규모 그룹은 도제로서,[54] 신사의 자녀를 포함한 하인 중의 엘리트였다.[55] 그보다 더 큰 규모 그룹이 "실내 하인"이었다. 이는 오늘날 우리가 가내 하인으로 생각하는 부류뿐 아니라 주인의 집에 거주하며 농업과 공업에 종사하는 하인을 아우른다. 이 그룹 전체는 50만 명, 즉 총인구의 10퍼센트를 차지하였다. 이 중 1퍼센트는 젊은 연령층에 집중되어,[56] 도제와 함께 할 경우, 폭발할 잠재력이 있는 청년 노동층을 형성하였으며 국가도 가족도 이들이 불안하여 통제하고자 하였다. 마지막으로, "하인"이란 단어는 노동 빈민 전체, 즉 외거 하인에 적용될 수 있었다. 외거 하인이란 그들 모두가 받아들일 준비가 되어 있지는 않은 지위였다.

이 세 그룹에 대한 디포의 논의는 매우 들쑥날쑥하다. 그는 고임금 지불에 그렇게 크게 의존하는 경제학자였으나 실제로 유독 임금 수취자에 대해서는 거의 언급하지 않았다. 그저 그가 하였어야 할 만큼, 혹은 그가 아마도 상상 속의 과거에 하였던 만큼 그렇게 열심히 일하지 않았다고 일반화하는 정도였다. 이것은 디포가 세상을 포목상이나 탄광주의 관점이 아니라 런던 상인층의 관점에서 보았다는 사실을 반영할 뿐이다. 상점 주인이 사회 계층상 자기보다 낮은 이와 갖게 되는 접촉은 주로 그들을 일꾼으로서가 아니라 고객으로서 대할 때였다. 이런 역할에서 그들은 물론 존경받을 만하였다. 디포는 독자들에게 일깨웠다. "우리가 빈민, 즉 직인, 일하고 고생하는 이들이라고 부르는 사람들이 당신 매상의 대부분을 올리는 자들이다; 이들을 위해 당신네 시장이 토요일 밤 늦게까지 열려 있다; 그들이 대개 일 주일간 급여를 토요일 저녁에 받으니까."[57] 가게 주인은 이런 사람들이 그다지 열심히 일하지 않았고 그들이 지출한 임금을 실제로 번 것이 아니라고 수상히 여길 수도 있었으나, 그는 이런 의심을 지지할 직접 증거는 없었다. 그가 안 것은 자신의 가내 하인과 도제 등, 그가 직접 대하는 하급자들이 바람직하지 않은 여러 성향을 지녔다는 것이었다. 디포는 동의하였다. 그리고 그가 가장 세세하게 논의한 하층민이 이 두 그룹이었다.

젊은 도제를 위한 안내서를 쓴 저자는 도제 제도를 다음과 같이 정의한다. "예속적 지위에서 품위를 갖추어 몇 년간 주인을 위해 성실하고 부지런하게 업무를 수행하면, 이 세계에서 부와 명예를 획득할 일정한 기초와 신의 가호로 다가올 인생에서 지속적 행복을 얻는다."[58] 예속적 지위가 실제로 품위를 갖추는 일은 소수의 도제에게만 해당하였지만, 디포가 쓴 것은 이 소수에 관해서였다. 전형적 도제, 즉 목공이나 직포 일을 배우며 부나 명예 같은 전망은 거의 없이 평생에 걸쳐 힘든 인생을 준비하는 젊은이에게는 디포가 해줄 말이 없었다. 우리가 기대할 만하듯이, 그가 논의하는 대상은 상업, 즉 점포 주인, 도매상, 상인 등이 되기 위해 직업 훈련을 받고 있는 젊은이들이었다. 이러한 도제는 많은 문제를 제기하였다. 아마도 가장 중요한 문제를 디포는 다루지 않았다. 가게 주인을 높이 치켜세우느라 이 점의 진실에 대해 눈이 멀었던 모양이다. 실은 기나긴 도제 수업을 해봐야 현실적으로 이런 업에서 실제로 그다지 많이 유용하지도 않았다. 후세의 어느 작가가 지적하였듯이, 도제 점원에게 실제로 가르친 일은 몇 주일이면 배울 수 있었다. 부모는 자기 아들을 7년 동안 예속시키는 데 쓸 돈을 아들에게 자본금으로 물려주는 편이 훨씬 나았을 것이다.[59] 그가 이러한 도제 제도에서 찾을 수 있는 유일한 진짜 가치는 그 제도가 소년을 사춘기에 말썽을 피우지 못하도록 붙잡아 두기에 좋은 한 가지 방도였다는 것인데, 위에서 인용된 두 번째 종교적 목적에 분명히 반영된 동기였다. 이런 관찰이 명백히 진실이었는데도, 소매업의 도제 제도는 지속되었다. 그것이 일을 지속하는 오래된 좋은 전통적 방식이었기 때문이었다. 또한 그것이 런던의 상업 금융가(the City of London)에서 사업을 운영할 자유와 권리를 취득할 정상적 방법이기 때문이기도 하였다. 그러나 이조차도 런던 자체의 규모가 성장하면서 덜 중요해지고 있었다. 이제 씨티(the City)의 옛 경계를 넘어 웨스트민스터나 웨스트 엔드 같은 구역에서 사업 운영에 성공할 수 있었다. 그래서 기업가가 점포를 열기 위해 런던의 자유민이 될 필요가 없었던 것이다.

그런 상황에서 런던의 도제들이 지루해지고 좌절하여, 그들의 규모에 상당히 불비례할 만큼 말썽을 일으키는 경향이 있었던 것은 놀랄 일이 아니다. 개별 도제가 스스로 공적 폐해가 될 여지가 디포 시대에 크게 증가하였다. 디포가 보기에 자녀의 도제 계약을 체결할 때 부모가 지불해야 할 입회금 규모가 엄청나게 증가한 것이 그 주된 이유였다.[60] 디포는 아들이 일단 수습 기간을 마치면 돈을 벌 것으로 확신하여 부모의 부가 증가한다는 것으로 이를 설명하였다. 이것은 부분적으로 옳을지 모르나, 앞서 보았듯이 사업에 성공하는 데 도제 수업이 조금이나마 반드시 필요한 것은 아니었다. 도제 업무 조건이 완전히 변한 것도 입회금이 증가한 또 다른 이유로 보인다. 엘리자베스 여왕 시절에 도제는 무급이었고 그가 가질 수 있는 돈이라고는 부모가 준 팁 정도였을 것이다. 그러나 17세기 말이 되면, 대부분의 도제는 주인에게서 임금을 받았으며, 대개 오래 일하였을수록, 더 유용할수록 많이 받았다.[61] 입회금은 주인이 임금을 지급하는 것에 대한 보상으로 이해할 수 있었다.

무슨 이유에서였건, 입회금이 인상되고 정규적 임금 지급이 시행됨에 따라 도제를 통제하기가 매우 어려워졌다. 『가족 교범』에 나오는 한 인물이 자기 도제에 대하여 언급하였다. "이제 우리는 한 명당 100파운드, 또는 이삼백 파운드를 받는다; 야단쳐서 가르치기에 그들은 너무 거만하다."[62] 그들은 자기네가 다른 하인보다 높은 지위에 있다는 환상을 가지고 있고 그들처럼 취급되기를 거부한다. "그들은 죄수처럼 갇혀 있거나 사환으로 부려지기 위해서 그만한 액수의 돈을 지불한 것이 아니다." 그들의 마스터가 그들의 행동을 싫어하면 그들은 떠날 텐데, 그 이전에 입회금의 일부를 돌려받으려 할 것이다.[63] 마스터는 이미 입회금을 자기 사업에 투자하였을 것이 거의 분명하므로 이것은 당황스러운 위협일 수 있다. 그들이 임금을 받았다는 사실은 그들이 복종하지 않을 여지를 확대시켰을 뿐이었다. 그 임금이 좋은 옷을 사고, 술집에 자주 다니며, 공포 중의 공포로서, 여자 친구를 찾을 수단을 제공하였기 때문이다.

디포 같은 사람의 견해로 이런 방만한 행위의 결과는 그의 도덕적, 경제적 규범 양자 모두에 반하는 재앙이었다. 과거에는 부모가 도제 수련을 사업 수업뿐 아니라 도덕적 가르침의 기간으로 보았고, 몇몇 부모에게는 가장 중요한 것이 도덕적 교화였다. 그들은 어쩌면 자식을 너무 예뻐하고 감싸려는 부모보다 낯선 이가 자식들에게 삶에 대한 올바르고 신실한 태도를 주입시키는 것이 더 쉽고 더 효과적이라고 느꼈다. 어떤 작가들은 더 나아가 부모가 아들에게 마스터를 골라 줄 때 마스터의 사업 능력보다 신앙심을 최우선적 자질로 강조할 정도였다. 예를 들어, 1681년의 『도제 편람』(*The Apprentices Companion*)[64]은 도제가 할 일에 대한 언급은 사실상 없고, 주로 성서 인용과 안식일을 지키지 않거나 욕을 하거나 술을 마시면 어떻게 되는가에 대하여 경고적인 문구들이다. 저자가 마스터를 선택하는 일에 관해 논의할 때 다음과 같이 말한다. "종교적인 마스터의 영적 지도에 따르는 편이, 사업 방식과 고용 면에서 가장 똑똑하고 뛰어난 사람에게서 가장 세세하고 교묘한 술책을 배우는 것보다 실질적으로 더 득이 된다."[65] 그러나 1681년이라 할지라도 이러한 견해는 지극히 케케묵은 것임에 틀림없었다. 그들 견해는 당시 교훈적 문헌의 특징인 경건하고 바람직한 사고방식만을 반영하였을 수 있다. 당시 의견은 아마 디포의 『가족 교범』에 더 잘 예시되어 있다. 여기에 등장하는 마스터는 철저히 비즈니스적인데, 그 마스터는 자기 도제들이 할 일을 하는 한 그들의 도덕이 어떤 식이어야 하는지에 대해서는 개의치 않았다.[66]

그렇지만 문제는 이 관점에서조차 새 시대의 도제는 실패작이라는 것이었다. 과거에 임금을 받지 않던 머슴 수준의 도제는 주인의 구두를 닦고 식탁 시중을 들었다. 그러나 부모가 100파운드나 그 이상의 입회금을 지불해 준 이상, 그런 젊은이들은 그런 일을 하려 들지 않았다. 이제 마스터는 도제를 시중들 짐꾼과 하인을, 도제의 구두를 닦을 빈민 여성을 고용해야 하였다.[67] 하지만 그것은 입회금 수준을 높일 또 하나의 좋은 구실이 된다.

가내 하인도 똑같이 무책임하였다. 그들의 숫자가 더 많았고 그들이 모든 중간층(그리고 때로는 더 하층)의 삶을 산 배경을 형성하였으므로, 그들은 디포의 독자에게 훨씬 더 보편적인 문제를 제기하였다. 요즈음은 하인들이 거의 항상 옆에서 또는 적어도 가까운 한구석에서 대기하는 집에서 사는 문제를 실감할 수 없다. 주인님과 마님은 무대 위에서 인생을 보내는데, 만일 그들이 바보같이 대사를 잊거나 연기를 잊을 정도로 어리석기라도 하면, 그 사실은 즉시 인근 술집의 이야깃거리가 되었다.[68] 디포는 하인들이 지닌 인신공격의 범위에 대해 두려웠던 것으로 보인다. 그래서 디포가 분명 무엇인가를 숨기지 않았나 의심하게 된다. 그 무엇인가는 그 자신의 신사성이 자기 하인들이 다른 사람들의 집에서 본 표준에 미치지 못하는 것은 아닌지에 대한 두려움일 수도 있었다. 하녀들의 옷이 너무 고급스러워서 방문객이 누가 하녀이고 누가 주인마님인지 구분하기 힘들다고 그가 자주 한 언급은 그저 과장일 수도 있었다. 그러나 이는 또한 불안감의 표시일 수도 있다. 디포의 시집 『예속 노동』(*Servitude*)의 후기에서 디포가 하인을 공격하는 어느 부분에 대꾸한, 매우 주제넘은 하인 도슬리(Robert Dodsley)는 한 번 본 숙녀를 못 알아보는 신사를 희생시키는 약간 무거운 풍자를 담고 있다. "실로, 우리는 요리사나 가정부가 그런 대로 괜찮은 어떤 옷을 입어도 그녀가 요리사나 가정부임을 분간하는데, 그런 여자를 쉽사리 멋진 숙녀로 착각하는 모튼 씨(Squire Moreton, 디포의 필명) 같은 우아한 취향을 지닌 신사와 함께 하려니."[69]

디포의 생각에 하인이 나쁜 행동을 하는 주된 이유 가운데 하나가 그들이 쓸 돈이 더 많아졌다는 것이었다.[70] 1724년에 디포는 다음과 같이 썼다. "영국에서 임금을 올려 주면 조금이라도 나아지는 하인이나 노동자를 한 명도 보지 못하였다. 하인은 당연히 자기가 그만큼의 대우를 받을 만하며, 그렇지 않다면 임금을 올려 주었을 리 없다고 생각한다; 따라서 임금 인상이 그를 나아지게 하기보다는 항상 사람을 버려놓는다."[71] 이것은 디포 같은 고임금 옹호론자가 택하기에는 좀 일관성이 없는 관점으로 보일 수도 있다. 하인에 관한 그의 두 번째 주요 저작 『모든 사람의 관심사는 아무의 관심사도 아니다』(*Every-Body's Business is No-Body's Business*)에서, 그는 더 나아가서, 심지어 상당히 심한 임금 인하를 제안한다.[72] 그러나 앞 장에서 보았듯이,[73] 디포는 지속적인 임금 상승을 바라지 않았다. 그는 또한 가내 하인을 하나의 특별한 경우로서 취급하는 경향이 있었다. 누구에게든 임금 인상은 악덕과 불복종에 이르게 할 가능성 이상의 일이었다. 그러나 이것은 필요악으로 받아들여질 수도 있었다. 그 결과로 발생하는 소비가 나라 전체의 고용과 번영 수준을 지속시키는 데 도움이 되었기 때문이다. 그렇지만 가내 하인의 악덕과 불복종은 묵인하기 쉽지 않았는데 그런 일들이 누군가의 집안에서 실제로 일어났기 때문이다. 또한 하인의 임금 인하가 소비 감소로 이어지지 않을 것이란 주장도 가능하였다. 하인에게 임금을 올려 주면 단지 고용주가 다른 곳에 소비를 덜함을 의미할 뿐이었다; 다른 말로 하자면, 그것은 단순히 가구 내의 지출권 분배 문제에 불과하였다. 하인을 고용한 디포는 당연히 하인이 아니라 주인이 가계 소비를 결정해야 한다고 생각하였다.

비록 디포가 세부 사항에서 약간 과장하였을 수는 있지만, 가내 하인의 임금이 상승하고 있다고 한 그의 관찰이 옳았다는 것은 거의 의심의 여지가 없어 보인다.[74] 그의 설명이 상당히 정확할 법도 하다. 중간 계층의 양적 성장과 그들의 과시가 증가하는 일은 당연히 하인에 대한 수요를 크게 늘리기에 이르렀다. 하인의 시중을 받는다는 것은 결국 그가 주인임을 계속 만족스럽게 상기시키는 일이다. 그러나 수요는 증가하였는데 공급이 같은 비율로 증가하였다는 징후는 없다. 인구 증가는 매우 미미하였고, 특히 영국 남부에서 그러하였다. 디포는 이민과 전쟁 때문에 실제로 인구가 감소하고 있다고 생각하였다.[75] 수요와 공급의 이러한 불균형이 가차 없이 하인의 임금 상승을 가져왔고, 이 추세는 농촌에서 젊은이들이 계속 이탈하는 데도 멈춰질 수 없었다.

하인의 소득이 결코 임금만은 아니었다. 방문객들에게서 팁을 뜯어내는 일이 예술적 경지에 이르러, 한 작가에 따르면 임금의 두 배에 달하였다.[76] "당신은 부자와 더 이상 식사할 여력이 안 된다. 문까지 가는 길에 손을 벌리고 있는 하인들의 긴 행렬을 지나야 하므로"라는 농담이 당시에 유행하였다. 팁을 안 주면 다음 번 방문 때 불쾌한 경험을 할 수 있었다. 그 방문자는 인색하다거나 가난하다는 입소문이 하인들 사이에 떠돌면서 말이다. 하인의 소득원은 여기에 그치지 않는다. 그들 주인과 거래하는 사업가와 만나게 해 주면서 소개료를 받는 일이 오랜 전통으로 자리 잡았다.[77] 점포와 접촉이 없는 하인들은 다른 방식으로 주인을 속일 수 있었다. 예를 들어, 주인의 사냥 도

우미들은 주인이 사냥을 나갈 때 밀렵꾼들에게서 돈을 받고, 주인을 일부러 사냥감에서 먼 곳으로 안내하는 식으로, 그 자신의 사업을 망치지 않을 수 있었다.[78] 소소한 좀도둑질과 잡다한 부정직한 행위의 범위는 상당하였을 것이 분명하다. 그렇지만 도슬리가 하인들에 관한 당시의 몇몇 책들을 읽고서 분개하며, 모든 하인들이 전부 사기꾼은 아니었다고 한 발언에 명백히 진실이 있었음이 새롭게 확인되고 있다.[79]

그럼에도 당시의 논평이 조금이라도 가치가 있다면, 하인들은 높아진 자기네 교섭력을 잘 활용하였던 것으로 보인다. 연 50실링 역주: 당시 1실링은 12펜스=20분의 1 파운드, 요즘 5펜스에 해당 이나 3파운드를 받는 하녀로 일하기 위하여 런던으로 올라오는 소녀는 "일한 지 1주 이내에, 아니 하루 만에 시골 소녀 위원회가 소집되어 그녀를 조사하고, 임금 인상을 요구하든가 아니면 훈수를 두며; 그녀를 다음과 같이 부추기기도 하였다. 약초상, 양초상, 또는 다른 노련한 소개꾼들은 그녀에게 연 4 또는 5파운드의 일자리를 구해 준다고 말이다. …" 그리고 그녀의 임금이 꼭대기에 오를 때까지, 그렇게 이곳저곳에서 부추겨 댄다.[80] 그리고 여성 하인이 돈을 더 받으면 남성 하인 임금도 올려 주어야 하였다. 결코 하녀보다 하인이 덜 받지는 않았다. 어찌되었든 시골에서 이제 막 올라온 소녀가 겉보기만큼 풋내기란 보장은 없었다. 행실이 워낙 나빠 일을 아예 구할 수 없던 최악의 소녀들은 시골로 내려갔다가, "아마도 다음 마차로 돌아오는 일을 되풀이하였다; 마차에서 풀려난 다음에는(가장 하층 젠트리의 표현이다), 양심적인 사람은 그들에게 새로운 성품을 부여한다. 자기가 그녀의 이모와 사촌들을 알며, 모두 어마어마하게 정직하다든가 등등으로."[81]

하인이 "이곳저곳에서 훈수를 둘" 수 있는 고용 상황은 주인과 하인 관계에서 일어난 변화로 보여 준다. 하인들이 일자리 구하기가 힘들어 주인과 장기 계약을 맺는 시절은 지났다.[82] 실제로 디포에 따르면, 고용주는 하인을 해고할 때 이를 한 달 전에 예고해야 하였으나, 하인은 일자리가 마음에 들지 않으면 자기가 떠나고 싶을 때 떠날 수 있었다.[83] 도슬리는 주인과 하인 관계를 개선하기 위한 방법에 관하여 그들에게 조언하는 자신의 시 말미에 다음과 같이 되풀이한다:[84]

> 우리가 싫으면, 너무 심하다고 생각하면
> 우리는 자유롭게 떠나고, 다른 자리를 구한다.

그 결과 하인의 이동이 매우 신속하였는데, 그런 이동에 대한 자극은 양측에서 왔다. 유명한 스코틀랜드인 하인 맥도널드(John Macdonald)는 18세기 말에 자기 회고록에서 30년 동안 28명의 주인을 모셨다고 썼다.[85] 이것이 그다지 드문 경우는 아닌 것으로 보인다. 그 결과 런던에는 "일이 없는" 하인 인구가 상당하였다. 이들은 해고되었거나 또는 스스로 더 좋은 자리를 구하기 위하여 사직하였다. 당시 사람들은 실업 상태의 하인들이 거의 불가피하게 지하세계로 전락한다고 느꼈다. 그들은 예전 주인들의 재산과 생활 방식에 관한 정보를 팔거나, 스스로 도둑질에 가담하거나, 소녀들이라면 거리로 나갔다.

디포는 하인의 지출 패턴, 술과 고급스런 옷 때문에 하인들이 불량한 하인이 되고 둔감한 방문객을 당황하게 만드는 것만이 아니라, 그들이 장래에 대한 대책을 생각하지 못하는 것에 대해서도 개탄하였다. 왜 그들은 어려운 때를 대비하여 저축할 수 있을 때 해 두거나, 혹은 심지어 사회적 신분 상승에 이를 첫 단에 자신을 올려놓는 일에 자기네가 지닌 이점을 이용하지 않았을까? 그러나 그들은 절대 그런 생각을 하지 않았다. 하녀가 스스로를 향상시키려고 마음먹으면, 그녀는 더 빠르지만 파국에 이를 가능성이 있는, 즉 도제나 그보다 좀 더 나은 주인 아들을 유혹하는 방식을 취하였다. 그리고 하인은 절대 저축하지 않았다. 따라서 일단 일자리를 잃으면 다시 일을 얻을 때까지 굶지 않기 위해 범죄나 매춘에 의존할 처지에 내몰렸다. 그리고 그들이 범죄를 해치우기에 적절한 도제 경험이 없으므로, 대개는 능숙한 범죄자가 되지 못하여 교수대에서 생을 마감하였고, 소녀들은 좋은 매춘부도 좋은 하녀도 되지 못하였다.[86]

하인들은 디포나 다른 작가들이 알고 있던 만큼 그렇게 형편없는 존재였을까? 알 수 없다. 하인들의 한심한 행동은 항상 주인들 대화의 주요 주제였던 것 같다. 반면 18세기 초만큼 하인들에게 조건이 좋았던 시기가 드물었을 수 있다. 아마도 이 주제에 대한 결론은 역사가 도로시 마셜(Dorothy Marshall)에게 맡겨야 한다. 그녀는 하인의 불복종이 "오늘날에는 허용되지 않을 취중 무례 정도"였음을 알아냈는데, 이것은 1920년대에 그랬던 만큼이나 1720년대에도 통용될 평가였다.[87]

디포가 하인의 나쁜 행동에 대하여 하인 쪽에 전적인 책임을 두었다고 말한다면 디포를 부당하게 다룬 셈이 될 것이다. 사회에 관한 어떠한 온정주의적 관점에든 아버지가 아들에게, 주인이 하인에게 모범을 보이지 않으면 사회가 타락할 것이라는 가정이 함축되어 있다. 그러므로 디포가 한 비판의 많은 부분은 무능하고 참견하고 사악한 주인과 마님을 겨누고 있다. 유혹한 쪽이 모두 하녀들만은 아니었다.[88] 디포는 자신이 가족에 관하여 쓴 모든 저작에서 가정 내의 좋은 다스림과 도덕적 행실을 지키는 데 주인과 마님 모두가 수행해야 할 역할을 강조한다. 하인들을 가르치고 개선시키며, 그들이 안식일을 제대로 지키고 가족 기도에 참여하고, 지하 저장고에 이르는 문이 늘 단단히 잠겨 있는지 확인하는 일이 모두 주인과 마님의 의무이다. 적절한 가정 운영이 무너졌다는 사실은 하인들이 부적절한 행동을 할 좋은 이유가 되었다. 다른 문제는 영국의 주인들이 너무 느슨하고 친절하였다는 것이었다. 그는 우리에게 『종속의 위대한 법칙에 관한 고찰』(*The Great Law of Subordination Consider'd*)에서 다음과 같이 일깨운다. "만만한 주인이 건방진 하인을 만든다."[89]

디포가 특히 개탄한 영국식 친절한 마음씨의 한 측면은 나쁜 하인에게 좋은 추천서를 써주는 것이었다. 이 관행은, 거짓말임은 물론, 아마도 다른 중간 계층 집안에 도둑이나 도덕적으로 타락한 자를 들이는 행위가 될 것이다.[90] 『종교적 구혼』(*Religious Courtship*)에서 한 등장인물이 모든 하인의 추천서가 진실만을 말하였다면 아무도 다시 일자리를 구하지 못할 것이라고 지적하게 만들어 놓았다. 그러나 디포는 단호하다.[91] 진실이 언급되어야 하였다. 정확한 추천서를 제공하지 못한 고용주는 그들 자신이 처벌받아야 하였다. 그렇게 개혁해야 주인의 정확한 추천서가 디포가 주창한 하인 문제 해결에 중요한 역할을 할 것이었다. 주인과 하인 간의 모든 계약을 평화 법원(Justice of the Peace)에 등록함으로써 하인의 이직을 줄일 수 있다. 그럴 경우, 하인이 정당한 사유 없이 떠난다면, 법원에 소환되어 처벌받을 수 있다. 하인이 진실되고 좋은 추천서를 제출할 수 없다면 고용 계약이 체결되지 않게 된다. 그렇지만 디포가 말하는 대부분의 개혁처럼 이것은 단지 탁상공론이 될 운명이었다. 법관들도 하인들도 이를 반기지 않았을 것이며, 그 효과로 하인 공급을 더 줄여 당연히 하인의 임금을 더욱 높일 것을 고용주가 일단 깨달으면 고용주도 금새 이를 싫어하였을 것이다.

사회와 개인을 사회, 경제적으로 향상시키려는 디포의 계획, 이것을 만족시키기 위하여 하인이 어떤 행동을 할 수 있었을까? 이에 관하여 디포 평자가 정확히 알기는 어렵다. 만일 하인의 임금이 인하되면 이것이 분명히 소비와 고용에 일정한 영향을 주었겠지만 그 효과가 생각보다 크지는 않을 것이다. 농민은 별로 타격을 입지 않을 텐데 하인이 주인의 부담으로 계속 농산물을 먹을 것이기 때문이다. 그리고 직물 공업도 별 걱정이 없다. 하인이 입던 거의 모든 좋은 옷은 주인들이 자기네 허영심에서 그들에게 사주었거나, 마님이 입던 헌 옷이었기 때문이다. 따라서 하인들이 디포가 추천한 단조로운 제복을 입는다면, 그 결과는 중고 견직물과 면직물의 랙 패어(Rag Fair)와 로즈매리가(Rosemary-Lane)의 헌 옷 장수에게 가는 공급이 팽창할 것이다. 하인에게 지급하는 임금 인하의 주된 희생자는, 하인 자신을 빼면, 주류업이다. 이것은 심각한 결과를 초래할 수 있다. 모든 잡다한 곁가지 중에서도 주류업은 빈민을 주로 고용하는 업종 가운데 하나였기 때문이다. 하인들이 예전과 같은 임금을 받으면서 디포가 권한 대로 저축을 하였을 경우에도 주류업은 피해를 보게 될 것이다. 더욱 나쁜 것은, 하인이 스스로 향상하기 위해 저축을 사용하고 중간 계층의 하층까지 상승할 경우, 이것이 하인들이 얻고 싶어 하는 기술을 보유한 소규모 가게 주인, 제빵업자, 요리점 등으로서는 경쟁이 확대, 심화될 것이었다. 그러나 앞에서 말하였듯이, 상업의 세계에서 경쟁은 디포가 반대한 현상이기도 하였다. 그것은 약간 미묘한 문제였다. 만일 하인이 진실로 금주하고, 신을 깊이 숭배하고 품행이 단정하였다면; 값싼 아마를 섞어 짠 모직물을 입으며 푼돈을 저축하였다면, 그러면 사회는 만족스러울 정도로 질서가 잡혔을 수는 있겠으나 실업률, 파산율, 빈곤율은 더 높아졌을 것이다.

디포는 전반적으로 가내 하인보다 그 이외 다른 노동 계급에 더 관대한 태도를 보였다. 숙련 노동자와 노동 빈민은, 비록 그들이 자기네 결함이 있었을지라도, 결국 고품질의 재화를 생산하고 그렇게 열심히 일함으로써 프랑스인과 다른 외국인보다 더 빛날 수 있었던 훌륭한 사람들이었다. 그들은 또한 가내 하인처럼 건방진 태도로 종일 집안에 머물러 있지 않고, 주인집 밖에 있었다. 그럼에도 노동자에 대한 디포의 논의는 그가 가내 하인에 대해 가한 비판과 비슷하다. 그들은 자기 돈을 지혜 없이 부도덕한 쪽에 썼다; 그들은 앞을 내다볼 줄 모르고 게을렀다; 그들은 자기네 주인의 흉내를 내었고, 일반적으로 선량한 하느님이 그들에게 제공한 위치를 쉽게 잊었다.[92] 위계적 사회가 그들에 기대한 복종을 이행하는 사람은 드물었다.[93] 자기네 운명에 만족하는 이들은 더욱 드물었다. 얼마나 많은 이들이 백스터(Richard Baxter) 역주: 1615~1691, 영국 청교도 성직자, 학자 를 읽고 자신들이 구제받지 못할 부자의 유혹을 갖지 않게 되어 참으로 다행임을 깨달았는가?[94] 디포의 저작에서 정직하고 신을 두려워하는 노동자로서 만점을 얻은 딱 한 인물이 있다. 이 사람은 『종교적 구혼』에서 무신론자 영주를 교화하는 데 성공한 가난한 노동자이다.[95] 그러나 바로 이 사례가 디포의 다른 면을 보여 준다. 전도의 대가로 영주가 그에게 농장과 가축을, 매우 저렴한 지대로 제공하기 때문이다.[96] 정직한 윌리엄은 신실한 과업을 시작하였을 때 그런 가능성을 염두에 둘 수 있었을까?

이것은 아마 지나치게 냉소적이다. 어찌되었든, 디포의 저작에서 노동 빈민에 관해 분명히 드러나는 한 가지는 그들이 중요한 기회를 포착하는 데 밝은 눈을 가졌다는 것이다. 가내 하인이 자기네 희소가치를 어떻게 잘 활용하였는지 우리는 보았다. 노동자들도 18세기 초, 즉 적어도 호황기에는 자기네가 유리한 위치에 있음을 알았을 수 있다. 이것이 20세기 수준으로 볼 때그들이 매우 가난하였고 힘든 삶을 살았다는 사실을 부정하는 것은 아니다. 그러나 산업화 이전 사회와, 노동 시장 등의 제약 내에서,[97] 그들은 스스로를 꽤 잘 돌볼 수 있었다. 그렇게 함으로써 물론 그들은 자기네 주인, 도덕주의자, 자기네 사회에 관하여 논평하는 논객들을 화나게 하였다. 그런 사람들은 유토피아를 거꾸로 바라보는 경향이 있었다. 그 유토피아에서 빈민들은 정말로 가난하였고 그들이 하였던 대로 굽실거리면서 젠트리와 중간 계층민의 더욱 큰 영광을 위해 열심히 일하는 데에 자기네 모든 시간을 쓸 의무가 있었다. 그러나 빈민의 이상향은 좀 달랐다.

노동자의 처신보다는 오히려, 노동자가 실제로 일하는 행태에 관한 가장 흔한 불평이 노동자가 게으르다는 것이었다. 이것은 실은 그가 주어진 시간 내에 고용주가 원한 만큼의 일을 하지 않았다는 의미였다. 일단 계약이 체결되면, 노동자의 시간은 그의 고용주에 속한다고 여겨졌다. 따라서 게으름은 도둑질에 버금갔다.[98] 디포는 『종속의 위대한 법칙에 관한 고찰』에서 다음과 같이 썼다. "내가 지불하는 그의 시간의 어느 부분이라도 나에게서 사취하는 자는 내 금고를 부수고 그 시간(낭비된)에 해당하는 돈을 탈취한 도둑이나 마찬가지이다."[99] 이런 태도가, 일은 하지 않고 거의 하루 종일 담너머로 젊은 이들의 크리켓 게임을 구경하면서도 태평하게 게으른 정원사에 관한 이야기에 담겨 있다. 그의 고용주는 그를 절도죄로 고소하고 해고하였는데, 정원사는 그에게 추천서를 부탁하였다. 추천서는 이렇다. "그는 정원사 직업을 집어치울 수 있는 사람이지만 내게서 해고당하였습니다. 자기 업무를 소홀히 하고, 내 시간을 훔쳤고, 건방진 언사를 쓴 것이 그 이유입니다."[100]

중간 계층이 볼 때 노동자들이 갖는 공통된 특징이 있었다. 그것은 무례, 불복종, 무슨 일이든 간에 전반적으로 하기 싫어하는 경향 등이었다. 나이든 사람들조차 과거의 좋은 방식을 잊었다. 또 다른 흥미로운 장면에서, 디포는 마차를 수리하는 바퀴공 이야기를 들려준다. "그가 작업에 바쁠 때 그를 아는 마을 사람이 다가와, 몇 발짝 앞에서 의례적인 문안을 전한다: '안녕하세요. 라이트 신부님(Father Wright), 신이 당신의 노동 속도를 높여 주시기를'. 늙은 친구는 그를 올려다본다. 처음에는 그를 알아보지 못하였기 때문이다. 그리고 즐거운 무뚝뚝함을 표시하며 대꾸하였다: '신이 그러든 말든 나는 상관없네, 이것은 일용직 일이니까'."[101]

노동자들은 작업에 게으를 뿐 아니라 그들이 하기 싫으면 아예 일을 하려 들지도 않았다. 일용 노동자는 자신이 가족을 먹여 살릴 만큼 충분히 벌었다고 생각하면 일을 멈추고 그 주일의 남은 시간은 술집에서 보내려 하였다.[102] 성과급 노동자도 나을 바가 없었다. 포목상에게서 집에서 일할 양모와 실을 건네받은 남녀는 자기네 임의의 시간에 직포 작업에 임하였다. 그들이 쪼들렸다면 일을 빨리 끝내려 할 것이다. 그들이 여유로운 상황이거나 곡물 가격이 낮았다면, 단순 작업에도 몇 주 몇 달이 걸릴 수 있었다. 포목상이 그에 관해 할 수 있는 일은 거의 없었다. 노동자가 도제였거나 "1년간 일하기로 계약된 하인"이 아니면, 고용주는 일을 하지 않았다는 이유로 그들을 법정에 소환할 수 없었다. 그는 "그를 계약 위반으로 고소하여 법에 따라 그에 대한 손해배상을 받을" 것이다. 그러나 이런 소송은 오래 걸릴 것이고 비용이 많이 들 것이고 결과는 항상 불확실하였다. 포목상이 승소하더라도, 손해 배상 소송이 종결될 때쯤 노동자는 빈민일 것임이 거의 확실하였으므로, "거지를 고소하여 영국 속담을 잡았다."[103]

아무도 필요를 느낀 이상으로 더 일하지 않을 것이라는 사실은 물론 임금 상승과 빵 가격 하락으로 더욱 악화되었다. 필요한 것은 이제 훨씬 적은 시간 안에 얻을 수 있었다. 그렇지만 다행히도 고용주에게는 필요성 자체가 질적으로 변하였다. 새로운 상품이 시장에 도입되었고, 남을 따라하는 정서로 인하여 노동자들은 노동자들만이 아니라 그 윗계층의 유행에도 뒤지지 않고자 분주히 움직였다. 그렇게 따라하는 정서는 조잡한 유사품을 만들 수도 있지만, 적어도 그것은 사람들을 계속 일하게 하는 유일한 동력이었다. 디포는 이 점을 유감스러워하긴 하였어도 결국 그것이 자신의 경제학의 근간임을 알았다. 다른 작가들도 그것이 진실이었음을 어렴풋이나마 알아채기 시작하였다.[104] 몇몇 작가들은 심지어 노동자가 게을러지지 않도록 갖고 싶어 할 만한 것을 창조하자고 권고하기조차 하였다. 클로인의 버클리 주교(Bishop Berkeley of Cloyne)는 아일랜드인에게 일 시키는 방법을 고안하기가 어렵다는 것을 깨달았다. 그들은 아무 일을 하지 않고도 너무 잘 살 수 있었다. 그의 질문은 이와 같다. "갖고 싶은 것을 고안해 내는 것이 한 국민에게서 공업을 일으킬, 가장 그럴싸한 방법이지 않을까? 그리고 우리 [즉, 아일랜드] 농민이 쇠고기를 먹고 구두를 신는 데 익숙해지면 더 부지런해지지 않을까?"[105] 이와 정확히 일치하게, 갖고 싶은 것을 창조한다는 문제가 제3세계에서 욕망의 정신을 유도하고자 노력하는 현대 작가들의 관심사였다.[106] 변화를 추구하는 자에게 변화가 없으면 행복한 사람만큼 더 난처한 것은 없다.

디포의 세계에서 욕구란 언제나 그리 쉽게 충족되는 것은 아니었다. 일하고 싶을 때 일하고, 잘 먹고 잘 입은 행복한 노동자의 모습은, 18세기 초에 그만큼이나 흔한 전형, 즉 일하고 싶은데 일할 수 없는 남녀, 즉 "어려운 빈민"과 "정말로 쪼들리고 결핍을 겪는 비참한 사람들"[107]과 그 차이를 거의 느낄 수 없을 정도로 겹친다.

디포 시절과 그 시기를 전후한 오랜 기간에 빈곤에 대해 쓴 모든 작가들이 직면한 주된 문제는 가난하여 마땅한 자들을 그렇지 않은 빈민과 구별하는 것이었다. 공동체 전체가, 특히 부자는 빈민에 대해 어느 정도 책임이 있다는 것을 누구나 받아들였다. 가장의 죽음으로 갑자기 곤궁에 빠진 고아나 어린 가족이 있는 과부는 굶지 않도록 도움을 받을 자격이 있다는 데 모두가 동의하였다. 그러나 이런 경우조차, 구호가 절대적으로 옳은 것은 아니었다. 특히, 그런 사람들은, 아무리 나이가 어리더라도, 자활하기 위해 스스로 할 수 있는 모든 것을 하여 사회에 부담을 경감시켜야 하는 것으로 여겨졌다. 대부분의 작가들은 병자와 노인도 사회의 돌봄을 받을 권리가 있다고 생각하였다. 만일 노인이 젊고 건강하였을 때 적어도 이와 같이 노년의 삶을 예상하여 저축을 해두었더라면 세상이 더 살기 좋은 곳이 되었을 것이라고 생각한 사람도 물론 많았다. 하지만 가장 열띤 논란은 멀쩡히 일할 수 있는 빈민으로 알려진 사람들에 관한 것이었다. 이들은 분명히 일할 수 있는데도 아무것도 하지 않으면서 사회가 자신들을 책임질 것을 기대하였다. 결코 전부는 아니지만 대부분의 저술가들은 이들이 의도적으로 일을 하지 않는 쪽을 선택하였으며, 그들 스스로 일자리 찾기를 거부하면 강제로 일하게 만들어야 한다고 생각하였다.

디포는, 적어도 자신이 납득하기로는, 일할 수 있는 멀쩡한 사람에게 비자발적 실업 같은 것은 없다는 것을 증명하였다. 그는 영국의 임금이 노동자의 생존 수준보다 높았기 때문에 영국에는 일자리가 부족할 수 없다고 주장하였다. 만일 일자리를 찾는 사람이 정말로 있었다면, 그 임금 수준은 생존에 필요한 최소 수준으로, 프랑스인이나 심지어 아일랜드 사람이 받는 임금 수준으로까지 떨어졌을 것이다.[108] "부인할 수 없는 사실은, 노동자가 자기 혼자서 스스로 쓸 만큼보다 더 많이 벌 수 있는 곳에서, 그런 일이 일어날 나라에서는 일자리 부족은 없다."[109] 한 논객이 가설에 기초하여 걸인의 수를 지적하자, 디포는 그의 주장을 간단히 일축하였다. 구걸은 그냥 하나의 직업이자 명백히 남는 장사였다. 그렇지 않다면 거지들은 기존 노동자와 일자리를 두고 경쟁하고 있을 것이다. "그렇게 많은 사람이 일을 찾는 척하는 것은 그런 척하는 것으로도 잘 살 수 있기 때문이다. 그들이 그것을 떠나서 본격적으로 일을 한다면 미쳐버릴 것이다."[110]

웹 부부(Sidney and Beatrice Webb)가 쓴 영국 빈민법 역사에서 디포는 노동능력이 있는 빈민 문제를 안이하게 다루었다는 이유로 혹평을 받는다. 그리고 당시 부유층에 흔하였던 태도를 고수한다는 이유로 무시되고 있다.[111] 이것은 디포에게 약간 부당하다. 그는 1704년과 1705년 앞서 말한 논의를 개진한 적이 있다. 이때 그는, 맥워스 경의 구빈원 법안(Sir Humphrey Mackworth's Workhouse Bill)의 폐기라는, 특히나 논란거리가 되는 과제에 몰두하였고[112] 여기서 그는 완전히 성공을 거두었다. 그러나 다른 저작들에서 디포는, 비록 자신이 중시하는 제안을 포기하지는 않지만, 결코 그토록 가혹하지 않다.

실제로 18세기 초 저술가들은 대부분 빈곤의 원인에 관해 디포만큼 그렇게 명쾌한 생각을 갖고 있지 않았다. 그리고 디포는 자신의 많은 저작에서, 빈민에 대해 놀라울 만큼 관대하며 그들의 문제를 예리하게 이해하고 있음을 보인다. 이것은 별로 놀랄 일이 아니다. 디포는 그 자신이 빈민 틈에 뒤섞여 본 경험을 가지고 빈곤에 대해 쓴 거의 유일한 작가였다. 그의 채무자 경험, 1703년의 뉴게이트 감옥 생활은 그에게 절대 잊지 못할 것들을 가르쳐 주었다. 그 한 가지는 그의 평생의 관심사가 되었다. 그것은 그가 재난 수준의 빈곤이라고 이름 붙인 것이었다. 즉, "불운이나 잘못된 경영, 또는 둘 다에 의하여 좋은 재산을 다 날리고 부채, 파산, 투옥, 절망과 모든 종류의 비참함으로 전락한" 중간 계층민을 덮친 충격으로서의 빈곤이다.[113] 하지만 그는 또한 물려받은 빈곤과 그런 빈곤에 시달려야 하는 사람들에 관해 더 많이 배웠다. 그들은 "노동하기 위하여 태어났으며, 빵을 얻고자 일하고, 굶지 않기 위하여 일하거나 적선에 의존할 수밖에 없는 자들이었다."[114] 그가, 앞에 이야기한 불량한 하인과 노동자처럼, 많은 사람들이 게으르고 술을 퍼마셔 댔기 때문에 가난하였다는 다른 작가들의 생각에 동의할 수도 있다. 그런 사람들은 동정의 여지가 없었다. 그러나 디포는 거기에 멈추지 않았다. 그는 빈곤에는 다른 이유들이 있다는 것을 알았고, 바로 그 다른 이유들 때문에 가난한 자들을 안타까워하였다.

디포 시대에 신체 건강한 자가 빈곤한 가장 명백한 이유는 모든 사람에게 일자리가 항상 충분하지 않아서였다. 농장주는 연중 농번기에는 추가 노동을 대거 고용해야 하였다. 추수 때 일하는 많은 인부와 건초 만드는 사람들은 연중 다른 시기 동안에는 어딘가 다른 곳에서 일하다 온 사람들이었지만, 결코 그들 중 모든 이들이 그렇지는 않았다. 이와 같은 계절성이 많은 다른 직종에서 작동하였다. 물레방앗간은 물이 없는 여름에는 일이 없었다; 건설 노동자는 비가 많이 오는 겨울에는 일을 할 수 없었다. 예를 들어, 벽돌공은 1년에, 6개월은 아니더라도, 5개월은 일이 없다는 것을 예상할 수 있었다.[115] 런던에서 많은 노동자들은, 젠틀맨과 법관들이 가족과 하인들을 대동하고 시내에 들어와 한 해의 사업을 수행하고 즐기며 돈을 써대는 바로 그 계절에만, 할 일이 있었다. 재봉사나 모자 제조인은 1년의 3분의 1을 쉬는데, 젠틀맨과 부인들이 다시 돌아올 동안 다른 일을 찾기가 힘들었다.[116] 예를 들어, 한 사람이 겨울에는 재봉사였다가 여름에는 벽돌공이 될 수 없었다. 물론 9개월을 줄곧 일할 수 있는 직업이 많은 이들에게는 사치였을 것이다. 런던의 강을 그처럼 기억될 만한 광경으로 만들 정도로 영국 상인을 태운 배가 가져온 물건들을 배에서 내려 유통시키려면 수많은 하역 인부와 짐꾼들이 필요하였다. 그러나 물품이 정기적으로 들어온 것도 아니었고, 일꾼 대부분은 아닐지라도, 이들 가운데 많은 일꾼은 어느 특정 날인가에는 일이 없었다.

계절적 실업은 어느 정도 예상 가능하므로 똑똑한 노동자라면 여러 직업을 연결하여 스스로 고용을 유지할 수 있다. 하역 인부조차 바람 때문에 선박이 강을 거슬러 올라오지 못하여 일이 없으면, 영국에 부는 바람은 그렇게 오랫동안 같은 방향으로 부는 일이 없다고 생각하며 자신을 위로할 수 있었다. 그러나 많은 실업이 정부 또는 부유층들의 변덕으로 야기되었고 빈민은 그것을 예측할 수 없었다. 전쟁 발발 또는 유행의 변화 등은 나라 전체에 수많은 실업자를 갑자기 양산할 수 있었다. 임금을 받지 못하면 이들은 더 이상 자기네 소비 수준을 유지할 여유가 없었고, 그래서 예전에 이들에게 필요한 것을 공급하는 일로 먹고살던 훨씬 더 많은 사람들을 빈민 계층으로 몰아냈다.

이와 같은 경제에서 노동의 취약성은 『전염병 해의 기록』(*Journal of the Plague Year*)에 잘 나타나 있다.역주: 1665년 런던 흑사병 여기서 디포는 빈민의 사망률이 가장 높았음을 지적한다. 이것은 그들이 가난하여 길거리에서 노숙자와 어울리는 시간이 많았고 그래서 그들 중 다수가 감염되었기 때문이었다. 그들은 부유층처럼 도시를 떠날 여유도 없었고, 먹을 것을 쌓아 두고 전염병의 독성이 사라질 때까지 집안에 틀어박힐 수도 없었다. 빈곤이 그들의 행태를 지배하였다. 매일 소량의 음식을 구매하러 가게와 시장에 나가야 하였다. 그러나 그들은 일자리를 알아보기 위해서도 나가야 하였다. 전염병이 정규 고용을 대량으로 감소시켰기 때문이었다. 항구가 사실상 폐쇄되었다는 것은 뱃사람, 항만 인구, 짐꾼이 해고되었을 뿐 아니라 밧줄 만드는 사람부터 닻 대장장이에 이르는 숙련 노동자들까지 광범위하게 일손을 놓게 되었다는 것을 뜻하였다. 궁정이 옥스퍼드로 이전하고 부유층이 지방 저택으로 돌아가면, 부자의 유행을 맞추던 사람들과 통상적으로 런던에서 고용된 대규모 하인 군단이 모조리 실업 상태에 놓이기에 이르렀다. 마지막으로, 사망률이 급증하여 런던의 모든 건설 일이 정지되었다.[117] 전염병 구덩이를 파고 시신을 묻는 작업이 그 대체 고용이었으므로 많은 빈민이 죽은 것은 놀랄 일이 아니었다. 전염병 시대에 다행히도 풍년이 드는 우연의 일치만이 사망률이 더욱 높아지는 것을 막았을 따름이었다.

전염병은 물론 예외적 사건이었다. 그러나 디포의 세계에서 간헐적 실업은 정상적 현상이었다. 더욱이 호황기조차 일자리가 나라 전체에 걸쳐 고르게 분포되어 있지 않았다.[118] 평상시에 실업 수준이 이처럼 높았으므로 만일 평소의 고용 패턴에서 어떤 구조적 변화가 발생하면 실업이 크게 증가할 수 있었다. 디포는 영국 견직 노동자들이 내몰리게 된 궁지로 우리의 주의를 돌린다. 그들은 인도와의 경쟁 때문에 그보다 더 못한 직업으로 향해야 하였다.[119] 이런 문제나 이와 비슷한 문제에 관한 장기적인 해결책은 정부의 입법이었다. 견직 사례에서는 확보된 수입을 금지하는 것이었다. 하지만 이미 저고용 상태였던 석탄 운반 인부, 짐꾼, 물고기 장수 등이, 실직한 견직공이 몰려와 그들과 경쟁하기 시작하면서 먹고 살기가 더욱 힘들어졌다는 것을 알게 되면, 어떻게 되는가?

비록 디포가 빈곤의 원인에 대하여 대부분의 동시대인보다 더 많이 이해하고 있었다 하더라도, 실제로는 그가 결코 저고용의 근본적 문제에 관해 깊이 생각하고 있지 않았던 것이 사실이다. 그는 자기 생각의 배경에 항상 자신의 기본 명제, 즉 전반적으로 모든 사람에게 분명히 충분한 일자리가 있고, 만일 그렇지 않았다면 임금 수준이 내려갔을 것이라는 명제를 두었다. 따라서 석탄 운반 인부나 짐꾼이 실직하여 구빈세에서 나오는 수당을 청구하는 것을 보면, 즉각 의아하게 생각한다. 어떻게 이러한 확실히 건장하고 노동할 수 있는 남자가 실업자가 될 수 있을까? 그에게 뭔가 분명히 잘못이 있고, 그 잘못이란 게 그가 아무 일도 하지 않으려 하며, 또한 그는 중간 계층 사람들이 비록 정규적 연금까지는 아니어도 구호금을 뜯어 내기에 쉬운 자들임을 알고 있다는 것이 가장 그럴 듯한 설명이다.

그러므로 디포의 빈곤 분석에 대한 웹 부부의 평가가 아마도 그렇게 완전히 틀린 것은 아니었다. 디포를 연구하는 자가 게으름을 실업과, 따라서 빈곤으로 이어지는 연결을 찾는 데는 정말로 별다른 재간이 필요하지 않다. 인간 본성을 사려 깊게 관찰한 로빈슨 크루소는 그의 섬에서 자라난 공동체에서 게으름의 철칙이 작동하고 있음을 알아챌 수 있었다. 그가 유배한 영국인 폭도 5명은 자기네 새로운 환경이라는 난제에 다른 방식으로 대응하였고 그들의 공적에 따라 보상받았다. "부지런한 자는 편하게 잘 살았고, 빈둥대는 자는 어렵게 거지처럼 살았다; 그래서 내 믿노니, 일반적으로 말하여 전 세계가 그렇다."[120] 디포가, 이것을 쓸 때, 아마 1707년 『리뷰』지의 문장을 염두에 두지 않았을까? 거기에서 그는 다음과 같이 주장하였다. 어떤 인구라도 그 가운데 누구는 부지런하고 누구는 게으를 것이다. 그 결과 항상 부자와 빈자가 있게 된다. "분배의 평등은 지속 가능할 수 없다. 부자와 빈자가 있게 될 것이다; 부지런하면 향상할 것이고, 게으르면 쇠퇴할 것이다; 게으름뱅이는 누더기를 입을 것이요, 현모양처는 잘 차려 입을 것이다; 낭비하면 굶고, 좋은 남편은 부유할 것이다."[121]

부지런한 사람은 스스로를 향상시키고 재앙에서 회복하는 재능을 가졌다. 그는 절대 오래 빈곤하지 않을 것이다. 디포는 다음과 같은 사실을 인정할 만큼 충분히 현실적인 사람이었다.[122] 즉, 만일 부지런한 사람이 그 자신의 잘못 없이 일자리를 잃었다면, 그런 사람은 구빈세 납부자들에게 구호를 청하러 달려가지 않고, 스스로 해결하리라는 것이다. 그는 일을 찾아 나설 것이고, 그동안은 바로 이러한 어려울 때를 예상하여 저축해 둔 돈으로 자신과 가족을 부양하려 할 것이다.[123] 스스로를 도움(self-help)으로써 모든 문제를 극복할 수 있다는 이 신념이 빈곤에서 벗어나는 유일하고도 완전한 처방의 기초라고 디포는 썼다. 이 처방은 그가 초기에 쓴 『연금론』(*Essay upon Project*)에 나와 있으며 역주: 1697년 그가 이를 나중 저작에서 반복하지 않는다는 사실이 아마도 의미심장하다. 이 계획은 연금국(Pension-Office)을 위한 것인데, 모든 노동자가 3개월에 1실링씩 의무적으로 납부하고 무료 의료 서비스를 받으며, "불구가 되거나 노쇠하거나 중병이 들어서(성병 제외) 일을 할 수 없게 될 경우" 필요하면 평생 연금을 받는 것이다.[124] 이것을 기초로 19세기에 프랜들리 소사이어티들이 발달하게 되었다. 그러나 상호 보험이 상대적으로 높은 임금을 받고 정규 고용직에 있는 장인들에게는 좋은 뜻이 될 수도 있겠지만, 저고용 빈민 대다수에게는 전적으로 비현실적이었다. 디포의 계획은 실업을 언급조차 하지 않았다: 어떤 경우에도 1년에 4실링 납부하는 것으로 그런 문제를 완화하기에는 별 도움이 되지 않았을 것이다. 그럼에도 연금국이 구걸과 빈곤을 왕국에서 영원히 퇴치하는 방법으로서 확신을 가지고 선언되었다. 누가 기여금을 납부하지 못한 빈민에게 유감을 느낄 수 있는가? "정말로 누가 한 달에 맥주 두 잔 값이면 예방할 수 있었을 텐데도 이를 따로 떼어 두지 않아 고난에 빠진 자를 동정할 것인가?"[125]

1690년대는 높은 식품 가격과 실업 때문에 구빈세율이 치솟는 시기였다. 항상 그렇듯이 위기는 만병통치 처방을 유발하였고, 1690년대는 빈곤을 치유할 유토피아 같은 계획에 적당한 시기였다. 가장 인기 있는 계획이 빈민의 시야에서 사라지고 동시에 빈민이 스스로를 위하여 돈을 지불하도록 만들어진 신세계를 옹호한 것이었다. 빈곤에 무엇인가 훌륭한 것이, 심지어 성스러운 것이 있다는 구식 사고는 오래전에 사라졌다. 빈곤은 오히려 단지 지저분하고 매우 비용이 많이 드는 것으로 되었다.

육신이 멀쩡한 빈민이 스스로 벌어야 한다는 생각은 유명한 엘리자베스 여왕의 구빈법에 반영되었다. 빈민은 교구에서 일감을 받아 자기 집에서 일하여 스스로 부양하게 하였다. 이러한 계획은 대부분 실패하였는데, 교구 감독들이 빈민이 만든 제품을 팔 수 없었기 때문이었다. 17세기 후반쯤이면 거의 대부분 교구가 아마도 이 실행을 포기하였을 것이다. 차라리 감독들이 보아서 구호가 필요해 보이는 빈민에게 구호금을 지급하여 일할 수 있는 빈민을 부양하는 편이 비용도 덜 들고 훨씬 쉽다는 것을 그들은 깨달았다. 이러한 정책에 불가피하게 많은 비판이 따랐다. 멀쩡한 사람이 일은 하지 않고 구호금으로 술을 마시는 모습은, 당시 구빈세 납부자가 분노를 다스리지 못해 이를 갈게 만들고 지식인들이 팸플릿 작성에 열을 올리게 자극할 만하였다. 팸플릿에는 기상천외한 것부터 확실하게 현실적으로 보이는 것까지의 온갖 계획들이 귀가 얇은 대중과 구빈세 납부자를 대변하는 의회의 주목을 끌기 위해 제시되었다.[126]

쏟아져 나온 해결책들 거의 모두가 두 가지 공통된 내용을 담고 있었다. 빈민이 스스로를 위해 지불하게 만들어야 하고 그들을 한 기관에 함께 모아놓아야 한다. 구호 제도가 모든 고난과 악덕을 치료하거나 적어도 제거할 힘이 있다는 낙관적인 믿음을 1650~1750년 기간에 나온 대부분의 개혁안에서 볼 수 있다. 한 출중한 예가 프랑스인에 의하여 도입되었다. 1656년 칙령으로 파리에 종합 병원(Hôpital Général)이 설립되었다. 다음 해에 "병원의 궁수"라는 파리 민병대가 걸인들을 수색하여 새 기관의 여러 건물에 모아놓는 작업에 착수하였다. 몇 년 내에 남자, 여자, 아이들 5~6천 명이 감금되었다. 대대적인 구속이 시작되었다.[127] 영국인은 이와 같은 계획의 놀라운 단순성을 이해하는 데 오래 걸리지 않았다. 다만 영국은 부르봉 정부 같은 중앙 집권적 효율성을 결여하였으므로 그렇게 장대한 규모로 가동할 수는 없었다. 런던은 열심히 노력하였지만 파리에 비해 관료적 효율성 면에서 뒤죽박죽의 도시로 머물렀다. 영국은 병원, 감옥, 교도소 같은 기존 공공 기관의 수를 늘렸다. 그런 기관들의 기능을 확장하여 인간 쓰레기들만 아니라면 근면하고 번영하였을 사회에서 그 같은 오점을 형성하고 있는 부류를 더 많이 흡수하기 위해서였다. 사설 정신병자 수용소 같은 새로운 기관들이 도입되어 모자라는 부분의 일부를 보충하였다.[128] 똑같은 사회 문제에 대하여 사람마다 다른 해결책이 있을 수 있었으나 모든 해결책이 특정 기관을 통합하는 경향이 있었다. 예를 들어, 맨더빌(Mandeville)은 매춘부들을 공공 성매매 업소에 집결시켜야 한다고 생각하였다; 다른 작가들 생각은 그들을 교화소 또는 심지어 공공 세탁소에 모아야 한다는 것이었다; 그러나 디포를 포함하여 모든 사람이 그들이 공공연하게 영업하고 런던을 세상에서 가장 음란한 도시라는 오명을 쓰게 만들지 못하도록 그들을 거리에서 몰아내야 한다고 생각하였다.[129] 말년의 디포는 진실로 질서에 집착하였다. 『모든 사람의 관심사는 아무의 관심사도 아니다』에서 그는 주인의 명예를 더럽혀 블랙가드(Black Guard)라 불리는 "사악하고, 게으르고, 좀도둑질하는 수많은 불한당들"을 공격하였다. 그들은 하인들을 타락시키고, 가내 하인이 훔친 물건을 훔치고 장물아비 노릇을 하는 자들이었다. 그는 이들을 검거해 노역시킬 것을 제안하였다. 그들이 저항하면 중노동을 해야 하는 광산으로 보내거나 군대의 감시를 받는 템스강의 오물 제거 작업에 동원되어야 하였다.[130] 커널 잭(Colonel Jack)에게 도대체 무슨 일이 있었는가?

빈곤을 해소할 것으로 기대된 기관이 구빈원(workhouse)이었다. 많은 안이 구상되었으나 대부분은 서로를 베낀 모방이었다. 교구 혹은 교구 집단이 구빈원을 세워 원자재를 공급하고 유능한 감독을 고용한다. 감독은 일이 제대로 수행되게 감시할 뿐만 아니라, 원생들이 다시 가난해지는 것에 대해 다시 생각하도록 고안된 혹독한 규율을 따르는지 확인한다.[131] 이러한 구빈원에 관한 생각은 오래된 것이었다. 실로 엘리자베스 여왕 시대의 많은 교화원은 구빈원에 지나지 않았다. 그러나 근대적 구빈원 운동은 대체로 1696년에 브리스틀(Bristol)이 지방의회 법령을 제정하면서 시작된 것으로 여겨진다. 특히 이 법령은 시의 교구 연합체가 재정과 관리를 맡는 구빈원을 설치할 권리를 부여하였다. 다른 도시들도 브리스틀의 예를 따랐고 1723년에는 일반적 설치령이 통과되어 1720년대 중엽에 구빈원 창설의 붐으로 이어졌다.

앞에서 말한 대로, 디포는 구빈원에 원칙적으로 반대하였다. 구빈원 내에서 빈민에게 일을 주면 나라의 다른 어느 곳에선가 그와 비슷한 일을 하는 다른 빈민이 일자리를 잃는다는 것이 그 이유였다.[132] 이 주제에 관한 그의 팸플릿 「자선이 아니라 구호를」(*Giving Alms no Charity*)은 모든 교구에 공공 구빈원을 설치하게 될 험프리 맥워스 경의 구빈법 개정안 시도를 실제로 부결시켰다.[133] 그러나 의미심장하게도, 디포는 그의 말년에 구빈원에 대하여 별로 말할 게 없었다. 그가 잘 논증한 1704년과 1705년의 우려가 현실에서 근거가 없었다. 빈민을 고용하여 자급자족하는 기관으로 운영한다는 구빈원에 관한 구상은 완전한 실패였다. 자기 집에서 사는 사람에게 구호를 제공하는 편이 훨씬 비용이 덜 들었다. 구빈원에서 감독된 노동으로 생산된 보잘것없는 상품은 일반적인 생산과 제대로 경쟁이 되지도 않았다. 구빈원 노동의 많은 부분은 원생 스스로의 수요품을 공급하는 데 쓰였다. 재화가 판매를 위하여 생산될 때 그 재화는 외부 일자리와 직접 경쟁하는 일이 별로 없었다. 웨스트엔드 사람들이 쓸 양탄자 두드리는 일을 전문으로 하는 성 바오로의 코벤트가든 구빈원에서처럼, 잡혀 온 사람들의 노동을 좀 더 상상력 넘치게 이용하는 모습을 때때로 찾아볼 수는 있지만, 뱃밥(oakum)을 줍는 일 정도가 흔한 작업이었다.[134]

애초에 구빈원은 노동 능력이 있는 빈민을 대상으로 고안되었지만 구빈원 안에서 그런 빈민은 매우 드물었다. 그 이유가 흥미롭고, 빈곤에 대한 17세기 말의 견해가 혼란스럽기는 해도 완전히 틀린 것은 아니었음을 보여 준다. 구빈원은 사실 게으른 자와 진심으로 일자리를 구하는 "우발적" 빈민을 구별하는 효과적인 방법이었다. 게으른 사람 가운데 구빈원의 방식을 기꺼이 받아들이려 하는 사람은 거의 없다. 진실로 일자리를 찾는 사람은, 매우 절박할 경우, 구빈원의 원리를 받아들일 법하였다. 그러나 일단 그가 구빈원을 받아들여 입원 자격이 생긴다면, 이것이 그의 구직 노력을 방해할 것이므로 구빈원 측에서 그를 받는 것은 의미가 없었다. 따라서 그는 자기 집에서 구호받게 될 것이고, 어쨌든 그 편이 비용이 덜 들었다. 그리고 구빈원은 오랫동안 빈민으로 있던 빈민들로 채워졌다. 이런 이들은 서로를 돌볼 수 있었고, 그들이 아이들이었다면, 그들 역시 더 커서 가차 없이 돌아가는 세상에 나가 일자리를 찾아야 할 날을 준비할 수 있을 것이다. 구빈원의 구성원이 주로 아이들과 노인, 불구자와 버려진 어머니들이니 생산성이 낮아 구빈원이 자급자족하기 어려운 것은 놀랄 일이 아니다. 구빈원에 대한 익명의 저자가 쓴 책이 그 점을 지적하였다:

빈민을 향상시키려는 대부분의 시도가 실패한 것은 일반적으로 그들의 노동에서 너무 많은 이윤을 기대한 데 기인한다: 왜냐하면, 아! 슬프게도! 일할 시기를 넘긴 노쇠한 이들이나, 모든 것을 새로 배워야 하는 경험 없는 아이들로부터 무슨 큰 이득을 기대할 수 있겠는가.[135]

그러나 다음 쪽에서 그는 구빈원의 진짜 목적을 우리에게 알려 준다. "그런 구빈원이 설치된 교구에 떠돌이 빈민은 감히 들어오거나 오래 머무르지 못한다."[136] 19세기 구빈법에서 그렇게 중요한 역할을 하게 된 "구빈원 심사"(workhouse test)는 1723년 일반적 시행령에 이미 규정되어 있었다. "어떤 빈민이든 이러한 구빈원이나 구빈원들에 거주하며 부양받기를 거부하는 경우, 그런 사람은 교구 명부에서 삭제하고 구제 대상에서 제외한다."[137] 원래 표방된 구빈원이 의도와 현실 간의 격차 때문에, 디포는 1727년 지방정부에 대한 신랄한 비판인 『우물 안의 독재』(*Parochial Tyranny*)를 저술할 때, 구빈원의 경제적 효과를 또다시 공격할 필요를 느끼지 못하였다. 단지 그가 걱정한 것은 구빈원이 불행한 이들을 싸잡아 모아 놓으면서 착한 사람과 나쁜 사람을 구분하려는 시도를 하지 않았다는 사실이었다. 중간 계층의 정직한 사람 가운데 누군가가 빈곤이라는 재난을 겪어야 할 때 무슨 일이 벌어질 것인가? "아, 우리 모두 불운에 처할 수 있는데!: 그리고 정직한 젠틀맨이나 상인이 부인이나 자식들을 돌보지 못하고 떠난다면, 그들이 떠돌이, 걸인, 도둑, 매춘부들과 섞여야 하는 상황을 생각하기도 끔찍하다."[138] 해결책은 불운을 당하여 구빈원의 보호를 찾아온 중간 계층 출신과 본래의 원생인 "떠돌이 부랑인"을 구빈원 내에서 엄격하게 분리하는 것이다.

구빈원을 추진하는 사람들 이외에도 더욱 유토피아적인 몇몇 계획이 있었다. 아마도 디포는 이 계획들에 더 공감하였을 것이다. 앞 장에서 논의되었던 이 계획들은 팔라티네이트(Palatinate)로부터 빈곤한 이민을 받아들이자는 디포의 방안과 사실상 동일한 뜻을 가졌다.[139] 이러한 제안 가운데 하나를 1696년에 퀘이커교도 벨러스(John Bellers)가 내놓았다.[140] 모든 업종에서 일하는 200명이 300명분의 생활필수품을 제공하고, 남은 생산품은 18,000파운드로 추산된 자본을 투자한 투자자에게 이윤으로 주는 산업체를 기획하자는 것이 그의 생각이었다. 이 산업체의 빈민들은 "기독교 발생 초기의 신도 집단처럼 공동 생활을 하는 공동체"를 구성할 것이다. 그런 기획들은 솔깃하고 그럴싸한 단순함을 지녔다. 분명히 모든 사람 각각의 기본 욕구를 충족시키기 위하여 총인구가 노동을 할 필요는 없었다.[141] 따라서, 모두가 일을 하였을 경우, 잉여가 나게 되어 있고 이 잉여는, 이 예에서처럼, 투자자나 그 어느 매력적인 유토피아적 목표를 위하여서든 이익을 창출하기 위해 사용될 수도 있다. 18세기 초에 가장 환상적인 계획에 상을 준다면 분명 로렌스 브래든(Lawrence Bradden)의 유쾌하게 기발한 아이디어에 돌아갔을 것이다. 그는 하나로 된 포괄적 법인을 설립하여 영국의 모든 빈민을 구호, 개혁, 고용할 용도로 쓰자고 제안하였다.[142] 빈민 150만 명이 나라 전체에 걸쳐 도시마다 이런 집결지에 정착할 것이다. 그리고 이 인구 중 50만 명이 전체의 생계 요건을 충족시키는 잉여 재화를 생산할 것이다. 이들 생산품을 프랑스와 네덜란드보다 싸게 팔아 결국 그들의 경제를 파괴하고, 영국은 엄청난 무역 수지 흑자를 얻을 것이다. 수익은 무엇보다도 20년 이내에 국가 부채를 청산하는 데 사용한다. 조지 1세가 브래든의 자문에 응하였더라면 영국은 얼마나 행복한 나라가 되었을까? 더 이상 빈민도 없고, 구빈세도 없고, 세금도 거의 없고, 이 모든 것이 기득권에 아무 손상도 주지 않고 이루어졌을 것이다. 불행히도 이러한 계획은 시도된 적이 없지만, 우리가 브래든과 그 친구들을 악의 없는 광인으로 치부하기 전에, 북아메리카, 특히 매사추세츠에 정착하는 일이 이와 매우 비슷한 논리에 근거하였음을 기억해 둘 만하다. 문제는 영국 내에 매사추세츠 크기의 빈 땅이 좀처럼 없었다는 것이다.

결국 새로운 아이디어들은, 현실성이 있든 공상적이든, 빈곤에 거의 효과가 없었다. 아마 자존심이 너무 세서 구빈원 심사를 받아들이지 못하는 빈민이면 누구는 가망 없이 게으르다고 낙인 찍는 결과만 낳았다. 더 많은 빈민이 기관에 수용되었지만, 17세기와 마찬가지로 18세기에도 빈민 구제 방식은 대부분 자기 집에 사는 빈민에게 구호금을 지급하는 형태였다. 디포는 이에 상당히 만족스러워하였다. 그 시대 사람들 대부분과 마찬가지로 그도 건장한 빈민에 대해 다소 혼란된 견해를 가졌지만, 그런 사람들은 항상 존재할 것이며 과부와 고아, 노쇠하고 병든 자는 언제나 더욱 많다는 사실을 그는 알았다. 그들 중 일부는 게으른 자일 것이며, 그런 부류는 분류되어 구호받기 이전에 처벌받아야 하였다. 하지만 대부분은 게을러서 가난한 게 아닐 것이며 마땅히 지원받을 만하였을 것이다. "아무도 굶어 죽어서는 안 된다."[143] 정말로, 디포는 빈곤이란 언제나 존재한다는 것을 분명히 인식하였다. 그래서 그는 어느 교구에든 빈민이 어느 정도인지 추계를 시도할 준비가 되어 있었다. 예를 들어, 그는 런던의 한 400가구 규모의 교구라면 빈민은 40이 "적정 수치"라고 생각하였다.[144] 디포는 또한 기존 구빈법이 예외 조항이 많아서 다수가 그 법망에서 누락됨을 알았다. 많은 사람들이, 특히 런던에 살던 사람들이, 그곳에서 살며 일하였다는 거주 등록이 없어서 그들이 어려워졌을 때 빈민 구호를 받을 자격을 얻지 못하였다. 그러나 거주 등록이 된 경우조차 그들이 적절한 구제를 받는다는 보장이 없었다. 18세기 구빈세 납부자가 특별히 이타적이지도 않았고, 디포를 믿는다면, 납부된 구빈세의 많은 부분은 교구 관리자의 손에 들러붙어서 결코 빈민 근처에 가지도 않았다.[145] 따라서 자선이 그 격차를 메워야 하였다.

냉소적인 맨더빌이 우리에게 일깨우는 대로, "자선"은 "우리 스스로를 위해 우리가 지니는 진정한 사랑의 일부를 순수하고 사사로움이 없이 타인에게 이전하는 선행이다."[146] 자기-사랑, 자애가 확실히 그 동기의 일부였지만, 적어도 디포에게는, 스스로-도움, 자조도 마찬가지로 중요하였다. 『록사나』에 등장하는 좋은 아저씨가 요점을 말한다. "가난한 자에 베푸는 것은 주님께 돈을 빌려주는 것과 같다. … 나는 그저 돈을 조금 투자하겠다는데, 우리의 조물주께서는 좋은 차입자요, 부실을 염려할 곳이 아니오."[147] 그러나 선량한 주님 자신은 무차별적 자선에 찬성하지 않을 것이다. 자선을 베풀 만한 자를 게으른 자들과 구분하는 것, 즉 머릿속으로 구빈원 심사를 하는 것이 자선가의 의무였다. 이를 시행하는 데서 생기는 문제는 디포가 『애플비 저널』에 쓴 논문에 예시되어 있다.[148] 때는 비오는 여름이었고 일자리를 얻을 수 없어 고생하는 이주민 건초 제조자를 위해 디포가 탄원서를 썼다. 그들이 처한 곤경에 대해 긍정적인 답변이 있었다. 그러나 소문이 순식간에 지하 세계로 퍼져서 "온갖 거지, 가짜 거지, 노숙자들이" 구호금 얻을 생각으로 갈퀴와 쇠스랑을 들고 건초 제조자 무리에 가담하였다.[149] 자선가들이 무슨 방법으로 진짜 실업자 건초 제조인과 상습적으로 게으른 걸인을 구분하게 되었는가? 디포의 답변이 많은 사람에게 분명 호소력이 있었다. 해가 나거나 바람 불고 건조한 날을 기다리라. 그러면 건초 제조인은 건초를 만들고 걸인들만 구걸을 할 것이다!

디포의 세계에 있는, 또 다른 건장하지만 일이 없는 대규모 남녀 집단인 젠틀맨과 숙녀를 살펴보면, 빈민에 관한 논의만큼이나 여러 혼란이 보인다. 그들이 한가롭다는 사실 자체가 모순적이었다. 더없이 행복한 상류 사회의 지위를 얻어 일을 하지 않는 것, 이것이 그 주요 업무에 세심한 주의를 기울이는 가장 매력적인 목표라면, 어떻게 빈민에게 노동을 설교하며 중간 계층에게 그들의 일분일초가 소중하다고 가르칠 수 있는가?

이 역설은 언제나 디포가 벌이는 젠틀맨 논의의 배경에 있다. 디포의 일부는 영국에서 사회적 신분 상승이 쉬움을 높이 평가하였고, 중간 계층의 직업적 성공의 정점, 즉 자기 자본을 지대 소득으로 전환하여 젠틀맨식 여가를 누리는 삶을 확보할 수 있게 하는 것을 환영하였다. 그것은 결국 그 자신의 야망이기도 하였다. 그러나 디포의 다른 일부는 기존 젠틀맨의 생활 양식을 신랄히 비판하는 일에 저술 활동의 많은 부분을 할애하였다. 우리가 이 장 첫머리에서 논의한 두 유형의 젠틀맨을 그가 거의 구분하지 않았다는 사실 때문에 혼란은 더욱 커진다. 그가 행하는 공격의 일부는 그가 보기에 분명히 전형적인 시골 젠틀맨의 모습이라 하는 것을 직접 겨냥하였다. 그러나 주로 공격한 것은 오로지 일하지 않는 모든 젠틀맨의 한가로움이 가져올 폐단이었다.

다른 문제도 있었다. 젠틀맨이라는 개념에는 그들이 나머지 다른 부류 사람들과는 어딘지 모르게 다르다는 거의 불가사의한 정도의 믿음이 함축되어 있다. 이와 같은 믿음이 신흥 부자(*nouveau riche*)에게 어려움을 초래하였다. 신흥 부자들은 부유해져서 일하지 않고 살 수 있게 되었다고 해서 그것이 자동적으로 젠틀맨이 되도록 만드는 것은 아님을 곧 깨달았다. 부유한 사람이 젠틀맨처럼 행동하려고 노력할 수는 있지만, 그의 실제 근본을 잘 모르는 새로운 모임에 섞여드는 데 그가 성공하더라도 곧 탄로가 나는 경향이 있었다. 그가 아무리 잘 위장하더라도, 영국 젠틀맨 여부를 분간할 수 있는 모종의 특질이 실제로 있었다. 캡틴 싱글톤이 아프리카 여행 중 어떤 영국인을 만났다. "그 영국인은 완전히 벌거벗었고, 그가 우리에게 일러주었듯이 2년 넘게 그렇게 지냈다"는데, 그의 어떤 면이 싱글톤으로 하여금 "이 사람은 젠틀맨처럼 보인다"고 언급하게 하였을까?[150] 그의 피부가 매우 곱기는 하였으나 그것이 그의 외모일 수는 없다. 추정컨대, 그 어떤 면은 그토록 불행한 상황 속에서조차 그가 품위를 유지할 수 있었던 바로 그 사실이었다. 그리고 그는 어디서 그런 품위를 획득하였을까? 유서 깊은 젠틀맨 가문은 그것이 태생 및 가계와 관련이 있어서, 실제로 신흥 부자로서는 획득할 수 없는, 그 무엇이라고 생각하고 싶어 하였다.

디포는, 신흥 부자를 옹호하였으므로, 영국 젠틀맨의 그런 신비한 특성을 인정하지 않았다. 그는 영국 젠틀맨과 귀족이 종종 천한 출신이었음을 강조하는 쪽을 선호하였다. 혈통을 긁어 보라. 그러면 무엇이 보이는가? "프랑스 요리사, 스코틀랜드 행상, 이탈리아 매춘부"[151] 등이 기존 귀족 다수의 선조였고, 가장 "유서 깊은" 가계에 대하여 할 수 있는 최상의 언급이 "조상이 어쨌든 얼마 동안 기계공 계급보다 높은 지위를 유지해 왔다"는 정도였다.[152] 실제로 젠틀맨은 만들어졌지, 타고난 게 아니었다. 태어날 때 이미 젠틀맨 지위를 얻은 자들도, 젠틀맨이 되기 위하여는 물론 젠틀맨답게 행동하는 데 필요한 덕목을 갖추려면 적절한 교육을 받는 게 필요하였다. 교육받는 것이 모든 젠틀맨에게 필요한 요구 사항이었다면, 이것은 신흥 부자가 자기 야망을 충족시킬 충분한 여지가 이론상 존재하였다는 뜻이었다. 신흥 부자는 태생의 젠틀맨보다 오히려 더 나은 젠틀맨이 될 수도 있을 것이다.[153]

실제로 신흥 부자는 거의 확실히 그러하였다. 젠틀맨을 만드는 것은 가능하였지만, 이미 젠틀맨인 자들은 가장 형편없고 젠틀맨답지 않게 행동하였다. 마치 일단 젠틀맨이 된 순간부터 젠틀맨답게 행동하기를 멈춘 것 같았다. 중간 계급을 유한 계급으로 성공하게 몰아붙인 사회적 야망의 순 결과가 그 아들들의 도덕적 타락으로 되는 듯이 보였다. 이것은 그다지 만족스러운 일이 아니었고 이에 관하여 도덕주의자들은 무엇인가를 하기 위해 행동에 돌입하였다. 당시 작가들은 사회적 향상을 이룬 사람들의 부도덕에 대해 끊임없는 비판을 퍼부었다. 동시에 정에 약한 부모가 자식을 이상적인 영국 젠틀맨이 되게 키우는 방법을 가르치는 행동 규범 교본을 대거 써댔다.[154] 로크, 애디슨, 심지어 디포조차 그런 책을 썼으며 그 문헌들은 내용이 훌륭하였다. 그렇지만 그런 책들은 아마도 젠틀맨 계급의 도덕적 개선을 염두에 두었겠으나 그보다는 중간 계급의 도덕 향상에 기여하였다. 그러나 그 대부분은, 짐작할 수 있듯이, 극도로 따분하였다. 만일 젠트리층이 세상 사는 방식에 관한 충고를 얻으려 하였다면 체스터필드 경(Lord Chesterfield)이 쓴, 딱 한 통의 편지를 받는 쪽을 더 선호하였을 것이다.

젠틀맨이 못된 행동을 하는 주된 이유는 젠틀맨이 되려는 주된 매력이기도 하였다. 그들은 할 일을 갖지 않았다. 일과 시간 개념이 높아 가는 사회에서 이것 자체가 비난받을 일이었다. 로빈슨 크루소가 할 일 없는 젠틀맨이 되고서, 어리석게 세계를 돌아다니던 틈틈이, 그는 그것이 매우 매력적인 생활 방식임을 알았지만, 그런 삶의 덧없음에 대하여 지적하지 않을 수 없었다. "나는 … 일이 없는 사람처럼 빈둥대는 것 말고는 아무것도 할 일이 없었는데, 일하지 않는 사람은 신의 피조물 가운데 완전히 쓸모없는 자라고 말하여도 좋을 것이다; 그런 사람은 죽었든 살아 있든 그 부류의 나머지 사람들에게 전혀 문제가 되지 않는다."[155] 디포는 그 점보다는 신에 대해 더 잘 알았다. 그는 다른 어느 곳에선가, 젠틀맨이 아무 일도 하지 않는 것을 비난하면서도, 경제 현실에 대한 크루소의 이해 수준이 부족한 부분을 어느 정도 개선할 수 있다:

> 생각하건대, 벌집 안의 수벌 부류 같은 존재가 있다. 그들은 앞에서 말한 다른 사람의 노동과 부지런함으로 먹고산다. – 그리고 다음의 두 가지가 아니었다면 용인될 수 없었을 존재들이다;
> 1. 그들은 생산물이 소비되는 것을 돕는다; 2. 생산물 값을 지불한다. 그것이 아니었더라면 우리의 젠트리 일부는, 그들의 인생 행로 때문에, 그들을 만든 조물주께 마치 당신께서 세상에서 아무 쓸모없는 일을 해놓은 것 같은 불경스러운 생각을 십중팔구 불러일으켰을 것이다.[156]

말할 필요도 없이, 돋보이는 소비 수준을 유지하는 일이 사회에서 젠틀맨이 갖는 유일한 기능임이 받아들여졌다 하더라도, 그들, 특히 시골 젠틀맨은 그들이 소비한 것 때문에 끊임없이 비판받았다.

이상적으로라면 시골 젠틀맨은 단순히 돈을 쓰는 것보다 시간과 소득을 이용하여 훨씬 더 많은 일을 하게 되어 있었다. 그들은 영지를 관리하고, 소작인과 빈민들을 다독이며 그들에게 행동거지의 모범을 보여야 하였다. 그는 저택을 개방하여 손님을 후하게 대접하는 오랜 전통을 유지해야 하였다. 또한 충분히 부유하다면 군(county) 사회에서 책임 있는 역할을 수행해야 하였다. 그것은 판사, 의원, 민병대 장교 같은, 상당수의 무보수 의무를 지는 일이었다. 다른 말로 하자면, 그는 커벌리 경(Sir Roger de Coverley)처럼 되어야 하였다. 비록 그렇게 매력적인 전통적 토리 덕목의 지지자조차 휘그 창시자들에게는 다소간 우스꽝스런 인물이긴 하였지만 말이다.[157] 우리가 그런 사람에 관하여 거의 들은 게 없을지라도, 그런 사람들이 아마 존재하였을 것이다. 우리가 어떤 젠틀맨이 그답게 처신하는 것에 관한 이야기를 들으면, 거기에는 스위프트가 지방 영지에 머무는 존 경(Lord Henry St. John) 역주: 볼링브로크 자작 1678~1751, 토리 정치가, 전쟁장관1704~1708, 국무장관 1710~1714 의 모습을 재미있게 묘사한 글에서 보듯 대체로 풍자적 느낌 이상의 것이 있다. "장관께서는 버클베리(Buckleberry)의 완벽한 시골 젠틀맨이었다; 이웃 한두 사람과 어울려 담배를 나눠 피우고; 농장의 밀농사가 잘 되는지 묻고, 하인들을 방문하기도 하고; 그들 모두의 이름을 알았고; 그와 부인이 내 방에 시골 차림 그대로 하고 찾아왔다. 그의 집은 부인과 함께 보유한 연간 약 3천 파운드의 영지 한복판에 있다."[158] 그러나 시골 젠틀맨들에 관한 일반적인 논평들에 따르면 그들은 거의 모든 면에서 낙제 수준이었다.

정말로 18세기 초 도덕주의적 문헌들은 시골 젠틀맨의 정형을 코벌리 경과 정반대로, 그리고 현실에서 동떨어지게 제시하였다. 이러한 젠틀맨이 딱히 할 법한 일이라고는 자기 소작인을 돌보는 것뿐이었다. 소작인은 자기 소득의 원천이지만 물가가 낮거나 하락하는 시기에는 오히려 불안정한 소득원이었다.[159] 젠틀맨이 할 수 있는 최선을 다해 자기 소득원을 지켰다 하더라도 그는 소작인들과 사회적으로 섞이지는 말라고 권장되었다. "농민은 (전염병처럼) 대화로 쉽사리 감염시키는 질병이기 때문이다."[160] 그것은 이런 많은 젠틀맨이 걸릴 것 같은 질병은 아니었다. 그들이 시골의 하층 요소들과의 접촉이 증가하게 될 자기네 의무를 일부러 게을리하였기 때문이다. 그들은 빈민을 방치하였고 빈민을 고용하지 않았다. 그들은 대가문이 사람들에게 후한 대접을 제공하는 전통도 더 이상 유지하지 않았고, 실제로 런던 체류 중에는 연중 많은 기간 동안 시골 저택을 폐쇄하였으므로 지방 상인과 농민을 부양한 것도 아니었다. 그들 가운데 좀 더 부유한 층이 치안 판사의 의무를 이행할 정도로 충분히 자기 의무를 진지하게 수행하였다 하더라도, 그들은 충격적일 만큼 부패하여 부자의 악덕에는 관용을 베풀고, 그와 똑같은 악행을 빈민이 저질렀을 때는 가혹한 형벌을 내리는 이중잣대를 유지하였다. 그들은 심지어 그렇게 부정하게 집행된 법규를 읽을 줄도 모를 수조차 있었다. 시골 젠틀맨이 더욱 비난받는 일 중 하나는 그들의 무식함이었다. 교육은 바깥 세상에 나가 살 길을 찾아야 하는 동생들에게나 필요한 것이라고 그들은 말하였다.[161] 역주: 장자 상속제에 의해 장자는 영지를 물려받고 동생들은 독립해야 하였음. 그들 스스로는 문맹임에 자부심을 가졌다.[162] 이러한 태도의 결과는 끔찍하였다. "이것은 어떤 사람이 지금까지 영국에 하…원…(H… of C…s) 역주: House of Commons를 쓸 수 없다는 뜻 이 아마 있어 본 적이 없다는 말을 용감하게 할 만한 이유이다. 자기 이름 철자도 잘 모르고 이름을 쓸 줄도 모르는 사람이 100명이 되지는 않았다."[163] 역주: 젠틀맨 100명이 하원 의원 한 명을 뽑음.

이런 무지한 사람들이 그들 아래 사람들에게 무슨 모범을 보였겠는가. 당시 의견이 맞았다면 분명 그들의 삶은 내내 음주, 도박, 여색, 그리고 고작 어쩌다가 들판에서 여우 사냥을 하거나 사냥을 핑계로 개집에서 개들과 빈둥거리는 방탕으로 이어졌을 것이다. 멋 부리는 런던 젠틀맨이 그들보다 나을 것도 없었다. 그저 다른 상류 사회적인 악덕에 허영을 더하였을 뿐이다. "최신 유행의 구두를 신지 않으면 옷을 차려 입었다고 믿지 않는"[164] 부류의 사람이다. 악덕이 승리한 것이 놀랄 일은 아니었다. 하층민이 상류층을 흉내내기 마련이었기 때문이다. 상류층이 개혁을 하기만 하였더라면, 개혁된 상류 계급이 개혁된 대중으로 이어질텐데. 디포는 그 시대의 젠틀맨이 단지 좀 더 덕망 있고 공적 책임 정신을 갖도록 그들에게 간청하고 다그친 수많은 작가 가운데 하나일 뿐이었다. 작가들은 시간을 낭비하고 있었다. 영국의 시골 젠틀맨은 자기네 술병과 자기네 개들을 더 좋아하였다.

어찌되었든 술 마시지 않는 반듯한 젠틀맨은 술 취하지 않고 행동이 올바른 하인만큼이나 디포적 관점의 사회에 나쁜 영향을 미쳤을 것이다. 그가 즐겨 지적하였듯이, 사회라는 기계가 계속 돌아가게 한 것은 부자의 무책임이었기 때문이다. 그들의 악덕이 값싸지 않아 다행이었다. 그들이 계속 소비한다는 것은 상당한 인구의 고용이 유지된다는 뜻이었다. 그레고리 킹의 추계를 따르면, 귀족과 젠트리의 소득은, 그 인구 규모는 작아도, 국민 소득의 13퍼센트였다.[165] 이들이 그 돈을 쓰지 않았다면 상인과 빈민이 어떻게 살 수 있었을까? 경제에 다행스럽게도 그들은 소비를 하였다. 진정 그들 가운데 많은 사람이 자기네 수입보다 더 많이 지출함으로써 이보다 더욱 이로운 행동을 하였다.[166] 디포의 눈에, 이것이 젠트리와 중간 계층 사람들 간의 주된 차

이점 가운데 하나였다. 디포가 낙천주의적 계산의 언어로 공언하기를 즐긴 차이였다. 해가 갈수록, 중간 계층은 소득의 일부를 저축하여 부유해졌다. 로버트 클레이튼 경이 록사나에게 설명하였듯이, "영국의 젠틀맨이, 상인이 상업으로 재산을 늘리듯이, 그렇게 행동하기만 하였더라면, 그들 집안 모두가 부를 크게 늘렸을 텐데; 지금은, … 있는 대로 써 대고 그보다도 더 써서, 젠틀맨과 그리고 귀족도 거의 모두 채무자가 되고, 모두 쪼들리는 상황이다."[167]

그들이 곤경에 빠진 것이 사치 때문만은 아니었다. 시골 젠트리, 특히 하위 젠트리의 소득 대부분은 토지에서 나왔고, 18세기 초에 토지 소득은 사정이 좋지 않았다. 이것은 전쟁 기간 중에 특히 그러하였다. 전쟁 기간에 토지세(Land Tax)를 효율적으로 부과하는 일은 일부 신사들이 자기네 순소득의 20퍼센트를 지불하여 그들 가운데 많은 사람들이 불필요하게 길고 값비싼 휘그 전쟁이라고 생각한 일을 지탱하고 있다는 것을 의미할 수 있었다. 그러나 전쟁이 끝난 후조차, 농산물 가격 수준이 전반적으로 낮아서 젠틀맨의 지대 소득을 올리거나, 아니면 예전 수준을 유지하기조차 어렵게 하였다.[168] 정체된 소득과 더욱 사치스럽고 분방한 도시의 유혹 사이에 낀 젠틀맨에게 삶은 어려울 수 있었다. 물론 토지 소득을 보충할 방법들이 있었다. "잦은 전쟁, 번성하는 궁정, 공공 업무의 증가" 이 모두가 청년에게 일자리를 제공할 수 있었다.[169] 교역 자체는 상인의 자식에게뿐만 아니라 젠틀맨의 자식에게도 열려 있었다. 많은 젠틀맨의 자제는 자부심이 그다지 강하지 않아 상인이나 상점주의 도제로 들어가려고들 하였다. 분별 있는 젠틀맨이라면 소득이 늘지 않더라도 "시간과 그의 영지가 그의 경제 상황을 다시 회복시킬 때까지" 자기 영지로 돌아갈 수 있었을 것이다.[170] 그러나 우리가 본 대로 젠틀맨이 좋은 감각을 지녔다는 평판은 없었다. 그들의 어리석음에서 가장 이득을 취할 만한 그룹인 상인들에게는 이것이 행운이었다.

젠틀한 금고를 비운 바로 이 사람들이야말로 그 금고를 다시 채울 수 있었다. 왜냐하면 누가 가난해진 젠틀맨에게 돈을 빌려줄 수 있는 유동 자산을 소유하였는가; 그의 영지가 시장에 나왔을 때 그 땅을 살 돈을 누가 가졌는가; 누가 위험에 처한 공작을 유혹할 정도로 통통하고 잘 교육받은 딸과 충분한 지참금을 가졌는가? 그리고 돈만 많은 남편을 경멸하는 작위 집안 출신 숙녀에게 어떤 귀족이 설명하였듯이, 그것에 관하여 잘난 척하는 것은 의미가 없었다.[171]

> 예전에는 … 하급자 사이에서 짝을 고르는 것은 정말로 신분이 높은 사람에게 어울리지 않았습니다. 그러나 한편으로는 두 가지가 관측됩니다. 그 이후 영국에서 일어났습니다.
>
> 1. 평민이 상공업 발달로 부유해졌습니다.
> 2. 귀족이 빈곤해지거나 적어도 덜 부유해졌습니다; 게을러서인지 사치 때문인지, 판단하기 힘드나 … [요즈음은] 우리는 아들들의 재산을 얻기 위해 런던 금융가에 자주 나가요; 선조들의 무지나 사치 때문에 몰락한 많은 귀족 가문이 당신이 숙련공이라고 부르는 집안과 결혼하여 다시 일어섭니다.

근검한 중간 계층 사람들이 기회를 잡았다. 디포의 시대는 그가 우리에게 이야기하기 좋아하듯이, 사회적 이동성이 큰 시절이었다.[172] "상인이 부유해지고, 거대한 부를 축적하고, 자기 딸에게 크게 한몫 떼어 줄 수 있어서, 딸이 공작의 아들과 결혼하고, 시간이 지나면 공작 부인이 되고; 그리고 그의 아들은 공작의 큰 딸과 결혼하고; 그래서 상인의 손자는 공작이 되고, 공작의 손자는 상인의 도제가 되고; 그들의 문장(紋章)은 4분되어 구역별로 구분되고, 후손들은 상인인지 공작인지 구분이 안 된다."[173]

이러한 부의 극적인 변화들이 진정 디포의 세계에서 일어났다. 그러나 중간 계층에서 성공한 사람의 일반적인 상승은 그보다 덜하여 그가 돈을 벌던 분주한 세계에서 크게 벗어나 있지 않았다. 그는 시골 젠틀맨의 악덕에도 품위에도 관심이 없었다. 빈곤한 소작인, 밀렵꾼, 급등하는 구빈세를 납부하는 넓은 영지는 그와 상관이 없었다. 그의 시골집은 페컴, 캠버웰, 카셜튼, 투팅 같은 서리역주: 런던 남부 근교 지방에 있기 쉬웠다. 집은 좋은 정원이 있고 "돈을 많이 들이고 지어져서 도시민이나 상인의 시골집이라기보다는 오히려 귀족의 저택처럼 보인다."[174] 이곳으로 완전히 은퇴할 수도 있겠지만, 그는 흔히 계속 도시 생활에 손을 대고 있어서, 토튼햄의 부유한 주민처럼 반은 도시민이자 반은 젠틀맨이었다. 즉, "일반적으로 중간 계층 사람에 속하며, 교역으로 부유해졌지만 아직 런던 취향이며; 그들 중 일부는 도시와 시골 양쪽 모두에 거주지를 지녔다."[175] 그들은 도시에서 사업을 하기 때문에, 귀족과 시골 젠트리와 접촉할 수밖에 없었다. 귀족과 젠트리의 수입은 이제 주식과 증권 가격의 등락에 좌우되었으므로 이들은 "연중 내내, 혹은 적어도 대부분의 기간을 런던에서" 살아야만 하였다.[176] 매일의 분주한 사업에서 은퇴하였거나, 반쯤 은퇴한 부유한 도시민과, 대도시에서 대부분의 시간을 보내고 싶어 하는 예전의 시골 젠틀맨이 뒤섞여 새롭고 세련된, 유한 도시 젠틀맨을 형성하였다.

도시 젠틀맨도 나름의 결함을 가졌다. 그는 허영심이 있고 탐욕스러웠다; 너무 많이 마셨고 여자를 너무 밝혔고 극장이나 무도회에서 너무 많은 시간을 보냈다. 그의 생활 방식은 『허영의 시장』(*Vanity Fair*) (역주: Bunyan의 *Pilgrim's Progress*에 나오는 시장 이름. Thackeray의 소설 제목) 분위기를 풍기지만 진부한 시골 신사의 티는 많이 벗어났다.

런던 사회의 특징인 그 허영의 시장은 록사나와 베키 샤프보다 더 오래갔다. 19세기의 마지막 4분기이자, 빅토리아 여왕의 전성기에서 디포의 세계와 매우 유사함이 보인다. 이때도 소득을 유지하는 데 어려움을 겪는 젠틀맨이 있고; 중간 계급과 빈민의 실질 소득이 크게 증가하였다. 비슷한 경제적 배경이 비슷한 사회적 변화를 낳았다. 빅토리아 후기 시대의 젠틀맨은 도시의 돈과 도시에서의 결혼을 추구하느라 분주하였다. 앤 여왕과 조지 왕조 시대 첫 두 왕 때의 선조 젠틀맨들이 그랬다. 실질 임금 증가로 구매력이 커지면서 상점주가 다시 한번 수혜자가 된다. 또다시 중간 계급의 돈이 가능한 한 빠르게 여유와 지대 소득을 구매한다. 이 두 번째 시기에 영국의 지대 수취자는 영국 정부보다 외국 정부나 철도 회사에 대부하여 지속적으로 소득을 확보하게 되었다. 그러나 그의 소득을 자기네 선조들처럼 그 시대의 좋은 취향에 필요해 보이는 것을 획득하는 데 썼다. 1720년대처럼 1880년대에도 도덕주의자들은 과시를 추구하는 신흥 부자들을 공격하였고, 행동 규범 책을 쓰는 작가들은 이들에게 품위를 갖추도록 가르쳤다. 그리고 신기하게도, 같은 중간 계급이 추구하는 고상함에 대한 이상과 바람직한 지출 패턴에 대한 생각이 거의 변한 게 없어 보인다. 1720년대에는 너도나도 욕실을 설치하는 대유행이 없었는데, 그것만 빼고는 같은 세상으로 보아도 좋을 것이다. 두 기간 모두, 런던의 유한 그룹 사회를 형성한 남녀는 더 많은 하인, 공원에서 타고

가는 모습을 보여 주기 위한 마차, 좋은 음식, 좋은 포도주, 파리에서 들여온 의복을 원하였고, 전반적으로 과시의 규모로써 자기가 가진 것보다 더 많은 돈을 가진 듯한 인상을 주고 싶어 하였다. 디포의 시기에 런던 부유층의 소비와 행동의 표준이 형성되었다. 이것이 실제로 제1차 세계대전과 그 이후까지도 거의 변하지 않고 유지되었다.[177] 산업 혁명이 영국 사회의 한 부문, 상당히 큰 부문에서 이루어 놓은 것은, 1720년대보다 1880년대에 더욱 많은 사람들이 하인과 마차와 말들을 갖도록 보장한 일이었다.

주

1. 이런 예들은 전부 B. L. de Muralt, *Letters describing the characters and customs of the English and French nations*(1726)에서 택하였다.
2. 이론적으로는 무기 소지 권리가 젠틀맨의 진실된 표상이다. 영주가 가끔 둘러봄으로써 이를 확인한다. 그러나 아마도 더 중요하게는 1670년부터 1770년까지 한 세기 내내 영주의 권위가 몰락하였고, 그 결과 무기 소지는 권리나 허용 같은 개념과 상관없게 되었다. A. R. Wagner, *English Genealogy*(2nd ed., Oxford, 1972), pp. 119~132.
3. "pseudo-gentry"에 대해서는 Alan Everitt, "Social mobility in early modern England," *P & P*, 33(1966), pp. 70~71.
4. Guy Miege, *The Present State of Great Britain and Ireland*(1715), p. 169.
5. 편지와 일기 등이 재미있는 모습을 보인다. 피프스(Pepys)가 명백한 예이고, Jonathan Swift, *Journal to Stella*도 그렇다.
6. *The Present State of the Arts in England*(1755), Wagner, 앞의 책, p. 96에 인용.
7. 영국 사회 구조 변화를 체계화하려고 시도한 재미있는 글로 다음을 보라. Lawrence Stone, "Social mobility in England, 1500-1700," *P & P*, 33(1966).
8. 런던의 거의 절반. 지방 도시의 절반인데 가장 빠르게 성장하고 있음.
9. 그레고리 킹의 추계에 의하면 1688년에 가장의 4퍼센트가 전문직이었는데, 이는 상인 중간 계급과 맞먹는다. Charles Davenant, *An Essay for making the people gainers in the balance of trade*(1600) in Whitworth, Works, ii, 184 참조. 이 4퍼센트 전문직에는 공무원, 직업 알선원, 성직자, 변호사, 그리고 인문과 자연 과학(liberal arts and sciences) 종사자 등이 포함된다. 1688년 이후에 이 4퍼센트는 엄청나게 커질 것이었는데 바로 군대와 정부 부문의 확장 때문이다.
10. Guy Miege, *The New State of England*(1691), p. 226. *Review*, 1권, 44.
11. 법률의 점진적 변화와 이들 대부분을 따라잡기 힘들다는 것에 대해 R. Campbell, *The London Tradesman*(1747), pp. 72 이하 참조.
12. Campbell, 앞의 책은 런던의 숙련 수공업에 관한 놀랄 만한 지침서이다. 금은 레이스 제조업자에 대해서는 pp. 147~154를 보라. 또한 D. V. Glass, "Socio-economic status and occupations in the City of London at the end of the seventeenth century" in A. E. J. Hollaender and William Kellaway(eds.), *Studies in London History*(1969), pp. 382~383이 1690년대 런던의 직업과 숙련 수공업의 넓은 범위에 관해 논의하고 있다.

13. Campbell, pp. 2~22; Samuel Richardson, *Familiar Letters on Important Occasions*(1741), Letter I.

14. Campbell, p. 4.

15. 프랑스에 대해서는 Pierre Goubert, *L'ancien Régime*(1973) 참조. 영국에 대해서는 17세기 말에 인구의 절반 가까이가 토지가 없는 노동자라고 추계한 Alan Everitt, "Farm Labourers" in Joan Thirsk(ed.), *Agrarian History of England and Wales*, vol. iv(1967), p. 339를 보라. 그레고리 킹은 가장의 56퍼센트가 두 그룹, "노동자와 외거 하인"과 "소농과 빈민"에 속한다고 하여, 이 둘을 구분하지 않았다. 그가 사회의 부유층에 가족 규모가 클 것으로 생각하였음에 비추어, 킹은 가내 하인이 50만이 넘을 것으로, 다른 말로는 인구의 10퍼센트가 넘을 것으로 생각하였다. Whitworth, *Works*, ii, 184.

16. *Review*, 5권, 513~516.

17. *Review*, 5권, 512. "그리고 의심의 여지 없이, 각 교구로 하여금 가장 쓸모없고 이득도 안 되는 사람들을 골라 모든 이들이 필요로 하는 국방 의무로 보내게 하는 것이, 인민들과 자유의 입장에서 할 수 있는 가장 다정하고도 사려 깊은 방법이다."

18. 이것은 매우 높은 추계이다. 당시 대부분 추계는 5백만에서 7백만 사이이다. 킹의 추계는 550만이었다. 앞의 출처. 페티(William Petty)의 추계는 7백만이다. "Another Essay in Political Arithmetick"(1682) in Hull, 앞의 책, ii, 460. 포스틀레스와이트(Malachy Postlethwayt)는 1750년에 6백만이었다고 추계하였다. *The Universal Dictionary of Trade and Commerce*(1751), s. v. "People," ii, 430. 근대의 추계는 킹과 포스틀레스와이트가 가장 정확함을 시사한다. 아마 킹이 약간 과대 추계(1688년에 550만), 포스틀레스와이트가 약간 과소 추계(1750년에 6백만) 경향이 있을 것이다. 문헌의 논의로 M. W. Flinn, *British Population Growth 1700-1850*(1970) 참조.

19. 킹의 가장의 27.5퍼센트가 디포의 두 번째 그룹과 대강 일치한다. 즉, 상류 상인, 하위 상인, 자유 보유농, 농민과 점포주, 그중 농민과 자유 보유농이 23퍼센트를 차지한다. 그러나 하인이 제외된다면 이것은 남성 인구의 매우 낮은 비중이 된다.

20. *CET*, ii, ii, 78.

21. *Review*, 6권, 142.

22. 가장 모호한 그룹은 다섯 번째인데 소비와 함께 주거 지역에 따라 구분되었다. 디포는 농민을 어떤 때는 중간 계층과 섞었고 어떤 때는 그러지 않았다. p. 282 참조.

23. *Review*, 6권, 142. "젠틀맨"과 "부유한 사람"을 동치시킴을 주시하라.

24. 같은 곳.

25. 노동자의 임금률이 숙련공 임금률의 약 3분의 2처럼 보인다. 그리고 사실 두 율의 차이는 이 시기에 줄어들었다. E. H. Phelps Brown and Sheila V. Hopkins, "Seven centuries of building

wages," *Economica*(1955) 참조. 킹의 노동자에 대한 낮은 추계는 만성적 저고용을 일부 반영하고 있다. pp. 303~309를 보라.

26. 말할 것도 없이, 디포는 런던 주민이 킹이 추계한 50만보다 훨씬 많다고 생각하였다. 이와 같은 거대 도시는 인구가 150만보다 작을 수가 없다; *Tour*, i, 322.

27. *Tour*, ii, 159~165, 204~208.

28. *Review*, 6권, 142.

29. *Crusoe*, p. 6.

30. 책값은 싸지 않았다. 『로빈슨 크루소』의 초판은 5실링이었는데, 숙련 노동자의 이틀 임금에 해당한다. Ian Watt, *The Rise of the Novel*(1957), p. 41. 독서 대중으로서 신흥 중간 계급과 그들을 위해 써진 책들에 대한 일반적 논의로 Watt and Bonamy Dobrée, *English Literature in the early eighteenth century, 1700-1740*(Oxford, 1959), 특히 pp. 1~51.

31. *Review*, 5권, 515.

32. *MJ*, 1719. 10. 31(Lee, ii, 156~161); *Spectator*, No. 21: "우리는 한 나라에 의사가 많아지면 사람들이 드물게 살게 된다(밀집하지 않게 된다)고 속담을 정할 수 있다."

33. 예를 들어, *The Villainy of Stock-Jobbers Detected*(1701); *Review*, 5권, 425~428; 6권, 117~121; 8권, 242~243; *Anatomy of Exchange-Allley*(1719). 그들의 주된 범죄는 그들 자신의 이윤뿐 아니라 정치적 이유로 시장을 조작한 것이다.

34. *Review*, 3권, 6.

35. *Treatise of Taxes* in Hull, 앞의 책, i. 28.

36. *England's Treasure by Forraign Trade*(1664), p. 2. 1620년대 저작이다.

37. 이것은 매우 흔한 주제이다. 태도 변화의 흥미 있는 예로 *Chamberlane's Angliae Notitia*의 계속되는 개정판을 분석한 Helen Sard Hughes, "The Middle-Class Reader and the English Novel," *JEGH*, xxv(1926), pp. 366~368 참조.

38. 점포 경영의 발흥에 대한 최고의 설명은 Dorothy Davis, *A History of Shopping*(1966); 또한 R. B. Westerfield, *Middlemen in English Business*(Yale, 1915)도 참조.

39. "저 작은 소매점들이 모든 우리 상업의 생명입니다; 이들에 의해 사업의 대부분이 최종 소비자에게 연결됩니다": *A Brief State*(1730), p. 21. 두 개의 훌륭한 자서전이 시골 점포주의 삶에 대한 매혹적 이해를 제공한다. J. Harland(ed.), *Autobiography of William Stout*(1851)과 William L. Sachse, *The Diary of Roger Lowe*(1938).

40. *N. H.*, *The Compleat Tradesman: or, the exact dealer's daily companion*(1684), p. 20.

41. *N. H.*, 앞의 책, p. 18. 야채상의 사업에 관해서는 Campbell, 앞의 책, pp. 188~189, "the

mystery of which he may learn in a month or two."

42. Davis, 앞의 책, p. 152.
43. R. Grassby, "The personal wealth of the business community in seventeenth-century England," *EcHR*, 2nd. ser. xxiii(1970), pp. 223~224.
44. *N. H.*, 앞의 책, p. 20.
45. 8장에서 이것을 더 자세히 다룬다.
46. Review, 9권, 85~86.
47. *CET*, ii, 128~142.
48. *CET*, ii, 133~134.
49. 19세기 프랑스에서 사업에 대한 거의 동일한 태도에 대해서는 David S. Landes, "French entrepreneurship and industrial growth in the nineteenth century," *JEH*, ix(1949) 참조.
50. *AJ*, 1723, 7. 13(Lee, iii, 159). 이 문장은 맨더빌과 다른 빈민 교육 반대론자를 공격하는 글의 일부분을 이룬다.
51. *GLS*, p. 17.
52. *Jure Divino*, ii, 10.
53. 요약으로 *GLS*, pp. 8~9를 보라.
54. D. V. Glass, 앞의 책, p. 386은 1690년대 런던 City에 최소한 11,000명의 도제가 있었다고 추계한다. 나라 전체에 대한 추계는 알지 못한다. 도제 제도는 쇠퇴하고 있었다. Glass, p. 385와 J. R. Kellett, "The Breakdown of Gild and Corporation Control over the handicraft and retail trade in London," *EcHR*, 2nd. ser. x(1958) 참조.
55. 빈민의 자식을 포함하는데, 구빈원 도제는 특수한 성격을 가졌으며 여기서 논의하지 않는다.
56. 킹은 1696년에 56만 명의 하인이 있었다고 추계하였다. Chalmers(1810), 앞의 책, p. 89; J. Jean Hecht, *The Domestic Servant Class in Eighteenth-Century England*(1956), pp. 33~34. 몇몇 가내 하인은 평생 머무르지만 대부분은 결혼 이전 불확실한 기간의 임시적 기간에만 집안에 있었다. 도제는 대개 7년 또는 8년 기간이다. 시작하는 연령은 다양하다. 그러나 보통 14세에서 18세 사이이다.
57. *PEC*, pp. 101~102.
58. Richard Burton, *The Apprentices' Companion*(1681), p. 2.
59. R. Campbell, *The London Tradesman*(1747), pp. 188~189, 196~198.
60. *FI*(1715), pp. 260~261; *GLS*, pp. 10~11. 디포는 그의 생애에 입회금 규모가 두 배 또는 세 배로 늘었다고 추산하였다. O. Jocelyn Dunlop, *English Apprenticeship and Child Labour*(1912), pp.

199~204는 디포의 견해를 지지한다.

61. Dunlop, 앞의 책, pp. 196 이하. 도제에 대한 길드 통제는 매우 약해졌으며 임금은 도제들이 일단 충분히 배웠다고 생각하면 떠나는 불편한 습관을 잠재우고 잡아두기 위한 시도인 면도 있다(p. 194). 입회금은 또한 부모에게 그 돈만큼의 가치를 얻는 데 흥미를 키웠다.
62. *FI*(1715), pp. 260~261.
63. *GLS*, p. 13.
64. 저자 Richard Burton(Nathaniel Crouch의 별명).
65. Burton, 앞의 책, p. 44. 비슷한 감정이 Richard Baxter, *A Christian Directory*(1673), p. 133에 있다.
66. *FI*(1715), pp. 261~263.
67. *GLS*, pp. 12~13.
68. *EBNB*, pp. 9~10, 12.
69. *Robert Dodsley, Servitude: a poem*(1729), p. 29. Andrew Moreton Esq.는 디포가 1720년대에 사회적 또는 도덕적 문제에 대해 쓸 때 많이 사용한 별명이었다. 도슬리의 지적은 옳으나, 하인의 복장에 대해 이런 언급을 한 사람은 디포만이 아니었음을 받아들일 필요가 있다.
70. *GLS*, pp. 14~15, 53, 78~81; *EBNB*, 4~5.
71. *GLS*, p. 78.
72. *EBNB*, p. 14.
73. pp. 199~201 참조.
74. 약간 제한된 정보의 요약으로 Hecht, 앞의 책, pp. 141~176 참조.
75. *GLS*, pp. 139~140. 디포는 이민과 전쟁으로 70만 명이 감소하였다고 시사하였다.
76. Batista Angeloni, *Letters on the English Nation*(1756), letter xxxi; Hecht, pp. 158~168; Dorothy Marshall, "The Domestic Servants of the Eighteenth century," *Economica*, ix(1929), p. 25는 팁이 하인의 임금의 두 배라는 P. J. Grosley, *A Tour to London*(1772), p. 75를 인용하고 있다. 디포의 견해는 *EBNB*, pp. 10~11.
77. *EBNB*, pp. 7~9. 하인의 권리 옹호에 대해 Dodsley, *Servitude*, pp. 30~31 참조.
78. *GLS*, pp. 270~271.
79. Dodsley, 앞의 책, p. 27.
80. *EBNB*, p. 5.
81. *London Chronical*, iii(1758), p. 116c.
82. 적어도 런던에서는 그랬다. 시골에서 고용 조건은 상당히 다를 수 있었다.

83. *EBNC*, pp. 11~12.

84. *Servitude*(1729), p. 19.

85. John Beresford(ed.), *Memoirs of an eighteenth-century footman*(1927). 계산은 Dorothy Marshall, "The domestic servants of the eighteenth century," *Economica*, ix(1929), p. 32에서 인용.

86. 상당히 흔한 주제이다. 예를 들어, *EBNB*, pp. 5~7과 *Moll Flanders*의 앞 부분.

87. Marshall, 앞의 글, p. 38.

88. *EBNB*, pp. 19~21 그리고 『몰 폴란더스』에서 누가 책임이 있는지 알기가 약간 어렵다.

89. *GLS*, p. 261, 또한 p. 293 참조.

90. 자세한 논의는 *RC*에 있다. 위의 일반적 관찰에 대해서는 머리말을 보라.

91. *RC*, p. 343.

92. *GLS*, pp. 78~89; *TBE*, p. 27.

93. "빈민들은 하인을 가지기에는 너무 낮다. 그러면서도 그들은 스스로 하인이 되기에는 일반적으로 너무 높다." *GLS*, p. 260.

94. Richard Baxter, *A Christian Directory*(1673), pp. 627~629.

95. *RC*, pp. 60~83.

96. p. 134. 정보는 pp. 245~246에 반복되고 상세하게 설명된다. 이것은 디포 저작에서, 종교적 의무를 엄격히 수행하면 물질적 보상을 바로 얻는다는 유일한 부분은 아니다. 예를 들어, 『가족 교범』에서 아이를 교화하는 노숙녀 이야기를 보라. "때로는 그녀는 나를 설득하고, 다른 때는 돈과 다른 좋은 것들을 준다." *FI*(1715), p. 138.

97. 이러한 한계에 대한 유용한 논의로 D. C. Coleman, "Labour in the English economy of the seventeenth century," *EcHR*, 2nd. ser. viii(1956) 참조.

98. 시간에 대한 태도의 일반적 논의로 E. P. Thompson, "Time, work-discipline, and industrial capitalism," *P & P*, 38(1967)을 보라. 그는 여기서 논의되는 시간 관념은 17세기에 발전한 그 무엇이라고 암시한다.

99. *GLS*, p. 211.

100. *GLS*, pp. 211~219; 인용은 p. 219에서.

101. *GLS*, p. 71.

102. *GLS*, pp. 82~84.

103. *GLS*, pp. 91~93.

104. 이러한 깨달음이 경제학적 사고로 이어진 변화에 대한 논의로 A. W. Coats, "Changing

attitudes to labour in the mid-eighteenth century," *EcHR*, 2nd. ser. xi(1958~1959) 참조. 새로운 상품과 모방의 정신이 국내 시장에 미친 효과에 대해 D. E. C. Eversley, "The Home Market and Economic Growth in England, 1750-80," in E. L. Jones and G. E. Mingay, *Land, Labour and Population in the Industrial Revolution*(1967) 참조. Harold Perkin, *The Origins of Modern English Society, 1780-1880*(1969)는 이 태도가 영국의 공업화를 이끈 원동력이라고 생각한다.

105. George Berkeley, *The Querist*(1735-7)(1910 ed.), p. 11.
106. W. A. Lewis, *The Theory of Economic Growth* (1955), ch. 2.
107. *Review*, 6권, 142.
108. *GANC*, p. 11; *Review*, 2권, 53~59.
109. *Review*, 2권, 53.
110. *Review*, 2권, 54.
111. S. and B. Webb, *English Poor Law History: Part I. The Old Poor Law* (1963), pp. 114~116.
112. 이것에 관해서는 pp. 235~236과 p. 314 참조.
113. *Review*, 4권, 91. 또한 *PT*, pp. 33~34 참조.
114. *Review*, 4권, 91.
115. R. Campbell, *The London Tradesman*(1747), pp. 159~160.
116. Campbell, p. 192; 또한 런던의 8월에 관한 스위프트의 언급: "일 년 중 이 우울한 계절에 도시는 야비하게 텅텅 빈다." "내 적들이 여름에 여기 살았으면! 그리고 아직 나는 운이 없어 이 시기에 이곳을 벗어날 가능성이 없네. 사람들은 여름에 너무 늦게 떠나고 겨울에 너무 늦게 돌아오니 계절을 거의 바꿔 버린다." *Journal to Stella*, i, 338, 345 참조.
117. *JPY*, pp. 94~95.
118. *Review*, 2권, 69.
119. *Review*, 4권, 613~615, 621~623, 625~627.
120. *FARC*, p. 275.
121. *Review*, 4권, 19.
122. 디포가 "우연히" 쪼들리는 자는 도움을 받을 자격이 있다고 받아들이기는 한다. 정말 "빈둥거리고 게을러서" 어려운 사람일지라도 도와주어야 하는데, "그의 범죄가 무엇이든, 아무도 굶어 죽어서는 안 되기 때문이다." 그러나 그가 도움을 받기 전에 우선 벌을 받아야 한다. *E upon P*, p. 143.
123. 디포는 1720년대 초의 고임금을 이용해 불가피한 역경을 대비한 저축을 해놓지 않은 직물 노동자들을 비판한다. *GLS*, pp. 82~84.

124. *E upon P*, pp. 145~171. 인용은 p. 148에서.

125. *E upon P*, p. 169.

126. 이 문헌 논의로 S. and B. Webb, 앞의 책, pp. 102 이하 참조.

127. Michel Foucault, *Madness and Civilization*(Eng. trans., 1967), ch. 2. "The Great Confinement."

128. W. L. Parry-Jones, *The Trade in Lunacy*(1972) 참조. 디포는 사설 광인 수용소를 공격하였고, 광인들은 공공 기관에 엄격한 규제하에 수감해야 한다고 주장하였다. *Review*, 3권, 277~280, 327, 353~356; 남편들이 아내들을 가두어 놓고 나서 지참금을 광란적 생활에 소비한 예에 관해 *AT*, pp. 30~38.

129. Bernard de Mandeville, *Fable of the Bees*(1723 ed.), pp. 94~99; *A Modest Defence of Publick Stews*(1724). 맨더빌은 규제된 매춘의 옹호가 남성들의 구제 불능한 성욕으로부터 중간 계급 여성의 미덕을 보호하는 최선의 방법이라고 기대하였다. 공공 세탁소에 대해서는 *London Chronicle*, iii(1758), p. 149 참조. 이것은 필딩(Fielding)의 계획인데, 교화된 매춘부와 빈민의 딸들을 흡수하며, 노동의 혹심함과 일정 기간을 채운 후 가족에게 돌려보내진다는 면에서 특징이 있다. 그들은 "더 하급 가족"으로 보내질 것이었다. 디포의 견해에 관해서는 *AT*, pp. 27~28을 보라.

130. *EBNB*, pp. 24~32. 그들은 구두닦이라고 불리는 "대량의 노인, 빈곤한 과부, 그리고 각 교구에서 유지하기 힘든 자들"로 대체될 터인데 모두 치안판사에게 자격증을 받고 각자 스스로 유지한다(p. 32).

131. 구빈원의 제안들과 실제 진화 과정의 일반적 논의는 S. and B. Webb, 앞의 책, pp. 102~121, 215~272 참조. 더 최근 연구들의 요약은 Geoffrey W. Oxley, *Poor Relief in England and Wales, 1601-1834*(1974), ch. 5.

132. 5장의 주 162~165에 참고문헌이 있다.

133. S. and B. Webb, 앞의 책, pp. 113~114.

134. S. and B. Webb, 앞의 책, p. 266.

135. *Account of Several Workhouses*(1725), p. iv.

136. *Account of Several Workhouses*, p. v.

137. *Account of Several Workhouses*, p. 108에서 인용.

138. *PT*, pp. 33~34.

139. 앞 장 pp. 240~241 참조.

140. *Proposals for raising a college of industry*(1696) reprinted in A. Ruth Fry, *John Bellers(1654-*

1725): Quaker, economist and social reformer(1935).

141. Sir William Petty, *Treatise of Taxes*(1662)는 인구의 10퍼센트가 모든 인구에 "필요한 음식과 의복을 공급할 수 있는" 가상적 사회를 논의하고 있다. 이렇게 낙관적인 작가는 거의 없다. Hull, 앞의 책, i, 30.

142. *The Miseries of the Poor*(1717); *Particular Answers to the more material objections made to the proposal ... for relieving ... the poor*(1722).

143. *E upon P*, p. 143.

144. *PT*, pp. 30~32. 한 집에 5명씩 따지면 이것은 2퍼센트밖에 안 되며, 매우 낙관적인 추계이다. 참고로 Petty는 가상적 영토의 주민 1,000명 중 100명, 또는 10퍼센트가 "너무 많다," 즉 빈곤하다고 추산하였다. *Treatise of Taxes*(1662) in Hull, 앞의 책, i, 30. 실제 숫자가 무엇일지는 알 수 없으나 페티의 추계가 디포 것보다 더 현실적으로 보인다.

145. 이것이 *Parochial Tyranny*(1727)의 중심 주제이다. 구빈세의 대부분은 교구 행사, 또는 술집에서 "새와 술"에 쓰였다. 보초는 보호 수단을 잘 썼다. 교구회는 일시금을 주고 미혼모에게서 사생아를 빼돌렸다. 등등.

146. *An Essay on Charity and Charity-Schools*(1723), p. 285.

147. *Roxana*, pp. 22~23.

148. *AJ*, 1725. 7. 3(Lee, iii, 400~403).

149. 참고로 *Roxana*, pp. 5~6에 나오는 의심에는, 1685년 낭트 칙령 폐기 후 프랑스에서 도주한 위그노 난민들을 위한 관대한 런던의 환영회에 참석자의 숫자가 부풀려졌는데, 시간에 맞추어 유럽의 걸인들이 떼로 영국에 건너왔기 때문이다.

150. *CS*, p. 148.

151. *TBE*, p. 19. 이 글의 주요 주제는 겉보기에 태생이 좋아도 조상이 의심스럽다는 것이다.

152. *CEG*, p. 13.

153. *CEG*의 많은 부분이 이 주제를 다룬다. 태생보다 덕목이 젠틀맨을 만든다는 생각은 매우 오래되었다. George McGill Vogt, "Gleanings for the history of a sentiment: generositas virtus, non sanguis," *JEGP*, xxiv(1925) 참조. 그러나 디포 같은 중간 계급 작가만이 이를 진실로 심각하게 받아들인다.

154. 이 문헌의 논의로 George C. Brauer, Jr., *The Education of a Gentleman: theories of gentlemanly education in England, 1660-1775*(New York, 1959) 참조.

155. *FARC*, p. 229.

156. *Review*, 6권, 135.

157. Sir Roger de Coverley에 관해서는 *Spectator*, 특히 Nos. 106 이하 참조.

158. *Journal to Stella*(1711), i, 326.

159. 영주와 소작인의 관계에 대한 논의로 G. E. Mingay, "The Agricultural Depression," *EcHR*, 2nd. ser. viii(1956) 참조.

160. [William Darrell], *A Gentleman instructed in the conduct of a virtuous and happy life*(1704), p. 29.

161. *CEG*, 이곳저곳, 그러나 특히 pp. 43~57.

162. "바보의 완성, 즉 그의 무식을 자랑함." *CEG*, p. 40.

163. *Review*, 5권, 407. 이런 종류의 비판이 역사적으로 맞는지는 평가하기 좀 힘들다. 젠틀맨에 관한 가장 유명한 저작은 디포와 그의 동시대인의 견해에 동의한다. T. B. Macaulay, *History of England*, i, 318 이하. 그러나 매콜리는 디포만큼이나 편견이 있다. 그럼에도 상류 계급 교육 수준의 하락이 있었던 듯하다. pp. 356~360 참조.

164. *The Gentleman's Library*(1722), p. 48.

165. Whitworth, *Works*, 앞의 책, ii, 184.

166. 킹은 지주 계급은 순저축자라고 암시한다. 그러나 이것은 많은 지주들이 부의 저축자일 수 있을 사실을 부정하지는 않는다. 이상하게도, 몇몇 토론자들은 킹이 빈민을 그룹 전체로 부의 저축자라고 생각하였으므로, 모든 빈민이 그러하였다고 가정한다. 이것은 모든 젠트리가 소비한 만큼보다 더 벌었다고 시사하는 것과 똑같이 불합리하다.

167. *Roxana*, p. 167.

168. 지주의 소득에 대해서는 5장 주 26에 열거한 참고문헌을 참조하라.

169. *CET*, ii, 162.

170. *Review*, 3권, 27. 어떤 사람들은 런던에서 사는 것이 실제로 싸고, 시골에서 저택을 유지하고 호의를 베푸는 비용을 아낄 수 있다고 생각하기도 하였다.

171. *CL*, pp. 256~257.

172. 많은 선정적인 사례를 즐거이 묘사한 *Tour*, 이곳저곳을 보라.

173. *Review*, 2권, 10.

174. *Tour*, i, 158, 또한 i, 168.

175. *Tour*, ii, 2.

176. *Tour*, i, 336.

177. 17세기에 이러한 표준의 실제 발달에 대해 F. J. Fisher, "The development of London as a centre for conspicuous consumption," *TRHS*, 4th. ser. xxx(1948).

제4부

사회 속의 개인

제7장 개인의 형성

우리 세계에서처럼, 디포의 세계에서도 사람은 불가피하게 그가 사는 사회의 틀 안에서 만들어졌다. 그가 프랑스 농민이나 아프리카 노예가 아니라 영국인의 자식으로 태어나게 결정한 섭리가 자연스럽게 그의 삶의 무대를 설정하였다. 관찰자는 심지어 그의 출생 사실 하나로 삶의 성격과 패턴을 예측할 수 있다고 생각할 수도 있다. 그러나 이것은 대개 틀렸다. 사람은 예측 가능한 방법으로 행동하도록 입력된 기계의 톱니가 아니었다. 그는 이기심으로 움직이며 자신을 도울 힘을 지녔으며, 신의 섭리라는 가장 필수적인 도움을 얻어 그 자신의 실재 조건을 스스로 결정할 수 있는 개인이었다.

그러한 존재의 목적은 무엇이었나? 삶의 지속을 지키기 위해 적어도 사람은 할 수 있는 모든 것을 다 해야 한다. 아무도 자신을 죽게 해서는 안 되었다.[1] 그러나 단순히 살아남는 상태에 만족하는 것만으로는 충분하지 않다. 디포는 빈민을 향해 다음과 같이 말하는 백스터(Richard Baxter)의 충고에 결코 반향을 일으키지 않았을 것이다: "기꺼이 죽으라, 세상을 보는 것은 네게 냉정한 오락을 제공하지만, 그것을 그냥 지나가게 함으로써 더욱 만족하리라. … 무엇을 위해 여기에 너의 심장을 붙들어 두게 하는가."[2] 사람은 세상을 방치하는 데 만족하면 안 되었다. 그가 태어난 존재 상태에 만족해서도 안 되었다. 그는 스스로를 향상시킬 의무가 있었다. "자연은 생명이 진보하고 증식해야 함을 지시하므로; 그리고 향상은 가장 위대한 정신, 지구상에서 가장 위대한 인간들의 연구 대상이다."[3] 그러나 세상의 모든 흥분과 절망을 수반하는 향상이 진행되는 과정에서, 사람은 세속적 향상이 인생의 유일한 목적이라고 생각해서는 결코 안 되었다. 그는 이 세상에서 스스로 향상하기 위해 내재된 능력의 최선을 다할 의무가 있었다. 그러나 또한 다음 세상을 준비할 의무도 있었다.

디포는 세속적으로 행복하고 성공적인 삶을 살면서도 천국에 가는, 현세와 내세 양자의 최선을 얻는 것이 가능하다고 생각하였다. 하지만 그가 잘못된 낙관주의를 권하지는 않는다. 현세와 내세 양쪽의 성공을 희망하는 자는 매우 열심히 일해야 할 것이다. 그리고 그들이 그런 노력을 아무리 일찍 시작해도 이르다고 할 수 없다. 궁극적으로, 성공은 개인의 노력에 달렸지만 그것을 일찍 준비하고, 그 틀을 만드는 작업은 그의 부모에 지워지는 책임이고 의무이다. 단지 그들이 너무 쉽게 잊는 책임이었을 뿐이다.

근대의 부모가 자기네 아들이 『가족 교범』의 첫 번째 대화에 나오는 가공할 아이와 닮았다면 진저리를 칠 것이다.[4] 이 조숙한 피조물인, "생각하고 끝없이 질문해 대는" 대여섯 살 먹은 어린아이가 자기 아버지에게 신과 그의 영혼에 대해 자꾸 되묻는데, 아버지는 마음속으로 올바른 해답을 찾아 궁리하며, 그 나이가 되도록 이런 문제에 대해 무지하게 있던 자신을 준엄하게 꾸짖는다. 그러나 아이가 징그럽더라도 이런 태도를 취하는 데 충분한 이유가 있음을 인정해야 한다. 유아사망률이 엄청나게 높은 시기에, 그의 부모는 이미 그의 구원 확률에 대해 무모하게 추측해 보았을 것이다. 많이 팔린 『어린이를 위한 성전』(*Token for Children*)에 나오는 남녀 어린 주인공 가운데 많은 아이들이 고작 4, 5세에 죽었다. 이미 그들은 방 안에서 무릎 꿇고 여러 해를 빌었으며, 자기네 죄와 씨름하면서 울고 신음하는 소리를 바깥에서 들은 사람들이 충실하게 보고하였다.[5] 저자는 그의 아동 독자들에게 겁나는 질문을 던진다. "다음 번에 죽을 아이는 너일지 어떻게 아느냐? 네가 신의 아이가 아니라면 너는 어디에 있을까?" 대답은 불확실한 언어로 써 있지 않다. 악동은 악마에게 갈 것이고, "영원히 불타는," "채찍질보다 천 배나 더 나쁜," 지옥이라고 불리는 무서운 장소로 간다.[6]

그렇다면 행동 교범과 교육에 관한 서적을 쓴 작가들 대부분이 교육 과정은 가능한 한 일찍, 아동이 밀랍처럼 "어느 형태로든 틀이 잡힐 수 있는 상태에서, 어떤 영향도 받을 상태인" 나이에 시작할 필요를 강조함은 놀랍지 않다.[7] "당신이 그들을 품에 안을 때, 무릎에 올리고 어를 때, 조금씩 선한 것, 신성한 진실을 그들에게 주입하도록 노력하시오"라고 워즈워스(Benjamin Wadsworth) 역주: 목사, 교육자, 1670~1737 는 썼다.[8] 작가가 원죄를 믿는 경우 조기 교육의 필요는 더욱 중요하였다. 아이가 죄악으로 태어나고 그의 마음이 "죄와 악의 둥지, 뿌리, 샘에 불과"하다면,[9] 아이가 구원받기 바란다면 당장 시작하는 것이 확실히 필요하다. 다행히 아이는 악하게 태어나기도 하였지만 무지하기도 하였다. 그리고 부모는 백지에 올바른 그림을 그릴 기회를 제공받았다.

실제로, 무릎에 올려놓고 어를 만큼 아이가 크기 훨씬 전에 부모가, 특히 어머니가 아이에게 상당한 해악을 끼쳤을 수 있다는 생각들이 당시에 있었다. 수태의 순간부터 어머니의 생각이 아이의 용모와 성격에 영향을 준다고 생각되었다. 임신 말기에 아이에게 미치는 산모의 영향력은 특히 큰데, "태교의 힘이 매우 뚜렷해져서, 영아를 놀라울 정도로 변모시킨다."[10] 여성의 마음에서 계속되는 것에 관한 당시 남성들의 견해로 판단하건대 이러한 영향은 인류의 도덕적 미래에 심각한 의미를 가질 수 있었다. 여성들은 올바른 생각을 하지 못한다는 통념은 중간 계급과 상류 계급의 어머니들이 아이를 유모에게 맡기는 흔한 관습으로 인해 강화되었다. "아이들의 상태를 염려하여,"[11] 그리고 육아에 묶이기 싫었고 그래서 자기네 밤낮을 허비할 수 없다는 이유로, 자기 아이 키우기를 그만두는 엄마들의 허영이자 게으름이 그 동기라고 일컬어졌다.[12] 이런 관행은 그것이 아이들에게 미칠 영향 때문에도 비난받았다. 그들 가운데서도, 디포는 다음과 같이 믿었다. 아이가 유모 젖을 먹으면 유모의 성향을 받아들인다. 그것은 근대 젠틀맨이 타락하는 많은 이유 가운데 하나이다. 아이의 성향이 농부 딸의 풍만한 가슴에서 빨아들인 젖으로 돌이킬 수 없이 오염된다는 것이다.[13]

어머니들이 비판받은 게 아이를 돌보지 않았다는 이유에서만이 아니었다. 흔한 불평은 그들이 아이를 너무 예뻐해서, 응석을 받아 주고 아이가 세상에 직면할 준비에 필요한 현실의 세찬 바람으로부터 아이를 보호한다는 것이다. 그처럼 행동함으로써 어머니들은 아이에게 단순히 새로운 태도를 반영하고 있었다. 상당히 자주 그 남편도 그렇게 하였다. 근대적 관점에서 볼 때, 18세기에 적어도 고소득층 아동의 가정 내 여건이 개선되었다는 증거가 많이 있다.[14] 잘못을 저지른 아이를 채찍질하여 은총의 상태로 만들어야 할 죄인으로 대하는 일이 줄고 아이로서 대하기 시작하였다. 아이들에게 맞추어진 문화와 이를 공급할 상업적 기업의 진정한 시작을 볼 수 있는 게 이 시기다. 아이들은 영유아복을 벗은 다음에 성인복의 축소판 차림이 아니라 아동복을 입기 시작하였다. 아이들은 어린이용으로 쓰인 책, 혹은 오히려 대체로 구분이 없는 17세기 종교 서적보다는 우리가 보기에 아동에게 더 적당한 서적을 읽기 시작하였다.[15] 아이들은 또한 과거보다 훨씬 다양한 범위의 장난감과 놀이를 얻었다. 우리 시대까지 계속되는 이 경향은 부분적으로 물질적 풍요가 증가한 결과였다. 이제 더 많은 사람들이 사치품에 돈을 쓸 수 있게 되었고, 어린 아이에 대한 지출은 단지 또 다른 과시적 소비 형태였다. 아이는, 엄마처럼, 성공한 중간 계층이 새로 획득한 경제적 지위를 비추어 줄 수 있었다. 그러나 변화는 또한 아동을 청년과 성년과는 완전히 다른 무엇으로 보는 새로운 관점을 반영하였다. 아이는 더 이상 어린 성인으로 여겨지지 않았다. 그들은 오히려 애완동물 같았으며 그에 따라 응석받이로 되었다.

교육에 관한 저술가들은 이런 경향을 우려하였다. 이것은 놀랄 만한 일이 아니다. 특정 작가의 배경이 청교도적이든 아니든 아동을 응석받이로 키우는 방법은 시대 정신에 비추어 실질적으로 권할 만한 길이 절대 아니었다. 아마도 당시 교육에 관해 가장 영향력 있는 저자는 로크(John Locke)였다. 그는 아동이 어렸을 때 어려움에 익숙하면, 성년이 되었을 때 어려움이 그를 해치지 않으리라는 것을 근거로 스토아학파를 옹호하였다. 그는 "충분한 야외 활동, 운동, 수면; 평범한 식단, 포도주나 독한 술을 마시지 말 것, 약은 거의 먹지 말 것; 너무 따뜻하거나 꽉 끼는 옷을 입지 말 것, 특히 머리와 발은 차게 유지하고, 발은 종종 찬물에 익숙하게 하고 습기에 노출시킬 것"을 권장하였다.[16] "삶에 흔한 해악과 사고에 대항하기 위해 우리가 지닌 가장 좋은 무기는 강하고 덤덤한 마음가짐이다."[17] 로크는 예외적 상황이 아니고는 아동의

체벌에 반대하였고, 잘하였을 때 칭찬과 자부심을 갖게 하고, 못하였을 때 창피 당하게 하는 상벌 체계를 선호하였다.[18] 그러나 대부분의 작가는 아동 교육에 회초리가 필수적 부분이라고 생각하였다. 매더(Cotton Mather) 역주: 미국의 목사, 작가, 역사가, 1663~1728 의 유명한 경귀, "욕하느니 회초리질하라"[19]는 17세기의 정신에 속한다. 그러나 같은 의미의 성경 구절, "매를 아끼면 아이를 망친다"도 여전히 힘이 있었다.[20] 틸롯슨 대주교(Archbishop Dr. John Tillotson, 1630~1694) 역주: 1691~1694 기간 켄터베리 대주교 는 다음과 같이 썼다. "징벌은 매우 유용하고 가끔 필요하다. 이를 참는 부모는 자녀에게뿐 아니라 스스로에게도 잔인하다."[21] 그는 또한 부모가 사용 가능한 2중 제재를 강조하였다. 저세상에 가서 영원히 처벌받으리라 경고함으로써 이 세상에서 즉각적인 처벌의 효과를 강화할 수 있다는 것이다. "그리고 공포와 희망이 인간의 본성을 주로 지배하고 다스리는 두 가지 열정이므로 … 어린아이에게 죽은 후에도 삶이 있으며 … 아이가 사는 동안 자기가 할 일을 하였거나 게을리하느냐에 따라 … 무섭고 끝없는 징벌이 … 계속된다고 자세히 알려 줄 필요가 있다."[22] 아이에게 겁을 주기 위해 청교도일 필요는 없었다. 이 모든 것에서 틸롯슨의 충고는 관대하고 분별이 있다. 로크와 같이 그는 채찍보다 당근을 강조하였다. 아동은 의무를 행하도록 부추겨야지 몰아대어서는 안 되었다. "아이가 의무에 관해 한 번도 들어본 적이 없는데 한 줌의 회초리로 그들을 벌벌 떨게 한다면, 아이가 자기 의무를 좋아할 것을 어떻게 기대할 수 있겠는가?"[23]

디포도 틸롯슨에 동의하였다. 단지 그가 약간 더 엄격하다고 예상할 수는 있다. 징벌의 주제가 『가족 교범』의 첫째 권에 등장한다. 부인은 대화편 중 하나에서 남편에게 세 살짜리 아이를 교육시키려는 시도는 터무니없다고

말한다. 그러나 남편은 그 나이의 아이는 원인과 효과에 대한 생각을 이미 알고 있다고 지적한다:

남편: 당신이 회초리를 가지고 있고, 아이가 나쁜 아이가 되어서는 안 되며, 그럴 경우 아이가 당신을 화나게 할 것이고 당신이 징벌하리라는 것을 아이가 알고 있나요?

부인: 그게 다 무엇을 하자는 거요?

남편: 같은 방법으로 아이가 하느님의 뜻을 받아들일 수 있을 것이오.[24]

나중에, 디포는 아이를 처벌하는 올바른 방법에 대해 더 자세히 이야기한다. 그의 충고는 상당히 직설적이다. 징벌의 목적은 아동의 행동을 교정하는 것이라야지, 아버지의 분노 해소용이어서는 안 되었다. 중요한 것은 아버지가 결코 아이의 사랑과 존경을 잃어서는 안 되는 것이었다. 자식들을 때리느라 완전히 탈진한 모습으로 이웃에게 발견될 정도의, 잔인하고 격한 아버지의 아이들은 매우 눈치 빠르게 그의 방식을 피하고 그래서 더 이상 그의 가르침에 따르지 않았다. 자식들이 저지른 잘못의 본질과 그들 영혼의 선함을 위해 처벌할 필요성을 자식에게 주의 깊게 설명하는 좋은 아버지를 둔 아이들은, 자기네 어리석음과, 아버지가 본심과 달리 자기네들을 그렇게 많이 회초리질을 할 수밖에 없었는데 그런 아버지께 가졌던 서운함 등 때문에 스스로 반성한다.[25] 자연스럽게 그들은 앞으로는 더 잘 행동하리라 다짐하였다. "잘못을 바로잡는 일! 가정 관리의 가장 필요한 부분, 그리고 교육의 가장 좋은 부분, 얼마나 어려운 일인가!"[26]

잘못을 바로잡고 교육을 일찍 시작하는 이 모두의 목적은, 우리가 보았듯이, 아이에게 종교적 사고를 주입하기 위해서였다. 그러나 이것은 진공 상태에서는 일어날 수 없었다. 가족 배경 전체가 올바라야 하였다. 디포가 쓴 『가족 교범』과 도덕적 교훈을 담은 책들은 1720년대에 매우 오래 지속되어 온 행동 규범 관련 저술의 전통에 입각한 것이었다.[27] 이러한 저작은 근대적 시각에서는 지나치게 종교적일지 모르나, 나름 매우 좋은 의미가 있고 뒤얽힌 여러 가정 문제에 해답을 제공할 수 있어서 독자들이 많이 좋아하였다. 디포의 책들이 행동 규범의 도덕성을 추구하고 있다고는 해도, 대화와 극적인 상황을 활용하여 기존의 작가들은 결코 달성할 수 없을 방법으로 가족에 생기를 불어넣을 수 있었다. 어찌되었든 그는 현실에서는 성취하리라 상상하기 힘든, 이상적인 가족 행실의 표준을 설정하는 전통에 따랐다. 가족 조화의 핵심은 아버지의 절대적 권위를 인정하는 것이었다. 부인은 순종하고 자녀와 하인은 복종해야 한다. 그러면 아버지는 그의 의무로서 부인을 사랑하고 자녀를 가르치며 하인의 이해관계를 보살피고, 무엇보다도 정확한 행동 기준을 유지해야 한다. 그가 폭군처럼 행동하여 작은 공동체에서 행사하는 절대적 권위를 남용해서도 안 된다.

아버지의 세속적 권위는 가족의 종교적 생활을 위해 설정된 가장의 역할 때문에 강화되었다. 아버지에게 체화된 권위를 존경하도록 배우는 아이는 또한 부모를 통해 언제나 진실된 종교적 행동의 모범을 따르게 될 것이다. 술 마시는 아버지나 무도회와 가면 무도회에서 시간을 보내는 어머니는 자식들에게 적절한 생활 방식을 가르칠 가망이 거의 없었다. 아이와 하인이 좋은 행동을 하려면 부모가 좋은 행동을 해야 한다. 집에서의 종교도 공식화될 필요가 있다. 부모는 기회 있을 때마다 자식들에게 설교하고 교리 문답을 해야 한다. 그러나 가족 기도 시간을 정해 놓고 그 규칙을 지키게 하는 일도 필요하였다. 기도하기 위해 가족 전체가 하루에 두 번 모여야 하고 물론 안식일을 같이 보내는 게 이상적이다.[28] 완전한 가계란 어때야 하는지에 대한 약간의 이해를, 『가족 교범』에 나오는 한 소녀가 자기 아주머니의 신실한 가계를 묘사하는 글에서 얻을 수 있다. 그곳에서는 모든 것이 "깨어 있고, 예쁘고, 장엄하고, 정확하고, 정규적이면서도 즐겁고, 편안하고, 천진난만하고, 그리고 이에 더하여 신성하고, 종교적이어서 나는 내 생애에서 그런 행복을 생각한 적이 없다." 아주머니 댁에서 안식일은 집에서 기도가 이어지며, 교회당에 갔다가 집에 돌아오고, 좋은 책을 여기저기 골라 읽고, 찬송가를 부르고 더 기도하는 일, "그것이 끝나면 저녁 식사를 하고 나서는, 아마 한두 시간을 그 이상은 생각해 내기 어려울 만큼 가장 무해하고 가장 즐거운 대화로 보내는데, 항상 종교적인 그 무엇에 대한 이야기였다. …"[29] 그리고는 잠을 잔다. 이런 종류의 환경에서 어린아이는 성스럽고 진지한 아이로 자라지 않을 수 없으며, 신과 부모를 찬양하고 더 큰 공동체인, 세계를 위해 필요한 인물로 잘 준비될 것이다.

자식을 교육하고 규율을 주입하지 못하고, 무엇보다도 아이 교육에 적절한 가족 종교의 배경을 제공하지 못한다면 가공할 결과를 가져올 수 있다. 『가족 교범』 제1권에서 부모가 가정을 다스리고 가족 기도를 무시하여 가정이 완전히 무너졌다. 여섯 살 아이에 대한 종교 교육이 어떻게 소홀하였는지 보았다. 더 나이든 자식들은 부모의 지도가 없는 가운데 자연히 더 나쁜 상태였고 몇 가지 매우 나쁜 버릇까지 들었다. 그들이 개선되기 전에 상황이 더 안 좋아졌다. 막내가 아무것도 모르는 것에 충격을 받은 부모는 개선 프로그램을 결정한다. 가족 기도 모임을 다시 시작하고 모든 자녀를 계속 엄격히 다룬다. 이제부터 그 집 딸들은 옷을 좀 더 단정히 입고 절제된 대화를 하며 일요일에는 더 이상 화장을 하거나, 극장에 가거나, 카드놀이를 하거나, 공원이나 야외 산책을 할 수 없을 것이다. 예상하였던 대로, 큰 자녀가 여태껏 한 번도 꾸지람을 들어본 적이 없는 행동에 대해 이렇게 갑작스럽고, 예상하지 못하고, 겉보기에 불합리한 나무람에 대해 반발하고 나선다.

큰딸은 새 규칙 따르기를 거부한다. 일요 예배 후 공원 산책을 하면 안 되는 이유를 이해할 수 없고, 어머니가 그녀를 나무라자 그녀는 경멸적으로 극장의 노랫가락을 흥얼댄다. 화가 난 어머니는 딸을 때리고 나중에 딸의 방에 올라가 딸의 연극과 노래책, 프랑스 소설 모두를 불태우고 종교적 서적으로 바꿔 놓는다. 물론 다들 잘못하였다. 딸은 부모에 불복하였고 부모는 애초에 딸이 그런 비도덕적 행동에 물들게 하였다. 마침내 딸이 집을 나가 이모네로 가는 상황까지 갔으나, 다행이 그 집은 경건한 집안이라 결국 모든 일이 잘 된다.

가장 큰 실패는 큰아들이다. 악덕에 빠져 부모를 따르기 거부하고 친구들 앞에서 바보짓을 하여 웃음거리가 된다. 공원이나 극장, "가장 훌륭한 젠틀맨의 서재"를 포기하지 않는다. 회개할 때까지 절대 집으로 돌아오게 할 수 없다는 아버지의 엄포가 아니고는 아들은 안식일에 집안에 틀어박혀 있기를 거부한다. 그렇지만 아들은 궁지에서 벗어날 방법이 있다. 아버지가 그를 꺾으려 결심하더라도 삼촌이 그에게 남긴 조그만 유산 덕에 스스로 독립된 생활을 시작할 수 있다. 그는 집을 떠나지만 아마도 불가피하게 비극적 종말을 맞는다. 자기 땅을 탕진하고서는, 몰락한 다른 많은 젠틀맨처럼 군대에 갔다가, 불구가 되어 비참하게 죽으나, 여전히 거만하고 참회하지 않는다.

아이는 가족 내에서 도덕, 종교 교육을 흡수하도록 되어 있는 동시에 아마도 일종의 학교 교육을 받을 것이다. 이것이 가정의 도덕적 영향을 강화한다면 이상적이다. 실로 교육의 실용적이고 세속적인 측면은 종교 교육의 측면과 구분할 수 없게 연결되어 있다. 흔히 어머니의 무릎 위에서 시작하는 읽기 공부는 그저 성경이나 교리 문답을 읽는 정도였다. 이론가들 대부분은 아이가 말할 수 있자마자 읽기를 배워야 한다고 생각하였다. 시작은 글자판으로 하는데, 글자판은 아이가 망가뜨리지 않도록 투명한 덮개를 씌운 것으로 알파벳과 기도문이 인쇄되어 있다. 글자를 깨우친 다음에는 교리 문답이나 축약된 어린이용 성경으로 옮겨 간다.[30] 18세기 후반이 되면 더 상상력이 풍부한 읽기 공부 방법이 시도되지만, 디포가 살던 시절에 대부분의 아동들은 글이라면 거의 전적으로 비세속적인 내용의 읽을거리를 연상하였을 것이다. 많은 아이들에게 이것은 그들이 정말 이런 교육을 받을 경우 받을 수 있는 교육의 전부였다. 빈민의 아동들에게 쓰기 능력은 대개 쓸모없는 것으로 여겨졌다. 이 사실이 문자 해독률 추계를 손상시킨다. 읽을 줄 알아도 쓰지 못하는 인구는 문자 해독 기록을 남기지 않는다. 어찌되었든 인구 가운데 매우 높은 비중이 읽을 줄 알았음이 틀림없는데, 모든 사람이 성경을 읽을 수 있어야 한다는 매우 중요한 종교적 강조 때문이다.[31]

디포의 시대 이전까지는 중요한 학교 유형이 단지 두 가지뿐이었다. "작은" 또는 초등학교는 나이든 숙녀나 사제가 운영하고 읽기와 때로는 쓰기,

그리고 수학을 가르쳤으며, "자유" 그래머 스쿨(문법 학교)에서는 고전 언어의 기본을 제공하고 학생들에게 대학에 가기 위한 예비 교육을 하였다. 1660년 이후의 세기에 몇몇 눈에 띄는 예외를 빼고는 그래머 스쿨은 학생 수와 교육 수준 양면에서 장기간에 걸친 쇠퇴기에 들어갔다.[32] 거의 전부가 라틴어 문법으로 구성된 지루하고 반복적인 교과 과정을 고수하는 바람에 좀 더 공리주의적인 교육 수요가 늘어나기 시작한 시기에 새로운 기금을 유치하기 어려웠다. 그들은 빈민의 똑똑한 자녀에게 무료로 교육을 제공한다는, 우리에게는 가장 칭찬할 만한 기능으로 보이는 것 때문에도 공격받았다. 케넷(White Kennet) 역주: 주교, 고전 학자, 1660~1728 은 가난한 아동들이 무상 교육을 받아야 한다는 설립자의 의도가 "의심할 여지없이 선하고 명예롭다"고 생각하였다. 그러나 그것은 잘못되었다. 이러한 교육은 "삽과 곡괭이의 운명으로 태어난 미천한 소년들에게 너무 고급이며 … [그리고] 그들에게 이러한 불완전한 배움의 맛을 들여서, 나중에 노동과 하급 직종에 종사할 때 머리를 복잡하게 하고 헛되이 우쭐대게 부추긴다."[33] 그렇지만 주된 문제는 그래머 스쿨이 시대 흐름에 적응하지 못한 것이다. 고전을 가르칠 교사를 확보하는 데 필요한 예산이 부족하여 많은 학교가 문을 닫았다. 다른 학교들은 질이 떨어졌고, 이론적으로는 7~8년간 학습한 후에도 졸업생들이 라틴어를 여전히 이해하지 못하였다.[34]

전반적인 교육 수준이 저하되는 가운데, 몇몇 그래머 스쿨은 초창기부터 소수 정예의 명성을 얻어 이를 계속 유지하였다. 소위 퍼블릭 스쿨 역주: 기숙 학교, 귀족과 젠트리의 자녀에게 개방되었다는 뜻 에 아들을 보내는 것이 점점 더 옳은 선택이 된 것이 17세기 말과 18세기였다. 니콜라스 한스는 영국 인명 사전(Dictionary of National Biography)에서 추출한 18세기의 유명 인사 3,500명의 표본으로 교육적 배경을 조사하였다.

그들 중 600명 이상이 단지 네 개의 학교 출신이다 – 이튼, 웨스트민스터, 윈체스터, 그리고 머천트 테일러스. 이들 학교의 매력은 학문적 표준에 있지 않고 그들이 갖는 사회적 명성에 있다. 아마도 더욱 의미 있는 사실은 한스의 엘리트 중 천 명 가까이가 학교에 전혀 다니지 않고 집에서 아버지나 가정교사에게 배웠다는 것이다.[35] 학교는 많은 사람들이 보기에 젠틀맨의 아들에게 부족하였는데, "잘못 자란 악동과 대화하다가" 얻게 될 고칠 수 없는 피해에 비해 얻을 것은 거의 없었다.[36]

두 개 대학교의 수준 또한 낮아졌다. 이것은 학생 수의 감소에 반영되어 18세기 3사분기에 저점을 찍었다.[37] 고전 연구가 계속 지배적이었지만 학문 수준이 17세기 초에 비해 매우 낮은 것으로 보인다. 새로운 과목, 특히 과학과 수학을 도입할 필요를 실감하기도 하였다. 그러나 옥스퍼드와 케임브리지의 주된 기능은 젊은 젠틀맨에게 음주와 도박을 가르치는 것이라는 당시 불평은 상당히 정당하였다. 1728년에 디포는 이미 그래머 스쿨과 대학교 양쪽 모두에 대한 그때까지의 전반적인 정당한 경멸에 자신의 비판을 추가하였다. "최근 우리의 배움이 쇠락하고 교육이 눈에 띄게 부패하니 슬픔을 표시하지 않을 수 없다; 우리는 용감하고 지혜로운 민족이었는데, 분별없이 나약하고 피상적인 인종으로 떨어지는가: 우리의 젊은 젠틀맨은 대학교에 간다. 맞다. 그러나 예전처럼 절제나 징벌은 사라졌다; 공부하기 위해서가 아니라 술 마시러 간다."[38]

그렇지만 교육 세계에서 모든 것이 다 침체한 것은 아니었다. 디포의 생애에 교육에서 매우 중요한 새로운 사상이 태동하였다. 내전과 궐위 기간의 정신적 흥분 상태에서 청교도 사상가들은 그 가운데 많은 것을 논의하였다.[39] 왕정복고에 뒤이은 영국 국교의 강화 기간에 대학교에서 강의를 박탈당하거나 일자리를 잃은 이들 중 몇몇은 새로운 사상을 반영한 교육 기관을 설립하였다. 디포 자신이 영국 국교가 비국교도를 박해한 사건의 수혜자가 된 것은 아이러니한 일이었다. 그는 획기적으로 앞선 교육을 받았으며, 이것이 평생 그의 사고 방향과 표현 양식에 영향을 주었다. 사립 학교에서 기초를 닦은 다음 그는 14세에 뉴잉턴 그린 아카데미(Newington Green Academy)에 입학해서, 명목상으로는 장로교 사제가 되기 위한 교육을 받는다. 찰스 모턴(Charles Morton) 역주: 비국교도 목사, 교육자, 1627~1698 이 운영한 이 아카데미는 시류를 이삼십 년 앞서 갔다.[40] 정규적인 고전 공부에 더해, 모턴은 수학, 과학과 근대 언어를 가르쳤다. 그러나 아마도 그가 도입한 가장 괄목할 혁신은 영어로 수업을 진행한 것이었다. 당시 대학교에서 대개 라틴어로 수업이 이루어졌으나, 이 학교는 영어로 쓰고 말하였으며, 영어 자체에 대한 연구도 이루어졌다. 영어로 가르친 것이 혁신이었다는 사실은 놀랄 만하지만 실제로 그랬다. 그리고 더 많은 근대적 과목을 고등 교육에서 가르치려 한다면 매우 중요한 혁신임에 틀림없다.

그처럼 다양한 과목을 다루었다는 것은 디포가 당시 학자의 표상인 고전에 대한 통달은 성취할 수 없었다는 것을 뜻한다. 반면, 그가 받은 교육은 그에게 근대적 과목과 근대 세계에 대한 보편적인 지식의 기초를 제공하였다. 그 자신도 당연히 이를 자랑스러워하였다. 디포는 항상 자신이 고전 공부가 부족한 것에 대해 약간 부끄러워하였고 세상이 그가 얼마나 넓게 교육받았는지 알게 되는 것에 가끔 괴로워하였다. 그는 1711년에 스위프트가 그를 "문맹자 낙서쟁이"라고 조롱하였을 때 특히 예민하였다.[41] 14년 후에도 여전히 가슴에 맺혔다. 『애플비 저널』에 기고하여 디포는 "익명의" 작가에 대한 자기 기억 이야기를 한다. "나는 세간의 한 작가를 기억한다. 몇 년 전에, 그는 전반적으로 무식하다고 비난받았다. 지난 시대의 유행에 매몰된 사교계(*Beau-Monde*) 가운데 몇몇이 그를 가리켜 '문맹자'라고 하였다." 그런 다음 디포는 작가의 서재에 들어가서 문맹자의 언어, 지리, 역사와 과학 지식을 발견하였다. "그렇게 오래전에도, 이것이 나를 궁금하게 만들었다. 학자라고 불리는 이 이상한 것은 무엇이며, 학자를 구성하는 것은 무엇인가? 왜냐하면, 내가 말하였듯이, 여기 5개 국어를 구사하는데다가 읽을 줄은 아는 외국어가 하나 더 있으며, 천문학, 지리, 역사, 그리고 다른 많은 유용한 지식에 정통한 사람이 있다. 여러분은 그 사람이 누군지 추측하지 않아도 되며, 그는 너무 겸손해서 그것을 바랄 수 없을 것임을 내가 언급하지 않는다. 그럼에도 그들 말로는 '이 사람은 학자가 아니다'."[42]

다음 주에, 같은 저널에, 그는 세상이 학자라고 부르는 자의 초상을 묘사한다:[43]

> 그는 지도를 한 번도 본 적이 없는 것보다 더 해외 세계를 몰랐다, 사물의 묘사를 읽은 적이 거의 없다. 그는 아프리카나 아메리카가 발견된 적이 없을 경우보다도 더욱 아프리카나 아메리카 이야기를 할 수가 없었다; 성 키프리안과 성 오거스틴이 누군지는 알지만, 그들이 어디쯤에 살았는지는 모르며, 아프리카가 아메리카 사이에 바다가 있는지, 육지로 연결되는지 모른다.
>
> 그는 프랑스어, 네덜란드어, 스페인어, 이탈리아어는 한 단어도 이해

하지 못하였다. … 그의 책 더미에 그를 데려가면, 낡고, 난해하고, 비판적이며, 적절히 맞춰진 모든 것; 근대적이고, 부드럽고, 우아하고, 품위 있는 모든 것이 그를 자극하여 분노하게 하였다.

한마디로 그는 글자를 안다. 그리고 아마 몇 개 국어 대역의 성경을 반쯤 읽을 수 있을지 모르나, 바깥 세계에 대해서는 아무것도 모른다.

– 인간이나 사물에 대해서도 읽은 게 없다; 그리고 사람들은 이를 학자라고 한다.

그런데 그런 학자는 교육받은 바보다.

디포가 과장하는지 모르나 누구도 낡은 것과 근대적인 것 간의 차이에 대해 더 좋은 묘사를 생각해 낼 수 없을 것이다.

디포가 교육받은 바보와 스스로를 구별한 것은 타당하며 이것은, 우리가 알다시피, 뉴잉턴 그린 아카데미의 찰스 모턴에게서 받은 훌륭한 교육과 적어도 약간 관련이 있다. 대부분의 비국교도 아카데미(Dissenting academies)들이 비국교도 사제를 배출할 특정 목적을 가지고 고전 공부에 집중하는 데 비해, 모턴은 그의 시기에 독자성을 띠었다. 그러나 18세기 초에는 표준적 고전 교과 과정에 근대적 과목을 추가하고 영어로 가르치기 시작하는 비국교도 아카데미가 더욱 늘었다.[44] 이 아카데미들 가운데 일부는 극히 높은 표준을 설정하였고, 이들의 교과 과정은 18세기 후반의 찬란한 명성을 예고하였다. 이때가 되면 여러 아카데미가 기업에 진출할 젊은이에게 양질의 종합 교육을 전문적으로 하였다. 따라서 우연히도 교육받은 비국교도 엘리트를 배출하였는데 이들은 산업 혁명에 족적을 남길 것이다.

비국교도 아카데미들이 근대적 교육에서 운영되는 모든 것을 만들었다거나 혹은 정말로 모든 "아카데미들"을 비국교도가 운영하였다고 생각한다면 틀린 일일 것이다. 어쨌거나 비국교도 아카데미들은 학교보다는 현대의 대학교와 유사하였다는 점이 기억되어야 한다. 입학하였을 때 학생들은 대부분 15~16세였고, 이미 그래머 스쿨이나 그에 해당하는 학교에서 고전 교육을 마친 상태였다.[45] 사실은 18세기에 자식에게 중등 교육을 시키려는 부모에게 선택의 범위가 혼란스러울 만큼 넓었다. 그래머 스쿨은 쇠퇴하였을 수 있지만 이 쇠퇴 자체가 사립 고전 학교의 성장을 가져왔다. 사립 학교는 주로 영국 국교 사제들이 운영하였고, 학생들을 고전 언어로 대학교에 진학하도록 준비시키는 데 좀 더 창조적인 방법을 썼다.[46] 이들과 함께 수많은 새로운 학교들이 있었다. 몇몇은 곧 사라지기도 하였지만 새로운 학교들은 광범위한 새 형태의 교육을 제공하기도 하고, 육군, 해군, 또는 상업 같은 특정 직업 훈련을 시키는 전문 학교였다. 이런 학교들의 특징은 대부분 영어로 가르쳤고, 고전과 함께 또는 고전 대신에 수학, 회계, 과학, 근대 언어 등 과목을 개설하였다는 점이었다. 어떤 학교는 학생들에게 전문적으로 사회적 품위를 갖추게 하기 위해, 댄스나 우아한 대화, 또는 베이컨(Bacon), 스틸(Steele), 애디슨(Addison)식 문체의 글쓰기 등을 가르쳤다. 그 이전에는 키케로 스타일의 작문만을 가르쳤었다. 물론 이러한 학교의 표준은 매우 다양하였다. 많은 학교가 그저 교육받은 남녀가 돈이 필요해서 한 사람이 몇 펜스를 받고 몇몇 아동들을 매우 비좁은 환경에서 가르쳤다. 그러나 좋은 새로운 학교가 최고 수준의 학교로 될 수도 있었다. 유명한 해크니 아카데미는 1685년에서 1820년까지 번창하였고, 1720년에 개교한 리틀 타워 스트리트 아카데미는 수학, 부기,

자연 철학, 불어, 작문, 영어와 다른 여러 과목을 가르쳤다.[47] 어쨌거나 교육열이 높은 중간 계층 부모들이 딸은 아니더라도, 아들을 보낼 수 있는 학교의 선택지는 충분히 늘고 있었다고 말하는 것이 정당할 것이다.

이 모든 학교는 물론 수업료로 운영되고, 사회의 특권층 자녀에게 다양한 중등 교육을 제공하도록 설계되었다. 빈민 자녀에 대한 무상 교육의 전통은 여전히 존재하였으나 가끔씩 보이는 학생들을 위한 "무료" 그래머 스쿨의 자리는 줄었다. 튜더 시대 때 학교가 설립된 이래로 비용이 상승하여 점점 더 많은 학교가 수업료를 받든가 아니면 폐교할 수밖에 없었기 때문이었다. 어찌되었든, 앞에서 말한 대로, 짐꾼이나 쟁기꾼의 자식에게 그들의 처지에 걸맞지 않은 교육을 시키는 일을 비판하는 사람들이 늘었다. 초등학교 수준에서는 옛 교구 학교에서 무상 교육이 제공되기도 하였다. 그러나 소학교 대부분이 수업료를 받을 수밖에 없었다. 사숙을 개설한 여교사도 먹고살아야 하였다.

17세기 말에 이르러 빈민에게 무상 교육을 제공하자는 새로운 운동이 시작되었다. 예전에 영국의 훌륭한 그래머 스쿨을 설립하고 유지하는 데 그렇게 풍부한 혜택을 베풀던 중간 계급 자선 기금이 이제 빈민의 초등 교육을 위한 자선 학교를 지원하는 쪽으로 전환되었다.[48] 기존 초등학교는 그래머 스쿨로 진학하는 준비 과정으로 여겨졌으나, 이제 새로운 학교는 그 나름의 목적이 있었다. 빈민을 교육하되 너무 많이 가르쳐서는 안 되었다.

매우 성공적인 이 운동의 사상적 배경에는 새로운 시대의 철학이 반영되어 있다. 빈민의 가정은 『가족 교범』에 그려진 가정과 닮은 점이 거의 없다. 우선 가족 예배와 가족 규율이 확실히 결여되어 있다. 아이에게 읽기를 가르칠 수 있는 성경책조차도 없을 수 있다. 어머니가 아이를 무릎 위에 올려놓고 어를 때 아이에게 선한 생각이나 성스러운 진실이 주입되는 일이 거의 없었다. 우리는 그녀가 너무 바쁘다고 생각할 수 있지만, 당시의 비평가들은 그녀가 너무 게으르거나 술에 취해 있기 쉽다고 생각하였다. 어렸을 적부터 이렇게 부주의하게 살아 빈민들은 게으르고, 사악하고, 위험하고, 고마움을 몰랐다. 우리에서 빠져나온 야생 동물처럼 행동하지 않는 자들은 보기 민망하게도 부자들의 태도를 흉내 내려는 경향이 있고 스스로 부자가 되기 위해 자신을 쓰레기 더미에서 끄집어내려고 애를 쓰기조차 한다. 이것은 절대 되지 않을 것이다. 빈민은 겸손하고, 열심히 일하고, 신을 두려워하고, 먹을 것을 나누어 주는 중간 계층의 관대한 사람들에게 감사해야 한다. 어떻게 야생 짐승을 길들일 수 있을까?[49] 해답은 분명해 보인다. 아이를 부모의 가공할 영향에서 분리시켜 "섭리가 지정한 삶의 위치에" 존재하는 데 만족할 정도로만 교육하는 것이다.[50] 자선 학교가 이런 조건을 조성하기 위해 최선의 노력을 기울였다. 자선 학교는 초기에 추진 조직으로 활동한 기독교 지식 전파 사회(Society for the Propagation of Christian Knowledge)의 설립과 함께 1699년에 실제로 출범하였다. 빈민의 자녀들은 정화되고 단정하지만 수수한 교복을 착용하고 "기독교적이고 유용한 교육"[51]을 받았으며 읽기를 배우고 그 이상은 별로 나아가지 않았다. 교육 과정 전반에서 아동에게 겸손, 복종, 종속, 존경 등 기독교적 품위가 주입 훈련되었다. 자선 학교 아동은 매우 좋은 하인이 된다고 사람들은 말하였다.

처음부터 자선 학교는 도시 중간 계급의 후원을 많이 받았다. 이들은 자선 학교를 성경이 요구하는 자선의 가장 바람직한 매개체로 여겼을 뿐 아니라, 비판자들을 믿는다면, 자신들의 중요성을 강조하는 수단으로 생각하였다.[52] 자선 학교는 지역 단위로 지원을 받고 재정을 충당하였으며 후원자인 점포주는 한때 사회적으로 파괴적인 말썽꾸러기들을 그 자신이 말쑥하고 순종하는 아동으로 변신시켰음에 큰 만족을 느낄 수 있었다. 1729년이 되면 런던과 웨스트민스터의 자선 학교는 학생 수가 5천 명이 넘었다. 대도시의 총빈민 아동 수에 비하면 얼마 안 되지만 엄청난 성과였고, 하인 문제는 앞으로 별 것이 아닐 수 있음을 나타냈다. 런던은 자선 학교 학생들이 자랑스러웠다. 이들은 정규적으로 모여, 사제와 교사 뒤에 단정하고 깨끗한 모습으로 이열종대로 행진하곤 하였다. 그리하여 전 세계에 공공 지향적이고 기독교적인 런던 시민의 자선과 자비심과 분별을 과시한다. 유명한 성자들이 정기적으로 자선 설교를 통해 후원자의 업적을 칭송하고 모아 놓은 학생들에게, 그들이 얼마나 행운인가를, 마치 그들이 벌써 알 리는 없다는 듯이 지적하였다. 이 가운데 화이트 케넷의 설교가 가장 잘 되었다. 그는 다음과 같이 강조한다. "하층 부모에게 태어난 어린이들이여, 축하한다. 하느님이 여러분에게 여러분의 부모보다 더 나은 친구들을 보내드렸다. 자비로운 후원자는 여러분을 입히고, 마음과 영혼을 새로 감싸고 … 여러분은 와서 말하라, 우리끼리 버려지거나 우리를 도울 수 없는 부모에게 남아 있었더라면 우리가 어떻게 되었을까! 길거리에서 놀고, 이 집 저 집을 어슬렁거리며 구걸하게 남겨졌을 텐데! 나이가 들면 최하층 하인, 가장 힘든 일을 하는 노동자 말고 무엇이 되었을까; 아마도 게으른 부랑자, 거지, 또는 숨어 다니는 도둑이나 강도!"[53]

자선 학교가 발달하는 데 여간해서 아무런 비판도 없이 진전될 리 없다. 교사의 무능과 조직자들의 부패에 관한 비판이 있었는데, 종종 근거가 있었다. 아이들이 저녁에 집에, 부모에게 가면 낮에 성취한 모든 것이 뒤바뀐다고 지적되기도 하였다.[54] 그러나 대부분은 이러한 무상 교육을 실제로 제공하는 데 불가피하게 따르는 어려움보다는 자선 학교의 방침에 대한 것이었다. 목소리가 큰 대규모 집단이 격렬히 바난하기를, 빈민의 자식들은 스스로와 부모를 위해 일해야 하는데 자선 학교가 부당하게도 그 기회를 빼앗고 있다는 것이었다. 이런 비난은 시골에서 특히 강력하였다. 농부들은 새 쫓기, 돌 줍기 같은, 들판의 시시콜콜한 일을 할 아이 무리가 항상 있는 게 필요하였기 때문에, 그들은 농촌 학교들이 큰 성공을 거두지 못하게 할 장애 요인이 될 수 있었다.[55] 맨더빌이 주도한 비판은 더욱더 근본적이었다. 그는 도대체 빈민을 가르치는 그 자체가 위험하며, 겸손하라고 가르친 읽기가 다른 목적을 위해 사용될 수 있다는 입장을 견지하였다. 지식이야말로 체제 전복적이었다. "가장 열악한 상황에서 사회를 행복하게, 사람들을 편안하게 만들기 위해서는, 그들 대다수가 빈곤하고 무지할 필요가 있다. 지식은 욕망을 키우고 증폭시킨다. 사람이 원하는 것이 적을수록, 그의 필수품을 더 쉽게 공급할 수 있다."[56]

디포는 빈민 교육에 대한 맨더빌의 공격에 대답해야 하였다.[57] 예상될 만하듯이, 그는 자선 학교에 전적으로 찬동하였다. 현실적으로 자선 학교의 유일한 대안은 구빈원인데, 구빈원보다는 자선 학교가 빈민의 빈곤 탈출에 훨씬 더 만족할 만하고 값싼 방법이라고 생각하였기 때문이다. 그러나 맨더빌이 자선 학교를 반대한 바로 그 이유로 디포가 이들을 지지한 것이 중요하다. 그는 자선 학교 추진자들처럼 자선 학교를 단순히 빈민이 자신의 운명에 만족하게 만드는 수단으로 보지 않았다. 그는 이를 사회적 이동성의 중요하고 가치 있는 동력이 될 수 있다고 생각하였다. "우리의 빈민이 스스로 부유하게 될 수 있어야 한다고 열망하는 것, 이것은 내가 예전에 마주쳐 본 적이 없는 정책의 부자연스런 부분이다."[58]

디포 소설의 주인공들이 받은 교육을 살펴보는 일이 이런 맥락에서 흥미로울 수 있다. 디포가 주인공의 다양한 행동 가운데 개인으로서 거둔 엄청난 성과를 설명하는 주요 부분으로서 공식적, 비공식적 교육 양쪽 모두를 크게 강조한 것이 주목된다. 그는 또한 그들의 교육이 그들 본래 삶의 위치를 현실적으로 반영함을 확실히 한다. 젠틀맨의 아들인 기사(역주: 『기사의 회고』(*Memoirs of a Cavalier*)의 주인공)는 옥스퍼드로 가서 역사와 지리를 중점적으로 공부한다. 역사와 지리는 "내 마음을 가장 즐겁게 하였으며, 내 재능에 가장 알맞은 생각을 공급하였다: 역사에서 세상에서 어떤 위대한 행동이 이루어졌는지 이해하였고, 지리에서 그들이 어디서 이루어졌는지를 알았다."[59] 그런 다음 그는 결혼하여 정착하기 전에 여행하기를 원하였다. 그의 아버지는 어떤 신분으로 여행하고 싶은지 묻는다: "너는 사적 젠틀맨으로서, 학자로서, 또는 군인으로서 외국에 가야 한다." 기사가 군대 생활에 대한 선호를 보이자, 아버지는 답한다. "정말로, 지금은 외국에 사나이가 나설 만한 전쟁이 없구나."[60] 기사는 이에 동의하지 않고 자신의 교육을 구스타부스 아돌푸스(Gustavus Adolphus)(역주: 1594~1632, 스웨덴의 사자왕, 재위 1611~1633, 30년 전쟁 말기에 신교 측을 도와 단숨에 전세를 역전시킴.)의 참모로 완성한다.

지방 중간 계급의 셋째 아들인 로빈슨 크루소는 좀 더 소박한 교육을 받는다. 그러나 그 교육은 그의 아버지가 그를 위해 선택하였으나 어리석게도 그가 거절한 직업에 적합한 것이었다. 아버지는 그에게 "가정 교육과 평균 수준의 시골 무상 교육에 이르기까지, 나를 법률가로 만드는 데 상당한 교육을 시켰다."[61] 역시 중간 계층의 자식인 록사나는, 부유한 위그노 이민의 딸로서, 아마도 앞에서 묘사한 새로운 형태의 어느 학교에 다녔을 것이다. 그렇지만 그녀가 우리에게 알려 주는 것은, "영어 학교에 다녔고, 젊어서 영국 언어를 완벽히 배웠으며, 영국 젊은 여자의 모든 관습도 배웠다"는 것이 전부다. 우리는 그녀 본래의 개성, 가정, 학교 가운데 어느 것이 그녀를 "일반 지식 문제에서 매처럼 날카롭고; 말을 하면 빠르고 재치 있고; 호색 경향이 있고; 임기응변에 강하고, 대화에서 약간 먼저 나가고; 또는 행동이 완전히 겸손하지만 영어로 하자면 대담하게" 만들었는지 모른다.[62]

사회 계층 구도를 따라 내려오면 몰 플란더스, 또는 알려진 바의 아명 베티에 닿는다. 감옥에 갇힌 중죄인의 딸로서는 매우 좋은 교육을 받았다. 집시가 키웠고, 콜체스터 교구 직원의 자비로움에 던져졌다. 교구는 그녀에게 사숙을 운영하는 여성을 돕도록 조치하는데, 그곳에서 학생들은 읽고 일하기를, 다른 말로는 좋은 하인이 되는 기술을 배웠다. 그러나 나중에 몰은 숙녀의 가정에 딸들의 말벗으로 들어가서, 딸들을 가르치러 집으로 오는 교사들에게 그 딸들만큼 배운다. 왜냐하면 "교사들이 나를 가르치도록 고용되지는 않았지만 딸들이 수업과 가르침을 받아 배운 만큼 나는 흉내 내고 탐구하여 배웠다; 그리하여 짧은 기간에 그 집 딸들처럼 댄스와 불어를 할 줄 알고, 노래는 목소리 때문에 그들보다 더 잘하였다."[63] 몰 플란더스는 이러한 좋은 교육을 받는 명백한 행운을 누렸다. 그러나 두 살 때 유괴되어 걸인 여성이 키우다가, 그 다음에는 집시가 처형되기 전까지 집시에게서 컸던 캡틴 싱글톤조차 교구 학교에 다닐 수 있었다. 학교에서 사제는 싱글톤에게 "좋은 아이가 되라고; 그리고 내가 가난한 소년이지만 책을 읽고 신을 믿으면, 좋은 남자가 될 수 있다"고 일렀다. 비록 그가 이 교구에서 저 교구로 옮겨 다녔으며 열두 살 때 바다로 나갔지만, 그가 받은 교육 덕에 그는 웬만큼 쓸 줄 알고 라틴어를 약간 이해할 수 있었다.[64] 만일 그들이 단지 읽기만 할 수 있었다면 아마도 좀 더 현실성이 있었을 것이다. 하지만 몰 플란더스와 싱글톤이 읽고 쓸 수 있었다는 사실은 디포의 세계에서 전혀 비현실적이지 않았다.

디포의 주인공들 가운데 어렸을 때 공식적 교육을 전혀 받지 못한 유일한 인물이 커널 잭이다. 이 사례를 들어 디포는 자기 책 머리말에서 자선 학교를 변호한다. "마을에서 자라 매년 교수대로 보내지는 아이가 그렇게나 많은 걸 감안할 때, 자선 학교는 그런 불우 아동의 파멸을 막을 가장 좋은 수단이다."[65] 그러나 앞서 본 대로, 자선 학교의 목표는 빈민의 자식에게 섭리가 지정한 미미하지만 유용한 위치를 겸손하고 경건하게 받아들이도록 교육하는 것이므로, 잭은 이를 도피하였으니 운이 좋았다고 할 수 있다.

잭은 경험과 자신의 모험 도중 만난 사람에게서 열심히 배워 정식 교육을 받지 못한 것을 보충한다. 결국 잭은 교육받은 강력범에게서 적절한 고전 교육을 받는데, 그 죄인은 브리스틀에서 버지니아로 이송되어 그의 하인이 된 사람이었다. 이 과정을 묘사할 때 디포는 그래머 스쿨에서 가르치는 학자인 체하는 사람을 약간 비꼰다. "그는 단지 응용을 통해서만이 아니라, 교육 방식에서 훌륭한 판단력을 가지고 나를 가르쳤다. 그때 이후 나는 많은 역사에서, 모든 학자가 교사로 적합한 것은 아니며, 가르치는 기법과 가르치는 언어를 아는 기술은 전혀 다르다는 것을 알게 되었다."[66] 캡틴 싱글톤도 여행 중에 좋은 선생을 만나는 행운을 누린다. 이번에는 포르투갈 출신 장포사로서, "탁월한 수학자, 선량한 학자, 완전한 선원"이며, 디포의 작품에서 뛰어나다고 표현되는, 드문 포르투갈인 가운데 하나이다. 이 사람과 이야기를 나누며 싱글톤은 "내가 그 이후 알게 된 항해에 유용한 모든 과학, 특히 지식의 지리적 부문의 근간을" 배웠다. 그 포르투갈인은 "내 마음속에 사물의 일반적인 지식의 근본"을 심어 줄 수 있었다.[67]

디포는 이러한 세상의 학교 또는 고난의 학교에서 배우는 것이 공식적 학교 교육에서 얻는 것보다 더는 아닐지라도, 비슷하게 중요하다고 생각하였다. 그는 또한 배우는 데 너무 늦는 경우는 없다고 생각하였다. 이것은 단지 하층민 교육에만 해당되는 문제가 아니었다. 젠틀맨조차도, 그가 장성하였을 때 그의 무식이 거의 전반적으로 완성되겠지만, 스스로 교육을 통해 점잖은 만남과 삶의 유용한 역할에 자신을 적응시킬 수 있다. 디포의 시기에는 다양한 주제의 서적이 영어로 번역되어 성인 교육이 보다 더 쉬워졌다. 『완전한 영국 신사』(*The Complete English Gentleman*)에서 디포는 교육을 받지 못한 젠틀맨이, 선생과 좋은 도서관의 도움을 받아, 4년 반 만에 라틴어나 그리스어를 배울 필요가 없이, 지리, 철학, 역사와 다른 과목들에 어떻게 정통하게 될 수 있는지를 논의한다.[68]

이것은 교육 부족의 주된 약점이 서적상에게 속을 수도 있고 저녁 식사 때 천문학에 관한 대화에 끼어들 수 없는 형태로 나타나는 유한 젠틀맨에게 바로 해당된다.[69] 그러나 디포에게 훨씬 더 흥미로운 것은 중간 계층 자녀를 더 교육하는 일이었다. 우리는 그들이 어린아이일 때는 경건하고 바르게 행동하는 것을 배우는 것으로서 이해하였다. 부모는 자식을 위해 어떤 종류의 학교 교육을 선택해야 하는가? 디포는 직접 답하지 않으나 그의 생각이 어떤지는 상당히 명백하다. 교역에 종사하는 사람은 라틴어나 그리스어를 알 필요가 없다. 그러나 머리가 맑고, 분별 있고, 판단을 내릴 수 있고, 교역 전반에 관한 일반 지식을 가져야 한다.[70] "완전한 교역상은 양극[재치와 어리석음]의 중간이다; 그는 당장 필요한 만큼 보다 많이 안다. 그리고 그가 아는 것보다 더 배울 능력이 있다; 그는 지식을 찾을 만큼 지식을 사랑하고, 지식을 사랑하도록 만들 만큼 그가 지식을 원한다는 것을 안다; 그는 그를 부지런하게 만들 만큼의 지식은 가지나, 헐렁하고 향상심에 불타오를 정도까지는 아니다."[71] 그러므로 아이가 특정 전문직의 소명을 갖고 있지 않는 한, 그를 그래머 스쿨에 보내 고전으로 머리를 채우는 것은 의미가 없다. 그를 새로운 형태의 학교들 가운데 하나에 보내, 그 자신의 언어와 근대적 외국어로 재능을 획득하고, 수학과 부기의 지식, 과학, 지리, 역사의 건전한 이해를 얻게 하는 편이 더 좋을 것이다.

그런 교육의 제공이 부모가 가진 의무의 전부는 아니다. 부모는 아직 "자식이 세상을 잘 알고, 잘 정착하는지" 보아야 한다.[72] 세상에 잘 정착하는 일은 부모가 하는 두 가지 주요 결정, 즉 배우자 선택[73]과 일자리 선택에 달려 있었다. 부모가 능력이 닿는다면 자식의 미래에 재정 지원을 할 것을 예상할 수도 있다. 딸들에게 지참금을, 아들의 도제 입회금을, 그리고 사업을 시작할 때 자본금을 부담한다. 그러려면 부모는 자기 소유의 영지를 향상시키려고 노력해야 할 충분한 이유를 갖는다. 제레미 테일러(Jeremy Taylor) 역주: 작가, 사제, 1613~1667, 찰스 1세 때 궁정 전속 목사, 청교도 혁명 때 투옥, 석방 후 웨일스에 은퇴, 왕정복고 후 북아일랜드 Down의 주교는 다음과 같이 썼다. "이 일은 자식을 부유하게 만들고 싶어 안달하거나 욕심에 찬 갈증이 없이, 턱없는 탐욕이 없이 이루어져야 한다. 하지만 조심스럽게, 커다란 애정과, 합리적인 조건을 갖추어서, 우리 능력껏, 그리고 우리가 죄를 짓지 않고 우리 영지를 자식들을 위해 개선할 수 있다면, 그것이 또한 그들을 위해 우리가 신에게 진 의무의 일부이기도 하다."[74]

자식을 위해 직업을 선택하는 일은 부모에게 매우 중요한 책임이었다. 부모는 기도 또는 영감에 의해 결코 언제나 뚜렷하지는 않은 신의 소명을 분간하여 자식을 도와야 하였다.[75] 도제 수업이 대개 14세 이하에서 시작하므로 자식은 분별 있는 결정을 내리기에 너무 어린 경향이 있었다. 자식을 올바른 직종과 직업으로 인도하고 적당한 도제 자리를 골라 주는 일은 까다로운 과업이다. 부모의 야망 또는 선호가 쉽게 심각한 실수에 이를 수 있고, 더욱이 이런 실수는 자식뿐만 아니라 공동체에까지 해로울 수 있다. 제레미 콜리어(Jeremy Collier) 역주: 주교, 신학자, 연극비평가, 1650~1726 는 "젊은 사람의 재능이 직업에 적합하면, 세상은 더 빨리 향상되고 인문과 자연과학이 더욱 진보할 것이다. 그러나 오만과 이기주의가 모두를 망친다"고 썼다.[76]

일단 소년이 도제가 되면 물론 집을 떠나야 한다. 이제 그는 자기 앞에 펼쳐진 세상에 자기 힘으로 선다. 그러나 배움을 멈출 시점은 아니었다. 여러 면에서 도제 생활의 시작은 실제로 배움의 시작이었다. 디포는 『완전한 영국 상인』에서 애송이 점포주에 대해 "그의 도제 수업은 그의 그래머 스쿨이라"고 썼다.[77] 그것은 지루한 학교일 수 있다. 도제는 처음 4년은 복종과 점포 바닥 걸레질 말고 많이 배울 것을 기대할 수 없다. 나중에 그는 점포와 계산소에서 더 책임 있는 일을 맡고, 부기와 상업 통신의 기술을 배우며, 매매되는 상품 종류의 성질과 출처에 익숙해지고, 또한 주인의 주요 고객이나 공급처와 인사하게 된다. 이들 중 일부는 그가 도제 수업을 마치고 스스로 점포를 차렸을 때 자기의 고객과 공급처가 될 것이다.

그러나 점포에서만 배운 소년은 세상에서 성공하기 위해서라면 너무 제한된 교육만 받은 셈일 것이다. 성공을 위해서는 밖으로 나가, 눈과 귀를 열어 놓고, 다른 직종의 사람들을 만나고 어떤 종류의 행동이 성공 또는 실패로 이어지는지 알아낼 필요가 있다. 이렇게 함으로써 젊은 상인은 사업 일반에 관한 적절한 지식을 습득하여, 새로운 구상과 계획을 판단할 능력을 키우며 새로운 이윤 기회를 보았을 때 필요하다면 그의 미래 사업의 내용을 바꿀 수 있다. 세상이라는 대학교에서 이런 교육은 끝이 없다. 상인은 점포를 닫는 날까지 공부하고 있어야 한다.

『완전한 영국 상인』에 나온 디포의 충고와, 디포 다음으로 위대한 영국 소설가 리처드슨(Samuel Richardson) 역주: 소설가, 영국 근대 소설의 개척자, 1689~1761, 주요 작품으로 『파멜라』, 『클라리사 할로』가 있다. 의 견해를 비교하는 것도 재미있다. 그는 자신이 도제 수업을 하였으며, 1733년에 『도제 수첩』(*Apprentice's Vade Mecum*)을 저술하였다.[78] 두 작가 모두 도제에게 여가 시간을 이용하여 자신을 향상시키라고 권한다. 그러나 디포가 도제에게 밖에 나가 직접 세상을 배우라고 조언하는 반면, 리처드슨의 도제는 책을 읽고 공부하도록 인도된다. 그 자신이 도제였을 때 그는 "쉬는 시간이나 일의 강도가 낮을 때 정신의 향상을 위한 독서 시간을 짜냈다." 그리고 그는 매우 정직하여 "주인이 손해볼까봐" 주인의 양초 한 자루도 사용하지 않았다. 그들의 두 하녀 주인공의 서로 다른 행동에서 우리가 그 결과를 볼 수 있을까? 책에서 세상을 배워 박식한 파멜라는 루크레티아의 운명에 대한 비유를 알아챌 수 있고 역주: 소설에서 Mr. B가 파멜라를 유혹하며 잘못 인용한 강간당한 후 자살한 고대 로마의 여인 루크레티아 이야기를 파멜라가 바로잡아 준다. 세속적이나 약간 어리석은 몰 플란더스는 선행에 보상을 받지 못한다.

주

1. 디포의 자기 보존에 대한 극심한 견해에 관해 앞의 pp. 55~56 참조.
2. *A Christian Directory*(1673), p. 630.
3. *The Commentator*, xl(1720. 5. 20). G. A. Starr, *Defoe and Casuistry*(Princeton, 1971), p. 92에 인용됨.
4. *FI*(1715).
5. James Janeway, *A Token for Children: being an exact account of the conversion, holy and exemplary lives, and joyful deaths of several young children*(1671과 18세기 초반까지 이르는 여러 개정판). William Sloane, *Children's Books in England and America in the Seventeenth Century*(New York, 1955), p. 44는 *A Token for Children*을 "17세기 아동들에게 성경을 빼고 가장 많이 추천된 책"으로 묘사한다.
6. Janeway, 앞의 책(1720 ed.), preface A3~A4.
7. *FI*(1715), p. 78.
8. *The well-ordered Family*(Boston, 1712), p. 63. Edmund S. Morgan, *The Puritan Family*(1944), p. 53에 인용됨.
9. Wadsworth, "The Nature of Early Piety," p. 10. Morgan, 앞의 책, p. 51에 인용됨.
10. James McMath, *The Expert Mid-wife*(1694), pp. 11~12. 또한 John Dunton, *The Athenian Oracle* (1703), i, 30, 41.
11. *Tatler*, No. 15. J. Ashton, *Social Life in the Reign of Queen Anne*(1904), p. 3에 인용됨.
12. Archbishop Tillotson, *Six Sermons on Education etc.*(1694), pp. 110~111; 또한 "정당한 사유 없이 자기 아이들을 스스로 수유하지 않는 어머니의 행위는 죄악"이라고 주장한 William Ames, *Conscience*, p. 157도 참조하라.
13. *CEG*, pp. 73~74.
14. 일반적 증거에 관해 J. H. Plumb, "The New World of Children in Eighteenth-Century England," *P & P*, 67(1975) 참조; Philippe Ariès, *Centuries of Childhood*(Eng. trans., 1962); Rosamond Bayne-Powell, *The English Child in the Eighteenth Century*(1939).
15. Sloane, 앞의 책, ch. 4; Victor E. Neuburg, *Popular Education in Eighteenth-Century England* (1971), ch. 5.
16. James L. Axtell(ed.), *The Educational Writings of John Locke*(Cambridge, 1968), pp. 114~137.

인용은 p. 137에서. 스토아 사상, 특히 세네카(Seneca)의 영향에 대해서는 Lee Ustick, "Changing Ideals of Aristocratic Character and Conduct in Seventeenth-Century England," *MP*, xxx(1932) 참조.

17. Axtell, pp. 216~217.
18. Axtell, pp. 152~153.
19. Morgan, 앞의 책, p. 57에 인용됨.
20. 예를 들어, 디포에게 *PM*, p. 21에서 사용된다.
21. Tillotson, *Six Sermons*, 앞의 책, p. 155.
22. Tillotson, pp. 117~118.
23. Tillotson, p. 206.
24. *FI*(1715), pp. 372~373.
25. *FI*(1718), pp. 175~212.
26. *FI*(1718), p. v.
27. 초기 행동 규범 서적에 관한 논의로 Chilton Latham Powell, *English Domestic Relations 1487-1653*(New York, 1917)과 Levin L. Schüeking, *The Puritan Family*(Eng. trans., 1969) 참조.
28. 가족 신앙 제도의 성장과 중요성에 관한 논의로 Christopher Hill, "The Spiritualization of the Household" in his *Society and Puritanism in Pre-Revolutionary England*(1964) 참조.
29. *FI*(1715), pp. 126~128.
30. Neuburg, 앞의 책, ch. 3 "The Art of Reading"; Sloane, 앞의 책, pp. 48~49. 그는 "물의 시인 테일러(John Taylor)가 구약과 신약 성서를 산문으로 요약한 2제곱인치보다 작은 엄지 성경"에 대해 논의한다.
31. 쓰기 능력, 아니 이름을 쓸 줄 아는 능력의 추계 시도로 Lawrence Stone, "Literacy and education in England, 1640-1900," *P & P*, 42(1969)가 있다; Roger Schofield, "Measurement of literacy in pre-industrial England" in Jack Goody, *Literacy in Traditional Societies*(Cambridge, 1968); 영국 빈민의 독서 능력에 대한 낙관적 평가로 Neuburg, 앞의 책, ch. 7를 보라.
32. Lawrence Stone, "Literacy and education in England, 1640-1900," *P & P*, 42(1969); W. A. L. Vincent, *The Grammer Schools: their continuing tradition, 1660-1714*(1969). 더 낙관적 견해로는 Nicholas Hans, *New Trends in Education in the Eighteenth Century*(1951), pp. 38~41이 있는데, 여기서 그는 Christ's Hospital and Manchester Grammar School 같은 몇몇 도시 그래머 스쿨이 진보의 첨단에 있었다고 지적한다.
33. White Kennett, *The Charity of Schools for Poor Children*(1706).

34. 입학은 정규적으로 7세 또는 8세였다. 아동들은 14세와 16세 사이에 학교를 떠났다. Vincent, 앞의 책, p. 58.

35. Hans, 앞의 책, pp. 19~23.

36. Axtell, Locke, 앞의 책, p. 167. 학교 교육과 가정 교육의 상대적 가치에 대한 동시대의 논쟁에 관해서는 George C. Brauer, *The Education of a Gentleman*(New York, 1959), pp. 195~228 참조.

37. Hans, pp. 41~54.

38. *AT*, p. 4.

39. Margaret James, *Social Problems and Policy during the Puritan Revolution, 1640-1660*(1930), ch. 7; Irene Parker, *Dissenting Academies in England*(Cambridge, 1914), ch. 1.

40. 뉴잉턴 그린 아카데미(Newington Green Academy)에 관한 문헌은 셀 수 없이 많다. 그중 하나는 졸업생이자 나중에 영국 국교로 개종한 후 비국교도 아카데미(Dissenting academy)들을 공격한 웨슬리(Samuel Wesley)와 팔머(Samuel Palmer) 간의 논쟁이다. 디포도 *More Short-Ways with the Dissenters*(1704)에서 웨슬리의 비판에 대응하였다. 뉴잉턴 그린 아카데미에서 제공한 교육에 대한 자료와 논의에 대해 Lew Girdler, "Defoe's education at Newington Green Academy," *SP* 1(1953) 참조; 또한 모턴의 혁신에 대한 중요한 논의로 Joe W. Ashley Smith, *The Birth of Modern Education*(1954), pp. 56~61을 보라.

41. *Examiner*, No. 15. Michael Shinagel, *Daniel Defoe and Middle-Class Gentility*(Harvard, 1968), p. 82에 인용됨. 그리고 pp. 81~86에 스위프트의 디포 저평가에 대한 포괄적 논의가 있다. "형틀에 갇힌 친구가 있었는데, 그의 이름을 잊었구만."

42. *AJ*, 1725. 10. 30(Lee, iii, 435~436); 또한 *CEG*, pp. 199~200.

43. *AJ*, 1725. 11. 6(Lee, iii, 438~439).

44. 비국교도 아카데미의 일반적 연구에 관해 Parker, 앞의 책; Smith, 앞의 책, 그리고 H. M. Maclachlan, *English Educaton under the Test Acts*(1931) 참조.

45. Parker, pp. 59~63. 옥스포드와 케임브리지의 입학도 가끔 이와 같이 어린 나이였다(15~16세).

46. Hans, pp. 117~135.

47. 이러한 학교들에 대한 일반적 연구에 대해서는 Hans, 앞의 책, pp. 61~135 참조.

48. 자선 학교에 대한 일반적 연구로 M. G. Jones, *The Charity School Movement*(Cambridge, 1938)과 Neuburg, 앞의 책을 보라.

49. 빈민의 자녀에 대한 이 표현, 즉 "신발도 양말도 없이, 아마도 절반은 벌거벗고, 또는 넝마 누더기에 싸여, 제대로 된 말을 배우기도 전에 서로 욕하고 저주하는" 이란 구절은 *A Memorial*

concerning in Erecting ... Orphanotrophy(c. 1728)에 나온다. Ivy Pinchbeck and Margaret Hewitt, *Children in English Society* vol. i(1969), pp. 292~293에 인용됨.

50. Pinchbeck and Hewitt, p. 288에 인용됨.

51. 브리스틀의 주교 버틀러(Joseph Butler)가 1745년에 사용한 용어. Neuburg, p. 6에 인용됨.

52. 특히, Bernard de Mandeville, *An Essay on Charity and Charity Schools*(1723), pp. 312~325에서 지적되었다.

53. White Kennett, *The Charity of Schools for Poor Children*(1706), p. 15.

54. 이것은 심각한 문제로서, 그다지 성공적이지 못한 기숙 자선 학교 제공 시도로 이어졌다. Jones, 앞의 책, pp. 47~48.

55. 비슷한 이유로 자선 학교는 공업 지역에서 거의 성공을 거두지 못하였다. 아동 노동이 너무 가치가 있어서 그들을 학교에 보낼 수 없었다.

56. *Essay on Charity Schools*(1723), p. 328.

57. *AJ*, 1723. 7. 13(Lee, iii, 157~159)에서; 또한 초기 저작 *Charity still a Christian Virtue*(1710)에서 디포는 자선 학교 기금 모집 운동을 옹호한다. 자선 학교 학생들이 기금 모집 중에 구걸한다는 비난을 받기도 하였다.

58. *AJ*, 앞 부분.

59. *MOC*, p. 8. 그는 또한 "가정의 적절한 연습," 즉 고전 공부를 통과하였다. 기사는 물론 내전이 있기 전 좋은 시절에 옥스포드로 가는 행운을 누렸다. 앞의 p. 357 참조.

60. *MOC*, p. 10.

61. *Crusoe*, p. 5.

62. *Roxana*, p. 6.

63. *MF*, p. 16.

64. *CS*, pp. 3~5.

65. *CJ*, p. 1.

66. *CJ*, p. 160.

67. *CS*, pp. 68~69.

68. *CEG*, pp. 184~231.

69. *CEG*, pp. 137~141, 154~155.

70. *CET*, ii, 53~85.

71. *CET*, ii, 55.

72. Wadsworth, *Well-Ordered Family*, p. 58. Morgan, 앞의 책, p. 39에 인용됨.

73. 이것은 9장에서 다룬다.

74. Jeremy Taylor, *The Rule and Exercises of Holy Living*(1650), p. 200.

75. 매사추세츠에서의 소명 또는 직업에 관한 논의는 Morgan, 앞의 책, pp. 29~39 참조.

76. *Essays upon Several Moral Subjects*(3rd ed., 1720), iii, 82.

77. *CET*, i, 50.

78. Alan D. McKillop, "Samuel Richardson's advice to an apprentice," *JEGP*, xiii(1943).

제8장 향상에의 길

야망은 디포의 세계에서 원동력이다. 개인이 스스로 향상시키려는 욕구가 다른 모두를 움직인다:

> 우리의 현재 상태에 불만이 있으면 우리의 모든 생각이 이를 고치는 일로 간다. 이것이 근면과 응용의 바퀴를 굴린다; 모든 재능의 태엽이 감기고, 인간이라는 이름의 기계 전체가, 그 상황을 전환하려는 거대한 목적으로, 움직인다.[1]

그러나 야망과 불만은 좀처럼 질서정연한 사회를 위한 만족스러운 처방이라고 할 수 없다. 이러한 특성은 하인들이 충격적인 불복종을 하는 지경에 이르게 하며 우리가 이미 논의하였다. 계급에게 진실인 것은 개인에게도 진실인 경향이 있다. 인간이 자신의 현 상황에 불만을 갖는 것이 "범죄의 요체이자 시작"인데,[2] 이 사실은 디포 소설에 나오는 모든 인물에 예시된다. 야심 있고, 성공하고, 동시에 범죄자가 되지 않으려는 노력은 디포의 세계의 남녀에게 아마도 가장 어려운 과업이었다. 그러나 그 세계가 몰락하지 않으려면 직면해야 할 과업이었다.

향상의 실제 과정은 매우 단순하였다. 제일 먼저 기억해야 할 것은 인생의 주된 관심사가 돈벌이라는 것이었다.[3] 그리고 다른 사람들의 돈 지출이, 향상을 원하는 개인이 향상을 얻는 방법일지라도, 그 자신은 돈을 전부 쓰지 않도록 주의해야 한다. 일부는 보관하고 정기적으로 계산하여 사적인 만족을 위해 액수를 기록해야 한다. 이것은 그의 교역 자본에 추가되든가 또는 단순히 미래의 어려운 시기를 위한 보험인 예비적 비상금으로 남길 수 있다. 어떤 경우이든 사람의 돈과 자본 축적은 향상의 증거이고, 그가 평범에서 벗어나, 먹고사는 일이 더 이상 매일의 걱정이 아닌, 그가 사는 사회에서 약간 덜 이기적 관점을 가질 수도 있는 위치로 올라섰다는 징후이다. 근면과 응용을 통해 남자나 여자가 최하층에서 최상층으로 이동할 수 있지만, 이런 예는 드물다. 그러나 누구나 단순한 법칙을 따르고, 열심히 일하고 돈의 일부를 저축하면, 스스로 향상할 수 있다.

이 과정 전반에 걸쳐 개인은 적어도 궁극적으로 향상된 상태로 이끄는 길에서 가장 두드러진 함정을 피하기 위해 눈을 크게 뜨고 있어야 한다. 이것이 극도로 어려울 수도 있다. 사회의 각 수준마다 나름 특별한 행동 양식이 있어, 개인의 진보는 방해하고, 동시에 개인들로 구성된 사회의 진보는 촉진하였다. 최상층과 최하층에서, 젠틀맨과 노동자 또는 하인은 각기 삶에 대해 매우 비슷한 태도를 취하였다. 이 태도를 너무 열정적으로 추구한다면 개인에게는 거의 항상 재앙이 따랐다. 양쪽 다 생활을 좋아하고 일하기 싫어하였다; 양쪽 다 쓰기 좋아하고 저축하기 싫어하였다. 대부분의 젠틀맨은 이렇게 살 여유가 있지만 노동자나 하인은 그렇지 않았다. 따라서 노동자가 스스로 향상하기 원한다면 전형적인 노동자처럼 행동해서는 안 되었다. 다른 말로는 그는 중간 계층의 미덕이 상대적으로 매력 있게 할 소득 수준에 도달하기 훨씬 전에 그러한 미덕을 습득해야 하였다.

중간 계층 사람들도 나름대로 문제가 있다. 이들은 변덕스러운 상업 세계에서 빈곤 같은 재앙의 위협에 끊임없이 시달렸다. 그리고 디포 자신이 젊은 사업가 시절에 발견하였듯이 더 빨리 상승하려고 노력할수록 고통받을 가능성도 컸다. 인내심이 중간 계층의 미덕일 수 있으나, 이제 막 운 좋게 성공을 거둔 자 가까이에서 어른거리는 여가와 안락함이라는 유혹을 볼 수 있는 사람에게 인내심은 실행하기 어려운 덕목이었다. 그러나 성급함이 중간 계층 가운데 야망이 높은 사람에게 유일한 함정은 아니었다. 중간층의 목표가 젠틀맨이 되는 것이므로, 유한 계급의 행동 패턴을 유지할 소득이나 시간을 갖추기 오래전에 자기 사업을 소홀히 하고 젠틀맨의 행동처럼 보이는 것을 흉내 낼 유혹이 항상 있었다. 상승 열망이 높은 노동자의 위치와는 얼마나 다른가? 그가 중간 계층 사람처럼 행동하면 중간 계층이 될 수도 있었다. 그러나 상인이 젠틀맨의 행동을 모방하면 실패로 가는 확실한 공식이었다.

실은 문제가 이것보다 좀 더 깊었다. 도대체 중간 계층 사람이 젠틀맨이 될 수 있는가? 그가 평생의 버릇을 순식간에 버릴 수 있는가? 그가 진실로 일에 관한 신의 말씀을 따랐다면; 그가 가게 판매대를 지키며 점포주의 세계에서 성공하는 데 그렇게도 필요한 봉사를 실현하였다면 그는 운이 좋아 충분한 현금을 모으고 여가의 삶을 스스로 마련하여 자신을 젠틀맨이라 부를 수 있을지 모른다. 그러나 그는 어떤 종류의 젠틀맨이 될까? 다른 한편 그가 스스로 게으른 생활을 준비하고, 커피 하우스 안에서 또는 개들과 오랜 시간을 보내고, 대화의 기술을 연마하고 젠틀맨이 세상이라고 부르는 것을 알게 된다면, 그는 저 "양서류," 저 "젠틀맨-상인이란 이름의 수륙양용 동물,"[4] 어느 쪽도 아닌 바보가 될 것이다.

어느 길이든, 향상에 이르는 길은, 이정표가 잘 붙어 있다고 하더라도 머물러 있기 까다로운 것이었음을 알 수 있다. 많이들 길 밖으로 떨어진다. 그러나 이것이 길로 다시 되돌아올 수 없음을 의미하지는 않았다. 실제로 모든 중간 계층 사람들이 공유한 미덕은, 디포처럼 절대 포기하지 않는다는 것이었다:

> 떨어지는 것은 모든 인류에 공통이다; 쓰러지고 일어나는 것은 소수만이 도달하는 특별한 경우이다. 상인들처럼 그렇게 쉽게 자주 경험하지 않는다; 오명과 욕설의 진창으로 떨어지고 명성과 함께 일어난다; 오욕으로 떨어지고 칭송으로 일어난다; 모든 인류에게 저주받으며 떨어지고 부축받으며 안겨서 일어난다; 내 생각에 이것은 상인에게 특이하다; 아니, 불운하고 불행한 상인이 이 한 번의 전환으로 수렁에서 벗어나 이전에 가졌던 가장 좋은 상태보다 무한히 우월한 삶의 위치로 올라간다.[5]

상인은 "그가 관 속에 못 박혀 지하 6피트 깊이에 묻힐" 때까지 스스로 향상할 희망을 포기하지 않는다.[6]

그렇다면 비유를 바꿔 보자면, 인생은 뱀과 사다리의 게임이었다. 모든 사람이 영점(제로)에서 출발하지는 않았지만 모두들 발판의 꼭대기에 있는 목표는 볼 수 있었다. 뱀의 입은 흔히 가려져 있었다. 많은 사다리에 발판이 부러져 있다. 주사위가 물론 개인 자신 또는 다른 개인에 의해 조작될 수 있다. 이런 개인 가운데 일부는, 후원의 세계에서는 자비로울 수 있다;[7] 그러나 사기꾼들이었다. 이 사기꾼들은 삶의 주사위를 효과적으로 조작하여 그룸 포터(Groom-Porter) 역주: 영국 왕실의 관리, 조지 3세 때 폐기, 주요 기능은 궁정 치하의 게임을 담당, 카드, 주사위 공급, 분쟁 조정 의, 또는 다른 도박장에서 젊은 젠틀맨의 소득을 감소시켰다. 주사위는 또한 물론 신에 의해 조작되어, 때로는 주사위 굴리는 사람을 도와주기도 하고, 때로는 내치기도 하였다. 이러한 조작은 게임의 법칙에 암묵적으로 포함되나 예측하기 힘들었다.

신에 대한 언급은, 삶이 게임이라면, 하나의 평면에서만 치러지지 않는다는 사실을 일깨워 준다. 사람이 일해서 출세하는 동시에 세상의 뱀과 사다리 게임을 오르내릴 때, 그는 상금이 이론상 더욱 매력적인 연립 게임에 심취해 있거나 심취해 있어야 하였다. 이것은 구원 게임이었다. 두 게임을 한꺼번에 하는 문제, 즉 한 게임에서 겉보기에 논리적으로 보이는 수가 다른 게임에서 성공 기회를 망치는 것의 문제는 3차원적 삼목 놓기의 순열과 조합을 통해 길을 찾으려고 고생해 본 사람에게 뚜렷할 것이다. 디포 세계의 사람들도 똑같은 문제에 봉착하였다. 성공판에서 좋은 움직임처럼 보이는 것이 구원판에서는 나쁠 수 있었다.

집합적으로, 디포의 저작들은 삶의 이중적인 게임에서 최선을 다하려고 애쓰는 사람들에게 지침을 제공한다. 이러한 지침을 주기에 디포보다 더 잘 준비된 작가를 생각할 수 없을 것이다. 그 말고 누가, 살아온 삶에서뿐 아니라 한 사람의 운명에게 닥칠 수 있는 변화무쌍한 운에서 그만큼 엄청나게 넓은 경험을 하였겠는가? 그 말고 누가 비즈니스와 행정 관료 양쪽 모두의 분야에서 단련되었는가? 그 말고 누가 국왕뿐 아니라 도둑들과도 어울리는 상황에서 살아보았는가? 아마도 유일한 문제는 디포 자신이 양쪽 어느 게임에서도 판의 최고점에 도달하였다는 증거가 없다는 것이었다. 그러나 그가 가상의 반박자에게 지적하였듯이, 그 사실이 이점이 될 수도 있었다. "늙은 선원이 암초에 부딪혀 배를 잃었다고 해서 그가 결코 그 해안의 도선사가 될 수 없는 것은 아니다; 그 반대로, 그는 나중 사람이 그 불행한 지점의 위험을 피하도록 상세히 안내할 수 있다."[8]

디포는 그의 경험에도 불구하고 전적으로 만족할 만한 안내자는 아니었다. 교육적 저작보다는 소설을 쓰고 있을 때 특히 그렇다. 소설가 디포가 자기 소매 속에 책략을 감추었기 때문이다. 그 책략은 적어도 근대 독자의 눈에는, 그가 약간 부도덕하게 사용한 듯이 보인다. – 그것은 속죄 작전이었다. 주인공이 좋은 시절을 나쁘게 보내고 나서 적절한 시기에 속죄하거나 죽음을 맞아 회개하는 것은 아무리 진실되더라도 항상 조금 온당치 않아 보인다. 그리고 디포의 몇몇 허구적인 속죄는 완전히 깨진 종을 온 정성을 다해 치는 일임이 인정되어야만 한다.

관대한 신은, 완벽한 행동을, 특히나 세상에서 성공하려고 애쓰는 사람에게서는, 기대하지 않을 것이다. 『완전한 영국 상인』에서 디포는 그에게 적어도 합리적인 타협으로 보이는 것을 요약한다. 완전한 정직은 이 세상에서는 불가능할 듯하므로, 정직하고, 실수하였을 때 고치고 속죄하려는 의지를 갖는 것이 이상적이며, 좋은 상인이 목표로 삼아야 할 것이 바로 이것이다.[9] 많은 성인들이, 1720년대조차도, 이러한 표현을 쓰려고 하였을지 의심스럽지만 이것은 받아들일 만하다. 그러나 디포가 정직하려는 의도라고 한 것은 정확하게 무슨 뜻인가? 그리고 실수는 얼마나 오래 용납되는가? 상인의 경우 실수는 분명히 우리가 의도적으로 그것을 취한 것을 의미한다. 상인이 사과하고 다시는 안 그러겠다고 결심하면 신이 쉽게 용서할 수 있는 사소한 도덕적 실수 같은 것이다. 소설에서는 그 위치가 가끔 크게 다르다. 실수는 일평생의 절반 동안 계속될 수 있다. 정직하려는 의도는 주인공이 죄악의 직업에서 부당이득을 충분히 저장하여 다시 부정직할 필요가 없게 될 때까지 진정으로 정직하려는 의도가 아니게 된다. 그때가 되어서야 주인공은 속죄하고 개혁한다.

가장 나쁜 경우는 확실히 캡틴 싱글톤이다. 처음에 그는 디포가 대체로 빈민이면 갖기 마련이라고 생각해 부여한 몇 가지 속성을 가진 것처럼 보인다. 싱글톤은 돈이 생기면 미래에 대해 아무런 생각이 없이 써버린다. 이것은 그가 "영국에 친구도, 친척도, 아는 사람도" 없기 때문이다; 실은 그가 아프리카에서 횡재한 거금으로 무엇을 할지를 그에게 조언해 줄 디포가 없었다. "당연히 내가 가진 것과 관련해 믿을 사람도 없었고, 이를 안전하게 보관하거나 저축하라고 조언할 사람도 없었다; 나쁜 일당과 어울려 … 그 많은 고통과 위험을 겪고서 얻은 거액 모두가, 2년 남짓 만에 없어졌다."[10] 그러나 책의 나중 부분에서 싱글톤이 해적질로 두 번째 거금을 벌었을 때, 그는 디포의 가장 흥미로운 작중 인물 가운데 하나인, 퀘이커교도 윌리엄에게서 더 나은 충고를 받는다. 윌리엄은 물론 퀘이커교도이므로 자신은 싸우지 않는다. 그러나 싱글톤의 전투를 여러 번 지휘한다. 윌리엄은 싱글톤에게 형편이 좋을 때 해적업을 그만두도록 충고한다: 윌리엄은 말하기를, "그렇다면 나는 물어보겠소, 당신이 충분히 벌었으면 당신이 이 직업을 떠날 생각이 있는지; 왜냐하면 대부분의 사람들이 버는 데 만족하고 충분히 부유하면 직업을 떠나니까; 왜냐하면 아무도 오로지 벌기 위해 벌지 않고, 더구나 도둑질 자체를 위해 강도가 되지는 않으니까요."[11] 캡틴 싱글톤은 이 논리를 이해한다. 퀘이커교도 윌리엄의 충고에 따라 그는 동료 해적들의 배당금을 떼먹고 도망친다. 결국 모든 약탈품을 고스란히 가지고서 아메리카의 부유한 상인으로 가장하여 바스라에서 영국으로 돌아오는 데 성공한다. 동시에 캡틴 싱글톤은 속죄하려고 노력하지만, 자신이 약탈을 너무 많이 해서 신이 절대로 용서하지 않으리라 걱정한다. 윌리엄은 다시 확신시킨다: "우리가 지금 가진 것을 버리고, 여기서[즉, 바스라] 그만둔다면 그것에 대한 권리가 전혀 없는 자들에게 던져 주는 것이요, 우리가 그것에 대해 지닌 권리를 포기하는 것입니다."[12] 캡틴 싱글톤이 해야 할 일은 약탈품을 영국으로 가져가는 것이고, 그 다음에 섭리가 그에게 그것을 가지고서 어떤 선행을 행할 기회를 줄지 모른다. 신이 게임을 한다; 윌리엄은 가난한 여동생이 있는데 약탈품을 좀 주고서 구제되었다; 캡틴 싱글톤은 그녀와 결혼하여 그들 모두가 전부 죽을 때까지 행복하게 잘 산다.

평생 자기 가게에서 일하는 상인이, 만일 그가 그 책을 읽을 시간이 있다면, 이와 같은 소설에 관해 무슨 생각을 할지 궁금하다. 도대체 왜 디포는 캡틴 싱글톤이 죄의 대가를 치르지 않고 빠져나가게 두었을까: 여기에서 상인은 일하느라 고생하면서, 매년 적은 돈을 저축하여 서서히 편안한 은퇴로 나아간다. 그런 악당은 무슨 권리로 상인보다 훨씬 더 잘 살다가, 그리고 구원을 받는 것으로 끝을 맺는가? 왜 조물주는 마땅히 받아야 할 교수대로 그를 보내지 않았는가?

답하기 매우 어렵다. 소설을 쓴 디포는 그의 다른 저작에서 알게 되는 디포와 전혀 다른 사람처럼 보인다. 그는 도덕주의자로 시작하지만 그가 만드는 도덕은 매우 의심스럽다. 그는 자기 소설 주인공을 심판하는 척하지만 판결은 좀체로 세상이 동의하려 하지 않는 것이었다. 이것은 거의, 마치 그가 창조한 인물의 흥미진진한 모험에 끌려다니고 그 인물에게 응분의 벌을 주기 싫어하는 것 같다. 그는 시작은 잘하였다. 로빈슨 크루소는 신에게 정기적으로 벌을 받는다. 그 죄와 벌이 모두 우리에게는, 어처구니없을 정도는 아닐지라도, 좀 억지스러워 보이기는 한다. 그러나 그 다음부터는, 도덕주의자로서 디포는 내리막길을 간다.

그의 후기 소설들의 주제는 모두 거의 똑같다. 주인공은 가난하게 태어나거나 가난해진다. 줄거리는 그들이 결국에는 자기네 애초의 빈곤과 빈곤 상태가 가져오는 유혹에서 벗어나는 과정에 대한 것이다. 여기까지는 괜찮다. 이것은 디포의 많은 교훈적 저작과 비슷하다. 그러나 그들이 부유해지는 과정에서 커널 잭의 비교적 가벼운 소매치기든, 몰 플란더스, 록사나 또는 캡틴 싱글톤의 훨씬 더 계획적인 범죄든 간에, 그들은 계속 죄를 짓고 또 짓는다. 주인공들은 모두 자기가 죄를 지은 결과로써 정신적, 육체적으로 고통을 받게 된다. 하지만 이것은 그다지 설득력이 없다. 그리고 아마 커널 잭의 경우만 빼면 그들이 마지막에 가서 회개한 것도 아니었다. 영원히 고통받게 되는 유일한 주인공은 록사나였다. 그녀의 죄의식이 그녀를 이 세상의 지옥에 떨어뜨린다. 그 지옥은 매우 안락하기는 하나 영원히 저주가 따를 가능성이 있다.[13]

디포는 자기가 쓴 소설에서 주인공들이 한 행동을 실제 삶에서 묵인하는 일은 결코 하지 않았을 것이다.[14] 앞서 본 바와 같이 그는 실수를 허용하였고, 신도 그러리라 기대하였다. 그러나 그의 소설 중 인물들은 실수하는 것이 아니라 추락한다. 그리고 그들은 상인이라는 불사조가 사업 도중 저지르는 실수나 불운으로 추락하듯이 추락하지 않는다. 그들은 자신의 의지로 선택한 바에 따라 추락한다. 디포가 가끔 그러듯이, 쪼들림은 법을 모른다고 변명할 수는 있다. 그렇지만 디포의 범죄자들에게 쪼들림은 범죄 동기의 작은 부분일 뿐이라는 것이 진실이다. 쪼들림은 그들을 부추기기는 하나, 탐욕과 심지어 범죄 애호가 그들을 계속 나아가게 한다.

1711년 9월『리뷰』지에 쓴 격문에서 디포는 빈민에 대한 부자의 위선과 빈민을 범죄자로 만든 빈곤을 파헤친다:

> 신사 여러분, 모두에게 말하노니, 빈곤할 때는 당신들 중 가장 나은 자도 이웃을 약탈할 것이요; 아니, 더 나아가, … 당신은 이웃에게서 빼앗기만이 아니라, 조난이라도 당하면 이웃을 잡아먹을 것이요. 아, 그리고 당신의 고기를 앞에 놓고 감사 기도도 드릴 것입니다.
>
> 먹기 위해 남자는 강도질을 하고 여자는 몸을 팝니다; 쪼들림은 범죄를 낳습니다; 나라에서 가장 악명 높은 노상강도에게 물어보시오. 도시의 가장 음란한 매춘부에게 물어보시오. 그들이 그 일을 하지 않고 잘 살 수 있다면, 일을 기꺼이 그만두지 않겠느냐고 – 그리고 나는 감히 말하건대 모든 이들이 찬동할 것입니다.[15]

그러나 그렇게 말함으로써 그는 스스로 모순에 빠진다. 쪼들림이나 고난과 잘 산다는 것은 아무 궤변가라도 잘 알듯이 하늘과 땅만큼이나 차이가 있다. 그리고 직업을 버리기 전에 얼마나 잘 살아야 하는가? 캡틴 싱글톤과 퀘이커교도 윌리엄이 자기네 보물을 몽땅 가지고 베니스에 안전하게 도착하였을 때, "그것은 내 생각에 베니스란 도시국가가 생겨난 이래로, 우리 물품, 우리 돈, 우리 보석 모두 합쳐 단 두 사람의 힘으로 도시 안에 그렇게 들여와 본 적이 없을 정도의 화물이었다."[16] 그것의 일부분만으로 잘 살 수 있었다. 커널 잭과 몰 플란더스는 다소간 좀 더 분수를 지키는 편이었으나 그들은 분명히 굶주리는 수준은 아니었다. 범죄는 정직한 일을 대신하는 대안일 뿐 아니라 수지맞는 대안이기도 한 것으로 보인다.

독자들이 실제로 이것을 믿도록 디포가 원하였던 것 같지 않다. 물론 그는 근면과 응용이라는, 중간 계층의 정상적인 사업 수행 방도 외에도 스스로를 향상시키는 다른 길이 있음을 알고 있었다. 그는 『완전한 영국 신사』에 몇 가지를 나열한다. "법률, 교역, 전쟁, 해운, 자산 가치 상승, 공공 기금에 대부, 신탁, 그리고 기타 풍부한 근대적 이득과 돈을 버는 사적인 방법 … 등등으로 매우 많은 가구가 경제적으로 부유하게 되었을 뿐 아니라 … 광대한 영지와 여태까지 들어보지 못한 금액의 돈이 단기간에 축적되었다."[17] 이들 중 몇 가지는 중간 계층에 개방된 종류의 행위였다; 그 가운데, 예를 들어 전쟁이나 신탁의 기회를 통한 향상은 빈곤하거나 야심적인 젠틀맨이 택할 법한 길이다. 그러나 이 목록에 언급되지 않은, 또 다른 향상 방식도 있었다. 결혼을 잘 하는 것도 물론 그중 하나이다.[18] 비록 디포의 현실 세계에서 사람을 최고층에 올려놓은 범죄가 몰 플란더스나 심지어 캡틴 싱글톤의 범죄는 아니었을

지라도, 범죄도 그 한 방법이었다.[19] 이는 범죄임이 드러났을 때조차 처벌받지 않는 범죄였다. 즉, 투기꾼과 독점자의 사회에 대항하는 "범죄," 정직하게 노력하며 사는 중간 계층 사람을 위해 삶을 훨씬 더 어렵게 만든 "무역 해적"이었다.[20] 그들은 소상인들을 파산시켜 가며 번창하였다. 한편, 사회가 범죄자로 낙인찍은 세상의 진짜 몰과 캡틴 싱글톤은, 짧은 생애를 교수대에서 마치거나 마다가스카르 유배지에서 썩어 갔다. 디포의 인물들은 대부분 소위 수감된 죄인이 고백에서 얻은 복사물이므로 그는 범죄 기록자였을 뿐만 아니라, 그가 사실주의를 좋아하였음에도 불구하고 자기 창작물을 그런 사실적 종말로 내몰기를 꺼려 한 작가이기도 하였다. 악마의 심부름꾼이 그의 귀에 속삭인다. 몰과 싱글톤은 신속하게 신과 평화를 맺어서, 비록 전통적인 중간 계층 가운데 성공한 사람들이 확보한 명예로운 은퇴는 아닐지라도, 안락한 은퇴로 옮아간다.

악당을 그린 소설 세계를 떠나 점포와 회계 사무소의 따분한 세계로 가기 전에 디포 소설의 인물이, 범죄자건 아니건, 중간 계층 생활 방식의 강점과 약점을 충실하게 반영한다는 사실을 염두에 둘 필요가 있다. 무엇보다도 그들은 스스로를 향상하려는 야심을 가졌다. 이것은 디포의 세계가 적절히 작동하는 데 긴요하였다. 몰 플란더스는 세상을 알아가면서 야심을 키운다. 몰은 여덟 살밖에 안 되었을 때, "하녀가 되는 데 극심한 반감을" 갖고 소위 귀부인이 되고 싶어 한다. 그녀에게 이것은 단지 독립적인 존재로 살면서 스스로 일해서 먹고 산다는 것을 뜻하였다. 시야가 곧 넓어진다. 열두 살이 되기 전에 몰은 먹을 것을 버는 일만이 아니라 주머니에 돈을 갖고 있는 것도 중요하다는 것을 깨닫는다.[21] 커널 잭은 좀 다른 종류의 야심을 가졌다. 상류 집안의 사생아인 그는 유모에게서 그가 젠틀맨임을 기억하라는 말을 누누이 들었다. 삶의 현실에 무지해서 소매치기가 나쁜 짓임도 모르는 어린 소년에게 이것이 무슨 뜻인지 어떻게 알겠는가? 그가 일단 알아내기 시작하면서 그는 출생대로 되어야 할 젠틀맨이 실제로 되려고 계획한다. 둘 다 빈곤에 머무는 게 성에 차지 않는다. 둘 다 중간 계층의 성향을 획득한다. 어떻게 벌었든, 번 돈을 잘 지키기만 하면 영원히 가난하지 않을 것임을 깨닫는다.

로빈슨 크루소에서 주제가 흥미롭게 바뀐다. 그는 중간 계층에 태어났으나 아버지에게서 얻을 수 있는 편안함과 스스로를 더욱 향상시킬 수 있는 수단을 거부한다. 이런 불복종과 배은망덕 때문에 마땅히 벌을 받는다. 그러나 크루소가 그의 방랑벽과 불운에도 불구하고 살아남아 번영할 수 있었다는 점이 인상적이다. 그에게는 근면, 응용 습관, 재난을 극복하는 능력 등이 있었고, 이런 기질은 디포의 세계에서 성공하기 위한 처방들이었다. 그는 아프리카에서 노예 생활을 견디고 브라질에서 농장주로 성공한다. 그는 난파선에서 살아남으며 표류 중 직면하는 모든 문제를 풀어낸다. 그리고 아버지의 충고를 따랐더라면 분명히 크게 성공한 법조인이 되었을 것이다. 로빈슨 크루소같이 상식이 풍부한 사람이 요크에 머물며 세상에 우아하게 진출할 의식이 없다니 얼마나 이상한가?

로빈슨 크루소는 어려운 시점에 분별을 보일 존경받는 인물이 될 수도 있지만, 젊은이의 어리석음이라는 보편적 약점 하나만을 지나치게 속속들이 보여 준다. 그리고 불행히도, 삶의 게임에서 초반의 수가 그 패턴을 결정하였다. 어리석은 하나의 행동이 다음으로 이어졌다. 크루소는 아버지를 무시하고 바다로 갈 결심을 하였다. 행운이 그렇게 달콤하게 미소 짓고 있는 자에게 그런 결심은 분명히 어리석은 삶 가운데 단지 첫 번째 어리석음일 뿐이었다. 그러나 크루소를 아무도 정말로 바보라고 부를 수 없었다. 우리가 진짜 어리석은 젊은 남자를 만나려면 다른 소설에서 찾아야 한다. 특히, 『록사나』와 『몰 플란더스』에서 두 남자 모두 주인공과 결혼할 만큼이나 어리석다. 몰의 바보는 적어도 그녀에게 좋은 시절을 제공하였다. 돈 낭비를 공포스러워하는 그녀지만, 그녀는 그를 용서할 자세가 되어 있다. 그러나 록사나의 바보는 총체적 재난이었다. 그의 사업 경력은 디포의 세계에서 성공을 추구하는 사람이 해서는 안 될 모든 것을 몇 줄로 요약한다:

> 그는 사업에 재능이 없었다; 그는 회계 관련 지식이 없었다; 처음에는 조금 법석대고, 사업을 한다고 떠들더니, 금새 시큰둥해졌다; 장부를 보는 일은 아랫사람들에게 맡기고; 현금을 보면은 술값이나 세금 내는 데 쓰고, 주머니에 넣고 하는 중에, 그는 완전히 편안하고 게으르고, 중요한 기회는 놓친다.

당연히, 사업을 이런 식으로 하다 보니 재난으로 이어졌다. "그의 장사는 기울고, 그의 재산은 줄어들었다." 그의 사업장 도구까지도 세금 때문에 압류되었다. 결국 그는 나머지 사업을 팔고, 남은 재산은 사냥 같은 어리석은 취미에 써버렸다.[22]

단조로운 현실 세계에서 성공하기 위해 무엇을 해야 하는지 알고 싶다면 『완전한 영국 상인』을 보아야 한다. 이 책은 디포의 교훈적 저작 중 가장 길고 재미있다. 예상되듯이, 성공의 공식은 따분하다. 소설 판매 부수를 염두에 둔 디포가 상투적인 성공담을 소설로 썼을 리 없다. 이것은 놀랄 일이 아니다. 그것은 실제에서 그런 만큼보다 아마도 더욱 따분하다. 디포는 부가 그렇게 빨리 획득된다는 것을 믿지 않았기 때문이다. "꾸준히 바르게 운영하는 상인은 안전하고 확실한 길을 간다. 그리고 계속 발전한다; 단언컨대 그런 사람이 가장 정당하게 부자가 된다."[23] 그러나 느리면서도 꾸준히를 강조하는 것은 앞서 논의한 대기업 혐오를 반영한 것이기도 하다.[24] 다수 상인이 꾸준히 정도를 걸으며 스스로 향상하는 것이, 한두 사람이 빨리 크게 성공하는 것보다 경제와 사회 전체를 위해 훨씬 나았다. 소수의 급속한 성장은, 그들이 성공하였다고 해도, 더 느릴지라도 아마도 더 정직하였을 동료들을 희생시켜 성공하였을 것이다. 그들이 실패하였다면, 그 여파로 많은 좋은 사람들을 파멸시켰을 것이다.

"상인"이란 단어는 영국에서 지역마다 의미가 다양하였겠지만, 런던에 있는 디포에게 그것은 점포주란 뜻이었다. 『완전한 영국 상인』은 점포주의 세계를 해부한다. 소비를 세상에 확산시키는 실체의 상징인 가게는 중간 계층 미덕을 속성 재배하는 토양으로서 다루어진다. 이것은 놀랍게 보일지 모른다. 포목상, 도매상, 해외 무역 상인이 점포주보다 훨씬 더 자기 향상 노력을 할 법하기 때문이다. 그러나 가게의 지속성과 경영의 반복성 때문에, 가게는 모든 사업에 응용할 수 있는 다소간 가슴에 와 닿는 현장 실습 경험의 진실을 끊임없이 가르칠 기회를 더 잘 제공하였다. 특히, 자기 자신의 이해관계에 지속적으로 주의를 기울이는 덕목은, 돌아다니는 포목상이나 도매상보다 한 지붕 아래서 모든 작업을 수행하는 사람에게 더 잘 습득될 수 있다.

디포는 삶에는 이중 목표가 있으며, 구원을 버리고 현세의 성공을 얻는 것은 손해 보는 거래임을 우리가 절대로 잊지 않게 하려고 한다. 그러나 아무도 신을 잊지 말아야 한다 하더라도, 두 가지 역할을 적절히 완수하는 데, 일하는 날을 신을 숭배하는 시간과 재물의 신(Mammon)에 바치는 시간으로 엄격히 구분할 필요가 있다. 성공하는 사람은 여섯 시에 일어나, 아침을 먹고 집에서 가족 기도를 드린다. 일곱 시에 가게 문을 연 다음 다섯 시간 동안은 점포의 일에 몸소 철저하게 종사한다. 그는 가게를 떠나서는 안 되며, 사업상 필요할 때만 공급처를 만나거나 장래 고객을 잡기 위해 외출한다. 열두 시에서 두 시까지는 점심시간이다. 그리고는 가게에 돌아와 아홉 시까지 열심히 일하고 집에 돌아가 기도하고 잔다. 매 시간이 이와 같이 정해진 목적이 있으며 벗어나서는 안 된다. 일하는 시간에 설교를 하거나 자는 시간에 술을 마시면 둘 다 나쁘다.[25] 이러한 일상이 1주일에 하루 달라진다. 이날은 점포주는 사업을 잊고 하느님을 찬양한다. 그의 시간은 집에서의 기도와 비국교도가 엄격히 준수하는 안식일 내내 기도하는 장소에서 하는 기도로 나뉜다.[26]

상인이 자기 가게에 계속 직접 주의를 기울이는 것은 필수적이었다. 상인이 자신만 믿어야 자기 일에 성공할 수 있기 때문이다. 그가 가게를 도제에게 돌보게 하고 가게를 떠나는 순간 말썽을 자초하는 셈이었다. 불량한 도제라면 도둑질을 할 것이다. 유능한 도제라면 도제 수업을 끝내고 자기 가게를 열 때 고객들을 빼내 갈 심산으로 그들의 환심을 사려 할 것이다.[27] 점포주는 자기가 바람 쐬러 나온 동안 자기 사업에 무슨 일이 일어나고 있는지, 가게를 떠난 매분마다 자문하고 있어야 한다. 이것은 그저 술집이나 극장에서 시간과 돈을 낭비하고 불멸의 자기 영혼을 위태롭게 만드는 등의 명백한 위험에 관한 문제만이 아니었다. 죄는 없으나 어리석은 상인은 단순히 자기 건강을 위해 운동하고 있다고 스스로를 설득시키고자 할 수도 있다. 그러나 이러한 운동은 그의 시간을 도둑질해 가게 되어 있다. 더 나쁘게는, 운동은 비용이 들고 단지 젠틀맨의 성향을 간접적으로 취득하는 첫걸음일 수 있다. "젊은 점포주가 사냥용 말을 가지고, 개의 언어를 배우고, 스포츠맨의 사투리를 흉내 낸다면, 내가 점쟁이는 아니니까 그들의 운명을 본다고 말하지는 않겠고; 그러나 나는 항상 그들이 걱정스럽다고 하겠소."[28] 그런 생활 방식은 실망에 이를 수밖에 없다. 상업에서 성공은 상인과 어울리고 상인의 삶을 계속 유지하는 데 달렸다.[29]

단순히 가게에 머물러 있는 것은 좋은 시작이지만 그 자체로서 번영에 이르지는 않는다. 디포가 실제 가게 경영을 논할 때, 그는 오랜 편견을 맘껏 펼친다. 그는 소매업에 일어난 변화에 어쩔 수 없이 다소간 양보해야 하였지만, 이를 인정하기 싫어하였다. 그런 변화들 대부분이 불필요하며, 그가 조언 대상으로 삼고 있는 젊고 경험 없는 점포주가 실패할 위험을 높이는 경향이 있을 뿐이라고 생각하였기 때문이다. 그의 주된 혐오 대상은 이제 런던 점포의 전형이 된 사치스러운 점포 장식이다. 내닫이창, 잘 연결된 진열장, 상품을 가장 잘 보이게 하려는 것이었지만 종종 그 이상으로, 금박 입히고 조명되고 잘 배치된 선반 등등.[30] 디포의 반발은, 공통된 반발이기도 하였지만, 부분적으로 비용에 근거를 두었다. 점포주는 돈을 상품에 써야지 점포 장식에 쓰면 안 된다. "번지르르한 가게와 형편없는 상품은 셔츠도 입지 않고 레이스 달린 주름 옷을 입은 프랑스인 같은 것이다."[31] 젊은 점포주가 자기 자본금의 3분의 2를 선반과 유리창에 쏟아부으면 분명히 거래 상태를 매우 취약하게 만든다. 그러나 점포 장식은 또한 정직하지 않게도, 전시된 상품을 고객이 실제보다 더 좋은 것으로 생각하도록 속이는 방법으로 보였다. 이것은 백스터가 그의 저서 『기독교 윤리』에서 숙고하였던 오래된 문제였다:[32]

> 물건을 실제보다 더 좋게 보이도록 만드는 일이 합법적인가? 상품을 제 모습으로 보이게 포장하고 윤내고 꾸미는 것은 합법이다; 그러나 실제보다 낫게 보이게 만드는 것은 적법하지 않다; 아주 드문 경우를 빼면 … 이웃을 속이면 안 된다. 당신이 받고 싶은 대로 해야 한다.

당신이 받고 싶은 대로 하라. 이것이 백스터의 상업 윤리의 표어였다. 그러나 점포주에게는 매우 어려운 구호였다. 디포는 원리는 받아들이지만 규칙을 약간 바꿀 준비가 되어 있었다. 상인에게 정직함에서 약간의 여유를 허용하였다. 예를 들어, 상인은 불가피하게 거짓말을 할 수 있다. 어떤 가격이 받을 수 있는 최저 가격이라고 그가 말하였다면 그는 거짓말을 하고 있는 것이다. 그러나 그것은 옥신각신 흥정하는 시대에 고정된 가격이라는 진실과 투명함의 마법이 도래하기 전에는 신 자신도 눈감아 줄 거짓말이었다.[33]

훨씬 더 심각한 문제는 자신과 이웃의 신용을 유지하는 일에 관한 것이었다. 모든 소매상은 공급처의 신용으로 운영되었다. 디포 생각에 가게의 재고는 점포주 자기 자본의 두세 배에 달하였다.[34] 1720년대 무렵 소매로 팔리는 상품 다수가 외상 거래였다. “몇천 가구가 대금을 지불하기도 전에 옷이 다 헤지는가, 그리고 푸줏간 장부에 긋고 저녁을 먹는가, 아니 얼마나 많은 사람들이 맞돈을 내라면 옷을 전혀 살 수 없는데도 외상으로 옷을 입고, 갚을 수 있을 때 가서야 돈을 지불하는가?”[35] 디포는 거래 증가를 반기면서도, 소매 금융이 매우 위험하다고 보았다. 그것은 이자 지불 때문에 소득이 서서히 사라지는 젠틀맨에게도 위험하였고 자본이 완전한 부실 채권으로 채워짐을 깨닫게 될 상인에게도 위험하였다.[36] 그래도 소매 신용은 점포 장식과 같이 지속되며 둘 중 어느 것이라도 거절하는 상인은 사업을 닫을 수밖에 없었다. "모든 상인이 신용을 주기도 하고, 받기도 하였다. 그리고 가게와 창고 문 앞에 대문자로 소매에 외상 없다고 써 붙이는 게 새로운 유행이었는데, 이는 그런 거래를 추정해서 하는 것이다. … 이 간판을 제일 먼저 올린 상인 대부분은 이를 내려야 하였거나, 사업 경영할 때 이와 반대로 행동해야 하였다."[37]

이 같은 신용 의존은 명백히 위험하였다. 디포가 여러 해 전에 『리뷰』지에 썼듯이, 신용은 수줍은 아가씨 같아서, 한 번 거스르면 대개는 다시는 친구 되기가 어려웠다.[38] 상인은 자신이 근면하고 어음을 기한 내 지불하여 세상이 그가 정직함을 알게 함으로써만 신용을 유지할 수 있었다.[39] 그러나 상인의 신용은, 처녀의 덕목처럼, 사람들의 험담에 특별히 민감하였다. 커피숍이나 새로 유행하던 채권자 티 테이블에서 근거도 없는 언급 하나면 모든 것을 망치고 평생의 근면과 정직이 무너졌다. 디포는 이러한 대화를 상상한다:[40]

첫째 숙녀: 그는 바닥을 알 수 없어요.
둘째 숙녀: 한이 없어! 나를 놀래키는군요; 우리는 항상 그를 자산가로 우러러보았는데 …

바닥이 없으면 신용이 없다; 신용이 없으면 거래가 없다.

이러한 취약한 개인 신용 조건하에서, 상인 자신은 매우 까다로운 도덕적 유혹에 직면하였다. 예를 들어, 누가 어떤 상인에게 다른 경쟁 상대 상인에 대한 의견을 묻는다면 어떻게 할 것인가? 그를 너무 칭찬하면 그는 경쟁자의 신용을 향상시킬 것이고 그러면 그의 경쟁력을 높일 것이다. 그를 깎아내리고 싶지만 이는 불공정하고, 언젠가 그에게 되돌아올 가능성이 있다. 가장 좋은 방법은 다른 상인의 성격에 대해 견해를 표시하지 않는 것인데, 이러한 상황에서 침묵은 부정적인 의미로 해석되기 쉽다.[41]

구원받을 희망을 너무 많이 손상시키지 않고 성공하고 싶은 상인은 매우 교묘한 궤변가가 되어야 함을 알 수 있다.[42] 그는 또한 완벽한 위선자가 되어야 하였다. 사람들이 가게에 와서 무례하게 굴고 살 생각도 없으면서 모든 상품을 뒤집어 놓더라도, 그는 화를 가라앉히고 조용히 점잖게 대하는 법을 배워야 한다.[43] 거래에서는 파는 자가 사는 자의 하인이라는 사실을 기억해야 하였다:

> 가게는 초대받는 곳이지 들어오라고 지시하는 곳이 아니다; 따라서 우리가 보기에 최고의 점포주는, 문 앞에 서서, 모자를 손에 들고, 즉 무한한 존경을 담아, 고객에게 들어오라고, 와서 즐기고 찾는 물건이 있나 보라고 청한다. 자신이 그들보다 낮은 지위라서 그런 일을 한다고 생각하지 않는다.[44]

그가 이 모든 일을 하였다면, 그가 굽신거리는 위선자로 머물렀다면, 그가 상품을 잘 비치하였지만 과도하게 쌓아 두지는 않았다면, 그가 위험 경계를 넘어설 만큼 신용 거래를 확장할 유혹을 이겨냈다면, 그가 지출을 지속적으로 잘 점검하고 장부를 잘 정리하였다면, 점포주는 매년 자본금이 증가하는 보상을 받았을 것이다. 그는 더욱이 신을 거스르지 않고도 그렇게 할 수 있다. 그러나 그렇더라도 디포를 충분히 만족시킬 정도는 아닐 것이다. 상인은, 사회의 모든 사람과 마찬가지로, 이웃에 대한 의무를 가졌다. 그 이웃이 사업에서 자기의 가장 직접적인 경쟁자였을 때조차 그랬다. 사람이 부유해질수록 그는 과도한 경쟁에 더욱 유혹을 느낄 것이다. 그는 여기에 저항해야 한다. 사람은 이웃의 생계를 망치려고 사업을 하지 않는다. 당신이 받고 싶은 대로 한다.

가장 나쁜 죄는 가격 경쟁이었다. 빈민의 복지는 물론 중간층의 복지가 국가에게도 경제 문제를 다루는 논객에게도 관심사가 되어야 하였을 정도로 새로운 디포 세계에서는 중간 계층 사람들이 많아졌다. 수세기 동안, 도덕가들은 상인들이 값을 너무 비싸게 받는다며 그들을 공격하였다. 윌리엄 에임스(William Ames) (역주: 청교도 종교인, 철학자, 1605~1662)는 1639년에도 여전히 통용되는 정통을 언급한다: "싸게 사고, 비싸게 팔려는 것이 (오거스틴이 관찰한 대로) 인지상정이다. 그러나 일정 기준과 제한 내에 묶여 있는 경우 말고는, 그것은 또한 흔한 죄악이다."[45] 디포의 태도는 얼마나 달랐는가? 디포는 소규모 점포주를 옹호하는 사람이었다. 그의 경제학은 높은 가격 유지에 의존하였다. 그의 가장 큰 염려는 성공한 점포주가 가격을 내리려는 것이었다. 올리려는 것을 우려한 게 아니었다. "장사에서 남을 밀어내고 좀 더 싸게 받고 일하기, 즉 그들이 파는 상품의 가치, 가격을 낮추거나 깎아서, 한마디로 서로 더욱더 싸게 팔아서, 파산하는 일 등은 상인들 사이에서 매우 빈번하였다."[46]

> 이것은 가난한 소상인에게 치명적이다; 모든 거래가 인근 조합장 가게의 거대한 경로로 몰리는 모습을 바라보면서 가난한 소상인은 이를테면 입에 손을 넣은 채, 멍청히 서 있거나, 자기 가게 문 앞에서 왔다갔다 하며, 아무 할 일이 없다; 누가 맞돈 값에 대규모 외상을 주는가, 또는 현금을 내면 10퍼센트를 할인해 주는가?[47]

경쟁 상인은 친구이고, 소비자는 적이라는, 소매 가격 유지의 첫 번째 원칙을 디포가 얼마나 잘 이해하였을까?

디포가 옹호한 미묘한 길을 걸을 수 있는 사람, 신이나 이웃을 거스르지 않고 돈을 벌 수 있는 사람은 성공할 만하였다. 그러나 그것은 분명히 위험부담이 큰 길이었다. 항상 떨어질 위험이 있었다. 물론 때로는 그 추락이 오로지 상인 자신 탓일 수도 있었다. 그는 규칙을 어겼으며, 젠틀맨을 흉내 낼 충분한 돈과 시간을 확보하기 이전에, 젠틀맨을 흉내 내느라 신용을 과잉 확대하거나 너무 많은 지출을 하였다. 하지만 가끔 그로서는 통제 불능인 상황의 무고한 피해자일 수도 있었다. 유행의 변화라든가 왕실에서 누가 죽어 장기간 애도 기간이 된 때문에 그의 상품을 팔지 못할 수도 있었다.[48] 그의 부유한 이웃 경쟁자가 가격을 떨어뜨리는 작전에 성공하면 그의 이윤 폭을 없앨 수 있었다. 그리고 자신의 소비와 회계 장부에 주의를 기울여 아무리 비용절감을 해보려 해도 수입보다 지출이 많은 사실을 바꿀 수 없었다. 사치와 추문, 불안한 개인 신용이 난무하는 세계에서, 가장 흔한 사건은 그의 채무자들 가운데 한 사람이 채무를 이행하지 않는 것이다. 이것은 연쇄 반응을 일으켜 그 사업 부문 전체에 걸쳐 파산에 이르게 한다.

1720년대에 파산 위험이 증가하고 있다고 디포는 느꼈다. 새로운 모든 추세마다 개인 상인이 도산할 확률이 높아지는 쪽으로 추계되었다. 그것이 더 많은 신용, 특히 더 많은 소매 신용이든, 점포 장식 지출 증가이든, 과시적 생활 방식의 비용이 더 높아진 것이든, 당시의 혁신은 사업의 안정을 뒤흔들게 되어 있었다. 그리고 이미 본 대로, 점포주는 이웃 상인의 관습에서 벗어나는 행동을 할 배짱이 없었다. 상인 한 명이 하인 수를 늘리고, 유행 따라 옷을 입고, 친구들을 색다른 식사에 초대하면, 모든 상인이 이를 따르거나, 아니면 그 사람은 그럴 여유가 없다고 세상에서 그렇게 간주하는 위험을 감수해야 한다.[49] "바닥"을 유지하는 일은 힘든 일이었다. 많은 상인이 추락하는 일이 놀랍지 않다. 그들이 어쩔 수 없이 사치를 부리는 동안 그 사치는 다른 많은 상인을 부유하게 만들기까지 하였다.

상인이 스스로 미끄러져 내리고 있다고 느낄 때 무엇을 해야 하는가? 디포는 확고하였다. 사업이 기본적으로 건전하고, 그의 양질 채권이 채무를 능가하는 사람이라면, 곤란에 처하였을 때, 우선 긴축하고, 그가 준 빚을 회수하려고 노력하고, 그의 채권자에게는 솔직하게 "자기가 빚을 회수할 때까지 너그럽게 기다려달라고" 설득해야 한다.[50] 그러나 장부가 사업이 불건전함을 일러 주는 정말로 곤란에 처한 상인은 절대로 요행을 바라서는 안 된다. 그는 당장 그만 두어야 한다. 그러는 편이 더 정직하고 또 더 분별이 있다. 더 이상 채권자를 뜯어먹지 않는다는 의미이므로 정직하다. 그렇게 함으로써, 운이 없지만 아마도 1파운드당 15실링은 갚을 영예로운 이름을 얻을 수 있을 것이므로 분별이 있다. 일찍 그만 두는 것은 또한 파산자에게 마음의 평화를 준다. 불유쾌함을 가능한 한 빨리 극복하고 썩은 사업을 땜질하려고 힘쓰는 무

서운 긴장을 피하게 한다.[51]

파산자가 채권자와 타협하고 풀려나면 그는 절대로 절망해서는 안 된다. 이제 상인을 잿더미에서 일어나는 불사조라고 한 디포의 말이 옳았다는 것을 증명할 기회가 주어졌다.[52] 몰락한 상인이 다시 오르기 위해 진실로 열심히 일해야 할 시간이었다. 그리고 그가 재기하면서, 자기 채권자들이 자신을 영예로운 사람으로 대접한 것이 옳았다고 증명할 수 있다. 이제 그는 채무를 그들에게, 또는 그들의 미망인에게, 자기가 파산하였을 때 입힌 손실인 파운드당 5실링을, 법이 요구하지 않았어도 갚을 수 있기 때문이다.[53]

파산자가 그렇게 영예로운 행동을 이행하면 채권자는 그를 정중하게 대하는 것이 당연하였다. 여기서 다시 그것은 당신이 받고 싶은 대로 행동하는 것의 문제였다. 몰락한 자에게 자선과 동정을 베풀라, 언젠가 당신이 이럴지 누가 아는가? "그런즉 서 있다고 생각하는 자는 넘어지지 않도록 조심하라."[54]

역주: 고린도 전서 10장 12절

그리고 정말로, 디포의 세계에서 채권자가 잘 행동함으로써 잘 되는 수가 자주 있었다. 일찍 합의하는 것이 채무 상태를 더 잘 회복할 가능성이 있었다. 그리고 당사자 간 화해를 통해, 물릴 줄 모르는 법의 뱃속으로 돈이 사라지는 광경을 바라만 보는 사태를 피할 수 있다.

채무자를 잘 대하는 일은, 점포주의 세계에서 최고의 지위에 오르는 사람에게 디포가 기대하는 모범적 행동의 단지 한 예시에 불과하였다. 성공한 자가 약자와 경쟁하여 그를 파멸시킬 유혹을 어떻게 이겨 내야 하는지는 이미 말하였다. 쪼들림이 빈민을 유혹하였듯이 탐욕은 부자를 유혹하였다. 그러나 탐욕은 핑계가 되지 않았다. 부자는 "자체가 범죄인 것에 유혹당하였다: 가난함은 죄가 아니다."[55] 부자에게는 다른 더 많은 유혹이 있었다. 가장 눈에 띄는 것이 탐욕과 자만심이었다. 부자는 항상 더 많이 원하였다. 디포는 자신의 가장 심한 악담을 자신이 지갑을 자랑하는 상인이라고 부른 사람 몫으로 남겨 놓았다. 그런 상인은 "신의 두 발 달린 모든 피조물 중에 가장 말썽 많고 용서하기 힘든" 자였다. 그런 상인은 품위 있는 부자가 되기를 배운 적도 없고, 실제로 젠틀맨이 되기를 배운 적도 없는 지위로 전락하였다.

> 내가 말하는 사람은 처음에는 가난하고 공하하며 욕심으로 가득 찬 동물이다. 그는 완전한 빈털터리, 혹은 매우 비천한 상태에서 부상하여, 그의 지위에서 올려지더니 항상 자신의 존재를 초월하고 있다: 그는 계속 그러한데 비록 그의 재산은 계속 불어날 수 있겠지만, 그의 자만심 덩어리는 여전히 재산보다 더 빨리 증가하기 때문이다.[56]

그러면 사업에서 성공하고, 성공 게임에서 최고의 지위에 오른 사람이 해야 할 적절한 행동은 무엇이었는가? 그가 제일 먼저 해야 할 일은 자기 사업에서 자본을 꺼내고, 지대를 구입하거나 기금에 투자하고, 은퇴하는 것이었다. 이것은 자신을 위해서 필요하였다. 사업가는 "최악의 상태에 이를 때까지 결코 위험에서 벗어날 수 없었고; 만일 그가 계속 사업을 지속한다면, 우리는 그에게 다음과 같이 말할 수도 있을 것이다. 그가 두 느릅나무 판 사이에서 굳게 못질이 쳐질 때까지 전혀 안전하지 않다고."[57] 그는 또한 마지막 돌진을 해서는 안 된다. 최후의 모험이 그를 바닥으로 다시 한번 떨어뜨리는 것이 될 수 있다.[58] 그러나 부자의 은퇴는 그 자신을 위한 것만은 아니다. 사회를 위해서도 또한 선행이다. 사업 세계에 그가 남길 공백은 남은 사람들의 이동 가능성을 증가시킬 것이다. 야심찬 여러 젊은이들이 부유한 한 사람의 사업을 물려받아, 판을 올라가 차례로 그들도 부유하게 되어 은퇴하고 다음 세대에 길을 물려줄 수 있다.[59]

은퇴한 상인은 단순히 새로 산 영지로 사라져 시골 젠틀맨의 삶을 살면 안 된다. 그것은 그의 아들이 할 수 있다. 그는 아직 도시에서 할 수 있는 일이 많았다. 그는 다른 사업가들의 분쟁을 조정할 수 있다. 돈을 벌어서 자기 능력을 증명하였을 뿐 아니라 그 명성을 흠내지 않고 무대에서 사라진 이러한 사람의 결정을 다른 기업가들은 존중할 것이다. "나이 든, 인정받는, 경험 많은 상인은 … 상거래의 현인이요, 모두가 한 말씀 들으러 찾아가고, 그의 의견을 참조하며, 어렵고 곤란한 경우에 그의 자문을 구한다."[60] 그는 또한 빈민의 친구가 되어 줄 수도 있다. 그는 심지어 국가 위원회의 고문이 될 수도 있다. 세상의 경험이 많은 그보다 누가 더 적임일 수 있을까? 무엇보다도, 그는 좋은 친구가 될 여유도 가질 수 있다. 세속적이나 정직하고, 자비로우나 티 내지 않고, 기금 소득의 일부를 저축하여 매년 조금씩 더 부유해질 수 있다. 그가 공동체 전부의 영예와 존경을 받으며 죽을 때쯤이면, 이 착하고 친절한 노인 젠틀맨이 한때 무일푼 도제였다는 사실을 누가 기억할까? 그의 아들도 절대 모를 것이다.

주

1. *The Commentator*, xl(1720. 5. 20).
2. 같은 곳.
3. *Tour*, i, 72.
4. *MF*, p. 52.
5. *CET*, ii, 190~191.
6. *CET*, ii, 184~185.
7. 후원의 운행에 관한 몇몇 좋은 예를 Swift, *Journal to Stella*에서 볼 수 있다.
8. *CET*, ii, 105.
9. *CET*, ii, 28~52.
10. *CS*, p. 168.
11. *CS*, pp. 309~310.
12. *CS*, p. 322.
13. 『록사나』를 도덕적 타락의 소설로 해석하는 흥미로운 연구로 Maximilian E. Novak, "Crime and punishment in Defoe's *Roxana*," *JEGP*, lxv(1966)를 보라.
14. 참고로 Bonamy Dobrée, *English Literature in the early eighteenth century, 1700-1740*(Oxford, 1959), p. 414는 디포의 주인공들이 "사회의 일반적 구조 밖에" 존재한다고 시사한다.
15. *Review*, 8권, 302~303.
16. *CS*, p. 329.
17. *CEG*, p. 257. 상향 속도에 따라 사회적 이동성을 분류하는 여러 다른 방법에 대해 Lawrence Stone, "Social mobility in England, 1500-1700," *P & P*, 33(1966) 참조.
18. 결혼에 대한 디포의 견해는 9장에 있다. 결혼은 극심한 신분 상승으로 이어질 수 있다. Stone, 위의 글.
19. 적어도 해적이 해적으로서 성공하기는 힘들다. 다른 한편 해적의 기술은 성공적인 사략선 작업이나 해군으로 적용되고 따라서 사회에 받아들여질 가능성이 있다.
20. "무역 해적"에 대해서는 *Review*, 4권, 425~426.
21. *MF*, pp. 9~12.
22. *Roxana*, pp. 9~11.
23. *CET*, ii, 56.

24. 위의 pp. 285~286 참조.

25. *CET*, i, 61~67.

26. 청교도 안식일과 가족 신앙 제도에 대해서는 앞의 pp. 352~353 참조.

27. 디포는 좋은 주인이 그의 도제들을 고객들로부터 완전히 단절시켜야 한다고 생각하지는 않았다. 고객과 공급처에게 소개하는 일 자체가 도제 수업의 일부이고, 점포 경영의 세계에 연속성을 유지하기 위한 요건이다. 오래되면 자연스럽게 새로운 것을 끊임없이 요구한다. 그렇다고 해서 점포주가 그의 모든 사업을 도제에게 맡기고 고객이 구매를 위해 나타났을 때 가게를 비워도 된다는 의미는 아니다.

28. *CET*, i, 120.

29. *CET*, i, 53~55.

30. *CET*, i, 312~321. 특히 과자 가게의 신장개업 장면 묘사를 보라, pp. 314~315.

31. *CET*, i, 319.

32. *A Christian Directory*(1673), ii, 121.

33. *CET*, i, 274~279. 잘 속는 20세기 고객이 18세기 소매점에서 어떤 일을 당할지 상상적 이야기를 써 놓은 Dorothy Davis, *A History of Shopping*(1966), pp. 181~183을 참고할 만하다.

34. *CET*, i, 406. 실제 점포주에게 닥치는 자본과 신용의 관계에 좋은 예를 제공한 *The Autobiography of William Stout*, 앞의 책을 참조.

35. *CET*, i, 410.

36. 소매 신용의 위험은 『리뷰』지의 상업 관련 논의의 중요한 부분을 차지한다. 예를 들어, 3권, 21~27, 33~35; 5권, 519~520; 6권, 129~132. 그러나 그는 나중에 표현을 바꾸게 된다.

37. *CET*, i, 412~413.

38. *Review*, 3권, 17.

39. *CET*, i, 416~423.

40. *CET*, i, 241.

41. *CET*, i, 225~257.

42. 상업적 궤변에 대한 더 확장된 논의는 Baxter, 앞의 책, vol. ii를 보라. Baxter, *Christian Directory*의 이 부분과 또 다른 것들이 Jeannette Tawney(ed.), *Chapters from a Christian Directory*(1925)에 전재되어 있다.

43. 사지도 않으면서 쳐다보기만 하거나 상품을 "뒤집어 놓는" 버릇은 부유층 유한 부인들이 가장 즐기는 시간보내기의 일부로서, 당시 문헌에서 자주 비판당하거나 풍자거리가 되었다. 예를 들어, J. Ashton, *Social Life in the Reign of Queen Anne*(1904), pp. 74~75. 디포의 견해는

CET, i, 103~116을 보라.

44. *CET*, ii, 282.

45. *Conscience*(1639), p. 236.

46. *CET*, ii, 128.

47. *CET*, ii, 133~134.

48. 특히 중간 계급들이 궁정을 흉내 내어 상복을 입는 경향이 있기 때문에 더욱 그러하다. *Review*, 2권, 7~8을 보라.

49. 당연히 디포는 과시와 허영을 공격하였지만 상인이 너무 검소하게 살면 사람들이 그의 신용을 의심할 수도 있다는 사실을 인정한다. *CET*, i, 133~148.

50. *CET*, i, 88.

51. *CET*, i, 89~97. 스스로 파산한 경험이 있는 디포는 그의 생애 중 파산에 관한 일련의 글을 계속 쓴다. 그는 채권자들의 어리석음과 잔인함을 고발한다. 화의를 거부함으로써, 파산자의 남은 재산을 낭비하고, 파산자로 하여금 부정직하게 외국으로 도주하거나 런던 내의 피난처에 숨거나, 아니면 체포되어 채무자 감옥에서 느리지만 확실한 죽음을 향한 불쌍한 삶을 이어가도록 강요한다. 디포는 또한 변호사와 파산 감독인의 허영을 공격한다. 그들의 수수료 수입은 채무자와 채권자 양쪽에서 나온다. 그는 적어도 부분적으로는 1706년의 *Act for preventing frauds committed by bankrupts*의 통과에 기여하였다. 이 법은 채무자의 위치를 어느 정도 향상시켰는데, 채권자가 개방적이고 무조건적 포기를 하는 파산자와 화의를 거부하기 좀 더 힘들게 만들었다. 디포가 당연히 파산자에 대한 가끔 야만적인 조치에 반대하였지만, 그는 또한 진실된 자와 사기꾼을 구별하기가 매우 어려움을 인정하고 채권자들이 채무자를 체포하도록 주장할 권리를 허용할 필요가 있다고 주장한 최초의 인물이기도 하다. 이런 권리가 없다면 디포의 교역 세계가 의존하고 있는 개인적 신용의 전체 시스템이 무너질 것이었다. 파산에 대한 디포의 견해는 *E upon P*, pp. 191~227; *Review*, 3권, 69~148; 397~400; 4권, 95~100, 107~131; 5권, 523~544, 579~583, 590~592, 603~604; 6권, 519~563; *Remarks on the Bill to Prevent Frauds Committed by Bankrupts*(1706); *The Unreasonableness and ill consequences of Imprisoning the Body for Debt*(1729); 그리고 물론 위의 *CET*에 인용된 자료들.

52. *CET*, ii, 198~199.

53. *Review*, 3권, 145~148. 디포 자신이 이러한 행동을 하였다고 주장한다.

54. *CET*, ii, 195~196이 고린도 전서 10장 12절을 인용하고 있다.

55. *CET*, ii, 21.

56. *CET*, ii, 233.

57. *CET*, ii, 92.

58. *CET*, ii, 159~182.

59. *CET*, ii, 150. 디포는 은퇴하기 전에 적절한 축적 액수로 2만 파운드를 언급한다. *CET*, ii, 160. 이것은 사업가로서 상당히 큰 재산이다. R. Grassby, "The Personal wealth of the business community in seventeenth-century England," *EcHR*, 2nd. ser. xxiii(1970), pp. 228~229. 디포는 심지어 4만 내지 6만 파운드를 모은 진실로 부유한 사업가를 은퇴하도록 권장하였다. *CET*, ii, 148.

60. *CET*, ii, 239~240.

제9장 개인과 그의 부인

여태껏 디포의 세계에서 개인을 이야기할 때, 거의 불가피하게 개인이 남성 개인으로, 불특정 복수 "그들"이 특정 단수 "그"로 축약됨을 보았다. 이것은 곤란하다. 그리고 역사가들도 인류 절반의 존재를 부정하고 있다는 비난을 종종 받는다. 그러나 디포의 시기에 남성 중심적인, 남성 지배 사회에서, 다르게 저술할 방법은 사실상 거의 없었다. 여성이 개인이 되리라고 기대되지 않았다; 법률상 그들은 홀로 살게 되어 있지 않았고, 혹은 당대 문구가 담고 있듯이, 혼자 힘으로 먹고 살 수 없었다. 그들이 법적 미망인이 아닌 한, 아버지, 주인 또는 남편, 좌우간 남자의 법적, 신체적 지배하에 평생을 보내야 한다.[1] 여성이 혼자 살면 법과 사회적인 대접을 제대로 받지 못하고 가혹하게 취급되었다.

예속된 여성은 많은 의무를 지고 권리는 거의 없었다. 여성은 가능한 한 아이를 많이 낳고 키워야 하였다. 높은 수준의 인구가 국가의 지속적 번영을 보장해 준다고 믿어졌기 때문이다. 그녀는 일을 하게 되어 있었다. 단지 주인이나 남편의 가사를 돌보기 위해서가 아니라, 국가 경제와 가족 경제의 필수적인 부분으로서였다. 이상적으로는 여성이나 소녀는 절대 빈둥거려서는 안

되었다. 이것은 부인, 딸, 시골 하녀에게 특히 해당된다. 그들이 자기네 가사 의무를 마쳤을 때, 만일 그들이 뭔가를 하였다면, 그들은 일을 잘하였다는 만족스러운 표정으로 쉬어야 할 텐데, 천만에, 당장 물레나 베틀에 달려들어 가족 소득에 약간이라도 보탤까 힘을 써야 하였다. 이러한 벌이는 가계 간에 상대적인 안락과 곤궁 상태의 차이를 만들 수 있었다. 그러나 가내 노동은 다른 기능을 가졌다. 일에 지친 여성은 선량하기 마련이다. 사회에서 남편의 죄는 용서받을 만한 사소한 실수로 웃어넘기면서도 여성에게는 정숙과 미덕의 모범으로 되기를 기대하였기 때문이다.[2]

남성 중심 세계는 여성을 지배하였을 뿐 아니라, 편리하게도 그런 종속을 정당화하는, 여성이란 이러저러하다는 식의 일련의 가설을 만들어 냈다. 당연히, 아프리카인의 종속과 마찬가지로 여성의 종속을 정당화하는 근거는 성서에 있었다. 이브는 아담을 다스리려고 더 똑똑해지고자 하였다. 그것은 이브의 후예가 아직도 품고 있는 야심이다. 디포는 이브가 아담에게 사과를 건넬 때 매우 비성서적인 어떤 용어를 쓰는 모습을 상상한다. “여기,” 이브가 말한다. “너, 겁을 집어먹은 나약한 비겁쟁이야, 하늘이 내려 준 이 과일 한 가지를 꺾어다가, 먹고서 더 이상 어리석은 바보가 되지 말아라; 먹고 똑똑해지라; 먹고 신이 되어라; 그리고 알으라, 네가 영원히 수치스럽게도, 네 부인은 네 앞에 계몽된 여신이 되었음을.”[3] 그녀의 야심찬 실수에 대해 신이 내린 징벌은 물론 그녀를 남편에게 더욱 종속되게 만들기 위함이었다. 이브는 그럭저럭 지냈으나, 이브의 딸들 역시 많은 잘못을 저질렀다. 그들은 허영심이 강하였고, 속이고, 합리적이기보다는 정열적이고, 성적 욕구에서 부끄러움을 모르는 말괄량이에다가, 멍청하고, 독립적 결정을 내릴 능력이 없었다. 다음의 한 가지 인용이 그 시대의 전반적 감정을 예시하는 데 충분할 것이다. 리처드 백스터 목사가 남편이 될 사람에게 경고하는 말을 들어보라:[4]

> 여성의 타고난 저능함이 당신에게 대비하라고 요구하는 것은 작은 인내가 아니다. 참을성 있고 사내 같은 매우 드문 경우를 뺀다면, 여자는 흔히 그럴싸한 환상에 빠지고, 열정적이고 성급한 영혼을 소중히 다루며, 쉽사리 노여움, 질투, 불만을 느낀다: 이해력이 약하고, 따라서 스스로 향상할 수 없다. 여자는 남자와 아이의 사이에 중간적 수준의 존재이다: 남자 쪽에 가까운 여자는 드물고, 아이 쪽에 가까운 여자가 많다; 그러나 대부분은 그저 중간 정도이다.

여자는 남자와 아이 사이 어디쯤의 존재였다. 남자는 짐승과 천사 사이에 있는 존재였다.

디포가 살던 시대에 새로운 유형의 여성이 영국의 무대에, 특히 런던에서 증가하는 모습이 보인다. 이들은 성공한 중간 계층 남성의 부인과 딸들이었다. 이들은 젠틀맨의 부인과 딸들과 함께 약간 놀라운 현상을 빚어냈다. 즉, 일을 하지 않는 대규모 여성 그룹이 등장한 것이다. 남편과 아버지가 이들에게 일을 시키는 대신 그들 자신의 경제적 성공을 전시하는 수단으로 삼고자 한다.[5] 록사나의 네덜란드 애인이 근대적 결혼에서 여성의 역할을 묘사한다. "남자가 모든 일을 책임진다; 사업의 짐은 그의 어깨에 매인다. 그가 신뢰를 받으므로 삶의 고역은 그의 것이다. 노동도 삶의 근심걱정도 그의 것이다; 여자는 아무 할 일이 없고, 기름기 있는 음식을 먹고 단 음료를 마신다; 가만히 앉아서 둘러본다; 시중을 받고, 귀여움을 받고, 봉사받고, 사랑받고, 편안하게 둔다."[6] 새로운 유한 여성 계급이 탄생하였던 것이다. 그리고 일을 하지 않는 여성은 남는 시간을 어디에 쓰는가? 자연스럽게, 그들은 악덕으로 향하였다. 해묵은 간통, 음주와 욕설의 죄에, 할 일 없음과 허영에서 출발한 새로운 범주의 악행이 더해졌다. 한가한 여자가 한가한 여자와 수다 떠는 끝없는 교환 방문, 새로 유행하는 티 테이블과 음해, 험담, 가면 무도회와 집회장의 끊임없는 기회와 익명의 악덕, 애교점, 테두른 페티코트, 색깔 있는 부채, 가게 진열장 구경과 살 의사도 없이 상품을 "뒤집어 엎는" 유쾌한 게임, 늦게 일어나고 늦게 자기, 카드와 주사위놀이에 도박, 이 모든 것이 수많은 남성 도덕가의 비난 대상이었고 유한 여성의 꼴불견은 강단에서 또는 『태틀러』지와 『스펙테이터』지의 지면에서 성토되었다.[7] 나중에 신여성은 변화하게 되었다. 현실에서 그리고 리처드슨 이후의 소설 왕국에서 중간 계급 유한 여성은 길들여지고, 기독교 젠틀맨이라는 새로운 인종이 죄악이 닿지 않는 받침돌 위에 안전하게 모시려고 할, 품위 있고 성별이 없는 얌전한 숙녀로 탈바꿈하였다.[8] 그러나 디포 시대에 여성은 아직 남편의 소득이 가져다줄 섹스와 좋은 시간을 보내느라 음란하였고 탐욕스러웠다. 그리고 거의 모든 젠틀맨은 기독교인이 아니었다.

디포는 이처럼 유난히 한가한 여성에게 동시대의 다른 작가보다 더 많은 시간을 할애하지 않았다. 『종교적 구혼』에서 그는 그런 여자와 결혼한 남자의 운명에 대해 언급한다, "사납고, 경박하고, 극장 물이 든 아내; 재치 넘치고, 품위는 없고 … 천국으로 가도록 돕는 아내가 아니라, 팔꿈치를 잡아 유혹하는 여자. 그녀는 그를 눈 가리고 지옥의 문 앞으로 인도하며 즐겁게 그를 따른다."[9] 그러나 디포는 일반적으로 성에 관한 공평한 견해를 가졌는데, 이것은 그의 세대에서 놀랄 만하다. 살면서 그는 사회 전체와 남편이 여성에게 더 나은 대우를 할 것을 강조하였다. 다른 사람들처럼 그 역시 아내가 남편에 예속되어야 한다고 생각할 만큼 충분히 권위주의적이었지만, 그는 예속의 본질이 상급 하인이 아니라 손아래 동료와의 관계 같은 것이어야 한다고 생각하였다.[10] 그는 여자가 남자보다 정신적으로 열등하다고 믿기를 거부하였다. 삶에서 여성이 남성의 동료가 되는 것이 자기네 역할인데 그러기에 적절한 충분히 좋은 교육을 받지 못한 것이 주된 문제라고 디포는 생각하였다.[11] 그의 시대에 대부분의 영국인에게 교육받은 여성이란 농담거리였다. 런던에는 파리의 프레시오지테 (역주: 17세기 전반 프랑스 사교계를 풍미하였던 잘난 체하는 취미와 경향. 세련미를 중시하여 풍속, 언어 순화에는 공적이 있었음.) 살롱에 비길 만한 것이 없었다. 그러나 디포에게 잘 자라고, 교육받은 여성은 "비할 데 없는 피조물이었다; 그녀의 사회는 지고한 즐거움의 상징이며; 개성은 천사 같고, 대화는 하늘 같고; 그녀는 부드러움, 달콤함, 평화, 사랑, 재치, 기쁨 모두였다. 그녀는 숭고한 소망을 이루기에 적절한 모든 길이며; 이와 같은 사람을 얻은 남자는, 그녀에게서 즐거움을 얻고 감사할 따름이다." 불행히도 그는 다음 페이지에서 전형적인 디포식 진부함에 빠져 버림으로써 이 감정을 배신한다. "우리를 돌보소서! 우리가 좋은 말을 키우느라, 또 잘 길들이느라 얼마나 애를 쓰는가! … 그리고 왜 여자는 아닌가?"[12]

디포는 자신의 성에 대해 강한 비판은 유보하였다. 남성이 자기의 타고난 권리로서 야비할 뿐 아니라 여성의 나쁜 평판에도 대부분 책임이 있다고 그는 생각하였다.[13] 그가 벌인 남편이 아내를 잘 대해야 한다는 캠페인의 초기 시도는 1702년에 출간된 그의 시 「숙녀에게 좋은 충고」였다. 여기에서 좋은 충고란 남자는 끔찍하니까 결혼하지 말라는 것이다. 남편은 성매매를 하고, 나가서 술 취하며, 아내에게 돈도 주지 않고, 그리고 종종 이 모든 것을 위선적으로 하였기 때문에 세상은 그저 웃어넘겼다. 이러한 비판은 그의 저작에 끊임없이 반복된다. 남자는 술 마시고, 하녀를 임신시켰다.[14] 또는 파산하여 굶주릴 때까지 아내 몫의 돈을 사치와 낭비의 질풍으로 탕진하였다.[15] 사람들은 남편이 아내를 때리는 데 익숙해져서 비명소리가 이웃을 귀찮게 하지도 않는다. "서로 간의 대화는 이와 같을 뿐이다; '이웃이여, 별 것 아니고 그의 아내를 때리는군'; '아 그래', 대답한다. '그것 뿐이야?' 그리고 그들은 들어가서, 편히 쉰다."[16] 모든 다른 것이 실패하면, 가장 나쁜 남편은 아내를 구속하여 사설 정신병원에 가둔다. 당연히, 아내가 갇혀 있는 동안 남편은 아내 지참금으로 내연녀와 놀아나며, 아내는 심한 고통 끝에 실제로 미쳐 버린다. "갑자기 묶이고, 채찍질 회초리질 당하고, 굶주리고 오용되면 누군들 미치지 않겠는가?"[17]

17세기와 18세기 초에 걸쳐, 극히 드문 여성을 포함하여, 많은 남성들은 남성 우월주의를 맹신하였다. 영국이 "여성의 천국"이라는 소문은 그 일부였는데, 그렇기 때문에 영국인의 부인 홀대를 비판한 디포의 저작은 더욱 눈에 띈다.[18] "이와 같이 영국인이 부인에게 잘 대하기 때문에, 영국으로 건너올 다리가 있다면 … 유럽의 모든 여성이 영국으로 달려올 것으로 생각된다"고 에드워드 챔벌린(Edward Chamberlayne)역주: 작가, 교육자, 1616~1703 은 썼다.[19] 똑같은 감정이 1703년에, 모든 프랑스적인 유행의 물결을 공격한 풍자에 드러나 있다. 의상계의 한 숙녀가 말하기를, "나는 전통 영국이 표방하는 모든 것이 싫다, 영국 남편의 심성과 영국 아내의 자유를 제외하고는; 나는 프랑스 빵, 프랑스 포도주,

프랑스 양념, 그리고 프랑스 요리사가 좋다; 간단하게, 나는 내 곁에 모든 것이 프랑스산 또는 외국산이다, 내 하녀부터 앵무새까지."[20]

영국 여성의 행운을 강조한 사람들은 영국에서 아내가 되는 데 따른 법적 불이익을 깨달았다. 챔벌린 자신이 영국 아내의 극심한 법적 예속을 지적하였다. "여성은 … 결혼하자마자 남편의 의지와 성품에 전적으로 의존하게 된다. 그들은 재화를, 심지어 자기 옷까지도 소유할 수 없다."[21] 이것은 보통법에서 분명히 진실이었다. 보통법은 아내를 미성년자로 간주하였다.[22] "아내가 가진 모든 것은 남편 소유"[23]이므로, 아내에게 선물을 주는 것까지도 불가능하다고 『종교적 구혼』의 신부는 지적한다. "아내에게 선물! 그것이 무슨 뜻인가? 그것은 돈을 한쪽 주머니에서 꺼내 다른 쪽에 넣는 것밖에 안 된다."[24] 남편은 아내의 지참금뿐 아니라 아내 소유의 모든 재산을 완전히 통제하였다. 법원은 남편 사후, 고인 재산의 일부에 대한 미망인의 권리를 인정하였다. 그 일부란 대개 3분의 1이었다. 정말로 여성이 완전한 법적 개인이 되는 거의 유일한 길은 남편보다 오래 사는 것인데, 많이들 그랬다. 아내로서 그녀는 돈이나 자녀에 대한 통제력이 전혀 없다. 그녀는 온전한 법적 인격이 없으므로 계약을 맺을 수도 없다. 이 법적 예속이 그녀에게 이로울 때도 있다. 남편이 보는 앞에서 아내가 범죄를 저지르면, 그녀가 그 행동에 책임질 수 없으므로 남편이 대신 잡혀가고, 입건되었다.

디포가 살던 시대에 결혼한 여성의 금전적 법적 지위가 개선될 약간의 시초가 만들어졌다. 스틸(Richard Steele) 역주: 언론인, 작가, 정치인, 1672~1729, Joseph Addison과 함께 *Tatler*지, *Spectator*지, *Guardian*지를 간행의 『다정한 남편』에서 해리 구빈 경이 말하였듯이, 용돈(pin-money)이라는 새로운 제도가 "아내가 저항할 기초"를 마련하였다.[25] 용돈은 거액이 될 수도 있는

데, 흔히 결혼 전에 합의하였다. 또한 관습적으로 여성의 권리를 외면해 온 보통법 법원의 편견에 형평법원이 이의를 제기하여 아내가 자기에게 양도된 재산을 소유할 수 있는 일이 점차 증가하였다.[26] 그러나 1740년대까지는, 이러한 양도는 대개 남편의 동의가 필요하였다. 그러므로 결혼이라는 낙원 자체가 그랬듯이, 아내의 권익 향상이 있었더라도 그것은 영국 남편의 본성이 착하다는 가설을 기반으로 하였다. 몇 가지 법적 허점이 있겠지만, 록사나가 영국인의 결혼에서 아내의 위치를 대체로 매우 정확하게 요약한다. "결혼 계약의 본질 자체가 한마디로, 자유, 재산, 권위, 그리고 모든 것을 남자한테 넘기는 것에 불과하였다. 여자는 정말로 영원히 여자일 뿐이다, 즉 노예였다."[27]

한 번도 잘해 본 적이 없는 첫 남편의 죽음으로, 자신이 드디어 재혼할 수 있다는 걸 알았을 때, 록사나는 아내와 정부의 처지를 비교하는 훌륭한 풍자를 통해 결혼을 공격하는 논리를 개발한다:

> 나는 두 번 다시 아내가 될 의향이 없다; 나는 첫째 남편과 이런 나쁜 운을 겪어서, 그것을 생각하기도 싫다. 나는 남편들이 아내는 무관심으로, 정부는 강렬한 정열로 대한다는 것을 알았다; 아내는 기껏 상급 하녀 수준으로 업신여김 당하지만 정부는 독립적인 존재다; 아내는 가진 것을 전부 포기해야 하고; 스스로 여분을 만들어 볼까 꿈도 못 꾸고, 그저 용돈 문제로 꾸지람을 들어야 한다; 정부는, 남자가 가진 것은 그녀 것이고, 그녀가 가진 것도 그녀 것이라는 말을 진실로 만든다; 아내는 수없는 모욕을 당하고, 가만히 앉아서 참아야 한다. 아니면 아무것도 없이 떠나야 한다; 정부가 모욕당하면 당장 그만 두고 다

른 남자를 찾는다.[28]

디포 시대 여성 가운데 록사나만큼 과감하게 나가려 한 여성은 드물었을 것이다. 그러나 디포는 속담이 암시하듯 결혼이란 것이 여성들에게 정말로 낙원이었는가의 여부를 의심하거나 적어도 의문시하였는데 이에 가담할 준비가 된 남녀 양쪽 비평가는 많았다.[29] 리처드 백스터는, 그 스스로가 겉보기에 행복한 결혼을 한 듯이 보였는데,[30] 결혼이 여성에게 무엇을 가져다줄까에 대해 거침없이 상세하게 늘어놓는다:

> 여성은 특히 결혼 생활에서 그렇게 많은 고생을 예상해야 한다. 신이 여성들을 가장 성가신 고통을 참을 수 있을 만큼 아이들에게 강한 애정을 쏟는 성향을 타고나게 만들지 않았더라면, 그들이 비참한 삶을 거부함으로써, 세상은 오래전에 끝이 났을 것이다. 임신 중의 불편, 생명이 위태로울 수도 있는 출산 고통, 아이에게 젖을 먹이고 아이가 자라는 동안 아이와 밤낮으로 함께 해야 하는 지루한 고통, 남편에게 예속됨은 말할 것도 없고 … 이 모든 것과 더 많은 것이, 자연이 그들의 심성을 그렇게 하도록 해놓지 않았더라면, 여성에게 결혼을 철저히 단념하게 하였을 것이다.[31]

이러한 노예 상태와 지위 강등 작업이 믿을 수 없을 만큼 쉽다는 것이 사태를 더욱 악화시켰다. 두 사람이 결혼을 원할 때 정상적 과정은 사제가 성혼을 선언하기 전에 교회에서 연속 3회의 공식 결혼 예고를 하는 것이었다. 그러나 많은 사람들이 이런 공표를 원치 않았고 결혼 예고 없이 등록만 하는 결혼 제도가 있었다.[32] 필요한 것이라고는 다만 둘 중 한 사람의 서약으로서, 결혼에 법적 제한은 거의 없고, 미성년자일 경우 부모의 동의를 얻게 하였다. 17세기에 이루어진 전체 결혼 가운데 상당 비율이 더 비싼 방법을 택해 왔던 것으로 보인다.[33] 소위 감옥 목사가 수행한 비밀 결혼에서 이루어진 거래는 일상적으로 발생한 사례는 아니었지만 법적으로 인정은 받았다. 레키(Lecky)에 의하면, 플리트가 역주: 템스강으로 합치는 복개천 에 있는 감옥 근처의 술집이나 브랜디 가게 대부분에는 목사가 신체 기능이 마비된 상속인이나 유괴된 상속녀를 지하 세계의 어떤 자손과 돈을 받고서 기꺼이 맺어 주었다.[34] 상속녀의 강제 유괴는, 1727년에 디포가 지적하였듯이, 사제의 결혼 승인이 없으면 법률상으로 중죄였다. 그러나 재산을 노리고 결혼하여 부자가 되려는 사람이 작업하는 더욱 미묘한 방법이 있었다.[35] "행운을 사고파는 일, 지금처럼 많이 있어 본 적이 없는 거래"라고 디포는 1713년에 썼다. "이 직업에 종사하는 가장 바쁜 중매쟁이는 영지의 숙녀를 배반하여 부유한 시민의 허울을 쓴 걸인과 파산자들의 손에 넣어 주는 일을 전문 사업으로 삼았다."[36]

결혼이 법적으로 인정받기 위해 현실적으로 목사가 있어야 할 필요는 전혀 없었다. 비록 법적으로 증명하기 어렵다 할지라도, 쌍방이 상호 합의하면 결혼은 성립되었다.[37] 디포는 『리뷰』지에 쓰기를, "결혼은 약속에 지나지 않으므로, 예식은 계약에 추가할 것이 아니며, [약속을 어기는] 사기꾼을 방지하기 위해 법으로 강제할 뿐이라"고 하였다.[38] 『로빈슨 크루소』에서는 프랑스인 사제가 결혼의 최소 요건을 약간 더 엄격하게 정의한다. "양측 모두가 따르기로 동의한 증표로 확인하고, 증인 앞에서 체결된, 양자 간의 공식적인 계약이다. 그 상징이 두 사람 사이에 놓인 막대를 부러뜨리는 것뿐이었을지라도, 남자가 모든 순간에 여자를 아내로 받아들이며, 절대 아내나 아이들을 저버리지 않겠다는 약속이다. 여자도 남편에 대해 똑같은 의무를 진다."[39] 크루소는 이를 수락하였다. 그러나 사실 결혼은 단지 약속 이외에 아무것도 아니라는 디포의 앞선 서술은 영국 법에 완전히 합당하였던 것으로 보인다. 토머스 새먼(Thomas Salmon)역주: 영국 국교도 주교, 1715~1759은 1724년의 저서 『결혼에 관한 비판적 고찰』(*Critical Essay Concerning Marriage*)에서 앤 여왕 재위 초기에 고등 법원(King's Bench)에서 내린 재결을 인용한다, "결혼은 요즘 시대 말로 계약이다; 나는 당신과 결혼한다; 당신과 나는 남편과 아내이다 등등으로 언급됨에 따라 이러한 계약은 파기할 수 없다."[40] 사람들이 취해서 잠들었다가 일어나 보니 결혼해 있더라는 것이 놀랍지 않다. 커널 잭이 그런 운명을 맞았는데, 그는 술 마신 덕에 "유난히 기분에 도취되어" 두 번째 부인이 될 사람과 결혼에 동의한다.[41]

결혼은 유쾌하지 않을 수 있고 그것도 평생 그럴 수 있지만, 대부분 여자들이 그래도 원하였다. 여성이 스스로를 향상할 무엇인가를 시장에서 얻을 가능성은 무시할 만하였다. 이 슬픈 사실이, 인간의 본성과 습관, 늙은 하녀의 운명이 될 경멸에 대한 공포와 결합하여, 인류의 미래를 보장하는 이 약간 불만족스러운 방법이 대부분 젊은 소녀의 마음속에서 확실한 주제가 되었다. 이런 상황에서 디포는 결혼할 남녀에게 배우자 선택과 결혼 후 목표 설정에 관한 충고를 내놓는다. 그는 초기 『리뷰』지에 "불명예스런 클럽에서 얻을 충고"라는 인생 상담란을 운영하였는데, 여기에서 그가 감행한 결혼-안내 사업의 첫 모험이 등장한다.[42] 정치 신문의 주된 목표에서 벗어난 이 가벼운 칼럼에서, 그는 구애와 결혼을 포함한 여러 문제에 관해 독자가 보낸 편지에 답장을 쓴다. 이 공개 토론에서 진전된 생각 대부분이 그의 생애 말기에 그가 결혼에 관한 교훈적 저작과 소설을 쓸 때 내용에 포함되었다.

디포의 세계에서 여성은 결혼에 의해 이중으로 기만당한다. 그들은 결혼에서 거래를 잘못하였을 뿐만 아니라, 결혼 자체가 남자의 시장이었다. 이것은 관습적으로 여성 초과인 런던에서 특히 그러한데,[43] 많은 여자들이 오로지 남편을 구하려는 이유로 대도시에 왔다. 그러나 디포는, 아마 그릇되게도, 시골도 여성 초과 지역이라고 생각하였다.[44] 이 성별 불균형은 전쟁으로 남성이 많이 사망하고 아메리카로 이주하는 남성 비중이 매우 높다는 것으로 분명히 설명되었다.[45] 여성 과잉 문제는 남자 쪽에서 결혼하려는 열의가 부족하여 악화될 수 있었다. 총각으로서 누리는 금전상의 이점이 있었고 용이한 성매매가 독신 생활을 결혼 생활의 매력적 대안으로 만들었기 때문이다.[46] 어찌 되었든, 그 결과 여성은 삶이 더욱 힘들었다. 젊은 몰 플란더스와 결국 결혼할 남자가 몰의 아름다움을 칭찬하자, 그의 누나는 아름다움은 돈이 없는 한 거의 소용이 없을 것이라고 지적하였다. "시장은 지금 현재 여성에게 불리하다; 여자가 아름다움, 태생, 교육, 재치, 분별, 예절, 겸손함, 모두를 최고 수준으로 갖추어도, 그러나 돈이 없다면, 그녀는 아무것도 아니다. 그녀는 그 장점 모두가 없는 것과 마찬가지이다; 돈 이외에는 아무것도 이제 여자를 추천하지 못한다; 남자가 자기 두 손 안에서 모든 게임을 주도한다."[47] 몰은 물론 이런 말이 틀렸음을 증명하지만, 그녀는 예외적인 여자였다.

몰은 더욱이 돈 없는 여자가 가진 유일한 다른 무기를 희생시켰다.[48] 그녀는 처녀성을 100기니, 그리고 결혼할 때까지 매년 100기니의 약속에 팔았다. 그녀가 나중에 깨닫듯이, 이것은 서툰 거래였다: "내가 그의 생각을 알았더라면, 그리고 그가 나를 얻기 위해 얼마나 애쓰고 있는지 알았더라면, 나는 내 자신의 조건을 만들 수 있었을 텐데 … 만일 내가 빨리 결혼하기 위해, 결혼 때까지 생계를 위해 포기하지 않았더라면, 나는 내가 원하던 것을 가질 수 있었을텐데 … 그러나 나는 이러한 생각을 모조리 다 포기하고, 내 미모와, 이런 젠틀맨에게 사랑받는다는 자부심에만 빠져 버리고 말았다."[49] 너무 많은 소녀들이 이러한 함정에 빠졌다. 당시는 빅토리아 여왕 시대의 소설에 나오는 처녀성 실수의 시대가 아니었다. 그리고 대부분의 작가들은 어린 소녀들이 맨더빌의 『벌거벗은 처녀』(*Virgin Unmask'd*)에 나오는 매우 육감적인 안토니아처럼, "자연스런 욕구와 타고난 처녀의 정숙함" 사이에서 갈등한다고 가정하였다.[50] 소녀들이 "남녀 성, 또는 남녀 고유의 신체 조직의 다른 점을" 계속 모르게 하고, 혹은 "그들이 우연히 알게 되었다면, 이러한 차이점에 관한 모든 생각과 기억에 대해 주의를 기울이지 말거나 무시하도록 보완되어야 하는 것"이 그 답이라고 제레미 테일러는 생각하였다.[51] 디포도 소녀의 강렬한 성욕을 인정하지만, 소녀들의 처녀성이라는 교섭력을 쉽게 포기한 소녀들을 비판하면서 디포는 대체로 신랄하였다. 『리뷰』지에 썼듯이, "혼인을 빙자하여 여자와 동침한 자는, 약속을 지키지 않으면 사기꾼이요, 지키면 바보다."[52] 왜냐하면 방금 부정직의 최고 증거를 보인 소녀를 왜 믿어야 하는가? "그는 그녀가 정직하리라고 절대 믿지 못할 것이다, 한번 매춘부면 항상 그러므로."[53] 여자가 "결혼 전에 마지막 보루를 포기"할 만큼 어리석다면, 그녀는 그 정조 관념이 없음을 나무랄 수 있는 유일한 사람인, 연인과 절대 결혼해서는 안 된다.[54] 과거에 자제력을 상실하였던 사실을 숨기는 방법은 많다.[55]

그리고 누구도 스스로를 비난할 의무가 없다.[56]

여성이 이러한 기만의 위험을 무릅쓸 필요가 없다. 남자를 조심스럽게 대해야 하며, 그녀가 적극적이고 결혼에 안달하는 듯 보이면 안 된다. 그 남자를 좋아하는 것처럼 보이지 말고 냉정하고 무관심한 척해야 한다. "합리적 세상에서 공정하지만 취약한 쪽은, 그들이 사랑에 공격적이 될 때, 얼마나 많이 스스로를 드러내는지 관찰하는 것이 바람직하다; 자신이 가진 소극적인 힘을 간직하는 일은 여성의 명예이다. 일단 잃으면, 그녀 자신의 불행을 몰고 다니게 된다."[57] 맨더빌은, 여자는 일생에 한 번 연애 기간 중에 주도권을 쥔다는 전통적 견해를 비웃는다. 연애 기간 중에 여성은 "가만히 앉아, 남자를 모욕하고, 남자가 자신의 구두를 닦을 가치조차 없다는 듯한 경멸로 남자를 대한다; 그리고 그녀는 이 모든 일을 왜 하는가? 다른 이유가 아니라, 그녀는 그를 자기 주인으로 만들고, 그녀가 세상에서 가진 모두를 그에게 주려고 생각하기 때문이다."[58] 어찌되었든 더 심하게 나아갈 공격성은 없다. 시장이 남성에 이로우므로 무관심 전략을 취하는 면에서 여자보다 남자가 더 여유롭다. 이 점을 커널 잭의 첫 부인이 자기 전술을 바꾸기 전에 알아챘다. 처음에는 그녀가 그의 관심을 돋우기 위해 집적거렸다. 그러나 다음에는 그가 그녀와 단둘이서만 이야기할 수 없도록 조심스럽게 처신하였다. "그녀는 나와 너무 깊어졌다고 금방 알아차렸다; 그리고 그녀는 얼른 책략을 극도로 썼다. 흐느끼는 부류의 애인 목록에 아직 들지 않고, 정부를 사랑하는 것이 무엇인지 모르는, 사람이 그녀를 함부로 대하게 한다는 전략이었다; 그리고 나를 젖혀두고, 사랑에 빠진 보통 남자와 차가움으로 따뜻해지고, 여자들이 보답하듯이 정열에 타오른다."[59] 그러나 게임을 잘 아는 여성은 괜찮다. 만일 그녀가 자기 입장을 고집하여, 자신이 첫 번째 청혼을 받아들이지 않으면 절대 결혼을 못할 것이라는 공포를 이겨 낸다. "불구이거나 나쁜 소문이 난 경우를 제외하면, 잘 처신하는 모든 여자가 언젠가는 안전하게 결혼한다."[60]

이러한 전술적 기동은 미리 선택을 끝냈음을 의미한다. 어떤 남자와 결혼할 것인가? 이 영원한 질문에 대한 전형적 답변은 『종교적 구혼』에서 남편 고르는 법에 관한 두 딸의 토론에 나온다:[61]

> 큰딸: 오! 내가 몇 마디로 설명할게; 좋은 영지, 네가 좋아하는 남자.
>
> 둘째 딸: 아니; 첫마디에서 끝냈어야지: 영지만 좋다면, 남자가 어떻든 상관없어.

돈은 적어도 중간 계층 사람에게는 배우자 선택에 물론 필수 요소이다. 빈민은 결혼할 때 세상살이를 함께 출발하면서 자기네가 얼마나 모을 수 있는지 알기 위해 단지 자기네 주머니를 만져 본다.[62] 그러나 디포 시대에 심지어 상당히 부유한 사람에게도, 결혼에서 상업적 요소의 중요성은 아마도 커지고 있었다.[63] 하지만 이득을 얻는 편은 여자보다 남자이기가 쉬웠다. 당시 결혼 시장 상황에서 남자는 극도로 좋은 거래를 할 수 있었다. 즉, 17세기 초에 비해 아내 지참금보다 미망인 급여가 훨씬 적었다.[64] 여자는 남편을 사기 위해 돈이 필요함을 깨달은 몰 플란더스는 "아내가 될 수 있는 돈을 가진 여자는 정부로 만족하면 안 된다"는 좌우명을 실현하려고 노력하였다.[65] 그러나 중간 계층의 여성 또는 그 아버지가 남편을 돈 주고 사야 하였다 하더라도, 그들이 산 것이 좋은 거래인지 확인할 필요가 있었다. 잘 사는 것처럼 보이는 남자가, 지참금만 훔치고 여자를 걸인으로 만들어 돌려보내기 위해 부유해 보이는 인상을 급조한 사기꾼이 아닌지, 자세히 알아보아야 하였다.[66] 남자가 돈이 있다 해도 그가 이를 유지한다는 보장이 없었다. "말이 전투에 나가듯이 결혼에 뛰어들지 않으려면" 그의 부채와 채권 채무, 지출 패턴과 사업 능력을 알아내야 하였다. 몰 플란더스는 "일생에 하나밖에 없는 자기 주사위를 한번에 던져버리고, 한사코 결혼하는, 무모한 행동을 하는" 여자는 그 여자가 결혼한 남자조차 깔볼 것이라고 주장하였다.[67] 매춘부 생활로 부유해진 록사나는 조심스럽다. 즉, "좋은 가문 출신에 좋은 영지를 소유하였지만, 분에 넘치게 사느라 항상 쪼들리고 궁핍하여 편안하게 살 돈을 원하면서도; 이를테면 양육비, 여동생 몫의 상속분 따위를 지불해야 한다고 말하는 젠틀맨"의 청혼을 거절할 정도다.[68] 그녀는 첫 남편으로 매우 야비한 남자, 즉 낭비벽이 심할 뿐 아니라 어리석은 인물을 만났기 때문에 조심스러워야 할 충분한 이유가 있었다. 1707년의 『리뷰』지에서 디포는 독자에게 어떤 사람이 가장 나쁜 부류의 남편인지 물었다. 주정뱅이, 방탕아, 싸움꾼, 낭비가 심한 남편 등 많은 예가 있었다. 그러나 이 모든 이들은 "무엇인가 부수적인 것이 있어, 그들의 과잉 행동 사이의 막간에, 누그러지려 애쓰면서 불쌍한 여인에게 약간 보상을 하기도 하고, 그녀가 상처 입은 부분을 극복하도록 돕는다; 그러나 바보는 항상 스스로 참을 수 없는 무엇인가를 가지고 있다."[69] 바보는 절대 불사조가 되지 않을 것이다. 자신의 치욕의 잿더미에서 절대 행운을 건질 수 없으며, 자기 아내를 평생 굶주림과 재앙에 남겨 둘 것이다.

그래서 돈은 결혼에 지극히 필요한 요소이다. 사랑이 잊혀지지는 않았지만, 대부분의 비평가에게 사랑은 결혼 다음의 문제이지 그 이전의 주제가 아니었다. 벤저민 워즈워스는 사랑이야말로 남편과 아내가 서로에 지는 으뜸 의무라고 주장하였다. 그러나 그는 부부가 결혼하기 전에 서로 사랑할 필요는 없다고 생각하였다. 필요한 모든 것은 오로지, 그들이 미래에 사랑할 수 있으리라고 생각하는 사람과 결혼해야 된다는 것이었다.[70] 디포는 이 일반적 명제를 받아들이는 한편, 약간 더 낭만적이었다. 사랑은 결혼 이전에도 필요하였다. 디포는 어떤 사람의 말을 다음과 같이 인용하였다. "그들은 나중에 사랑할 때까지 같이 장난칠 것이다; 재산은 호감을 낳고, 다른 모든 조건이 맞으면 덜 불편해하면서 사랑의 위험을 감수한다. 그러나 나는 여기에 불만인데: 그들이 애정의 장난을 한다면, 결혼의 장난을 하리라 생각한다."[71] 젊은 사람들은 결혼 전에 서로 알아야 할 뿐 아니라, "충실하고 오래 가는 애정으로 서로에게 끌리고, 사랑을 속삭이며, 말로만이 아니라 누구보다도 서로를 신실하게 사랑해야 한다."[72] 디포는 다음과 같은 점을 받아들였다. 젊은이들은 어리석은 실수를 범할 수 있었다. 또한 애정은 항상 능력에 기반하여 생겨나는 것만도 아니었다. 그렇지만 어쨌든 행복에 가장 중요한 것이 사랑이므로, "설명도 안 되는 열정의 근거가 아무리 어리석은 것일지라도 … 여자는 가장 사랑하는 남자를 골라야 한다."[73] 한 남자가 『리뷰』지에 다음과 같이 기고하였다. 자기가 어떤 여자를 사랑하는데 그녀의 재산 수준이 자기와 맞지 않아서 결혼이 꺼려진다는 것이다. 디포는 그에게 "당신이 가진 것으로 먹고 살 수 있다면" 그녀와 결혼하라고 확실히 충고하였다.[74]

디포는 사랑의 힘이 행복한 결혼을 만든다고 확신하였다. 그러나 그런 확신을 가진 작가는 거의 없었다. 결혼에 관해 암울한 견해를 가진 백스터는, 이미 인용하였듯이, 서로 사랑할 수 있는 사람들이 거의 없고, 심지어 같이 사는 것도 실은 불가능하다고 생각하였다. "성미와 이해의 정도가 이와 같이 매우 다양하기 때문에 세상에서 어느 두 사람도 서로 간에 부적합함이 없는 경우가 드물다. … 천성, 관습, 교육 등으로 인해 견해, 성향, 흥미, 의지 등이 서로 잘 맞지 않아서 불만을 자주 야기할 것이다." 백스터는 우리에게 일깨운다. 결혼 생활의 갈등은 한 해에 끝나지 않고, "평생 간다: 같이 사는 동안, 구원을 얻을 희망을 모조리 앗아 간다. 당신은 죽어서야 구원을 얻을 것이다." 그리고 당신이 배우자를 정말 사랑하는 일이 일어났다면, 죽음도 구원이 되지 않는다. "서로 죽음의 슬픔을 견뎌야 하므로."[75] 디포는 결혼이 복권 구입 같은 것이지만 "꽝"이 그렇게 많은 것은 아니라는 데 동의할 것이다.

비록 사랑은 하지만 좀 더 사업적 방식으로 행동하는 몰과 록사나가 등장하는 디포의 소설이 아니라면, 디포의 교훈적 저작에서 사랑은 돈보다 더 중요하였을 수 있다. 그러나 그것만으로는 여전히 충분치 않았다. 아니면, 만일 그것으로 충분하였다면, 사랑받는 사람이 지녀야 할 다른 중요한 특성이 있었다. 아내는 본분에 충실하려면 좋은 여자가 될 뿐 아니라 좋은 주부가 되어야 하였다. 좋은 주부란 당해 보기 전에는 확정짓기 어려운 미덕이긴 하다.[76] 그러나 어떤 남자들은 잘 고를 수도 있었다. 크루소의 섬에 정착한 영국인 반란자 5인은 자기네가 섬으로 데려온 원주민 여인 다섯 명과 짝짓기 위해 제비뽑기를 하였다. 당첨자가 "다섯 가운데 가장 못 생기고 나이 먹은 여자를 …" 선택하였을 때 모두 웃음을 터트렸다. "그러나 그의 생각에는 다른 어떤 여자보다 나았다. 즉, 앞으로 사업과 응용에 또 많은 다른 일에 도움이 될 만하게 보였고; 그리고 이 여자들 가운데 최고의 아내임이 확인되었다."[77]

디포는 자신이 결혼의 불합치라고 부른 문제에 훨씬 더 강조점을 두었다. 이 표현은 여러 가지로 해석될 수 있다. 그러나 대개 종교적인 사람은 비종교인과 서로 사랑하더라도 결혼은 할 수 없다는 것을 뜻하였다. 둘 다 신자일 때만 결혼에서 조화를 이룰 수 있었다. 이상적으로는 남편과 아내 모두 청교도이고 진실로 종교적일 뿐 아니라, 또한 같은 청교도 분파에 속해야 하였다. 그렇지 않으면 가족 예배에 대한 견해가 서로 달라서, 예를 들어 한 명은 성경을 사용하고 다른 이는 사용하지 않는 등 가족 분열에 이를 수 있다. 그리고 안식일에 한 명은 교회에 가고 다른 이는 집회소에 간다면 이것은 어떤 종류의 결혼이 될까?[78] 그러나 디포는 이러한 생각을 지나치게 강조하고 싶어 하지는 않았다. 그가 자기 책의 경건한 독자층의 범위를 가능한 한 넓게 확보하기를 바랐기 때문이다. 예를 들어, 『가족 교범』에 나오는 한 부부는, 둘 다 술을 마시지 않고 신앙심이 깊었다. 아내는 비국교도이고, 남편은 국교도이지만, 그 가정은 "그들의 대화에서 불화가 없는 조화의 천국이라고 묘사된다."[79]

종교적 불합치의 주제는 『종교적 구혼』에서 가장 충분히 다루어져 있다. 죽어 가는 어머니가 세 딸에게 마지막으로 청한다. 다들 종교적인 남자와 결혼하라는 것이었다. 책은 이 유언을 세 딸이 각기 달리 해석하는 과정을 고찰한다. 그 말의 취지는 종교를 믿는다고 주장하는 남자의 말을 그대로 받아들이면 안 된다는 것이다. 그 주장의 진정성을 조사해야 하며, 그의 종교가 올바른 종교인지 반드시 확인해야 한다. 둘째 딸이 이 점에 소홀하여 재앙에 이르게 된다. 그녀는 명랑하고, 즐겁고, 세 자매 중 가장 나아 보이고, 결코 종교가 없는 것은 아니지만, 다른 자매들만큼 조심스럽지 못하다. 배우자를 고르는 데 그녀의 주된 관심사는 좋은 영지이고, 부유한 레곤(Leghorn) 상인의 청혼을 받았을 때 그의 재산 이외에는 별 신경을 쓰지 않고, 자기는 종교에 충실하다는 거리낌 없는 그의 단언을 받아들인다. 언니는 매우 걱정이 된다. "종교에 대해, 미래 인생의 행복에 대해 신경 쓰는 젊은 숙녀가, 미신의 원산지요 가톨릭 왕국인 이탈리아에서 온 낯선 사람의 청혼에 두 달간 고생하는 것을 보았는가?… 그리고 우연히 그가 무신론자는 아니라는 이야기를 들은 것을 빼고는, 그가 무슨 종교를 믿는지, 그가 아무 종교라도 가졌는지 전혀 모르고서."[80] 말할 것도 없이 최악의 사태가 일어난다. 그녀의 결혼 이후에 자매들이 방문해 보니 그녀는 모든 사치품과 벽마다 그림으로 장식된 장엄한 저택에 살고 있다. 그러나 이 그림들은, 매우 아름답게 그려졌지만, 수상쩍은 종교적 주제를 담고 있다. 우상숭배의 의심은 침대 위에 드러나 있는 십자가로 확인된다. 자세한 사실은 상인이 죽은 후에 밝혀진다. 그는 항상 친절하고 사랑을 베풀지만, 확고한 가톨릭 신자였으며 그녀를 개종시키려고 끊임없이 노력하였고, 선물로 그녀를 회유하고, 그녀의 영혼이 처한 위험에 대해 애정어리기는 하나 미묘한 논리를 담은 논증에 맞닥뜨리게 하였다.[81]

막내딸은 어머니의 충고를 따르기로 한다. 잘 생기고 부유한 남자가 나타났고 아버지는 결혼을 호의적으로 받아들인다. 그러나 소녀는, 완전히 반하였음에도, 최종 결정 이전에 그가 진실된 신자인지 알아내려고 마음먹는다. 오랫동안 그는 그의 종교적 믿음을 알아내려는 그녀의 시도를 회피한다. 하지만 마지막에 그는 게임을 끝내려고 영국 젠틀맨은 아내를 먼저 선택한 후 종교를 선택한다고 경솔하게 말한다. 그의 종교적 불성실의 증거에 여자는 매우 비참해진다. 그녀는 남자를 사랑하지만, 그리고 이미 그 남자와의 결혼을 허락하였음에도 딸이 따르지 않는 것에 아버지가 화를 내는데도 불구

하고, 이제 혼사를 치르지 않기로 결정한다.[82]

디포와 그 소설의 주인공들은 이와 같은 상황에 개입된 위선의 위험에 대해 잘 알고 있다. 소녀의 예비 배우자는 자신의 신심이 부족하다는 것을 정직하고 진실되게 드러냄으로써 자기 사람을 잃는다; 그러나 그녀는, 그가 위선자이고 단순히 믿음을 가장하였더라면, 그녀가 이미 사랑에 빠져 있으므로 식을 올릴 수 있었을 것을 인정한다.

또한 재미있는 것은, 종교가 없거나 다른 종교를 가진 사람들이 다른 모든 면에서 이와 같이 훌륭하다는 사실이다. 디포는, 종교적인 사람만 즐겁고 사랑받을 수 있다고 무작정 주장하기에는, 노련하고 현실적이었다. 위에서 언급한 두 신랑감은 순수한 세속적 관점으로 볼 때는 이상적 남편이 되었을 것이다. 그러나 결혼이란 그 끝이 죽음이자 구원의 희망인 동업이다. 그리고 신앙심이 깊은 여자가 비신자와 엮이는 일은, 세상의 불행과 영원히 버림받을 가능성을 확실히 처방받는 일이다. 『가족 교범』에 나오는 어떤 아내는 "주부답게 알뜰하고, 검소하고, 조용하고, 얌전하고, 부드럽고, 친절하고," 겉보기에는 여성적 미덕의 모범적 목록을 갖춘 인물로 묘사된다. 그러나 그녀는 종교적이지 않다.[83] 가족 예배 때 남편의 수행을 조롱하고 기도 중에 일부러 책을 읽거나 잠든다. 남편은 속이 뒤집혀 가족 예배를 중단하고, 이것이 차례로 집안 관계를 모조리 무너뜨린다. 부부 싸움이 일어나고 이 싸움이 자녀들을 편가르게 하고 드디어 아내는 집을 떠난다.[84]

종교 문제의 차이가 디포가 결혼에서 지적한 유일한 불합치의 문제는 아니었다. 나이, 재산, 성미 면에서 어떤 종류의 불합치라도 갈등에 이를 수 있다. 그는 특히 나이가 든 여자와 젊은 남자가 결혼하는 것에 반대하였다. 가족 사업을 물려받은 과부가, 그 사업을 꾸려 가는 데 도움이 되고, 자녀를 교육시켜 세상에 내보낼 현금을 제공할 남자가 필요한 세계에서 상당히 흔한 만남이었다. 그 남자는 아마도 사업을 이미 파악하고 있는 도제이고, 자기 주인의 미망인과 결혼하여 멋진 정착을 기다리고 있었을 수 있다.[85] 디포가 이와 같은 결혼의 사업적 분별을 인식하였겠지만, 그는 여자 쪽의 주된 동기를 순전한 정욕으로 보았다. 그는 이 주장을 한 과부의 이야기로서 풀어 나간다. 그녀는 재혼할 필요성을 정당화한다. 꿈에 악마가 나타나 동침을 간청하기 때문에, 무서워서 침대에 남자가 있어야 한다는 것이다.[86]

사실 디포는 폐경 후 여성이 결혼하는 것이 합법적인지 의문을 가졌다. 여성이 결혼의 본래 목적을 더 이상 충족시킬 수 없을 것이기 때문이다.[87] 하지만 이와 같은 접근은 이중잣대의 또 다른 변종이었다. 늙은 남자가 젊은 소녀와 결혼하는 것은 괜찮았기 때문이다. 약간 농담조이기는 하나, 그는 아직 자녀를 가질 수 있고, 상속할 자식이 필요할 수도 있다.[88]

개인이 이상적 배우자를 고르는 일이 상당히 어렵다는 것은 이해할 수 있다. 당신이 사랑할 뿐 아니라, 진실로 신심이 깊고 같은 종파에 속해 있어야 하며, 비슷한 연령대에 재산 수준도 크게 차이 나지 않는 사람을 구하기는 하늘의 별따기였다. 그러나 개인의 선택은, 미성년이면 법에 따라, 그리고 이후 오랫동안 자식이 자기 아버지를 존중해야 하는 관습에 따라, 부모의 동의를 얻어야 하였으므로 여하튼 상당히 제약을 받았다. 권위주의적 사회는 당연히 5계(역주: 어버이를 공경할 것)에 큰 강조를 둔다. 도덕 문제를 논하는 거의 모든 작가는, 자식은 결혼 상대를 고르는데 아버지의 지시를 어느 정도까지 복종하는 게 정당한지, 아버지가 그 선택에 어느 정도까지 결정력을 가지는지에 대해 나름대로 생각을 피력한다.

많은 도덕주의자들이 상당히 정확히 추정하였다. 즉, 아버지가 자녀의 배우자를 선택할 때, 그는 젊은이들의 행복에 대한 관심보다는, 자기 가문을 세상에서 더 높여 보려는 야심에 따라 결정할 가능성이 높았다. "부모는 때때로, 함께 살 젊은이들이 서로 좋아하는 면을 고려하기보다는, (나이 든) 자신들의 성향에 따라 그들이 좋아할 만한 것을 추측한다. 그러므로 자녀들의 선택에 내맡겨 고생하도록 두지 않고, 그들에게 부, 명예, 강력한 친구들을 물려준다."[89] 사정이 이러하므로, 작가들은 실제로 한 목소리로 말하였다. 즉, 아버지는 자녀가 자녀들의 의지에 어긋나는 결혼을 하게 강요해서는 안 된다는 것이다.[90] 비록 설득의 정도라는 것이 잘 정의되는 것은 아니지만, 아버지는 설득하되 강요해서는 안 되었다. 아버지가 딸을 위해 골라 준, 흉측하지만 부유하고 영향력 있는 남자와의 결혼에 딸이 동의할 때까지 딸을 침대 기둥에 묶어 회초리질을 하는 것은 잘못된 일이었다.[91] 그러나 덜 고통스럽고 더 오래가는 설득 방법들이 있었다. 『종교적 구혼』에서, 앞에서 논하였듯이, 비종교인 애인과 결혼을 거부한 막내딸의 아버지는, 그녀를 집에서 쫓아내 하녀로 보내겠다고 위협하였다.[92] 그리고 소설에서나 현실에서나 많은 아버지가 자식들이 말을 안 듣는다고 상속에서 제외하였다.

이 토론에서 디포의 입장은 그 당시 일반적 견해를 반영한다. 아들의 선택에 동의하기를 아버지는 거부할 수 있다. 그러나 아들이 성인이라면 아들의 거부를 존중할 자세도 가져야 한다.[93] 다른 한편으로는, 아버지가 조건을 고르도록 허락되어야 하지만, 자식은 그 조건 안에서 어느 개인이라도 거부할 권리를 가졌다, "그 사람을 좋아하거나 싫어하거나, 받아들이거나 거부할 자유를 그것도 절대적으로 가졌다."[94] 디포의 견해는 『종교적 구혼』에 요약되어 있다. "당신의 딸이 당신이 좋아하지 않는 사람과 결혼하기 원한다면, 신의 법에 따라 그녀를 금지할 권한을 당신에게 확실히 부여한다; 성서는 단순하다. 당신은 결혼이건 아니건 그녀가 허락하고 약속한 모든 것을 무효화할 권한을 갖는다. 그러나 딸이 당신이 좋아하는 사람과 결혼하려 하지 않는다면, 당신이 똑같은 명령권을 가졌다고 생각할 수 없다."[95]

부모가 통제하는 데 불리하게 작용할 수밖에 없는 한 가지 사실은 남녀 모두 매우 높은 혼인 연령이었다. 역사가들은 놀랍게도 영국과 프랑스의 여성 결혼 연령의 중위수가 24세 또는 25세 이상이고, 남성은 신부보다 대개 한두 살 많다는 것을 알아냈다.[96] 이러한 평균치는 당연히 분산을 감추고 있다. 동의를 얻는 법적 연령은 여자 12세, 남자 14세이고 많은 소년 소녀들이 이 나이에 결혼한다. 약혼과 배우자끼리의 공식적 잠자리는 7세에도 가능하다. 그러나 이러한 결혼은 대부분 지주 계급의 가계 동맹에서나 볼 수 있고, 그것도 드물다. 진실은 모든 사람들 대다수가 21세가 넘어 결혼한다는 것이고, 따라서 부모의 법적 동의가 필요 없었다.

동시대의 권고 사항에는 통계 전문가들이 발견한 사실들이 담겨 있다. 중간 계층의 남성은 거의 보편적으로 늦게 결혼하라는 충고를 받았다. 그 근거는 물론 젊은 남성의 취약한 경제적 지위였다. 도제 계약에서 결혼은 대부분 엄격히 금지되었으며,[97] 도제 수업이 끝난 젊은이는 그의 모든 현금을 스스로 사업을 일으키는 데 쏟아부어야 하였다. 그의 장사가 "둘을 먹여 살릴 만큼"[98] 충분히 번성하려면 나이가 25세 또는 심지어 30세가 될 수 있다. 비슷한 제약이 시골에서도 작동한다. 여기서 통제 요인은 가족을 부양할 집과 땅을 소유할 필요였다. 이 요건을 달성하려면 아버지가 사망하거나 농사일에서 은퇴할 때까지 기다려야 할지 모른다.

경제적 관점에서 여성의 결혼 연령은 명백히 문제가 덜 된다. 그리고 정말로 당시에는 많은 인구를 선호하여 이를 중시하였기 때문에 여성의 조혼을 장려하였을 수 있다. 그렇지만 근대의 저술가들은 전혀 반대의 논리가 남성이 나이 든 여자를 선택하게 하였다고 암시한다. 효율적인 피임 기제가 없던 시절에 신부 나이가 30세는 되어야 소규모 가족이 먹고살 만한 생활을 보장하기에 가장 좋았다. 이 나이에 시작하면 어떤 여자든 네, 다섯 이상의 자녀를 출산하기 어려웠을 것이고, 영아 사망률이 높았으므로 두어 명 정도는 죽을 가능성이 있었다.[99] 아동은 예외적 경우라면 다섯이나 여섯 살에 스스로 밥값을 할 수도 있었겠지만, 중간 계층의 아동은 그렇지 않았고, 어찌되었든 자식이 없는 편이 분명히 비용이 덜하였다.

디포는 여성의 결혼 연령이 높은 쪽을 옹호하였지만, 위와 같은 이유에서는 물론 아니었다. 그는 결혼이 아내에게 그렇게 자주 재앙인 주된 이유는 여성들이 결혼을 평생 못할까봐 첫 남자를 받아들이기 때문이라고 생각하였다. 그러나 더 오래 기다릴수록, 거절하는 경험이 쌓이고 그래서 선택의 여지가 더 넓어진다. 『애플비 저널』에서 스스로를 마저리 부인(Lady Marjory)이라고 서명하였으나, 디포처럼 의심스러워하며 글을 남긴 어떤 숙녀는 다음과 같이 말하였다. 자기는 친구들과 의논한 후 25세와 40세 사이가 결혼하기 가장 좋은 시기라고 결론지었다는 것이다. 그녀는 "젊었을 때 소년과 짝지어져서, 바보나 멋쟁이에게 너무 일찍 묶이느니, 처녀로 늙을 위험을 감수하고라도, 내게 이득이 되는 방향으로 갈 것임"을 결심하였다.[100]

결혼 시장이 남자에게 그렇게 유리하게 움직이는데, 거절 의사 표시를 하는 것은 겁나는 태도이지만, 많은 소녀들이 확실히 그렇게 하였다. 몇몇은 한 번도 청혼을 못 받았을 수도 있다. 그러나 결혼 연령이 늦었다는 사실은 여성이 더 오래 살았다는 사실과 함께 영국에 결혼하지 않은 성인 여성이 매우 많았다는 것을 의미하였다. 그레고리 킹의 통계가 맞다면, 모든 성인 여성의 40퍼센트 이상이 결혼하지 않았거나, 남편이 먼저 죽었거나, 하녀 또는 단순한 독신이었다. 이 사실은 값싼 노동을 찾는 사람에게 희소식이었다. 법률을 의미 없게 만든다. 그들 중의 상당수가 자기 힘으로 먹고사는 독신 여성이었기 때문이다.[101]

근대의 연구는 과거의 행동 패턴에서 우리가 냉혹한 현실을 엿볼 수 있게 한다. 놀랄 만한 한 가지는 결혼 당시 소녀들의 매우 높은 임신율이다.[102] 앞에서 말하였듯이, 디포와 중간 계층 일반에게, 처녀성 상실은 소녀 쪽으로서는 매우 큰 실수로 여겨졌었다. 물론 그들이 그저 종교를 빙자한 헛소리를 하였을 수도 있다. 이들 소녀는, 행동 패턴이 어떤 통계적 일반화라도 좌지우지할 빈곤층, 농촌 배경에서 온 소녀들과 같이 부정하였을 수 있다.[103] 그렇지만 더 개연성이 있는 설명도 있다. 즉, 중간 계층에 속하지 않은 다수 인구의 도덕은 그들보다 더 잘 사는 층의 같은 연령대가 지닌 도덕 규범과 현저히 다르다는 것이다. 빈민의 도덕적 문란함을 보이는 당시 증거가 너무 많아 그 어느 것도 진실이 아닌 듯 보인다. 도덕가들이 염두에 둔 동기와 주장의 많은 부분은 빈민과 전혀 관계없는 것 같다. 그들은 농장을 물려받거나 사업을 벌일 경우를 전혀 기대할 수 없다; 대부분은 도제 생활을 경험하지 못한다. 부모의 권위, 행운의 평등, 심지어 체면도 분명 아무 소용이 없어 보였다. 그럼에도 그들은 결혼이 늦어 평균 결혼 연령을 높인다. 이른 결혼과 대가족을 피하게 하는 경제적 압력은, 부유층보다 더 컸다고는 할 수 없을지라도, 부유층만큼이나 빈민에게도 똑같다. 여기에 어긋나는 증거도 있다. 땅도 없고 희망도 없는 젊은이에게 더 많은, 더 정규적인 일자리가 있는 공업 지역에서 사람들이 더 일찍 결혼하고 가족 규모도 더 크다는 사실이다.[104] 임신한 신부는 여기에 어떻게 끼어드는가? 빈민은 경제적 기회를 가지고 러시안 룰렛을 하는가, 중간 계급의 성적인 좌절을 피하고, 할 수 없이 해야 할 때 결혼하면서? 아니면 혼전 성행위를 자연 선택 과정으로 이해하고, 예비 신부와 성관계를 갖지만 그녀가 아이를 가진 것으로 확인되기 전에는 결혼하지 않는 것인가? 이러한 미묘한 질문에 대한 답이 무엇이든지, 영국의 빈민은 자기네 짧은 인생을 더 유용하게 누리는 것처럼 보인다. 프랑스의 빈민은 공업 지역도 농촌 지역과 마찬가지로 혼인 연령이 높고 신부의 임신이나 사생아 비율이 낮았다.[105] 성욕을 잠재우기 위해 그들이 무엇을 하였는지가 이제 프랑스 사학자들의 열띤 토론 주제이다. 그들은 자기네 조상이 사춘기와 결혼 사이의 긴 기간에 무엇을 하였는지 논쟁하다가 두 개 학파를 만들기에 이르렀다. 자위 행위를 하였다는 쪽과 기도하였다고 믿는 쪽.[106]

신부가 결혼 때 임신 중이든 아니든 결혼 이후에는 바로 임신하여 백스터가 묘사한 삶의 비참한 상태로 들어갈 가능성이 컸다.[107] 물론 육아에 대한 공포 일부는 중간 계층의 여성이라면 하도급이 가능하였다. 그들에 대해 도덕론자들은 분개하였다. 아이를 유모에 맡기고, 밤에 아이 때문에 깨는 일도 하인에게 미룬다는 것이 이유였다. 그런 여성과 그 남편에게 충고하는 책을 쓴 사람들은 물론 자녀를 낳고 키우는 신체적 측면에 대해서는 별로 말이 없고, 우리가 앞에서 보았듯이, 그들의 도덕과 종교 교육에 집중하고 있다. 그러면 작가들은 결혼 자체에 대해 어떻게 생각하는가?

디포는 자기 소설에서 결혼에 대한 실제 세부 사항을 억지로 서둘러 무시한다. 결혼 생활의 여러 해를 단지 몇 줄 묘사로 넘기고 배우자의 선택 과정이나 결혼이 최종적으로 붕괴되는 조건에 관심의 초점을 맞춘다. 록사나와 몰에게서 태어난 자식들은 지독하게 다루어지고, 유모에 맡겨지고, 살해되거나 잊혀지고, 양육되는 것이 아니라 모종의 극적인 갈등을 제공할 용도에 맞추어 등장하였다. 그렇지만 그의 교훈적 저작에서는 결혼 자체가 자주 주목의 중심 대상이며, 18세기 초 가정 내에 존재하는 모든 불가피한 압박과 긴장을 묘사한다. 가정의 평화에 대한 처방은 상당히 예측 가능하다. 앞서 본 대로, 디포는 여성의 예속을 다른 작가만큼 강조하지 않는다. 그에게 결혼은 남편과 아내가 동업하는 그 무엇이었다:

> 남자와 아내 사이의 중대한 의무는 서로 사랑할 것과, 애정으로 다스리며, 그리고 상냥하고 친절하고 협조하는 분위기를 준수하는 것이다: 의무는 상호적이며, 부부는 같은 멍에에 매여 있다. 사랑은 상급자와 하급자를 모르며, 한쪽의 위화적 지휘도 다른 쪽의 망설이는 예속도 없다; 둘의 목표는 가족의 질서, 가정과 자녀의 안녕, 교육, 상호 노력에 의한 교시와 관리이다.[108]

그렇게 이상적인 동업 관계는 남편의 사업으로 연장되었다. 디포가 젊은 상인의 결혼에 반대한 이유 하나는, 젊은 상인은 하인을 고용할 여유가 없기 때문에 아내가 집안일을 할 수밖에 없고, 따라서 사업을 배워 점포 일을 도울 시간이 없다는 것이다. 가게가 점포주의 아내가 있어야 할 곳이었다. 어떤 여성도 사업 위에 있다고 생각하여 그저 위층에 앉아 차나 마시면 안 된다. 아내가 남편의 사업을 이해하면 그를 도울 수 있다. 예를 들어, 그가 밖에 나갔을 때 가게를 볼 수 있을 뿐 아니라, 나중에 그가 죽으면, 사업을 스스로 꾸리고 많은 상인의 미망인처럼 속임수에 넘어가지 않을 수 있다.[109] 디포는 사업에서 여성의 기능에 대해 자세히 들어가지는 않지만, 적어도 그녀는, 상인의 아내답게 일종의 마음에서 우러난 지원을 베풀 수 있다. 상인이 고객이 주는 불쾌함을 더 이상 견디기 힘들 때, 위층으로 올라가 성이 풀릴 때까지 아내를 때리고 아이들을 개 패듯 발로 차고 할 수도 있다. "발작이 끝나면 그는 아래층 점포로 돌아와, 누구보다도 겸손하고, 친절하고, 안정되어; 가게에 있으면 정열을 절대적으로 누그러뜨리고, 그대로 있다."[110]

디포의 세계에서 가정은 점포만큼이나 사업의 한 부분이다.[111] 그러므로 여성은 장사가 얼마나 잘 되는지 알 필요가 있고 그에 따라 지출을 조절할 수 있다. 모든 사람이 결혼 생활이 독신에 비해 돈이 많이 든다는 것을 알았다.[112] 1720년대의 흥청망청한 시기에는 더하였다. 그러나 하인과 마차 생각에, 잘 차려 입은 아내가 화려하게 치장한 가게에 앉아 초콜릿 주전자를 돌리는 모습에 자부심이 넘치다가, 사업이 잘못되기 시작하면 아내의 사치를 비난해 보아야 소용이 없다. 당신이 아내에게 정직하지 않다면, 아내가 그녀의 조촐한 파티가 당신을 파산의 절벽 끝으로 몰아가고 있었다는 것을 어떻게 알겠는가?

돈에 관한 다툼은 결혼을 치명적 파경으로 이끌 수 있는 많은 소소한 것 가운데 하나일 뿐이었다. "이러한 사람들이 자그마한 가정 문제가 생길 때, 얼마나 단순히, 얼마나 약하게, 정말 얼마나 사악하게, 경솔하고 무분별하게 행동하여 … 진짜 싸움으로 몰고 가는가?"[113] 사소한 문제는 단순히 성격 탓일 수도 있다. 그러나 배우자 선택에 관한 디포의 금지 명령이 준수되지 않았을 경우 그런 일이 일어날 가능성이 훨씬 더 높다. 이제 "거 봐!"라고 말할 때가 되었다. 너무 젊어서 결혼하고 사업과 가정을 푼돈을 바탕으로 경영하려 들면 불행하기 마련이다. 다른 무엇이 기대될 수 있을까? 적어도 이런 사람들은 아마 애정 때문에 결혼하였거나, 어쨌든 그랬기를 바라야 하는데, 그들이 세상을 살아가는 데 결혼이 주는 모든 혜택을 어리석게 포기하였기 때문이다. 애정이 없는 세속적 결혼은 더욱 나쁠 수 있다. 거의 불가피하게 싸움과 증오의 온상이다. 그러나 남편이 아내를 사랑하더라도, 디포가 그렇게 말린 불합치한 결혼은 곧 그 씨를 뿌린다. 돈의 유혹에 빠져 비종교적 가족과 결혼한 종교적인 남자가 직면한 공포를 생각해 보라. 이런 불행한 사람이 처갓집에서 보낸 결혼 첫 6개월을 친구에게 설명한다. 그것은 기나긴 사치와 음주의 방탕이었다. 최악은 식사 시간에 감사 기도가 없었다는 사실이다. "우리는 모두 목사 없이 식탁에 앉아, 리처드 경은 일어나라는 말도 없고, 그래서 식사가 준비되고 숙녀들이 앉자마자, 내 아내는 삶은 칠면조에 칼을 집어넣고, 우리 모두 먹기 시작한다." 친구는 충격을 받고 정말로 경악하였다. 그는 세상에 어떤 청교도인이 "우리를 손으로 감싼 분께 감사하지 않고, 시골 사냥개 떼처럼"[114] 먹으리라고는 한번도 상상하지 못하였다.

이러한 상황을 돌이킬 수 없는 것은 아니었다. 아내를 개종시킬 수 있다. 인내와 사랑이 종교적 차이를 극복할 수 있다. 일단 불신이 씻어지면, 애정과, 자녀와 가정에 대한 책임 분담, 그리고 서로의 기도가 나머지를 해결할 것이다. 그러나 그것이 어려운 과업임을 부인할 수 없고, 첫 선택을 어리석게 한 사람들은 어려움을 자초하였다.

디포는 결혼관은 경건하고, 이상적이고, 희망적이지만 궁극적으로는 약간 비관적이었다. 그의 결혼관을 그의 동시대인 가운데 결혼의 현실에 관해 가장 유명하고 매우 냉소적인 비평가의 생각과 비교해 보면 재미있다. 핼리팩스 후작 조지 새빌(George Savile) 역주: 정치가, 저술가, 1633~1695 이 그의 딸에게 주는 충고에서 동반자 관계에 관한 내용은 허튼 소리가 아니다:[115]

> 너는 우선 전반적으로 기초를 다져야 한다. 이성 간에는 불평등이 존재한다. 세상의 경제를 개선하기 위해 입법자가 될 남성이 이성을 더 많이 부여받았다. 그 사실은 여성은 복종하는 데 더 잘 준비된 존재라는 것을 뜻한다. 여성에게 가장 잘 맞게 부과된 듯 보이는 여성의 의무를 더 잘 수행하는 것은 당연하다.[116]

그러나 예속은 패배를 뜻하지 않는다. 결혼이라는 전쟁터에서 아내는 많은 대항력을 갖는다. 남편의 가장 나쁜 잘못이 아내에게 유리한 면으로 작용할 수 있다. 그가, 거의 불가피하게, 바람을 피우면 그녀는 그 일을 무시해야 한다. "불평하면 그것을 불러일으킨 상처보다 그녀를 훨씬 더 우스꽝스럽게 만든다." 그러나 용서에는 세상의 조소를 받는 것에 대한 공포보다 더 많은 것이 있다. 남편이 그 자신의 불공정함을 자각하여 "자연스럽게 다른 면에서 더 양보할 것이기 때문이다. 그리고 그의 불충실을 은폐 또는 보상하려는 마음이 지속되는 동안 아내는 좋은 효과를 얻을 수 있다."[117] 정말로 어떤 여자가 자기의 잘못을 당당하게 야단칠 수 있을 만큼 오점이 없는 남편을 원할까? 여러모로 "잘만 이용하면, 당신에게 지배력을 줄" 약점을 가진 부적격의 남편이 이상적이다.[118] 어리석음을 경멸하는 디포가, 당시의 결혼에 관해, 아마도 현실적인, 이 견해에 대해 어떻게 생각하였을지 상상할 수 있다.

사랑으로 결혼하여 결혼 후 동반자 관계라는 이상을 가진 디포는, 이성관계에 대한 견해에서 지나치게 경건할지라도 상당히 "신식"으로 보일 수 있다. 그러나 성행위 자체에 대한 태도는 "청교도적"이다. 이 계제에서는 청교도적이라는 단어가 대중적 오해를 일으킨다. 청교도 도덕가들이 결혼 생활 내 성행위의 역할에 대해 매우 관대하고 잘 파악하였다는 것을 역사학자들이 밝힐 수 있었다. 결혼의 목적은 생식에 있고 간음을 하지 말라는 성서관을 그들은 받아들였다. 그리고 그들은 모든 형태의 절제되지 않은 행동과 마찬가지로 절제되지 않은 성행위를 강력히 비난하였다. 그러나 그들은 세상이 끝나지 않으려면 성생활에는 단순히 어느 정도 무미건조한 필요 이상의 무엇이 있다는 사실을 분명히 깨달았다.[119]

디포가 성에 대해 논의할 때 그는, 좀 점잖 빼듯이, 제레미 테일러의 저작을 길게 인용하는 것으로 외설 시비의 가능성을 회피하기 위해 노력한다. 테일러는 국교도이지만, 다른 많은 국교도 도덕주의자와 같이, 17세기 전반의 청교도 행동 규범의 전통을 따른 작가이다. 그는 모든 도덕가처럼 절제를 설교한다. "순결이란, 모든 과도한 천박함을 잘라내는 것이고, 관능적이거나 색정적 쾌락의 문제에서 모든 변칙적인 욕망을 억제하는 것"이라고 그는 썼다.[120] 그러나 그가 성교의 정당한 목적을 정의하는 대목에 오면, 그는 성교를 매우 광범위하게 정의한다. 즉, "아이를 바라는 마음, 또는 간음을 피하려는 행위, 또는 가정사의 근심과 슬픔을 경감하거나 달래기 위해, 또는 서로 사랑함"이라는 것이다.[121] 다시 말해, 오직 쾌락만을 위한 것이 아니라면 성행위는 괜찮았다.

디포는 테일러가 성행위에 대해 유쾌하게 표현한 마지막 두 목적을 인용하기는 하지만 별로 신경 쓰지 않는다.[122] 디포에게는 그것은 주로 욕정인가 생식인가의 문제였다. 그의 태도가 이렇기 때문에, 다른 도덕가들이 아무 해가 되지 않는다고 보는 많은 상황에서, 그는 성행위를 비난하기에 이른다. 아내가 생리 기간 중일 때는 동침을 삼가라는 전통적 권고를 그는 반복한다.[123] 또한 일단 아내가 임신하면, 결혼의 목표를 달성하였으므로 남자는 더 이상 아내와 잠자리를 같이 해서는 안 된다고 말한다.[124] "여자는 아이와 같이 있다. 그렇게 되어 있다. … 부부 간 행위의 목적은 이미 얻었다; 무엇 때문에 그가 그녀 가까이 오는가? 그것은 단지 그의 악덕의 욕망을 만족시키는 것일 뿐이다."[125] 이것은 꼭 저속하다고만은 할 수 없다. 몇 작가들이 임신부와 성행위를 하는 것이 나쁠 것이 없다고 본 반면,[126] 디포를 포함한 많은 작가들은 그런 행위가 태아에 악영향을 끼칠 수 있다고 생각하였다. 디포는 특별히 성행위를 계속하는 일이 합법적일 뿐 아니라 필요하다는 일반적인 이론을 반박하였다. 이 이론에 따르면, 성행위를 계속함으로써 수태가 유지되므로 "태아 형성을 완성시킬 공급이 필요하다."[127]

디포가 정말로 덜 자유주의적이라고 할까, 철저하게 냉혹한 모습을 보이는 경우는, 나이 든 사람의 성관계에 대한 그의 태도에서 나타난다. 그는 그것은 전적으로 성욕에서 비롯된다고 비난하였다. 그들이 더 이상 자녀를 가질 수 없으므로, 행위는 다만 "유혹에 빠져서"이거나, 그들 내부의 동물적 본성을 만족시키기 위해서였을 수 있었다.[128] 나이 든 사람의 성행위 동기로 동료 간 우의나 제레미 테일러의 표현인 "상호 간 애정"의 필요 같은 언급은 없다.[129]

디포가 성에 대해 이런 견해를 가지고 있으므로, 그가 피임과 임신 중절에 매우 심하게 반대하였음은 거의 놀랍지 않다. 이와 같은 행위에 비난은 널리 퍼져 있었다. 그렇지만 흥미로운 사실은, 두 가지 관행이 흔하였고 규탄받을 필요가 있다고 그가 가정하였다는 점이다. 역사인구학의 연구는 당시에 산아제한 방식이 상당한 규모로 사용되었을 가능성을 입증한다.[130] 그러나 그 방법에 관한 증거는 거의 없다. 일반적으로 가정하는 흔한 방법은 금욕 또는 질외 사정(*coitus interruptus*)이었다. 디포는 이 둘을 다 언급하며 질외 사정을 자위의 죄악과 같이 비난한다.[131] 그리고 금욕도 비난한다. 아내가 남편 받아들이기를 거부하여, 그래서 남편이 부권을 성취할 가능성을 부정하게 되기 때문이다.[132] 그러나 디포가 돌팔이 의술의 위험에 관해 좀 더 현실적인 논쟁을 벌일 때, 살정자제나 낙태 기구 사용 양쪽 모두 태아 살해에 해당한다는 자기 도덕관을 펼친다. 이러한 그의 말은 여성들이 분명히 그 두 방식 모두를 널리 사용하고 있었다는 뜻을 내비친다. 지금 당장 임신하지 않기 위해 이 두 가지 방법을 섞어 사용하는 여성은 나중에 정말 아이를 갖고 싶을 때 불임이 된 것을 확인하게 될 수도 있다.[133] 이러한 피임 방법은 인간의 역사만큼 오래되었고, 피임 도구의 제조는 약초 산업이나 조산원 사업의 중요한 부분이었음이 틀림없다. 일부 역사가들은 무시하듯이 동시대의 사람들은 무엇이 효과가 있었고 무엇이 없었는지 전혀 몰랐을 것이라고 여기기도 한다.[134] 디포는 또한 초자연적인 피임 방법도 고려한다. 주문과 마법을 써서 피임하려는 행위에 대해 쓴 부분에서, 디포는 악마가 실제로 여인이 아이를 갖지 못하게 할 권능이 있는지에 대해 우물쭈물한다. 그러면서 악마가 피임에 효과적인지 아닌지를 떠나 피임 노력은 역시 죄악이라고 결론짓는다. "신의 축복을 예방하려고 악마에게 간다!"[135] 나중에 그는, 침대 한쪽에서 남편은 아이들을 위해 신에 기도하고 아내는 다른 쪽에서 다시는 임신하지 않게 비는 우스꽝스러운 상황을 고려한다.[136]

임신 중절은 피임만큼 오랜 역사가 있고 디포의 시기에 그것은 흔하였다고 우리는 생각해야 한다. 몰 플란더스의 상담 상대 가운데 하나가 낙태 전문가였다. 또한 보육원장이기도 하고 난처한 아이를 가진 소녀에게 비밀 장소를 제공하기도 한다. "그녀가 국내뿐 아니라 외국에서 무슨 일을 하였는지 도저히 믿을 수 없다. 그럼에도 모든 개인적 생각에, 또는 쉬운 영어로 말하면, 매춘부의 이야기이다." 그러나 임신 중절에 매우 반대하는 몰은 독자에게 경고한다. "이 솜씨 좋은 여인의 손재주에서 나온 그들의 무책임한 행위에 꾀이지 마시오. 그 여자는 갈 곳으로 갔고, 마땅히 오거나 올 수 있는 아무것도 뒤에 남기지 않았다고 감히 말하리다."[137] 매춘부 이외에도 낙태 알선을 찾을 수 있다는 사례를 『리뷰』지의 비참한 서한에서 볼 수 있다. 다섯 아이와 함께 가난하게 사는 여인이 남편과의 잠자리를 거부하였다. 그러나 친구의 설득과, 남편에 대한 사랑과 복종이 그녀를 이겼다. 이제 그녀는 다시 임신하였고 산파에게 유산하게끔 무엇인가를 부탁하기로 결심하였다. 디포는 약간 잔인한 논리로 자신의 도덕적 거부권을 강화한다: "아이들 중 하나를 죽여야 한다면, 이미 태어나서 인생의 일부분을 즐긴 아이를 죽이는 것이, 아직 세상을 보지도 못한 태아를 없애는 것보다 죄가 덜하다."[138]

피임과 낙태에 관한 디포의 저술에서 흥미로운 측면은 디포가 그들의 동기에 대해 가정한 부분이다. 근대의 작가들은 모두 그 주요 동기를 경제적인 것으로 보았다. 즉, 출산율 하락과 단기적인 경제 상황 간에 분명한 상관관계에 의해 뒷받침되는 몇 가지가 있다고 가정한다. 이러한 정황에서 남편은, 아내만큼이나 혹은 아내보다도 더, 소규모 가족에 관심을 갖는다. 자기가 그 추가 비용을 더 부담해야 되기 때문이다. 이것은 남편이 통제할 수 있는 피임 방법인 질외 사정이 광범하게 사용된 충분한 이유로 보인다. 그러나 디포는 피임의 경제적 동기를 전혀 언급하지 않는다. 모든 책임을 여성에게 두었다. 이를테면 임신기의 통증과 출산의 위험, 육아의 악영향 때문에 자녀를 원하지 않는다. "남자와 같이 눕는 즐거움은 갖되, 평상적인 친구들과의 시간을 조금도 방해받고 싶지 않다; 젊을 때의 기쁨과 명랑함; 즐거움을 줄일 수 없다, 집안에 처박히고 싶지 않다, 어머니가 되는 걱정에 묻히다니."[139] 자녀를 원하지 않는 남자는 결혼하지 않는다는 가정이 항상 존재하였다. 결국, 결혼생활의 비용과 고생을 견뎌 내는 다른 이유가 존재하는가?

디포의 세계에서 부부 간의 성적인 고민과 극심한 불합치가 분명히 더욱 커졌을 것이다. 근대 세계에서 그런 불균형은 가정 불화 수준을 매우 높였다. 선택할 결혼 상대자가 비교적 부재한 상황, 공간 부족, 사생활의 결여, 남자의 불성실과 음주 등을 사회 전반적으로 용인하는 분위기는 분명 엄청나게 많은 결혼을 회복 불가능할 정도로 붕괴시키는 지경에 이르게 하였을 것이다. 그럼에도 근대 세계의 해법은 존재하지 않았다. 이혼과 재혼은 사실상 거의 불가능하였다.

청교도 국가 중에서 유일하게 영국은 결혼이 절대 무효화될 수 없는 교회법을 따랐다. 정말로, 종교 개혁 이후 영국의 관습은 중세 때보다 더욱 엄격해졌다. 중세에는 그래도 결혼에 무효 평결이 내려질 수 있는 다양한 틈새가 있어 사람들이 교회법의 엄격한 요구를 빠져나갈 수 있었다.[140] 디포의 시기에는 간통 혹은 방기하였다는 이유로 종교 재판소에서 별거 판결을 얻어낼 수 있었다.[141] 그러나 이러한 별거는 어느 쪽이라도, 죄가 없는 배우자라도, 재혼이 허용되지 않았다. 단 한 가지 재혼이 가능한 방법은 애초 결혼 계약을 무효화할 개별적 의회 특별법을 얻어 내는 것인데, 비용이 극히 많이 드는 새로 도입된 편법이었다. "이 판례에서, 사물은 다른 모습을 띠며 사람들은 전혀 결혼한 적이 없는 둘로 판정을 받고, 의심할 바 없이 신과 인간의 법에 따라 원하는 결혼을 할 자유가 있다."[142] 디포는 이 법을 알고 있었지만, 이와 같은 특별법 시행이 얼마나 극도로 드물었는지는 지적하지 않았다. 실제로는, 재혼하려는 남녀가 택할 대안은 둘밖에 없다: 죄악 속에 살든가, 아니면 더 세련된 형태의 죄악인 중혼이다. 이 상황의 웃기고도 극도로 불공정한 본질이, 유명하고 널리 인용되는 논평에 요약되어 있다. 이 논평은 심지어 1845년에까지 인용되는데, 대법원 판사 몰(Justice Maule)은, 첫째 아내가 재산을 훔치고 남편을 버리자 이후 중혼을 범한 남자에 대해 언급한다:

> 죄인이여, 당신은 법을 사사로이 이용하여 다시 결혼하는 중죄를 범하였습니다. 이제 당신이 어떻게 행동해야 하였는지 일러주겠소. 당신은 사건을 민사 법원에 제소하고, 피해를 인정받은 다음, 아마 상대측이 감당할 수 없는 액수겠지만, 그리고 당신은 당신 자신의 비용 –

아마 100파운드나 150파운드를 지불해야 하고 그 다음에는 종교 재판소에 가서 이혼 서류를 얻고(*a mensa et thoro*), 역주: 시탁과 잠자리를 따로, 법적 별거 그리고 상원에 청원하면, 이와 같은 예비 작업이 완료됨을 전제로 하여, 다시 결혼할 수 있을 것이오. 경비는 500 또는 600파운드, 또는 아마도 1,000파운드가 될지도 모르오. 당신이 가난하다니, 아마도 이 정도 돈이 없을지 모르오. 그러나 죄인이여, 당신은 영국에 부자와 가난한 자에게 각기 다른 법이 적용되고 있지 않다는 사실을 알아야 하오.[143]

별거도 그렇게 얻기 쉽지 않았다. 유기는 증명하기 어렵고, 언제나 충분한 근거로 받아들여진 것은 아니었다. 그리고 아주 최근까지 근대 이혼 법정의 주류인 간통죄는 죄가 성립되기 지극히 어려웠던 것으로 보인다. 디포는 아내가 그 간부와 함께 있는 장면을 덮친 남편 이야기를 들려준다. 그 둘은 옷을 입지 않고 있었으나 실제로 성행위를 하고 있지는 않았다. 그리고 종교 재판소는 이것이 그들이 간통하였으므로 별거 명령을 내릴 충분한 증거로 되지는 않는다는 판결을 내린다.[144] 스위스인 여행자, 드 뮈라(Béat Louis de Muralt) 역주: 스위스의 윤리학자, 1665~1749 가 이를 확인한다. 그가 쓰기를, 영국에서는 남편이 "아내 뒤에 항상 자리 잡아야 하고, 모든 일을 그 자신의 눈으로 보아야 한다. 다른 증거가 그 일을 할 수 없으니까."[145] 법적 별거를 못 얻으면, 남편은 계속, 아내뿐 아니라 아내와 그 간부 사이에서 태어났을 혼외자식의 부양까지 책임져야 하였다. 불충실한 아내 모습을 발견하고 고통을 겪는 어떤 남편이 자신의 형편을 설명하는 글을 『애플비 저널』에 기고하였다. 남편이 아내를 쫓아내면 아내는 이웃집에 세를 들어 남편이 집세를 내게 한다; 그녀의 동료들이 그녀에게 돈을 빌려주었을 경우, 그들은 채무를 이유로 남편을 억류할 수 있다. 사생아를 자기 자식으로 인정하든지 아니면 적어도 먹여 살려야 하였다. 그는 무엇을 할 수 있는가?[146] 그가 힘들여 아내가 악명 높은 간통녀인 사실을 증명하더라도, 그녀는 "그녀의 재산에서 큰 몫을 얻을 수 있고, 아니 거의 비슷한 액수의 생계비"를 받을 수 있다.[147] 다시 말해, 그녀는 자기가 먹고 살기 위해 그녀 자신의 돈을 돌려받았다. "오쟁이는 영국에서 자유롭게 태어난 여성의 특권이자 분리된 재산 유지이다."[148]

대다수가 이러한 법률을 극히 이해하기 힘들다고 하는데 놀랍지 않다. 그리고 영국의 이혼법에 대해 흔히 하는 착각 또한 많다. 많은 사람들이 특히 배우자를 버리는 행동이 직접적인 이혼 사유가 된다고 생각하였고 당사자 가운데 죄를 짓지 않은 쪽은 재혼할 수 있다고 생각하였다. 록사나가 첫 남편에게서 버림받은 후, 그녀의 주인은, 그들 양쪽 모두 배우자에게서 버림받은 사람들이었다며 다음과 같이 주장한다. "결혼의 목적이 우리 모두 각각 겪은 처지로 인해 파괴되었다; 그리고 계약의 핵심은 파괴되었는데 계약의 형식에 매여 있다니 매우 힘들다." 그가 계약을 맺었을 때, "그는 내게 결혼 약속이 되어 있었으며; 계속 나와 같이 살고; 아내로서 모든 방면에서 나에게 제공하게" 되는 계약을 체결할 때, 그와 록사나의 하녀 에이미 양쪽 모두 새로운 관계가 유효한 결혼이라고 여겼다. 그렇지만 록사나는 그것이 간통임을 아주 똑똑히 알고 있었다.[149] 커널 잭은, 첫 부인을 종교 재판소에 간통죄로 고소하는 데 성공하였다. 이후, "다시 한번 자유인이 되었다"고 생각하였다.[150] 그러나 그는 틀렸고 그의 다음 결혼은 중혼이었다.

당연히 이러한 경직된 이혼법에 대한 심한 반대가 있었다. 많은 도덕론자들이 법을 비판하였고 다른 신교 국가의 이혼법과 비교하여 매우 불리하다고 지적하였다.[151] 영향력이 있는 에임스는 유기와 간통 모두 이혼 사유가 된다는 입장을 고수하였다. 그리고 그 두 행동 모두 결혼한 부부의 진실된 의무 수행 가능성을 제거하므로, 죄없는 쪽은 자유롭게 재혼할 수 있다.[152] 밀튼(시인, 1608~1674)은 이 자유주의적 견해를 더욱 발전시켜, 돌이킬 수 없을 정도로 파괴된 결혼이라면 이혼할 것을 사실상 옹호하였다. 또한 "부주의하게, 그들이 예전에 한번도 해본 적 없는 일에서, 운이 나쁘고, 속수무책으로 결혼생활에 스스로 묶인 사람들을 위해, 좀 불합리할지라도 연민의 정을 베풀라"는 것이다.[153] 밀튼, 에임스, 또 다른 개혁가들의 견해는 잘 알려지고 널리 논의되었다. 그러나 디포는 결혼의 불가분론을 고집한다. 그는 다음에 요약된 유명한 밀튼의 견해에 대해 반박한다. "일단 마음에 안 드는 성미가 돌이킬 수 없는 것으로 드러나면 별거를 정당화하기에 충분하다; 어느 쪽이든, 혹은 양쪽 모두, 서로를 떠나 자기 운명을 걸고 새로운 모험을 시도할 자유가 있다."[154] 그러나 디포는 그 점을 웃어넘겼다. 밀튼 자신이 그런 글을 썼을 당시 이혼을 모색하고 있었다는 것을 잘 알고 있었기 때문이다. 신중하지 못한 처신으로는 디포에게서 공감을 얻지 못한다: "아니, 아니; 당신이 말이 전투에 돌진하듯 할 거라면; 당신이 미칠 거라면, 분별없이, 생각도 하지 않고, 엄청난 부패 성향의 열기만을 추종하여, 야바위 치며 맹목적으로 따른다면, 반드시 자업자득할 수밖에 없다; 애정 없는 결혼을 한다면, 애정 없이 사는 데 만족해야 한다."[155] 가정불화는 현세에서의 지옥이다. 그러나 거기서 벗어날 유일한 길은 죽음밖에 없다.

주

1. 여성의 권리에 대한 일반적 논의로 Rebecca Scott, "Women in the Stuart economy" (unpublished London M. Phil, 1973); Roger Thompson, *Women in Stuart English and America* (1974), ch. 8 참조. 또한 빅토리아 여왕 시대의 상황은, 거의 변한 것이 없지만, Leonore Davidoff, "Mastered for life: servant and wife in Victorian and Edwardian England," *Journal of Social History*, vii(1974) 참조.
2. 이중잣대에 대한 일반적 논의, 특히 남성과 여성의 불륜을 대처하는 데 나타나는 차이에 관해 Keith Thomas, "The Double Standard," *JHI* xx(1959) 참조.
3. *PHD*, p. 62.
4. *A Christian Directory*(1673), p. 480.
5. Alice Clark, *Working Life of Women in the Seventeenth Century*(1919), pp. 35~36; Robert P. Utter and Gwendolyn B. Needham, *Pamela's Daughters*(1937), p. 21; 참고로 B. L. de Muralt, *Letters describing the character and customs of the English and French nations*(1726), p. 12에서는 "평민들 간에, 남편은 대개 부인에게 일을 시키려고 하지 않는다"고 하여, 그것이 정말인지 외국인들을 분명히 놀라게 하고 있다.
6. *Roxana*, p. 148.
7. 가장 심한 묘사의 일부는 스위프트의 펜에서 나온다. 예를 들어, *The Progress of Marriage* (1722); *The Journal of a Modern Lady*(1729) 참조.
8. 이 모든 주제에 관해 Utter and Needham, 앞의 책 참조.
9. *RC*, p. 92.
10. *CL*, pp. 25~26.
11. 여성의 교육에 관한 디포의 견해는 *E upon P*, pp. 284~304. 디포가 이 책을 출간하기 조금 전에 메리 아스텔(Mary Astell)이 *A Serious Proposal th the Ladies*(1695)를 썼는데 이것 역시 여성을 더 잘 교육시키자는 주장이다. 그러므로써 그들이 신을 더 잘 섬길 수 있고, 자녀 교육이라는 중요한 기능을 수행할 수 있다는 것이다. *Some Reflections upon Marriage*(1700)에서 아스텔은 남편을 잘 고르게 할 수 있게 하기 위해 여성 교육 개선을 옹호한다. Florence M. Smith, *Mary Astell*(New York, 1916) 참조. 1690년대에는 여성의 불평등에 대한 공격이 만발하였으나 단기적 현상으로 그쳤다. 문헌 목록으로는 Defoe, *CL*, 1967 팩시밀리판, Maximilian Novak의 머리말을 참조할 것.

12. *E upon P*, pp. 294~296.

13. 예를 들어, 여자를 비방하는 남자에 대한 공격, *Tour*, i, 128, 그리고 좇아다니는 남자가 더 죄가 많다는 관찰: "유혹을 찾고, 그 다음에는 유혹한 자를 비난하는, 그런 일이 꽤 있다." *Review*, 3권, 527.

14. *EBNB*, p. 6.

15. 록사나의 첫 남편이 그랬다.

16. *GLS*, pp. 6~7.

17. *AT*, pp. 31~38; 인용은 p. 31에서.

18. 디포는 이 표현을 명백히 부인한다. *GLS*, p. 3.

19. *Angliae Notitia*(15th ed., 1684), p. 356.

20. *The English Lady's Catechism*(1703)이 J. Ashton, *Social Life in the Reign of Queen Anne*(1904), p. 69에 인용된다. 드 뮈라는 영국인들은 세계에서 최고의 부인을 얻은 것으로 생각하는데, 애인을 집으로 데려와도 상관하지 않기 때문이라고 하였다. 앞의 책, p. 37.

21. *Angliae Notitia*, p. 354.

22. Spiro Petersen, "The matrimonial theme of Defoe's *Roxana*," *PMLA*, lxx(1955), p. 88. 또한 기혼 여성의 권리에 관해 Gellert Spencer Alleman, *Matrimonial Law and the Meterials of Restoration Comedy*(Wallingford Pa., 1942); Thompson, 앞의 책과 Scott, 앞의 논문.

23. Thompson, 앞의 책, p. 162에 인용됨.

24. *RC*, p. 263.

25. Ashton, 앞의 책, p. 26에 인용됨. *Spectator*, No. 295도 참조.

26. Petersen, pp. 187~190; Thompson, pp. 163~164. 흔히 이러한 합의는 신탁의 형태를 띠었다. 록사나의 네덜란드 상인은 그녀의 재산이 "모두 피신탁인에 의해, 당신이 사용하도록 관리되며, 경영은 전부 당신 자신의 몫"이라고 동의한다(p. 259). 그들 간에 기혼 여성의 재산권이라는 일반 주제에 관한 길고 매우 재미있는 토론이 있음을 보라, pp. 135 이하.

27. *Roxana*, p. 148.

28. *Roxana*, p. 132.

29. 메리 아스텔(Mary Astell)은 분별 있게도 여성은 결혼할 의무가 전혀 없으며 남편을 사랑하고 존경할 수 없다면 절대 결혼하지 않아야 한다고 지적하였다. 물론 대부분의 여성은 그들이 결혼을 해야만 한다고 느꼈다. *Some Reflections upon Marriage*(1700).

30. L. L. Schueckling, *The Puritan Family*(1969), p. 53.

31. *A Christian Directory*(1673), p. 481.

32. 상세한 것은 Brian Frith(ed.), *Gloucestershire Marriage Allegations 1637-1680*(1954) 참조.

33. 공식 결혼을 피하는 한 가지 주된 이유는 관습적 선물과 향응에 드는 엄청난 비용이었을 것이다. Ashton, 앞의 책, pp. 32~33. 그 비용은 거의 확실히 특별 허가 등록비보다 높았다.

34. W. E. H. Lecky, *History of England in the Eighteenth Century*(1897), ii, 115~116.

35. *CL*, pp. 366~378.

36. *Review*, 9권, 84.

37. Thompson, 앞의 책, p. 113.

38. *Review*, 1권, 부록 No. 3, pp. 19~20. 이 경우 약속은 그가 결혼 약속을 하지 않으면 권총자살을 하겠다고 위협한 여자가 남자에게 받아 낸 것이다! 이 이야기는 *Review*, 1권, 부록 No. 2, pp. 12~13에 있다.

39. *FARC*, p. 305.

40. P. 205, "in the case of Jesson and Collins, Easter Term, 2 Annae."

41. *CJ*, pp. 221~222. 실제로 이것은 이탈리아에서 일어났지만 영국에서도 충분히 있을 만한 사실이다.

42. 디포는 이 생각을 1690년대에 *Athenian Mercury*에 이를 도입한 던턴(John Dunton)에게서 몰래 차용하였다. 던턴은 디포의 도둑질을 달가워하지 않았다. *Life and Errors of John Dunton*(1818 ed.), pp. 423~426 참조. 그리고 *Athenian Mercury*의 편지 모음집인 *The Athenian Oracle* 3 vols(1703)을 보라.

43. Gregory King, *Natural and Political Observations 1696*(ed.), George Chalmers(1810), p. 89. 또한 D. V. Glass, "Notes on the demography of London at the end of the Seventeenth Century," *Daedalus*, xcvii(spring 1968).

44. *MJ*, 1720. 6. 11(Lee, ii, 247). 또한 King, 위의 책.

45. 또는 몰 플란더스가 말한 대로, "전쟁, 바다, 교역, 또 다른 사건들이 남자들을 그렇게 많이 앗아갔다." p. 63. 아메리카 이민의 남성 초과는 식민지에서 여성 부족을 낳았다. 톰슨(Roger Thompson)은 이것을 아메리카에서 여성에 대한 대우가 우월함을 설명하는 주요인으로 본다. 앞의 책.

46. H. J. Habakkuk, "Marriage settlements in the eighteenth century," *TRHS*, 4th. ser. xxxii(1950)은 중간 계급과 상류 계급 남성들의 미혼율이 증가함을 밝힌다. p. 24.

47. *MF*, p. 18.

48. *MF*, p. 25. 또한 Utter and Needham, 앞의 책, p. 31, "순결함은 값이 무한하다. 신이 여자에게 하사한 값있는 유일한 것이기 때문이다."

49. *MF*, p. 23.

50. (1709), p. 25.

51. *The Rule and Exercises of Holy Living*(1650), p. 90.

52. *Review*, 1권, 227; 또한 *CL*, p. 282: "그들이 말하길, 여자에게 결혼 전에 아이를 갖게 하면 사기꾼이요; 그 다음에 결혼하면 바보다. 그녀와 결혼을 약속하면 사기꾼이요; 그 약속을 지키면 바보다."

53. *Review*, 1권, 227.

54. *Roxana*, p. 152.

55. 예를 들어, 그녀의 남편이 결혼식 날 저녁에 취하게 만들어서. 참고로 *MF*, p. 49.

56. Jeremy Taylor, *Doctor Dubitantium*, in Reginald Heber(ed.), *Whole Works*(1850), x, 113. "*Nemo tenetur infamare se*가 궤변가들이 일상적으로 받아들이는 규칙이다. '아무도 자기 자신의 오점을 발견하게 되어 있지 않다'." G. A. Starr, *Defoe and Casuistry*(Princeton, 1971), p. 117, n. 11에 인용됨.

57. *Review*, 1권, 부록 no. 2(Oct. 1704), p. 13.

58. *The Virgin Unmask'd*(1709), p. 30.

59. *CJ*, p. 189.

60. *MF*, p. 65.

61. p. 6.

62. *Roxana*, p. 256.

63. Thompson, 앞의 책, p. 118; Habakkuk, "Marriage settlement ...," 앞의 글, pp. 24~25.

64. Habakkuk, p. 21. 지참금은 아내가 가져오는 돈이다. 미망인 급여는 남편이 먼저 죽으면 아내에게 지급되는 연소득이다. 17세기 말에는 정상적 관계가 지참금 1,000파운드에 미망인 급여 100파운드였다. 그 이전에는 5 또는 6 대 1 정도였다.

65. *MF*, p. 52.

66. *Review*, 9권, 84.

67. *MF*, p. 64.

68. *Roxana*, p. 166. 바로 이러한 젠틀맨의 가족에서 "도시 결혼의 치유 활동" 분석이 *CEG*, pp. 250~252에 있음을 참고하라.

69. *Review*, 4권, 403~404; *Roxana*, pp. 7~10.

70. *Well-ordered Family*, p. 42가 Morgan, 앞의 책, p. 19에 인용됨. 이 주제에 대한 다른 자료가 Thompson, 앞의 책, pp. 116~118에 있다.

71. *CL*, p. 101.

72. *CL*, p. 59. 한 남자와 결혼하고 다른 남자를 사랑하는 것은 몰 플란더스가 첫 남편의 동생과 그랬듯이 "매일같이 욕망에 의해 불륜과 근친상간" 을 저지를 위험이 있다, p. 51.

73. *Review*, 1권, 부록 no. 1(Sept. 1704), p. 9.

74. *Review*, 1권, 부록 no. 2(Oct. 1704), p. 14.

75. *A Christian Directory*(1673), pp. 481~482.

76. *The Little Review*, no. 6, p. 22.

77. *FARC*, p. 273.

78. *RC*, pp. 142~145.

79. *FI*(1715), p. 126.

80. *RC*, p. 206.

81. *RC*, pp. 183~287.

82. *RC*, pp. 5~36. 나중에 구혼자는 그의 가난한 소작인에 의해 개종하고, 소녀에게 그의 진심을 확인시켜 모두 오래 같이 잘 산다.

83. *FI*(1718), pp. 9~11.

84. *FI*(1718), pp. 1~95.

85. 디포는 65세의 여자가 10세 소년과 결혼한 이야기를 해줌으로써 이러한 젊은이에게 그들이 잘못 거래할지도 모른다고 경고한다. 그 노파는 소년을 62년간 놓아주지 않아 그가 72세일 때 그녀는 127세가 된다! *CL*, pp. 362~363.

86. *CL*, pp. 229~251.

87. *CL*, pp. 229~230.

88. *CL*, p. 239.

89. Brian Frith, 앞의 책, p. xxv에 인용됨.

90. 예를 들어, Salmon, 앞의 책, p. 67 참조; Jeremy Taylor, *Holy Living*, 앞의 책, p. 201; Morgan, p. 42.

91. 그의 딸이 빌리어스(John Villiers)와 결혼을 거부하였을 때 쿡(Sir Edward Coke)이 하였어야 할 일이다. Thompson, 앞의 책, p. 119에 인용됨.

92. *RC*, p. 30.

93. *Review*, 1권, 272.

94. *RC*, p. 133.

95. *RC*, p. 99.

96. 이러한 계산은 교구 등록의 분석에 기초하고 있다. 이 분석 작업은 이제 자체로 전업 전문직이 되었다. 따라서 이 분야의 연구 결과는 엄청나게 많지만, E. A. Wrigley, "Family limitation in Pre-Industrial England," *EcHR*, 2nd. ser. xix(1966); J. D. Chambers, *Population, Economy and Society in Pre-Industrial England*(1972), ch. 2; Pierre Goubert, "Recent Theories and Research in French Population between 1500 and 1700" in D. V. Glass and D. E. C. Eversley, *Population in History*(1965)와, 늦은 결혼과 결혼하지 않은 사람들의 높은 비중을 일반화된 유럽적 결혼 패턴으로 규정하고 이를 여타 세계의 다른 패턴과 비교한 J. Hajnal의 흥미로운 논문, "European Marriage Patterns in Perspective" in Glass and Eversley, 위의 책 등등을 보라.

97. Defoe, "결혼한 도제는 항상 후회하는 상인을 만든다." *CET*, i, 155 참조.

98. 이 표현은 서적상 John Dunton, *The Life and Errors of John Dunton*(1818 ed.), p. 61에서 사용되었다. 디포는, 하인을 두고 적절한 가구를 유지할 만큼 충분히 잘 정착이 되기 전에 결혼한 아들을 둔 아버지는 "며느리에게 접시 닦는 행주"가 될 것이라고 생각하였다. *CET*, i, 156. 늦은 결혼의 유일한 문제는 성매매를 부추긴다는 것이다. *Some Considerations upon Street-walkers*(1726), pp. 6~7.

99. 구베르(Goubert)의 추계에 의하면, 17세기에 피임의 증거가 거의 없던 프랑스에서 출산 간격이 25개월에서 30개월 정도였다. 앞의 글. 이 긴 간격은 아이들이 두 살 때까지 수유를 하던 당시 관습으로 종종 설명된다. 그러나 수유의 피임 효과는 결정적으로 증명되지 않았다. 리글리(Wrigley)는 여성의 마지막 출산 평균 연령이 40세이며 여성의 가임률이 20대에서 30대로 가면 떨어진다는 사실을 알아냈다. 구베르는 프랑스에서 한 명의 성인을 만드는 데 두 명의 출산이 필요하였다고 밝혔다. 유아 사망률이 평균적으로 영국만큼 높지 않았는데, 디포의 생전에 특히 높았고 이는 천연두의 새로운 창궐 때문이다. 특히, 1670년대와 1680년대에 매우 심하였으며, 당시 낮은 인구 증가율의 한 가지 이유가 된다.

100. *AJ*, 1724/5. 3. 20(Lee, iii, 367~369).

101. King, *Natural and Political Observations 1696*(ed.), George Chalmers(1810), p. 89. Scott, 앞의 논문에 인용됨. 95만 아내, 24만 과부, 30만 하녀, 11만 여성 일시체류자와 독신이 있었다. 뒤의 세 그룹의 숫자는 비슷한 부류의 남성보다 20만 명 이상 많았다. 이것이 결혼 시장이 여성에 불리하였다는 의미이고, 다시 12년간 전쟁을 치른 후인 1720년 정도면 상황이 훨씬 더 악화되었을 것이다.

102. P. E. H. Hair, "Bridal pregnancy in rural England in earlier centuries," *Population Studies* xx(1966)의 추계는 모든 신부의 6분의 1에서 3분의 1 사이가 1540년부터 1835년 기간에 결혼 시점에 임신 중이었음을 보인다. 이 비중은 1700년 이후에 증가하고 있다.

103. Hair의 표본은 농촌에 국한되지만, 어차피 도시의 교구 등록을 분석하는 데 기술적인 문제가 있다.

104. Chambers, 앞의 책, pp. 49~50.

105. 예를 들어, E. M. Leroy Ladurie, *The Peasants of Languedoc*(1974), p. 302.

106. J. L. Flandrin, "Contraception, mariage et relations amoureuses dans l'Occident chrétien," *Annales*, xxiv(1969); Flandrin, "Mariage tardif et vie sexuelle," *Annales*, xxvii(1972); J. Depauw, "Amour illégitime et société à Nantes au XVIIIe siécle," *Annales*, xxvii(1972).

107. 앞의 pp. 417~418 참조.

108. *CL*, p. 26.

109. *CET*, i, 348~368.

110. *CET*, i, 115.

111. 앞의 pp. 285~286 참조.

112. 아니면 곧 알게 된다. 또한 *CJ*, pp. 193~194; Alexander Ramkins, pp. 161~163 그리고 Baxter, *Christian Directory*, p. 479, "결혼 상태에서 당신의 필요가 독신 생활에서보다 공급하기 더 어렵다. 예전에는 전혀 원하지 않던 많은 것들이 필요하게 된다. … 한번도 너무 많아 본 적이 없다면, 모든 것이 다 부족해 보인다."

113. *FI*(1718), p. 173.

114. *FI*(1718), pp. 17~19.

115. *The Lady's New Year's-Gift: or, Advice to a Daughter*, 초판 1688. 디포 생전에 여러 개정판이 출간되었다. 인용은 1701년의 7판에서.

116. p. 26.

117. pp. 36~37.

118. pp. 58~59.

119. Morgan, 앞의 책, ch. 1; L. L. Schuekling, *The Puritan Family*(1969), ch. 1; James T. Johnson, "English puritan thought on the ends of marriage," *Church History* xxxviii(1969); W. and M. Haller, "The puritan art of love," *HLQ*, v(1940-1941)과 17세기 초반 행동 지침서들, 특히 William Gouge, *Of Domesticall Duties*(1622)와 Daniel Rogers, *Matrimoniall Honor*(1642). 밀턴(Milton)은 어떤 면에서는 결혼에 관해 가장 자유로운 청교도 작가였다. 그는 "남자가 고독한 삶의 해악에서 벗어나 위안을 받고 원기를 회복하기 위해, 여자와 기껍고 즐거운 대화를 즐기는" 것을 생식 목적의 결혼보다 우선시하였다. 그러나 그의 주장은 이 인용에서와 같이 남자의 위안 쪽으로 기울었다; "The Doctrine and Discipline of Divorce" in *Prose Works*(1848),

iii, 181.

120. *Holy Living*, 앞의 책, pp. 80~81.

121. 같은 책, p. 92.

122. *CL*, pp. 54~56.

123. *CL*, pp. 61~63.

124. *CL*, p. 303.

125. *CL*, p. 318.

126. 예를 들어, Gouge, 앞의 책, pp. 223~224.

127. *CL*, p. 303; 디포가 어떤 임신 이론을 가졌는지는 분명치 않다. 그는 "임신은 단번에 일어난다," 즉 연속적이지 않다(*CL*, p. 303)는 언급에 그친다. 가장 흔한 것은 갈레노스파의 이중 사정 이론이었는데, 여성들이 기쁨을 얻지 않고는 임신할 수 없다고 주장함으로써 여성에게 중요한 권리를 부여하였다. A-C. Kliszowski는 17세기 프랑스 신학자들의 미출간 연구에서, "이 시대의 모든 신학자들은 남녀 관계에서 여성이 흥분할 – *se excitare tacibus* – 것을 허용한다. 그리고 대부분은 또한 남성이 퇴출한 후에도 아직 기쁨을 얻지 못하였다면 스스로 흥분할 것을 허용한다"고 썼다. Flandrin, "Marriage tardif ...," 앞의 글, p. 1369에 인용됨; James McMath, *The Expert Mid-Wife*(1694), pp. 10~11도 참조하라. 섹스에서 즐거움을 찾는 것에 반대한 것으로 보이는 디포가 이 이론을 기각하고 현대의 정착된 견해인 단순 사정 이론을 택하였을 가능성이 높다.

128. *CL*, pp. 239~242.

129. Baxter, 앞의 책, p. 479. "질문: 불감증이나 발기 불능, 또 생식 불가의 나이 든 사람들도 결혼할 수 있습니까? 대답: 예, 신이 그들을 금지하지 않으셨습니다: 그리고 다른 합법적인 결혼 목적이 있습니다. 상호 부조와 위안 같은 ···"

130. 예를 들어, Wrigley, 앞의 책.

131. *CL*, p. 55.

132. *CL*, pp. 134~136; 금욕은 가장 비난을 덜 받는 피임 방법이다.

133. *CL*, pp. 150~158.

134. 참고로 N. E. Himes, *Medical History of Contraception*(1936).

135. *CL*, pp. 161~165; 인용은 p. 161에서.

136. *CL*, p. 163.

137. *MF*, pp. 138~146, 인용은 pp. 144, 146에서.

138. *Review*, 1권, 부록 no. 5(Jan. 1705), pp. 14~15.

139. *CL*, p. 133.

140. 이 주제에 관해 Petersen, 앞의 책 참조; Alleman, 앞의 책과 그곳에 인용된 문헌. 이 입장의 단순 요약으로 O. R. McGregor, *Divorce in England*(1957), ch. 1 참조.

141. 별거는 *divortium a mensa et thoro* 였다. 무효화, *divortium a vinculo matrimonii* 만이 우리가 이혼으로 부르는 것으로서, 각자가 재혼이 가능하다.

142. *The Little Review*, 7, p. 27.

143. Thompson, 앞의 책, p. 171에서 인용하였지만, 이 주제에 관한 거의 모든 저작에서 인용하였을 수 있다.

144. *AJ*, 1724. 8. 15(Lee, iii, 291~293).

145. de Muralt, 앞의 책, pp. 65~66.

146. *AJ*, 1724. 8. 22(Lee, iii, 293~295); *CJ*, p. 198.

147. *AJ*, 1724/5. 1. 16(Lee, iii, 355).

148. Alleman, 앞의 책, pp. 117~119에 인용됨.

149. *Roxana*, pp. 41~42; Petersen, pp. 176~177.

150. *CJ*, p. 198.

151. 매사추세츠 법에 대해 Thompson, 앞의 책, pp. 174~178 참조.

152. *Conscience*(1639), pp. 209~210; Baxter, 앞의 책, pp. 536~539; Gouge, 앞의 책, p. 215.

153. "The Doctrine and Discipline of Divorce," *Prose Works*, iii, 183. 또한 같은 책 안의 "The Judgement of Martin Bucer concerning Divorce," "Tetrachordon"과 "Colasterion" 참조.

154. *AJ*, 1725. 4. 24(Lee, iii, 379~380).

155. *CL*, pp. 118~119.

제10장 죽음의 일

디포의 세계에서 성공하려고 분투하는, 아니 적어도 살아남으려는 사람들은, 삶이라는 사업이, 그 일이 즐겁든 아니든, 어느 날 반드시 끝난다는 불편한 사실을 안다. 그리고 이러한 날이 먼 훗날이기보다는 금세 올 가능성이 있다는 것을 알았다. 그것을 알기 위해, 그들이 당시 인구 통계를 연구할 필요가 없었다. 일에 아무리 몰두해도, 여가 생활에 아무리 집중해도, 죽음은 항상 다가온다는 사실을 감출 수 없었다. 부가 넘치는 상류 사회 출신 숙녀조차 죽음에 대한 생각으로 삶의 즐거움이 바랜다는 것을 찬미자에게 인정해야 하였다. 그녀는 말하였다. "나는 매우 만족스럽게 산다. 그리고 이 죽는다는 일만 아니라면 모두 아주 즐거웠을 텐데; 그러나 그 저주받을 놈이 내 삶의 쾌적함을 모조리 앗아가누나."[1]

인류가 실제로 세상이라는 무대에 발을 디디기 전에 사망률이 가장 높았다는 것은 진실이었다. 정말로, 한 명의 성인을 만드는 데 둘의 생존 출산이 있어야 하였을 만큼 유아 사망률이 높았다.[2] 그래서 부모는 반복되는 비탄에 대처하기 위해 우리가 보기에 특정한 무감각 같은 것으로 그들 자신을 무장하기에 이르렀다. 유년기의 고난을 겪고서 살아남은 남성 혹은 여성은 상당히 오래 살 것을 기대할 수 있는데,[3] 기근이나 전쟁이 심각한 위험이 되지 않았던 영국에서 특히 그랬다. 디포가 쓰러지기 전에 만족스럽게 성서적 연령인 70세에 도달하였다. 이것은 전적으로 이례적인 일은 아니었다. 그러나, 그렇더라도, 당시 젊은 성인과 한창 나이 때 남성의 사망률이 요즘보다 매우 높았고, 거의 누구도 그 점을 잊을 수 없었다. 아무도 사춘기부터 은퇴까지 살아 있을 것이라고 자신 있게 예상할 수 없었다. 이 사실은, 자기 야망을 달성할 때까지 살게 될지 전혀 모르는 개인에게, 당연히 불안한 일이었다. 그러나 살아남은 자에게 훨씬 더 큰 문제를 제기할 법도 하였다.

한창 나이에 죽은 남자는 부양가족을 남겼다. 그의 부양가족들은 세상에서 자기네 역할을 수행하기 위해 가장의 생존에 의존하던 자들이었다. 아직 교육을 덜 마친 자녀와 재정적으로 독립적이지 않고 성적 욕구가 살아 있는 아내, 그들 가운데 열 중 아홉은 죽은 남성 가장의 개인적 노력과 지식이 벌어 온 수입으로 먹고살던 사람들이었다.[4] 디포가 중간 계층의 남성에게 그들 사업에 관한 것을 아내에게 제발 가르치라고 간청한 것이 놀랍지 않다.[5] 그가 과부를 위한 연금을 제공할 상호 보험 체계를 주창한 것도 놀랍지 않다.[6] 그러나 안타깝게도 돈 버는 가장이 죽을 수도 있을 유감스런 사태에 사전대책을 세우는 사람은 거의 없다.

물론 몇몇 아내에게는 이러한 죽음이 재앙이 아니었다. 지주나 기금 투자자처럼 근로 소득이 아닌 벌이가 있는 남자와 결혼한 여자는, 대개 고인의 소득 3분의 1에 해당하는 미망인 연금을 받았다.[7] 더 많이 받을 수도 있었다. 이러한 아내는 남편보다 오래 살면서 무사하였다. 정말, 아내들은 이러한 사건을, 불평등한 세상에서 자기네가 너무나 바랐던 경제적 독립의 유일한 가능성으로서 기다렸을 수도 있다. 『거지 가극』(*Beggars' Opera*) 역주: John Gay의 풍자적인 대사에 John Pepusch가 편곡한 음악을 붙인 발라드 오페라, 1728, 「서푼짜리 오페라」(Threepenny Opera)(1928)로 각색되어 유명해짐. 에서 피첨은 죽을 경우의 계약 사실을 폴리에게 자세히 설명한다:[8]

> 피첨: 그리고 당신은 당신 결혼에 관해 다른 숙녀들과 공통된 견해를 가지지 않았어요, 폴리?
>
> 폴리: 무슨 말씀이에요, 선생님.
>
> 피첨: 미망인 급여 그리고 과부가 되는 것에 대해.
>
> 폴리: 아니 나는 그를 사랑해요, 선생님: 그런데 어떻게 그와 헤어지는 생각을 할 수 있겠어요?
>
> 피첨: 그와 헤어지다니, 왜. 그것이 모든 결혼 조항의 전체 구상이고 의도지요. 미망인으로 누릴 수 있는 넉넉한 재산이 아내의 정신을 똑바로 유지할 유일한 희망이죠.

그러나 부유할뿐더러 기껏해야 2, 3일 이상 살아남지 못할 이상적인 남편, 즉 노상강도로 성공한 남자와 결혼할 정도로 운이 좋은 여자는 드물었다. 어떤 과부는 집요한 구혼자 무리에 둘러싸일 정도로 충분히 예쁘고 젊거나 충분히 매력적인 사업의 상속자였다. 이들 중 많은 과부가 품위 없게스리 남편 사후 며칠 만에 서둘러 재혼한다. 그러나 대부분의 미망인은 이와 같이 좋은 행운을 기대할 수 없었다. 그들을 부양할 다른 남자를 찾기 바라겠지만 그런 과부들이 너무 많았다. 그레고리 킹의 추계로는 1696년에 과부가 25만 명이었고, 성인 여성 인구의 6분의 1이었다.[9] 대부분은 빈민이고, 용모도 변변찮고 아이들과 근심거리를 지고 있었다. 그들은 궁핍, 즉 구빈원이나 매춘굴, 또는 살아남기 위한 끝없는 시도를 하며 해가 떠 있는 내내 방적일이나 뜨개질을 하는, 힘들고 몹시 단조로운 삶 말고는 기대할 수 없었다. 혼자서 편안하게 지낼 만큼 벌 수도 없으니, 어린아이가 딸린 가족은 말할 것도 없다. 가난한 과부가 살아간다는 일은 죽음보다 못해 보인다.

이것은 남자에게도 똑같이 진실일 수 있었다. 오래 산다는 것이 꼭 득이 될 것도 아니었다. 성공한 사람도, 영국의 상인도, 세상살이의 일상에서 은퇴하고 오점이 없는 명성의 영광에 흥청거려도, 노년은 서글픈, 극도의 고통스러움에 거의 결박된 시간일 수 있었다. 우리 시대만큼이나, 디포의 시기에도, 노인에 어떻게 대처해야 하는가의 문제는, 우리 시기보다 노인이 적었더라도, 언제나 만족스럽게 풀린 것은 아니었다. 전통적인 해결책은 노인들이 자녀와 함께 자신의 삶을 이어 가야 한다는 것이었다. 자녀는 교육받으며 진 빚을 이제 갚을 수 있었다. 그러나, 슬프게도, 자녀들은 지금처럼 그 당시도 이러한 의무를 수행하는 데 관심이 없었다. 걸핏하면, 노년은 벽난로 귀퉁이에서 흔들의자에 앉아 보내는 목가가 아니다. "늙은이나 노파는 즐길 것이 아무것도 없다; 그들이 하는 말은 곡해되었고, 행동은 잘못 전달되고, 그들 자신이 자식들의 부담으로 간주하였고, 자기네 뱃속에서 나온 자들에게 부과된 지대였다."[10] 나이 든 사람들이 돈을 갖고 있는 동안에는 괜찮을 수 있다. 그러나 일단 자식들이 돈줄을 쥐기 시작하면 무슨 일이 일어나는가? 노인들은 가구도 변변치 않은 다락방으로 밀려나고, 조롱받으며, 자녀의 똑똑한 친구들을 당황하게 만들지 않도록 감춰진다. 그리고 오랜 친구와 술집으로 피신하여 와인 한 잔과 담배 한 대를 즐기려 하면, 취하였다고 비난받았다.[11] 젊은이들이 "인류를 더 잘 다듬기 위해 법안을 제출하는 일이, 즉 모든 고대인의 머리를 박살내는 일이"[12] 결코 가능해 본 적이 없었던 것은 다행이었다. 그래서 디포는 67세에, 여전히 문제에 대한 적절한 해법을 준비하면서, 노인들이 자식들의 무례와 배은망덕을 피하기 위해 공동으로 간호사, 의사와 목사를 완비한 사설 요양원에 투자하는 계획을 주창하였다.[13]

이러한 계획은, 가능하기는 하나, 디포의 시대에는 부유한 노인에게도 아마 비현실적이었다. 빈곤한 노인에게는 환상일 뿐이었다. 평생의 노동으로 허리가 굽고, 축축한 맨바닥 집에서 살며, 자비롭지 못한 교구 직원이 마지못해 내어 주는 수당으로 근근히 버티는 이들에게, 노년은 별 즐거움을 주지 못할 것이다.[14] 많은 빈민이 젊어서 죽고 빨리 죽는 일을 특혜로 생각하였을 수 있다. 영국인이 뉴게이트 감옥에서 타이번 공개 처형장까지 마지막 여행을 하며 보이는 침착함, 심지어 즐거움에 대해 거의 모든 외국인이 언급한다. 영국인은 죽음을 철저히 경멸하는 듯하다. "영국인은 교수형을 그토록 큰 사건으로 생각하는 다른 나라 사람들의 민감함을 비웃는 사람들이다; 그들의 대단한 용기는 그런 일을 사소하게 본다."[15]

그러나 영국인이 그렇게 비범하였는가?『애플비 저널』에서 이와 같은 죽음은 정말로 사소하다고 디포는 지적하였다.[16] 교수형은 끔찍한 경험일 수 있다. 특히, 교수대가 1760년까지 발명되지 않았으므로[17] 죄수들은 글자 그대로 밧줄에 목이 졸려 죽었다.[18] 그러나 완전히 죽기까지 20분 혹은 그보다 더 오래 걸리더라도, 이 죽음은 밧줄 끝에 매달린 사형수의 기괴한 모습을 즐겁게 구경하는 신이 나고 취한 관중의 미래 운명에 비한다면 무엇인가? 수레에 실려 타이번으로 향하는 네 명의 사형수를 디포가 바라보면서, 그가 연민을 느낀 쪽은 그 사형수 뒤를 쫓아 달려가는 군중이었다. "사형수들은 절대적으로 파기할 수 없는 선고를 받지 않았는가? … 그리고 이 차이와도 함께, 나머지 가운데 많은 죄수가 고문과 공포 속에, 그 네 명보다 1만 배나 더 비통하게 죽을 것이다. 아니, 아마도 이 네 명이 죽는 모습을 보러 가는 수천 명 중 거의 아무도 삶에서 그렇게 쉽게 빠져나가지는 못할 것이다."[19]

디포는 자신이 무슨 이야기를 하고 있는지 알았다. 노인이 되어 그는 신장 결석으로 극심한 고통을 겪었으며, 결석 제거 수술을 받았고, 수술이 너무 무서워서 "수술 도구만으로도 피를 식히고, 한 인간의 영혼을 그의 몸 안에 담그기에 충분하였다."[20] 이런 고통을 겪은 사람이 "산 채로 능지처참 당한 자"보다 떨쳐 낼 고통이 덜하였는가?[21] 18세기 사람도 우리가 앓는 병을 앓았다. 그리고 우리가 쓰는 마취제와 진통제의 도움 없이 우리가 겪는 고통을 견뎠다. 그렇지만 이런 점에서 18세기 사람은 중세 사람보다는 조금이나마 나았다. 그의 감각을 무디게 할 싸구려 진과 브랜디가 있고 신경을 진정시킬 값싼 담배가 있었다. 운이 좀 있다면 고통이 너무 심해서 진조차 그들을 무디게 할 수 없게 되기 전에 독주와 담배가 그를 죽일 수도 있었다. 그러나 이러한 운을 가진 사람은 드물었다.

죽음은, 그것이 다가왔을 때, 여러 형태를 띠었다. 그것은 사망률 목록(Bills of Mortality)을 보면 알 수 있다. 사망률 목록은 주간별 사망과 그 원인의 집계표인데, "금주의 질병과 사망"은 당국에 전염병 발생 경보를 조기에 제공하도록 처음 도입되었다. 경보가 공표되면 빈곤한 교구에서 자기 교구로 전염병이 퍼지기 전에 부자들이 도시를 떠나게 할 수 있었다.[22] 사망 원인은 일정한 두운법적 매혹을 갖고 있다. 적절하게도, 매우 어린 죽음과 매우 늙은 죽음, 즉 임신 중절(abortive)과 늙어 죽음(aged)에서 시작하여, 학질(ague), 뇌일혈(apoplexie), 출혈(bleeding), 궤양(canker)을 지나, 소화기 통증(griping in the guts), 위경색(stopping of stomach)을 통해, 구토(vomiting), 고창증(winde), 기생충(wormes)에서 끝난다. 청결함을 사랑하는 사회에 걸맞는 불결함의 몸부림이었다. 그런 사회에서 그런 질병이 발생하였다.[23] 처음에는 이와 같이 난폭한 사회처럼 보이는 가운데 폭행으로 인한 사망은 놀랄 만큼 드물었다. 그랜트(Capt. John Graunt) 역주: 상인, 사회통계학자, 인구학자, 1620~1674, William Petty와 공저는 1662년의 저서 『사망률 목록에 관한 고찰』(*Observations upon the Bills of Mortality*)에서 당시 파리보다 훨씬 낮은 살인 빈도를 지적하였다.[24] 1720년대쯤이면 살인 기록은 더욱 낮았다.[25] 영국의 범죄자는 그가 사는 사회를 반영하였다. 그는 과실 폭력에서 곧 재산 관련 범죄에 집중하는 쪽으로 중요한 한 발자국을 내디뎠다. 이것은 근대 산업 사회의 전조를 보이는 진전의 확실한 표시로 볼 수 있다. 비단 손수건을 훔치는 죄와 그것으로 그 주인을 목조르는 죄가 똑같은 형벌로 다스려진다는 사실에도 불구하고 그러하다.[26]

죽음은 여러 형태로 올 수 있다. 고통스럽거나 평화롭게, 형벌로서 또는 의무에서 벗어나, 그러나 외국인에게는 영국인이 죽음에 무관심한 듯 의연해 보였다 해도 죽음을 두려움 없이 생각할 수 있는 사람은 거의 없다.[27] "죽음이 어디에서 오든지 그것은 대재앙"이라고 디포는 썼다. "인내로 죽음을 견뎌 내고, 공포 없이 죽음을 생각하는 사람은 거의 없다."[28] 디포가 그 시대 세상을 살던 세대의 대부분보다 세상을 더 사랑하였을지 모르겠으나, 이 감정에 동의하지 않는 이는 많지 않을 것이다. 죽음에 대한 공포는 실제 죽는 과정의 두려움뿐 아니라 죽음을 넘어 시간의 저편에 무엇이 있는가에 대한 두려움도 포함한다. 죽음은 종말이 아니고, 이 생애를 같이 여행한 구원받은 자와 저주받은 자가 헤어져 각각 다른 목적지를 향하는 거대한 갈림길이었다. 이신론자와 회의론자는 미래를 부정할 수 있지만, 그들을 전적으로 믿는 사람은 드물다. 죽음의 종말성을 믿고 싶어 하는 사람일지라도 그들의 교육이나 일반적으로 종교적인 사회를 통과하면서 받은 영향 때문에, 의심이 여간해서 마음 밖으로 떠오르지 않을지언정, 의심을 갖기 마련이다. 그러나, 누워 죽어 갈 때, 아버지, 학교 선생, 설교자들의 반쯤 잊혀진 말들, 신의 심판을 약속하고 신이 선택하지 않은 자들은 영원히 버림받으리라는 이야기가 가장 확고한 회의론자에게도 공포와 함께 기억날 수 있다. 그러면 삶에서 떠남이 진실로 두려울 수 있다. 이러한 사람은 잘못 보낸 인생을 신속한 속죄로 보충하려고 노력할 수 있다. 그러나 이것은 성공하더라도 비참한 경험일 것이며, "죽는 일과 속죄하는 일을 함께 손 위에 놓고 죽는 사람에게는 이중의 공포이다."[29]

죽어 가는 사람이 하였어야 할 일, 그의 분별 있고 종교적인 친구들이 해왔던 일은 그의 전체 생애에 걸쳐 죽음을 준비한 것이다. 우리는 "우리의 죽음과 해체의 시간을 위해 조심스럽고 꾸준하고 특별한 준비를" 해야 한다고 틸롯슨 대주교는 설교하였다. 매일, 또는 적어도 매우 자주 회개하여, "우리 죄의 대차를 잘 맞추어 균형을 유지하고, 죽음에 왔을 때 서두르거나 혼란됨이 없이, 우리 속죄를 어디서 시작할지 모름이 없게, 어떻게 그렇게 큰 일을 짧은 시간에 해낼지 당황함이 없도록 함이라."[30] 신과의 약속을 지키는 좋은 기독교인 상(像)은 이러한 설교를 경청하는 중간 계층의 점포주와 다른 구성원들에게 익숙하다. 토머스 구지(Thomas Gouge) 역주: 장로교 목사, 1605~1681는 1679년의 자기 저서 『기독교 지침』(*Christian Directions*)에서 영적 파산의 위험을 피하기 위해 영혼의 장부를 매일 회계 감사하라고 충고한다. "그가 매일 저녁 그의 세속적 득실의 회계를 결산하는 최고의 상인이듯이; 영적 득실의 회계, 즉 그의 신심이 앞으로 나아가는가 뒷걸음치는가를 매일 저녁 결산하는 최고의 기독교인이다."[31] 디포의 세계에서는 많은 사람이 구지의 가르침을 따라, 영적이고 물질적인 거래의 일일 장부를, 흔히 같은 책에 정리하였다.

그러나 그 비유적 묘사가 아무리 감동적이거나 가슴에 닿아도, 구지나 틸롯슨 같은 사람은 대부분 이미 개종한 사람들을 상대로 설교하고 있었다. 속죄할 필요가 확신되는 사람은 설교를 깨닫지 못하거나 교회에 다니지 않는 사람들이었다. 아무리 영감을 받은 설교가라도, 사람만으로는 그들의 무감각을 거의 움직일 수 없다. 신이 몸소 개입할 필요가 있다. "우리의 지구를 아무것에도 걸어 놓지 않는 전능한 신"이 손가락 끝으로 그것을 이리저리 던질 수 있다.[32] 기근, 질병, 화재와 지진이 죄짓는 사람을 공정한 회개로 이끄는 신의 무기들이었다. 1665년 전염병이 돌았을 때, 사람들은 열심히 교회에 와서 진지하게 설교를 듣고 감동하였다. "인간이 모든 정성을 들여 신을 숭배한다는 일이 얼마나 가치 있는 일인가를 분명히 보여 준 것이다. 만일 사람들이 교회에 갈 때마다 그게 자기네 마지막일지도 모른다고 생각한다면 사람들은 더 주의를 기울일 것이다."[33]

두려움은 개종하게 하는 유력한 매개체였다. 단지 그것이 종종 너무 늦게 오거나 지속적 효과를 갖기에는 너무 빨리 지나갔다. "내 영혼이 온통 혼란과 경악이었다"고 해적 캡틴 싱글톤은 삶의 위협을 느낀 폭풍에 대해 썼다:

> 나는 내 자신이 단지 영원으로 가라앉는다고 생각하였다. 신이 내린 벌이 정당함을 인정하지만, 어떤 감동도 전혀 느끼지 않고, 진정한 참회의 표시를 다스리면서; 징벌에 시달렸으나 범죄에는 괴로워하지 않았으며, 보복당할 것에는 두려워하였으나 죄책감에는 공포를 느끼지 않으며, 범죄에 대해 똑같은 배짱을 갖고 있지만, 내가 지금 곧 받으리라고 결론이 난 벌 생각에 극도의 두려움에 떤다.[34]

또 다른 폭풍이 에이미와 록사나의 영혼에 더욱 큰 영향을 미쳤으나, 충분하지 않았다:

> 위험이 지나가면서, 이와 함께 죽음의 공포도 사라졌다; 아, 그리고 죽음을 넘어 존재하는 것에 대한 두려움도; 우리가 살아온 삶의 감각이 사라졌다. 우리가 삶으로 돌아오면서, 삶에 대한 우리네 사악한 기호도 돌아왔다. 그리고 우리 둘 다 이전보다 더 나빠지지 않았다면 이전과 같다. 단순히 죽음을 염려하여 수행한 회개는, 그 두려움이 사라지면 참회하는 마음도 사라진다는 것은 분명하다; 죽음에 임박하여 하는 속죄, 모진 세파 앞에서의 속죄는 모두 똑같이 거의 진실되지 않다.[35]

교수대의 공포가 더 효과적일 수 있다. 생각할 시간이 더 많기 때문이다. 몰 플란더스가 뉴게이트의 사형수 감방에서 한 참회는 처음에는 록사나보다 나을 것이 없었다. 그것은 오로지 죽음의 공포에 근거한 것이었다. 그러나 그녀는 나중에는 더 진실해진다. "영원이란 단어가 모든 이해할 수 없을 정도로 무한한 추가적 의미로 다가섰다. … 하나하나의 즐거움이 얼마나 어리석게 보였던가! – 내 말은, 예전에 즐겁다고 꼽은 것이 – 돌이켜 생각하니 이런 사소한 쓰레기들이 우리가 영원한 행복을 몰수당하고 얻은 것이었다."[36] 이것은 좀 나았다. 그러나 그녀는 아직 갈 길이 멀었고, 사람들이 사형수로 그렇게 오래 지내지도 않는다. 아마도 그녀에게 내려진 사형 선고가 유배형으로 감형된 것이 행운이었다. 이것이 그녀에게 제대로 참회할 충분히 긴 시간을 주었다. 그러나 노상강도 남편은 그렇게 많은 시간이 필요하다고 생각하지 않았을 것이다. "그의 견해로는, 사람이 감옥과 사형수 감방에서의 고통을 겪으며 삶의 마지막 두 주일 동안을 진심으로 속죄하는 것은 아마 아메리카의 숲과 황야에 계속 버려지는 상황과 같을지도 몰랐다."[37] 디포는 마지막 순간 속죄가 가능하다고 받아들인다. "많은 범법자들이, 무엇보다 힘들다고 말하는 사형 집행 장소에서도, 사함을 받는다."[38] 그러나 죄인이 생의 마지막 순간에 신이 그를 기꺼이 용서할 것에 의존하는 것은 위험하다.

회개에 관해 생각만 해보게 하는 데조차 어떤 사람에게는 공포의 순간 훨씬 이상의 것이 필요하였다. 그런 사람에게는 모든 걸 갖춘 충격 프로그램이 필요하였다. 로빈슨 크루소를 개종시키는 데는 엄청나게 거세진 폭풍이나 신의 섭리의 다른 예에 그를 내몰아 그가 겪게 하고는, 무인도에 홀로 28년간 떨궈 놓아 그런 일들에 관해 생각하게 하는 것이 필요하였다. 그런 다음에도 그가 회개하게 하느라 신은 상당히 애를 먹었다. 열병에 걸린 크루소가 무서운 꿈을 꾸었다. 꿈에서 거대한 검은 구름을 보았는데 그 속에서 웬 남자가 내려와, 불구덩이에 둘러싸여 창으로 크루소를 죽이겠다고 위협하였다.

그런 이후에야, 그는 자기가 과거에 지은 죄를 곰곰이 생각해 보고, 기도하며 식사 때 기도할 의무를 지키기로 설득당하였다.[39] 그러나 크루소는 매우 고집이 센 남자였다.

질병은 두려움을 오래 지속시킴으로써 개종시키는 데 효과적인 매체가 되었다. 전염병 시대에 유년기를 보낸 디포는 이 무서운 살인자에게 속수무책이었다. 그의 생애에 두 차례 전염병이 다시 한번 영국을 공격할 것으로 보였다.[40] 디포는 전쟁 기간에 거대한 전염병의 물결을 두려움과 약간 격앙된 기분으로 지켜보았다. 군대를 따라다니는 질병은 불가리아에서 폴란드로, 폴란드에서 발트해로, 그리고 1712년에는 브레멘 공국으로 퍼졌다. 그곳은 죄짓고 준비되지 않은 영국에서 아주 짧은 해상 운송의 거리밖에 안 되었다.[41] 8년 후 디포 보고에 따르면, 서유럽의 마지막 대질병이 마르세이유를 1720년에 강타하였다. 그러나 그때는 프랑스 정부가 잔인하리만큼 효율적으로 대응하여 퇴치된다.[42] 살인자로서 질병은 공동체의 적이었다. 나라가 진보를 향한 행진을 계속하려면 모든 사람이 동원되어야 하였다. 경제학자 디포는 이를 인식하였다. 그의 많은 언론 활동은 그의 동포들에게 전염병이 발생할 때 어떻게 스스로와 가족을 구할 것인가를 충고하는 데 집중되었다.[43] 그러나 도덕주의자로서의 디포에게 질병은 다른 교훈을 준다.

전염병은 최대의 살인자이지만, 다른 질환보다 그의 도래를 훨씬 일찍 알려 주었다. 그 가차 없는 감염 경로가 신문 기자에 의해 전해지므로 사람들은 전염병이 오는 것을 볼 수 있었다. 이것은 신이 자비롭게 사람들에게 개혁하고 회개하도록 조기 경보를 제공한다는 의미이다. 지진과 비교하면 얼마나 다른가. 지진은 "회개하지 않는 모든 죄인에게 공포(heart-quake)를 가져온다고" 할 수 있지만, 도달한다는 경보가 없다.[44] 1720년대 초 프랑스에서 전염병이 퍼졌다. 이 위협은 디포에게 그의 주제를 개발할 기회를 주었다. 그는 인생에 대해 비종교적인 태도를 취하는 사람들에게 그것이 가져올 위험에 독자들의 주의를 집중시켰다. 1722년에 그는 이 주제에 관해 책을 두 권 냈다; 『전염병 해의 기록』은 1665년의 전염병을 생생하게 재현하여 이 질병의 공포와 영적 도전을 장대하게 보여 준다. 그리고 『전염병 대비책』(*Due Preparations for the Plague*)은 전염병 대처에 필요한 육체적 영적 준비를 설명하는 전적으로 실용적인 교범이다.

그의 대부분의 교훈적 저작처럼, 이 책은 1665년에 어머니와 두 아들, 한 딸이 나눈 일련의 대화 형태를 취하였다. 전염병이 대륙에 퍼지면 곧 영국 해협을 건너오리라는 일반적 두려움이 있다. 여자들은 그것을 "신이 우리의 극심한 죄를 호되게 벌주기 위해 신이 보낸 전령"으로 여기면서, 그 위험을 충분히 이용한다.[45] 그러나 아들들은 자기네 어머니가 죽음을 준비하는 일에 집중하는 것은 병적이라고 주장한다. 그들은 또한 집단적 회개의 경제적 효과를 걱정한다. 모두가 그녀의 충고를 따르면, 왕부터 걸인까지 모두 함께 무릎 꿇으면, 사업이 안 된다. 전염병이 수그러들었다는 소식이 그들의 회의적인 태도를 확증해 주는 듯 보이면 그들은 생업에 열중한다. 그러나 그 다음에 전염병이 정말로 영국으로 건너온다는 소식을 듣고 공황에 빠진다. 각자 자기 나름의 특별한 공포를 지닌 형제 간의 대화는 디포의 생각에 담긴 역설의 핵심을 완벽하게 요약한다:[46]

첫째 아들: 아우야, 우리 어떡할까, 우리 둘 다 어떻게 되지, 사업은?

둘째 아들: 아니, 우리 영혼은 어떻게 될까?

사람의 영혼은 디포의 세계를 떠나면 어떻게 되었을까? 세세한 부분은 모호하였을지라도, 이론은 명백하였다. 구원받은 자는 천국에 있는 영원한 행복으로 직행하였다. 그리고 저주받은 자는 영원히 비참한 지옥으로 직행한다. 중간 상태는 없었다. 캡틴 싱글톤이 절망에 휩싸여 자살할 조짐을 보이자 퀘이커교도 윌리엄이 다음과 같이 강조한다:[47]

"나는 이미 구제불능이야." 내가 말한다.
"그걸 어떻게 알아?" 그가 말한다.
"나는 이걸로 만족해." 내가 말하였다.
"그래." 그가 말한다. "그러나 너는 확신이 없어. 그래서 당신은 그 점을 확실하게 하기 위해 스스로에게 총을 쏘려 하지; 왜냐하면 이쪽에서 죽으면 당신은 저주받을지 전혀 확신할 수 없어. 그래도 일단 시간의 저쪽으로 발 디디면, 당신은 그것을 확신하게 돼: 방아쇠를 당기면, 누가 당신더러 저주받을 것이라고 말하는 게 아니라, 그냥 당신은 저주받아."

이 이론은 명백하지만, 모든 사람이 이에 만족한 것은 아니었다. 특히, 영원한 저주라는 개념에 반대하는 사람들이 늘어 갔다.[48] 그것은 지나친 징벌이어서 선한 이들도 자비로운 신이 이다지 무정할 수 있는지 믿기 어려웠다. 정말로 너무 심해서 언제나 효과적인 억지력을 발휘하지는 않았다. 그보다 좀 덜하고 시한이 정해진 징벌이 죄인이 절감하게 만들기에 더 쉬울 수 있었다. 더 나쁜 사실은, 성서를 자세히 해석하면 저주받은 자가 선택받은 자보다 훨씬 수가 많다는 것이었다. 그렇게 많이 악마의 왕국으로 보내는 것이 신의 창조에서 정당화되는가? 그리고 많은 설교자들이 말하듯이, 빈민이 내세에 보답을 받게 된다면, 신을 두려워하는 모든 중간 계층 사람을 위한 자리는 있을 것인가? 이러한 두려움은, 엄격한 예정설 교리를 믿지만 이제는 흔들리는 종파의 머릿속에서, 마음을 파괴하는 규모로까지 부풀어 오를 수 있었다. 그들이 그것에 관해 아무것도 할 수 없다는 것을 알았기 때문이다. 이러한 교리는 회의론자와 신자들을 똑같이 걱정하게 하였다. 그의 피조물 대다수가 이미 저주받게 예정되어 있다는 것을 알고 있다면, 왜 신은 인간을 창조하는 온갖 수고를 계속하였는가? 신앙심 깊은 중간 계층 남녀가 그렇게 많이 걱정한 것은 놀랍지 않다. 본능은 그들에게 그들이 구원받았다고 일러 주었다. 그러나 논리와 수학은 때때로 무서운 의심으로 이끈다.

신교도들은 스스로 이런 의심을 할 운명이 되었다. 연옥을 포기함으로써 그들은 이승에서 성취하지 못한 사람도 어떻게든 다시 구원을 받을 두 번째 기회의 가능성을 버렸다. 디포 시대 사람들 일부는 이 중간 상태의 소실을 안타까워하며 신교 신앙에 연옥을 다시 채택하기를 환영할 뜻이 있었다. 그리고 가톨릭 이단을 포용할 준비가 되지 않은 사람들 다수는 지옥의 공포를 어떻게든 약화시킬 생각이었다. 어떤 이는 지옥은 영원하지 않고, 일정 기간 후에 형벌의 강도가 죄악의 정도에 따라 조정된 다음, 저주받은 이들은 궁극적으로 구원되거나 지상의 적당한 상태로 다시 태어날 수 있다고 믿었다. 다른 이는 지옥은 없고, 사악한 자의 영혼은 죽음과 함께 박멸된다고 믿었다. 그러나 아무도 감히 이런 생각을 공표하지 못하였다. 영원한 징벌이라는 교리에 반대하는 누구나 단지 교리가 두렵기 때문에 교리를 공격할 뿐인 못된 사기꾼일 것으로 일반적으로 가정되었다. 그리고 어쨌든 지옥이라는 발상 자체가 현존하는 최상의 도덕적 방어막이며, 교수대보다 훨씬 나았다. 지옥의 존재에 대한 의심이 존재한다는 것을 보통 사람들이 알게 하는 일은 매우 어리석은 일일 것이다. "죽음은 사실 아픔이 없다. 그리고 만일 죽음을 적이라 불러도 된다면, 죽음은 매우 무해한 적이다. 죽음 뒤에 따라오는 지옥이 없다면."[49]

지옥이 있었다면, 어디에 있었는가? 이것은 지도를 들여다보기 좋아하는 합리적인 사람들에게 성가신 질문이다. 가장 쉬운 대답은 그것을 무시하고, 지옥을 비유적인 것이라고 믿는 이들을 따르는 것이다. 아마도 그게 다수일 것이다. 디포는 이 입장을 취하였다. 그는 지옥은 "천국이 없는 곳에 존재한다"고 주장한다.[50] 시인, 예술가, 더욱 환상적 신학자들이 그리는 지옥이라니 무슨 허튼소리인가. "고백해야 한다, 우리가 지옥에 관해서. 그리고 거기에 악마가 있어, 영혼을 고문하고, 그걸 석쇠에 굽고, 갈고리에 매달고 … 어떤 산 옆으로 난 동굴이 갈라지듯이, 무서운 이빨을 가진 거대한 입이 표시된, 지옥 그림 몇 개 곁들인, 그런 지옥에 관한 생각을 품고 그런 생각으로 머리를 채우고 하는 관념보다 더 우스꽝스러운 것이 나로서는 없다."[51] 그럼에도 불구하고, 많은 사람들은 모든 불과 유황(형벌) 같은 것에 대해 걱정하였다. 어디에 그것이 존재할 수 있을까? 고대인들은 지옥은 땅속 어두운 곳에 있다고 생각하였다. 그러나 탐험과 지질학의 발달로 이러한 위치는 타당하지 않음이 밝혀졌다. 어쨌든 땅속 한가운데는 "타락한 천사들과 헤아릴 수 없이 많은 저주받은 이들을 수용하기에" 충분히 크지 않을까?[52] 대부분 작가들은 그렇지 않다고 생각하지만, 정치 산술의 창시자 역주: John Graunt, William Petty 등, 통계학의 시조로 알려짐. 는 아일랜드의 절반이면 최후의 날에 생겨날 모든 시신들을 위한 충분한 공간이 된다고 스스로 만족스럽게 증명하였다. "설 자리뿐 아니라, 모든 수가 누울 수 있는 묘지까지: 그리고 그 나라에 있는 산 두 개의 무게는 창세기부터 이 논쟁이 생긴 1680년까지 있었던 모든 시체의 무게와 맞먹었다."[53]

지옥의 위치에 관한 가장 천재적 해답은 켄트의 목사, 토비어스 스윈든(Tobias Swinden) 역주: 목사, 작가, 1659~1719 의 펜에서 나왔다. 그는 성서적 지식과 코페르니쿠스적 우주의 우주 지리에 대한 이해를 결합하였다.[54] 성서에 따르면, 지옥은 화염이 이글거리고, 매우 크고 또 어떤 뜻에선지 땅 밑에 있음이 틀림없다고 그는 주장하였다. 그것이 태양계 말고 어디 다른 곳에 있을 수 있을까? 코페르니쿠스 체계에 따르면, 지구가 아니라 태양이 우주의 중심에 있다. 그러므로 두 개의 극단은 태양 아래, "광대하고 무수한 악마와 사람의 시체를 수용할" 불타는 지옥과, 위로는 "천사와 행복한 영혼의 지역인" 최고의 하늘이었다.[55]

스윈든의 천국의 위치에 대해서 반박하는 사람은 거의 없다. 로빈슨 크루소는, 세상을 편력하는 자기 모험이 마침내 끝나자, 지구의 흔적을 넘어 무한의 경계로 상상의 여행을 떠난다. 이제 그는 자신이 천사의 세계 가운데 있다. 여기서 선하고 악한 영령들이 인간의 세계로 파견되어 중요한 역할을 수행한다. "나는 여기를 오가는 많은 여행객들과 특히 수많은 좋고 나쁜 망령들을 본다. 이들은 모두 바쁘게 일하는 것처럼 보이고 끊임없이 날아다니며, 몇몇은 지구 사이를 지나가는데 내가 여행하는 이 부분에서 보면 내 아래로 보이고, 또 다른 몇몇은 내가 볼 수 있는 모든 곳보다 무한히 위쪽에 있다."[56] 그러나 그는 천사가 날아간 먼 나라를 묘사하려고 애쓸 만큼 어리석지 않았다. 그로서는 일반적 개념을 즐기는 것으로 충분하였다. "신의 호의가 천국이요, 그것을 잃음이 모든 지옥 가운데 가장 두려운 지옥이다."[57]

여기에, 시간의 다른 쪽에, 우리는 디포의 세계에서 온 개인을 남겨 놓아도 좋을 것이다. 그는 자궁에서 무한으로 선형 진보를 하였다. 그러나 그가 죽은 후에도 세상은 이러한 개인의 끝없는 물결에 의해 굴러간다. 각 개인은 유일하다. "똑같은 얼굴이 없고, 똑같은 목소리가 없다. 따라서 세상의 똑같은 길을 지나간 사람도 없고, 같은 문으로 나간 사람도 없다."[58] 그러나 그들을 함께 보면, 이제 또는 넓은 역사의 관점에서, 그들은 하나의 패턴, 무한히 반복되는 순환적 패턴을 형성하였다.

> 한 세대가 지나가면 다른 세대가 온다; 우리는 부모를 밀어내고, 자식들이 같은 방법으로 우리를 대한다; 세상은 삶의 무대이다. 우리는 차례가 되면 나타나, 맡은 역을 연기하고, 우리 후손들이 같은 어리석음을 연기하도록 물러난다.[59]

대니얼 디포는 그의 세계 사람들에게 그들의 우스꽝스러운 짓이 얼마나 어리석은지 보여 주는 것이 스스로가 맡은 역할이라고 보았다. 젊었을 때 그는 이러한 설교가 적어도 약간의 성공으로 보답을 받으리라고 낙관하였다. 그러나 그도 사라져야 할 날이 가까워 오자, 그의 과업이 소용없음을 깨달았다. 세상의 어리석음은 한 사람이 치유하기에 너무 컸다. 디포는 단지 미래의 어리석음이 그 자신의 사랑스럽지만 극도로 어리석은 세대에 비해 더욱 나쁘지 않기를 바랄 뿐이다.

주

1. *AJ*, 1724. 5. 23(Lee, iii, 266).
2. 앞의 9장, 주 99 참조.
3. Peter Laslett, *The World We Have Lost*(1965), pp. 93~94는 21세 사람의 평균 잔여 수명은 30년 정도라고 한다.
4. 죽은 사람은 살아남은 사람에게 의무를 완수한 것으로 여기는 요즈음 사회와 "미완의 사업을 지닌 채 죽는" 디포 시대의 사회에서 죽음의 효과를 흥미있게 비교한 Robert Blauner, "Death and social structure," *Psychiatry* xxix(1966) 참조.
5. 앞의 pp. 436~437 참조.
6. *E upon P*, pp. 132~142.
7. 이것이 미망인 연금의 목적이다. 앞의 p. 415 참조. 또한 H. J. Habakkuk, "Marriage settlements ...," 앞의 글 참조.
8. John Gay, *The Beggars' Opera*(1728), Act I, Sc. x.
9. ed. Chalmers(1810 ed.), p. 89.
10. *Chickens feed Capons*(1731), p. 1.
11. *PM*, pp. 6~15.
12. *PM*, p. 4.
13. *PM*, pp. 24~31.
14. *AJ*, 1722. 7. 7(Lee, iii, 23~24).
15. H. Misson, *Memoirs and observations in his travels over England*(1719), pp. 123~124.
16. *AJ*, 1725. 9. 25(Lee, iii, 431).
17. Leon Radzinowicz, *A History of English Criminal Law*(1948), i, 203. Earl Ferrers의 처형에 처음 사용되었다.
18. 사형수의 친척들이 고통 기간을 줄이기 위해 밑에서 다리를 잡아당겨 주기도 하였다.
19. *AJ*, 1725. 9. 25(Lee, iii, 431).
20. Lee, iii, 430.
21. 같은 곳.
22. 사망률 목록의 동시대 논의와 그 역사에 관해 Capt. John Graunt, *Natural and Political Observations upon the Bills of Mortality*(5th ed., 1676) in C. H. Hull, *Economic Writings of Sir*

William Petty(Cambridge, 1899), ii, 314~435.

23. 목록이 삽화 형태로 *JPY*, pp. 113~114 사이에 삽입되어 있다.
24. Graunt, 앞의 책, p. 354.
25. J. M. Beattie, "The pattern of crime in England, 1600-1800," *P & P*, 62(1974), p. 61.
26. 사형에 해당하는 범죄, 거의 모든 재산에 대한 공격의 증가에 관한 논의로 Radzinowicz, 앞의 책, p. 4와 부록 A 참조. 이와 같은 범죄는 1688년에 약 50건에서 1820년에 약 250건으로 늘었다.
27. 스토아 철학과 기독교 철학의 결합이 디포의 시기에도 영국인이 윗입술을 딱딱하게 유지하도록 도움을 주었음에도 그러하다. 세네카는 특히 인기 있었다. 죽음이 별것 아니라는 가장 빛나는 서술은 레스트레인지(Sir Roger L'Estrange)가 번역한 유명한 *Seneca's Morals*(1678)의 "The contempt of death makes all the miseries of life easy to us"라는 장이다.
28. *AJ*, 1725. 9. 25(Lee, iii, 430).
29. *DPP*, p. 130.
30. Archbishop Tillotson, *The Usefulness of Considering our Latter End* in the *Family Chaplain*(1775), vol. i, 100~122.
31. P. 84. G. A. Starr, *Defoe and Spiritual Autobiography*(Princeton, 1965), p. 11에 인용됨.
32. Samuel Doolittle, *A Sermon occasion'd by the late earthquake*(1692), p. 12. 이 설교는 신의 섭리와 자연재해의 관계에 대한 훌륭한 해설이다.
33. *JPY*, p. 175.
34. *CS*, p. 237.
35. *Roxana*, p. 128.
36. *MF*, p. 248.
37. *MF*, p. 260.
38. *DPP*, p. 189.
39. *Crusoe*, pp. 65~68.
40. 실제로 그러지는 않았다. 디포의 생애에 가장 많은 생명을 앗아간 질병은 천연두였다.
41. *Review*, 8권, 297~300; 9권, 13~14.
42. *AJ*, 1720. 9. 10과 1720. 10. 1(Lee, ii, 277~278, 284~285). 프랑스의 방법에 대해서는 앞의 p. 155 참조.
43. 특히 *DPP*의 첫 부분을 보라.
44. Doolittle, 앞의 책, p. 23.

45. *DPP*, p. 147.

46. *DPP*, pp. 181~182.

47. *CS*, p. 325.

48. 이하의 많은 부분에서 워커(D. P. Walker)의 매혹적인 책, *The Decline of Hell*(1964)을 참고하였다.

49. Timothy Cruso, *Discourses upon the Rich Man and Lazarus*(1697), p. 56. 잘 알려진 비국교도 설교자인 크루소(Cruso)는 디포의 학교 친구이며, 디포가 크루소의 이름을 빌어 로빈슨 크루소를 작명하였다고 일반적으로 가정된다.

50. *PHD*, p. 212; *VAW*, p. 45.

51. *PHD*, p. 212.

52. Tobias Swinden, *An Enquiry into the Nature and Place of Hell*(1714), pp. 72~77.

53. Sir William Petty, *Another Essay in Political Arithmetic*(1682) in Hull, 앞의 책, ii, 467~468.

54. Swinden, 앞의 책.

55. Swinden, pp. 107~137.

56. *VAW*, pp. 31~32.

57. *VAW*, p. 45.

58. *AJ*, 1725. 9. 25(Lee, iii, 430).

59. *Review*, 4권, 320.

찾아보기

[ㄷ]

[ㅅ]

[ㅇ]